中国社会科学院创新工程学术出版资助项目

中国社会科学院国情调研丛书
CASS Series of National Conditions Investigation & Research

本书为中国社会科学院国情调研
重大项目的最终成果

我国城市社区综合养老服务体系建设状况分析

Analysis on the Comprehensive Old-age Service System Construction Status in Chinese Urban Communities

赵一红等 著

社会科学文献出版社
SOCIAL SCIENCES ACADEMIC PRESS (CHINA)

中国社会科学院国情调研丛书
编选委员会

主　任　李培林

副主任　马　援

成　员（按姓氏笔画排序）

马　援　王　岚　王子豪　王延中　邓纯东　李　平
李培林　陆建德　陈　甦　陈光金　张　平　张车伟
张宇燕　高培勇　黄群慧　潘家华　魏后凯

前　言

　　当前，我国人口老龄化已经成为一个非常严峻且紧迫的社会问题，给经济发展和社会进步带来了巨大的阻力，这已被广大学者认同，被普通民众感知。因而，如何解决养老问题便成为党、国家以及民众普遍关注的焦点问题。国务院颁布的《"十三五"国家老龄事业发展和养老体系建设规划》指出，"十三五"时期是我国全面建成小康社会决胜阶段，也是我国老龄事业改革发展和养老体系建设的重要战略窗口期。这充分显示党和国家对于养老服务事业的发展高度重视。与此同时，与其他发达国家相比，我国养老模式受经济社会的发展水平以及传统文化的制约非常明显，这就使得居家养老成为我国最为主要的养老模式；而家庭结构的单一性和规模的小型化又迫使大部分老年人亟须社区养老服务提供照顾与支持。此外，城市地区较农村地区有人口更加集中、养老理念更加先进、设施更加完善等诸多优势，城市地区养老服务问题处理的好坏将会影响农村地区的养老服务建设的发展。鉴于此，中国社会科学院重大国情调研项目组积极对我国城市社区综合养老服务体系建设状况展开调查与分析，这不仅可以发现我国城市社区综合养老服务中存在的问题，也为进一步完善养老服务体系建设提供实践经验，有利于推动我国养老服务事业的健康、长远发展。

　　系统且有效的调查是发现实践问题、制定有效应对策略的基础。城市社区养老服务是一项实践性较强的社会活动，了解社区养老服务的现状、供给和需求等多维度的问题，离不开具有代表性和可操作性的调研选址。项目组选择了具有代表性的北京、上海、深圳等经济发达城市，还有江苏省部分发达地区，以及中部城市襄阳、宜昌、恩施和经济欠发达的青海、甘肃等地进行调查。上海市和北京市近些年在养老政策和社区养老服务体系的建设与运行方面有很多的改革和创新，深圳市近些年也有诸多发展。

该项目的问卷调查主要包含对基本情况、服务设施、工作人员、养老服务、服务对象和财务运行情况六大方面的考察；访谈对象主要涉及社区养老服务管理人员、社区养老服务人员和政府工作人员三类群体；调查地点涵盖东、中、西三大地区的北京市、上海市、广东省深圳市、福建省厦门市、江苏省无锡市和扬州市、青海省西宁市、甘肃省兰州市、浙江省杭州市和湖北省襄阳市、宜昌市、恩施市的34个社区。

调研及报告撰写以地区为单位开展，多名人员承担了该项目的调研和撰写工作。本书第一章——"我国城市社区综合养老服务体系建设总论"由赵一红撰写；第二章——"上海市社区综合养老服务体系建设"由庞志撰写；第三章——"深圳市社区综合养老服务体系建设"由刘文瑞撰写；第四章——"北京市社区综合养老服务体系建设"由李倍倍撰写；第五章——"杭州市社区综合养老服务体系建设"由马恩泽、萧子扬、彭付雪子共同撰写；第六章——"厦门市社区综合养老服务体系建设"由冯玉英撰写；第七章——"无锡市社区综合养老服务体系建设"由王宇静撰写；第八章——"扬州市社区综合养老服务体系建设"由刘文瑞撰写；第九章——"宜昌市社区综合养老服务体系建设"由李倍倍撰写；第十章——"襄阳市社区综合养老服务体系建设"由张永林撰写；第十一章——"恩施市社区综合养老服务体系建设"由向绪鹏撰写；第十二章——"兰州市社区综合养老服务体系建设"由董良撰写；第十三章——"西宁市社会综合养老服务体系建设"由海洋撰写；第十四章——"我国城市社区综合养老服务体系建设的对策与建议"由赵一红撰写；其中肖夏璐对整本书进行了初期校对，并提出了一些建议。

在项目调查与结项过程中得到了中国社会科学院、高等院校等相关专家的建议与指导，在此表示衷心感谢！社会科学文献出版社任晓霞在编辑该书过程中付出了辛勤劳动；中国社会科学院大学白雪松在项目结项及本书出版的前期做了大量工作，在此表示感谢！该项目为中国社会科学院重大国情调研项目，项目主持人为中国社会科学院大学赵一红。该书出版受到中国社会科学院创新工程出版资助，对此表示感谢！

赵一红

目　　录

第一章　我国城市社区综合养老服务体系建设总论 …………………… 1
 一　本课题调查的背景及意义 …………………………………………… 1
 二　本课题调查的基本问题与方法 ……………………………………… 5
 三　我国综合养老服务体系的概念及相关政策梳理 ………………… 10
 四　不同国家养老服务体系的特点 …………………………………… 18
 五　我国目前的机构养老与社区养老服务体系 ……………………… 21
 六　城市社区老年社会工作服务体系 ………………………………… 28
 七　我国城市社区综合养老服务体系建设存在的问题 ……………… 41

第二章　上海市社区综合养老服务体系建设 ………………………… 50
 一　上海市养老服务的基本情况 ……………………………………… 51
 二　上海市养老服务供给状况 ………………………………………… 55
 三　上海市老年人的社区养老服务需求 ……………………………… 64
 四　社区养老服务体系供需面临的问题及对策 ……………………… 86

第三章　深圳市社区综合养老服务体系建设 ………………………… 94
 一　研究背景与调查概况 ……………………………………………… 94
 二　深圳市养老服务事业发展概况 …………………………………… 97
 三　深圳市综合养老服务供给状况调查 …………………………… 106
 四　深圳市综合养老服务需求状况分析 …………………………… 113

五　深圳市综合养老服务体系建设的问题与对策……………… 128

第四章　北京市社区综合养老服务体系建设………………………… 135
　　一　幸福里养老中心养老现状………………………………… 136
　　二　宜春里社区养老服务现状介绍…………………………… 140
　　三　北京市城市社区养老服务体系建设的对策与建议……… 143

第五章　杭州市社区综合养老服务体系建设………………………… 146
　　一　凤麟社区和中兴社区综合养老服务体系建设状况调查… 146
　　二　江干区凯旋街道景县社区和景华社区综合养老服务体系
　　　　建设状况调查………………………………………………… 161
　　三　灯芯巷社区和武林社区养老服务体系建设调查………… 181
　　四　杭州市社区养老服务体系建设的对策与建议…………… 196

第六章　厦门市社区综合养老服务体系建设………………………… 201
　　一　厦门市养老的基本情况…………………………………… 202
　　二　厦门市养老服务供给状况………………………………… 206
　　三　厦门市老年人的社区养老服务需求……………………… 212
　　四　厦门市社区养老服务体系供需面临的问题……………… 228
　　五　对厦门市社区养老服务体系的建议……………………… 232

第七章　无锡市社区综合养老服务体系建设………………………… 238
　　一　无锡市养老的基本情况…………………………………… 238
　　二　无锡市养老服务供给状况………………………………… 241
　　三　无锡市老人社区养老服务需求…………………………… 246
　　四　无锡市城市社区综合养老服务体系建设的对策与建议… 262

第八章　扬州市社区综合养老服务体系建设………………………… 265
　　一　扬州市综合养老服务基本概况…………………………… 265
　　二　扬州市社区综合养老服务供给状况……………………… 268
　　三　扬州市综合养老服务需求状况分析……………………… 270
　　四　扬州市综合养老服务体系建设的问题与对策…………… 281

第九章　宜昌市社区综合养老服务体系建设……284
一　调查概况……284
二　被调查社区居家养老服务状况……292
三　对宜昌市养老服务体系建设的建议……302

第十章　襄阳市社区综合养老服务体系建设……305
一　襄阳市樊城区老年人口的基本情况与需求……306
二　襄阳市樊城区智慧养老服务的创新型模式……312
三　对襄阳市城市社区综合服务体系建设的建议……321

第十一章　恩施市社区综合养老服务体系建设……326
一　调查对象基本情况……326
二　恩施市城市社区综合养老服务体系建设现状……330
三　对恩施市社区养老服务体系建设的建议……340

第十二章　兰州市社区综合养老服务体系建设……343
一　兰州市养老的基本情况……344
二　兰州市养老服务供给状况……348
三　老人社区养老服务需求……359
四　社区养老服务体系供需面临的问题及对策……375

第十三章　西宁市社区综合养老服务体系建设……380
一　调查概况……381
二　西宁市社区老人的基本现状与养老需求分析……382
三　西宁市社区综合养老服务体系的供给状况……391
四　对西宁市社区综合养老服务体系建设的建议与对策……395

第十四章　我国城市社区综合养老服务体系建设的对策与建议……399
一　规范顶层设计，完善规章制度……399
二　拓宽资金来源，优化资金投入……402
三　运用现代科技，加快信息化进程……404
四　加快人才培养，提升服务质量……406

五　明确供给主体职能，做好本职工作……………………………… 409
　　六　加强统筹规划，促进多主体协作……………………………… 413
　　七　强化参与、信任与沟通，建立长效合作机制………………… 416
　　八　构建养老服务评估体系，完善监督机制……………………… 417

附　录……………………………………………………………………… 421
　　附录一　问卷及访谈提纲资料……………………………………… 421
　　附录二　调研照片…………………………………………………… 438

第一章
我国城市社区综合养老服务体系建设总论

一 本课题调查的背景及意义

党的十八大报告强调,"加强社会建设,是社会和谐稳定的重要保证。必须从维护最广大人民根本利益的高度,加快健全基本公共服务体系,加强和创新社会管理,推动社会主义和谐社会建设。加强社会建设,必须以保障和改善民生为重点。提高人民物质文化生活水平,是改革开放和社会主义现代化建设的根本目的。要多谋民生之利,多解民生之忧,解决好人民最关心最直接最现实的利益问题,在学有所教、劳有所得、病有所医、老有所养、住有所居上持续取得新进展,努力让人民过上更好生活"(胡锦涛,2012)。根据党的十八大报告精神,我们选择当今民生中的一个重点问题——养老问题,对我国城市社区综合养老服务体系建设状况进行调查,为建立中国特色的养老模式与服务体系开展实地探索,从而在"老有所养"这一民生问题上有更深入的研究。

（一）国际研究①

1. 实践层面

从实践层面看，世界人口老龄化是社会经济发展和科学技术进步的必然。早在1965年，法国成为第一个老年型国家，之后是瑞典。进入20世纪后，欧美一些发达国家相继步入此行列。由于有经济实力的支撑和西方居家形态诸多方面的因素，这些国家养老对策的共同之处是依赖"社会养老"：在社会保障体制中，老年人被赋予了独立生活的经济能力；在福利设施、服务体系以及居住环境等方面，针对老年人的生理情况，采用不同层次、不同类别的设计。以美国为例，老年人的居住设施大致分为五类：独立式住宅、老年公寓、养老院、护理院、老年养生社区，每一类辅以相应的服务管理体制。亚洲国家中，日本、新加坡等也逐步进入了老年型国家之列。因为有较雄厚的经济实力，这些国家一方面汲取了西方社会福利养老的经验，充分赋予老年人优厚的社保；另一方面，基于传统东方家庭观念的延续，它们还致力于开发家庭养老的功能，如提倡和鼓励"多代同居"（例如"两代居"集合住宅和"多代同堂组屋"等）。世界上较早进入养老时代的英国，对老年人采取了社区照顾模式。社区照顾是英国在福利国家陷入困境之后提出的一种福利政策，也可被看作一种社会福利的实践模式。"1963年英国卫生部颁布了被称作是'社区照顾的蓝皮书'的《健康及福利：社区照顾的发展计划》，标志着英国社会福利政策的重大转变。"② 社区照顾的福利模式起初是为了尝试减轻地方政府的福利供给负担，鼓励更多的社会组织提供正规服务及私有化服务。社区照顾的福利供给对象是老人和残疾人、儿童、精神病患者等；福利供给主体是管理人员、专业工作人员和照顾人员；社区照顾的福利供给目标是维持有需要的人士在社区或者自然生活环境内的独立生活。社区照顾的终极目标是协力让社区人士可以在自己的生活上获得最大程度的独立自主。③ 社区照顾的福利供给模式有：社区活动中心、老人

---

① 赵一红：《福利治理与政府购买社会工作服务——基于北京市S社区老年社会工作服务案例分析》，《社会工作》2015年第4期。
② 房列曙等主编《社区工作》，合肥：合肥工业大学出版社，2007，第113页。
③ 夏学銮：《社区照顾的理论、政策与实践》，北京：北京大学出版社，1996，第48页。

公寓、家庭照顾、居家服务、暂托处、老人院等，这些社区服务性设施主要是由英国政府举办或由政府资助，提供的服务是免费或低收费的。[①]

2. 理论层面

从理论层面看，目前关于老年人服务与福利的国际性理论研究主要集中在需要理论、福利多元主义理论、社会交换理论、责任分担理论等方面。需要理论与老年人基本需求分析紧密相关。需要理论的基本观点有：一是马克思主义的需要观，对于需要理论的研究可以追溯到马克思主义需要观。马克思认为，人和动物的本质区别是他们的需要和满足需要的方式不同，需要是人的本质属性。人的需要构成了人的实践活动的内在动力，是社会发展的动力源泉。[②] 二是英国学者莱恩·多亚尔提出的人的需要理论。多亚尔认为需要是人类的必然性。存在着人的基本需要，个人有权利最大限度地满足这些需要，衡量所有人类解放的标准应该是评估这种满足的程度。福利制度必须以某种方式把个人满足需要的权利以及决定这种满足如何得到实现的参与权利结合起来。[③] 福利多元主义理论在西方养老理论研究上产生了巨大作用。第二次世界大战之后，西方发达国家在经济复苏的情况下纷纷建立起完善的社会保障体系，各国用于社会福利方面的开支不断增加，但随着20世纪70年代西方经济低迷，由政府包办的社会福利制度面临沉重的财政危机，在此情况下西方提出了福利多元化理论。西方福利发展史先后经历了古典自由主义、凯恩斯主义、福利多元主义三大范式。尤其是福利多元主义的代表Rose提出福利多元组合理论，认为一个社会总体福利主要来源于家庭、市场、国家三个部分，[④] 在此Rose实际提出了一个社会福利三方责任分担的问题。随后福利多元主义理论不断得到修正和发展并充分表现在老年社会福利方面，尤其表现在养老的照顾方面。社会交换理论和责任分担理论提供了解释老人照顾在家庭层面和社会结构层面中的关系

---

① 赵一红：《福利治理与政府购买社会工作服务——基于北京市S社区老年社会工作服务案例分析》，《社会工作》2015年第4期。
② 张明：《城市老年人社会服务体系研究》，北京：科学出版社，2012，第7页。
③ 莱恩·多亚尔：《人的需要理论》，北京：商务印书馆，2008，第30页。
④ 转引自胡薇《国家回归：社会福利责任结构的再平衡》，北京：知识产权出版社，2012，第15页。

和过程的分析框架。社会交换理论主要研究内容涉及的是代际之间的互惠，主要表现在老年父母与子女之间的相互支持和帮助，包括有形的物质、金钱和家务活动等。责任分担理论主要用于阐释家庭、社区和社会组织三者在养老过程中的角色负担和功能互补的特征。①

（二）国内研究

1. 实践层面

从实践层面看，我国在老年人服务的实践方式上突出表现在社区服务方面。1986年，国家民政部首次提出开展社区服务工作、满足人民生活需要的策略，社区服务正式载入中国城市改革的史册。英国社区照顾的养老视角，强调的是社区意识和社区支持网络对于受照顾者的意义；我国社区服务强调的是在政府领导下，各街道、居委会协助，满足社区居民日益增长的物质文化生活需求，发动和组织社区各方面力量，开展公益性、福利性和互助性的社会化服务。目前社区需要承担的社会福利责任比任何一个时期都更为重要。但是，相对西方国家来说，我国社区服务的福利供给来源和供给机制都比较单一，社会化程度较低；社区的行政化倾向比较严重，社区福利供给主体大多表现为政府行为；社区福利供给的专业化程度也较低，大多数地区还依赖于传统的行政化手段，虽然目前一些沿海城市已经提高了社区福利供给的专业化水平，但我国的社区服务总体还处于较低水平；社区服务模式的供给视角更多注重的是宏观政策的实施，例如最低生活保障制度的实施、社会医疗保险网点的建设、失业人员的再就业服务与培训、残疾人的社区康复、社会养老体系的建构、军烈属的优抚与社区矫治等，而缺少福利供给的微观层面，即专门针对养老模式的具体社会服务方式的提供。②

2. 理论层面

从理论层面看，目前我国关于老年人服务的理论研究大多集中在社会福利与社会政策视角，尤其以普惠型的中国社会福利发展模式为主要内容，同

---

① 熊跃根：《需要、互惠和责任分担》，上海：上海人民出版社，2008。
② 赵一红：《宏观与微观双重视角下中国社会福利制度路径选择》，《社会科学》2013年第1期。

时研究社会福利发展的政府与社会责任分担问题，把养老服务问题作为其中的一部分，缺少系统的关于养老综合服务体系的理论研究。罗观翠在《中国城市老人社区照顾综合服务模式的探索》一书中认为，在人口老龄化的情况下，老人照顾的专业性和科学性需要重视，老年服务的社会政策和服务发展值得期待。① 目前关于中国养老方面的理论研究成果甚少，尤其缺乏对于建立我国养老综合服务体系的基本特征、基本原则、基本价值观的理论研究。②

二 本课题调查的基本问题与方法

（一）调查需求分析

目前我国养老模式存在的问题是：一方面老龄化日趋严重，养老的社会服务无法满足需要；另一方面，受经济社会发展状况及传统文化的制约，我国的养老模式依然以居家养老为主，大部分老人需要社区养老服务体系给予照顾与支持。这反映出我国的养老服务体系建设还存在一些问题，养老服务的责任结构需要厘清，社会化的养老服务体系有待进一步完善。养老是一个社会问题，同时也存在责任分担问题。政府应积极制定相关养老制度的法规和政策以发挥其引导和监督作用；社会组织应积极协助政府充分发挥养老服务的功能与作用；社区及家庭应充分发挥其参与养老服务的积极性与责任感，上述可归纳为以上各方的责任。在责任结构中，政府责任应该是主导，即在我国养老体系的建立过程中，积极倡导中国特色的养老模式和体系，在此情况下本课题对城市社区综合养老服务体系建设状况进行调查，尤其是对我国目前存在的几种养老模式之一的社区服务体系支持下的居家养老模式在需求与供给方面的情况进行深入探讨。其目的在于深入了解目前国家养老服务尤其是养老的服务体系、养老服务模式、养老服务设施、养老服务水平等方面存在的问题，以便为国家相关政策部门提供解决以上问题的对策与建议。

---

① 罗观翠：《中国城市老人社区照顾综合服务模式的探索》，北京：社会科学文献出版社，2011，第43页。
② 赵一红：《福利治理与政府购买社会工作服务——基于北京市S社区老年社会工作案例分析》，《社会工作》2015年第4期。

（二）本调查解决的主要难点和问题分析

1. 主要难点

（1）搜集整理与国家养老服务体系建设有关的重要法规、政策以及国外和我国港澳台地区养老服务的基本情况，分析和提取相关服务规范标准和政策文件中的关键指标。

（2）围绕多种养老模式的个性与共性，形成城市社区综合养老服务体系建设联动机制。

（3）养老服务设施中的资源配置与政府相关政策的获得。

（4）城市社区养老服务水平中常态管理与专业服务相结合的绩效考核标准。

（5）城市社区服务体系支持下的居家老年人生活质量标准。

2. 问题分析

（1）针对政府养老服务设施布局规划和政府政策与资金投入问题。

政府对于养老服务设施布局的规划与政策和资金投入对于社区综合养老服务体系建设具有关键作用。

（2）针对社区综合养老服务体系标准化建设问题。

建立标准和评估体系，有利于社区养老服务体系服务水平和专业化管理水平的提高。

（3）针对城市社区养老服务体系服务责任监管与服务保障问题。

（4）针对城市社区养老服务体系与制度体系问题。

（5）针对城市社区养老服务体系建设的资金落实与硬件设施配套问题。

（6）针对高龄、独居、失能等困难老人的需求问题。

（三）调查实施的基本框架与内容

围绕城市社区综合养老服务体系的设施配置、管理、服务、评价等几个方面，以城市社区养老服务体系设施配置技术与标准的研究为切入点，以城市社区养老服务体系与制度体系为研究重点，以城市社区养老服务责任监督与服务保障为支撑，开展养老需求与供给调查，着重调查政府养老设施布局与规划，包括政府政策与资金投入、社区养老服务资金落实与硬件设施配套、社区养老服务体系的服务内容与质量、城区困难老人需求等问题，努力探讨城市社区养老服务体系标准化建设，从而研究和总结中国特色的养老服务体系与养老服务模式。具体调查框架与内容如图 1-1 所示。

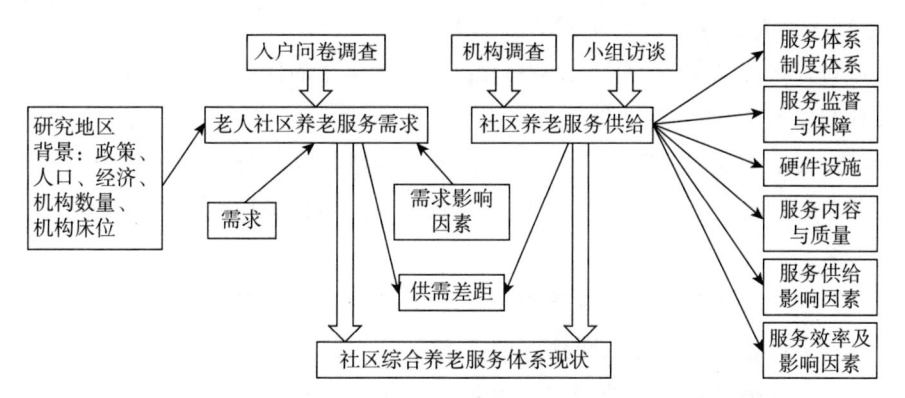

图 1-1　我国城市社区综合养老服务体系状况调查基本框架

（四）城市社区综合养老服务体系建设状况调查的基本任务

任务一，重点调查城市社区居家养老服务需求，包括影响需求的方式、供需双方的差距。

任务二，调查城市社区机构养老服务的现状、问题和需求。

任务三，调查城市社区养老服务供给方式，着重调查城市社区养老服务的组织体系、服务监督、服务保障、服务质量与水平的情况。

任务四，调查城市社区养老服务供给及其影响因素，探讨城市社区综合养老服务体系的现状及其发展前景，从而提高服务效率。

任务五，调查政府养老政策与资金投入及其养老布局规划，从而明确政府在养老问题上的责任，为建立合理的养老体系提供政策与建议。

（五）调研方法与样本选取

1. 调研方法

（1）文献搜集

国家和地方政府政策文件、国内外相关论文和研究报告、统计报表信息和数据，这些材料是我们访谈时的参考资料，部分文献的内容在本书中也有所呈现。

（2）访谈和焦点小组访谈

通过个别访谈和焦点小组访谈，了解城市社区养老服务的利益相关者（老年人、养老服务机构负责人、管理人员、服务人员、政府部门相关人员）对社区养老服务的认识，对供给现状及存在的问题进行定性分析。访谈对象如下：

①社区养老服务管理人员访谈和焦点小组访谈。分别对社区养老服务提供方的负责人、主要管理人员进行访谈。将不同机构的管理者组成4个焦点小组，进行访谈。

②社区养老服务人员访谈和焦点小组访谈。分别对每一个社区的养老服务人员进行访谈。将不同社区的养老服务人员组成4个焦点小组进行访谈。内容包括养老服务的种类、数量和质量，老年人对养老服务的利用情况，养老服务人员的数量和技术水平，社区养老服务发展中的问题等。

③政府官员访谈和焦点访谈。对政府相关部门和人员（包括民政局社会福利处、卫生局医改处、社区卫生站、老干部、街道干部等）进行访谈，形成1个焦点小组，了解近些年关于养老的政策和举措、实施的状况以及面临的困境等。

（3）问卷调查

主要获取相关城市社区60岁及以上老年人的基本情况、生活现状和养老需求等方面的资料，以分析老年人对社区养老服务的需求及其人口学特征、家庭情况、经济状况、健康水平、社会交往情况等对需求的影响。

调查对象为60岁及以上老年人。

①抽样方法：采用目的抽样的方法，由社区居委会相关人员召集60岁及以上的老人来填答问卷，每个社区的样本量为20人。

②调查工具：工具为老年人社区需求评价调查表，根据老年人社区需要评估工具、结合我国城市现状编制而成。通过对调查问卷的预调查，针对发现的问题对调查表进行修改、定稿。

③调查表内容由基本信息、家庭和朋友、住所和出行、经济状况、身体健康状况、日常生活能力、社区养老服务需求七部分组成。

（4）社区养老服务提供方问卷调查

主要用于获得社区养老服务提供方的组织建设、人员、服务、运行情况等相关数据,分析社区养老服务供给情况及影响因素,并对社区养老服务体系的服务效率进行评价。

问卷调查主要内容包括:

基本情况(包括兴办主体、主管部门、服务资质、启动时间、人员规模等)。

服务设施(服务用房的数量、种类,以及娱乐、健身和医疗设施的数量、种类等)。

工作人员情况(人员数量、构成、学历、技术水平、培训情况等)。

养老服务情况(服务的内容、提供的方式、服务的数量等)。

服务对象情况(接收服务老人的人数、年龄构成、健康状况、慢性病患病情况、费用支出方式等)。

财务运行情况(包括年收入、收入来源、年支出、收费标准等)。

从方法上来说,问卷调查的结果作为我们了解社区养老服务供给和老年人养老需求的基本情况,访谈的资料是我们分析的重点。因此,本研究以定性研究为主,定量研究为辅。

2. 调研的技术线路

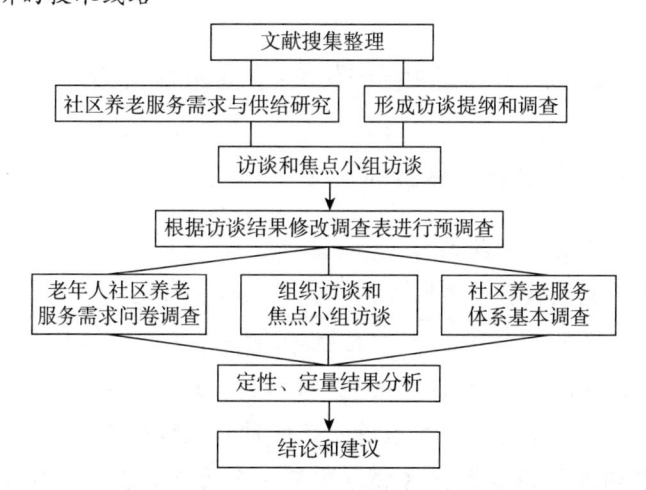

```
                    文献搜集整理
                   ┌─────┴─────┐
          社区养老服务需求与供给研究   形成访谈提纲和调查
                   └─────┬─────┘
                   访谈和焦点小组访谈
                         │
              根据访谈结果修改调查表进行预调查
                   ┌─────┼─────┐
          老年人社区养老   组织访谈和    社区养老服务
          服务需求问卷调查  焦点小组访谈   体系基本调查
                   └─────┼─────┘
                   定性、定量结果分析
                         │
                      结论和建议
```

图 1-2 我国城市社区综合养老服务体系状况调查的技术线路

3. 调研地点及样本选取

调研组采用目的抽样的方法选取样本。抽样依据三个原则：一是代表性，二是前瞻性，三是调研的可操作性。首先，调研地点的选择要能够比较全面地反映我国城市社区养老服务体系建设的基本状况，具有代表性。依此原则，调查选择了北京、上海、深圳等经济发达城市，以及中部地区宜昌、恩施、襄阳等市和经济欠发达地区的城市西宁、兰州。其次，所选择的调研城市社区养老服务体系建设的状况和具体做法等应该能够预示今后城市社区养老服务体系建设发展的方向。上海市和北京市近些年在养老政策和社区养老服务体系的建设与运行方面有很多的改革和创新，而深圳近些年依托社会工作的推进也有诸多的创新，湖北三市和西宁则反映中等发达和欠发达地区的改革动向。最后，调研地点的选择要考虑到地方相关部门对调研的配合，从而保证调研数据获取的便利性和真实性。对于访谈对象和问卷调查对象（老年人、养老服务机构负责人、管理人员、服务人员、政府部门相关人员）的抽样主要考虑到便利性，由相关政府官员、社区居委会负责人或高校教师予以安排。因此，该抽样不是概率抽样，不具有推论总体的意义。据此三个原则，确定并调查了北京市、上海市、深圳市、厦门市、无锡市、扬州市、西宁市、兰州市、杭州市、襄阳市、宜昌市、恩施市等地共34个社区，访谈和问卷调查的对象达一千多人。

三 我国综合养老服务体系的概念及相关政策梳理

（一）我国养老服务体系的含义

1. 养老服务体系的状况

近年来，我国社会养老服务体系建设取得了长足发展。养老机构数量不断增加，服务规模不断扩大，老年人的精神文化生活日益丰富。截至2010年底，全国各类收养性养老机构已达4万个，养老床位达314.9万张。社区养老服务设施进一步改善，社区日间照料服务逐步拓展，已建成含日间照料功能的综合性社区服务中心1.2万个，留宿照料床位1.2万张，日间的照料床位4.7万张。以保障三无、五保、高龄、独居、空巢、失能和低收入老人为重点，借助专业化养老服务组织，提供生活照料、家政服务、康复护理、医疗保健等服务的居家养老服务网络初步形成。养老服务的运作模式、服务内容、操作规范等也不断探索创新，积累了有益的经验。

然而，随着中国人口老龄化速度的加快与老年人数量的增多，现有的社会养老服务已不能完全满足老年人的需求，加快社会养老服务体系建设刻不容缓。于是，2011年，中央政府制定了《社会养老服务体系建设规划（2011—2015年）》，从全国角度构建了中国社会养老服务政策的蓝本。这份文件不仅吸收了过去的宝贵经验，也为未来中国养老服务体系的建设提出了发展框架。

2. 养老服务体系的内涵

社会养老服务体系是与经济社会发展水平相适应，以满足老年人养老服务需求、提升老年人生活质量为目标，面向所有老年人提供生活照料、康复护理、精神慰藉、紧急救援和社会参与等的设施、组织、人才和技术要素形成的网络，以及配套的服务标准、运行机制和监管制度。

3. 养老服务体系的定位

社会养老服务体系建设应以居家为基础、社区为依托、机构为支撑，着眼于老年人的实际需求，优先保障孤老优抚对象及低收入的高龄、独居、失能等困难老年人的服务需求，兼顾全体老年人对改善和提高养老服务条件的需求。

其中，居家养老服务涵盖生活照料、家政服务、康复护理、医疗保健、精神慰藉等，以上门服务为主要形式。对身体状况较好、生活基本能自理的老年人，提供家庭服务、老年食堂、法律咨询等服务；对生活不能自理的高龄、独居、失能等老年人提供家务劳动、家庭保健、辅具配置、送饭上门、无障碍改造、紧急呼叫和安全援助等服务。有条件的地方还可以探索对居家养老的失能老年人给予专项补贴，鼓励他们配置必要的康复辅具，提高生活自理能力和生活质量。

社区养老服务是居家养老服务的重要支撑，具有社区日间照料和居家养老支持两种功能，为家庭日间暂时无人或者无力照护的社区老年人提供服务。在城市，结合社区服务设施建设，增加养老设施网点，增强社区养老服务能力，打造居家养老服务平台。倡议、引导多种形式的志愿活动及老年人互助服务，动员各类人群参与社区养老服务。在农村，结合城镇化发展和新农村建设，以乡镇敬老院为基础，建设日间照料和短期托养的养老床位，逐步向区域性养老服务中心转变，向留守老年人及其他有需要的老年人提供日间照料、短期托养、配餐等服务；以建制村和较大自然村为基点，依托村民自治和集体经济，积极探索农村互助养老新模式。

机构养老服务以设施建设为重点，通过设施建设，实现其基本养老服务功能。养老服务设施建设重点包括老年养护机构和其他类型的养老机构。老年养护机构主要为失能、半失能的老年人提供专门服务，重点实现以下功能：①生活照料。设施应符合无障碍建设要求，配置必要的附属功能用房，满足老年人的穿衣、吃饭、如厕、洗澡、室内外活动等日常生活需求。②康复护理。具备开展康复、护理和应急处置工作的设施条件，并配备相应的康复器材，帮助老年人在一定程度上恢复生理功能或减缓部分生理功能的衰退。③紧急救援。具备为老年人提供突发性疾病和其他紧急情况的应急处置救援服务能力，使老年人能够得到及时有效的救援。鼓励在老年养护机构内设医疗机构。符合条件的老年养护机构还应利用自身的资源优势，培训和指导社区养老服务组织和人员，提供居家养老服务，实现示范、辐射、带动作用。其他类型的养老机构根据自身特点，为不同类型的老年人提供集中照料等服务。

4. 养老服务体系的目标

到2015年，基本形成制度完善、组织健全、规模适度、运营良好、服务优良、监管到位、可持续发展的社会养老服务体系。每千名老年人拥有养老床位数达到30张。居家养老和社区养老服务网络基本健全。

5. 养老服务体系的任务

在居家养老层面，支持有需求的老年人实施家庭无障碍设施改造。扶持居家服务机构发展，进一步开发和完善服务内容和项目，为老年人居家养老提供便利服务。

在城乡社区养老层面，重点建设老年人日间照料中心、托老所、老年人活动中心、互助式养老服务中心等社区养老设施，推进社区综合服务设施建设，增强养老服务功能，使日间照料服务基本覆盖城市社区和半数以上的农村社区。

在机构养老层面，重点推进供养型、养护型、医护型养老设施建设。县级以上城市，至少建有一处以收养失能、半失能老年人为主的老年养护设施。在国家和省级层面，建设若干具有实训功能的养老服务设施。

提高社会养老服务装备水平，鼓励研发养老护理专业设备、辅具，积极推动养老服务专用车配备。

加强养老服务信息化建设，依托现代技术手段，为老年人提供高效便捷的服务，规范行业管理，不断提高养老服务水平。

（二）政府养老服务的相关政策[①]

我国自 2000 年开始陆续出台了养老服务的相关政策，每年出台的养老服务政策均有不同侧重，而对这些政策的梳理可以大致勾画出中国养老服务事业的发展历程。

2000 年 2 月国务院办公厅转发了民政部等 11 个部委制定的《关于加快实现社会福利社会化的意见》，标志着中国社会福利社会化思想系统的形成。《意见》在今后五年的指导思想中提到，到 2005 年，在我国基本建成以国家兴办的社会福利机构为示范、其他多种所有制形式的社会福利机构为骨干、社区福利服务为依托、居家供养为基础的社会福利服务网络。

2005 年 3 月，民政部《关于开展养老服务社会化示范活动的通知》中提出"建立以国家、集体投入为主导，以社会力量投入为新的转折点，以居家养老为基础，以社区老年福利服务为依托，以老年福利服务机构为骨干的老年福利服务体系，为老年人提供生活照料服务。"养老服务社会化示范活动的启动，确立了面向全体老人提供服务的价值取向。同年 11 月颁布了针对养老机构社会化发展的文件——《关于支持社会力量兴办社会福利机构的意见》。

2006 年 2 月，国务院办公厅转发全国老龄委办公室和发展改革委、民政部等部门颁布的《关于加快发展养老服务业的意见》，这是与发展养老服

---

① 赵一红：《意识形态福利视角下的养老模式——城市社区养老与机构养老的比较分析》，《中国社会科学院研究生院学报》2015 年第 3 期。

务业有关的第一个专项通知,明确了独立发展养老服务业的构想。《意见》中进一步明确居家养老、社区养老和机构养老在养老服务事业中的定位:发展养老服务业要按照政策引导、政府扶持、社会兴办、市场推动的原则,逐步建立和完善以居家养老为基础、社区服务为依托、机构养老为补充的服务体系。

2008年1月全国老龄委办公室、发展改革委、民政部等十个部门联合下发了《关于全面推进居家养老服务工作的意见》,进一步明确了居家养老在整个养老服务事业中的重要位置。《意见》基本形成了以社区为平台的居家养老服务模式:力争"十一五"期间,全国城市社区基本建立起多种形式、广泛覆盖的居家养老服务网络,使社区居家养老服务设施不断充实,服务内容和形式不断丰富。农村社区依托乡镇敬老院、村级组织活动场所等现有设施资源,力争80%左右的乡镇拥有一处集院舍住养和社区照料、居家养老等多种服务功能于一体的综合性老年福利服务中心,1/3左右的村委会和自然村拥有一所老年人文化活动和服务的站点。

经过十多年的实践探索,根据《中华人民共和国国民经济和社会发展第十二个五年规划纲要》和《中国老龄事业发展"十二五"规划》,2011年年末国务院办公厅印发《社会养老服务体系建设规划(2011—2015年)》。《规划》从现状、定位、基本原则、目标、相关保障五个方面规划了养老服务体系,确立了新的五年计划目标:基本建立与人口老龄化进程相适应、与经济社会发展水平相协调,以居家为基础、社区为依托、机构为支撑的社会养老服务体系,让老年人安享晚年,共享经济社会发展成果。

为贯彻落实《国民经济和社会发展第十三个五年规划纲要》,积极推动民政事业实现科学发展,民政部、国家发展改革委于2016年起草印发了《民政事业发展第十三个五年规划》(民发〔2016〕107号)。《规划》指出,要积极开展应对人口老龄化行动,加快发展养老服务业,全面建成以居家为基础、社区为依托、机构为补充、医养相结合的多层次养老服务体系,创新投融资机制,探索建立长期照护保障体系,全面放开养老服务市场,增加养老服务和产品供给。关于我国政府出台的养老政策的基本情况见表1-1。

表1-1 我国政府养老政策的基本情况

年份	政策	政策意义
2000年2月	国务院办公厅转发了民政部等11个部委制定的《关于加快实现社会福利社会化的意见》	标志着中国社会福利社会化思想的形成
2005年3月	民政部《关于开展养老服务社会化示范活动的通知》	建立以国家、集体投入为主导,以社会力量投入为新的转折点,以居家养老为基础,以社区老年福利服务为依托,以老年福利服务机构为骨干的老年福利服务体系,为老年人提供生活照料服务
2006年2月	国务院办公厅转发全国老龄委办公室和发展改革委、民政部等部门颁布的《关于加快发展养老服务业的意见》	这是有关发展养老服务业的第一个专项通知,明确了独立发展养老服务业的构想
2008年1月	全国老龄委办公室、发展改革委、民政部等十个部门联合下发了《关于全面推进居家养老服务工作的意见》	进一步明确了居家养老在整个养老服务事业中的重要位置
2011年12月	国务院办公厅印发《社会养老服务体系建设规划(2011—2015年)》	
2016年6月	民政部、国家发展改革委起草印发了《民政事业发展第十三个五年规划》	

从上述国家养老服务政策的梳理可以看出,目前中国养老服务目标为"全面建成以居家为基础、社区为依托、机构为补充、医养相结合的多层次养老服务体系"。根据这个总体目标,各级政府制定的相关政策体现出如下特点。

1. 供给模式上,政府财政提供资金保障,支持社会投资

各级政府通过直接补助或贴息的方式帮助贫困老人享受养老服务,同时,采取公建民营、委托管理、购买服务等多种方式,支持社会组织兴办或运营非营利养老机构。大连市2010年发布的《关于完善我市养老机构和居家养老资金补贴政策的通知》中提到了对民办非营利养老院和贫困老人的补贴方式与金额。

> 对民办非营利养老院通过床位补贴——新建床位每张最低补贴4000元,扩建床位每张最低补贴3000元;通过人头补贴——每人每月最低80元。

对社区养老服务中心的建设通过奖励的方式进行补助。

对贫困老人按其不同的养老方式进行补贴。城市特困居家养老服务补贴最高达到每人每月增加400元，城市特困机构养老服务最高为每人每月补助600元。

2. 体系建设上，构建"以居家养老为基础、社区养老为依托、机构养老为支撑"的社会养老服务网络

《社会养老服务体系建设规划（2011—2015年）》对三种养老形式的服务内容分别加以定位。"居家养老服务涵盖生活照料、家政服务、康复护理、医疗保健、精神慰藉等，以上门服务为主要形式。""社区养老服务是居家养老服务的重要支撑，具有社区日间照料和居家养老支持两类功能，为家庭日间暂时无人或者无力照护的社区老年人提供服务。""机构养老服务以设施建设为重点，通过设施建设，实现其基本养老服务功能。"这种以居家养老服务为导向，以长期照料、护理康复型社区日间照料为重点，以不同类型机构养老为支撑的体系保证了对不同类型、不同时期养老服务的衔接，体现了适度普惠的福利思想。

3. 设施建设上，坚持按标准建设和实际适用并重

标准化与因地制宜的兼顾主要体现在社区养老服务中心和民办养老院的设施建设中。天津市、辽宁省、吉林省、黑龙江省、湖南省、广东省等多个省市都制定了相关政策鼓励和支持当地养老服务中心和民办养老院的兴建与扩建。

例如，天津市计划"从2009年起，利用三年时间，在全市107个街道和137个乡镇建设老年日间照料服务中心，在社区和自然村建设300个老年日间照料服务站"。同时，对日间照料服务中心的规模、配备、服务项目等做了具体的规定，见表1-2、表1-3。

表1-2 天津市老年日间照料服务中心（站）规模

老年日间照料服务中心	老年日间照料服务站
建筑面积一般不低于300m^2（包括与社区服务设施共用部分）	建筑面积一般不低于150m^2（包括与社区服务设施共用部分）

续表

老年日间照料服务中心	老年日间照料服务站
休息室	休息室
配（就）餐室（含阅览室）	配（就）餐室（含阅览室）
文体活动室	文体活动室
健身康复室	医疗保健室
医疗保健室	老年课堂
老年人学校	

表1-3 天津市社区老年日间照料服务中心（站）的服务项目

生活照料	对能够"走出来"的老年人提供看护、休息等服务；对不能"走出来"的老年人，提供设施服务和上门服务相结合，配备不少于2名专职养老服务人员
配餐、就餐服务	根据老年人需求和身体状况，提供就近、上门餐饮服务
健康保健	为老年人提供健身锻炼、康复保健和应急救助等服务
精神慰藉	为老人提供学习、娱乐、聊天和文体活动等服务

关于民办养老院，各地也根据自身的情况对其设施配备出台了标准并予以财政支持。吉林省2009年颁布的《吉林省民办养老机构管理暂行办法》是各省市对民办养老院标准规定较为全面的政策。该《办法》共31条，分别从民办养老机构的性质、开办资质、申请材料、服务内容、制裁措施等方面对民办养老机构进行规范。同年3月份，北京市民政局、财政局出台的《关于社会力量兴办社会福利机构运营资助办法》开创了民办养老机构资助的先例。该《办法》通过总则、资助对象、资助标准、申报条件、自主程序、资助金的使用和管理、附则七个部分详细说明了民办养老院如何获得资助。在"资助标准"一章中明确提出："对社会办福利机构（不含社会办会员制老年人社会福利机构）为生活自理老年人开展的福利服务，按照150元/人/月予以资助；为生活不能完全自理老年人开展的福利服务，按照200元/人/月予以资助。"同年8月份广州市也颁布了类似的资助条例，即《广州市民办社会福利机构自主试行办法》，根据服务内容提供不同金额的资助："特级、一级护理的每人每月补贴100元；二级护理的，每人每月补贴80元；三级或其他一般护理的，每人每月补贴60元。"

按照国际通用的"65岁及以上人口比重超过7%"的标准,中国已于20世纪90年代进入老龄化社会。根据联合国的数据,2010年中国65岁及以上人口占总人口的比重为9.4%,预计2020年将提高到13.6%,2030年18.7%,2040年26.8%,2050年则高达30.8%。从20世纪70年代起,中国老龄化的速度和程度一直高于其他发展中国家的平均水平,到2015年前后将赶超发达国家的平均水平。然而,与快速增加的老龄人口形成鲜明对比的是,无论按照哪种排位标准,中国都是一个发展中国家。例如,按照世界银行的分类,中国目前属于中等偏上收入国家,是典型的发展中国家。然而相比其他发达国家,中国人口老龄化程度与收入水平的相关程度更低,这种"未富先老"的特殊性给中国的养老事业提出了诸多挑战。

以孝道为核心的家天下文化为中国延续了几千年的家庭养老方式。在此基础上,计划经济体制时期形成了以居家养老为主,没有家庭供养的城镇老人进入养老院养老的格局。经济的快速发展带来了巨大的社会变革,单位制的消亡,家庭规模不断缩小,加上计划生育对家庭结构的影响,这些社会变化促进了中国养老服务事业的发展,在此情况下,迫切需要政府出台相关政策给予支持。

四 不同国家养老服务体系的特点[①]

(一)英国的养老服务

英国属于自由集体主义福利国家,伴随着凯恩斯主义经济政策的推行,英国现代福利国家的意识形态转变发生在二战之后。英国既不属于瑞典式的社会民主主义意识形态也不属于美国的唯意志主义的意识形态,英国提倡平均主义的社会思想以及更加关注服务的直接供给。20世纪70年代英国政府开始对国家福利进行改革,撒切尔主义在一定程度上使英国脱离欧洲模式。社区照顾是英国在福利国家政策陷入困境之后提出的一种福利政策,

---

① 赵一红:《意识形态福利视角下的养老模式——城市社区养老和机构养老的比较分析》,《中国社会科学院研究生院学报》2015年第3期。

也可被看作一种社会福利的实践模式。"1963 年英国卫生部颁布了被称作是'社区照顾的蓝皮书'的《健康及福利：社区照顾的发展计划》，标志着英国社会福利政策的重大转变。"① 1990 年英国颁布《国家健康服务与社区照顾法令》，将养老问题纳入社区，尝试减轻地方政府的负担，试图鼓励更多非正规服务和私有化服务的发展，开始对老年人采取社区照顾模式。其主要内容包括：一是生活照料，主要包括饮食起居的照顾；二是建立养老服务支持网络，包括地方或志愿者组织提供餐饮和物业服务，安装楼梯、浴室、厕所等处的扶手，设置无台阶通道和电器、暖气设备等设施，改建厨房和房门等；三是医疗康复，包括治病、护理、体检等；四是人文关怀，由英国政府出资兴办具有综合服务功能的社区活动中心，为老年人提供娱乐、社交场所，行动不便的老年人则由中心定期派专车接送等。这种模式与传统的家庭养老和院舍养老相比具有很大的优越性，注重对老年人心理和情感上的人文关怀，更符合人道原则。②

（二）美国的养老服务

美国作为福利国家，其养老形式在诸多方面都比较独特，与欧洲福利国家形成鲜明对比。美国现代福利国家的发展首先基于 20 世纪 30 年代的"罗斯福新政"，其次是 60 年代"伟大社会"改革时期社会计划的迅速扩张。美国福利国家的最大特点在于其政策和实践存在地区的多样性，随之带来缺乏稳定的国民社会政策的一致性。这些特点主要来自美国的政府机构、阶层结构和公司资本的独特性。③ 根据这种福利意识形态，美国的养老模式主要采取以下几种形式：一种是产业类型的居家养老，这在美国是一种最普遍的方式。老人住在家里享受社区服务，服务花费昂贵，美国把社区养老作为产业来发展。老年社区运动成功的典范是始建于 1961 年、坐落在美国佛罗里达西海岸的"太阳城中心"。老人们可以在社区内购房定居，

---

① 房列曙等主编《社区工作》，合肥：合肥工业大学出版社，2007，第 113 页。
② 赵一红：《意识形态福利视角下的养老模式——城市社区养老与机构养老的比较分析》《中国社会科学院研究生院学报》2015 年第 3 期。
③ 〔英〕诺尔曼·金斯伯格：《福利分化——比较社会政策批判导论》，姚俊等译，杭州：浙江大学出版社，2010，第 107—108 页。

也可以租房居住，房屋有高中低档次区别，能满足不同年龄、不同层次老人的需求。二是"以房养老"模式，这在美国已被许多美国人认为是一种最有效的养老方式。由于美国的房屋出租业比较发达，美国人支出的房租占个人支出的相当比重。同时美国政府和一些金融机构还向老年人推出"以房养老""倒按揭"贷款模式，这也是一种非常好的以房养老模式。①

（三）瑞典的养老服务

"瑞典属于社会民主主义福利国家，从20世纪30年代开始由社会民主党主导的政策形成过程主要受到民粹主义和社会主义的意识形态的影响。二战之后，瑞典成功实现了稳健的经济增长，是世界最高生活水平的国家之一，同时也是相对比较平等的福利国家之一。但瑞典的福利国家模式实质上是以牺牲个人、家庭、企业的自由为代价创造了一种新型的权威主义。"②根据瑞典国家福利制度现状，瑞典养老模式有三种形式：居家养老、老人公寓、养老院。从瑞典全国推行的养老政策来看，养老院模式主要面向失去生活自理能力的孤寡老人和患有严重疾病的老人提供服务。老人公寓模式是20世纪70年代瑞典兴起的一种养老方式，主要由地方政府负责建造老人公寓楼，称为"服务楼"，住房全部按照老人特点设计以方便老人居住。居家养老模式是目前瑞典政府大力推行的一种养老方式，为居家老人提供多种养老服务，是一种比较人性化和个性化的养老模式。③

上文根据各个国家制度与意识形态概况，简单总结了目前国外采取的主要养老服务模式。绝大部分国家采用的都是以一种模式为主、多种模式并存的养老模式。随着社会的发展，一个国家的养老方式也逐渐由家庭走向社会，多元化的养老方式将是必然选择。当传统的家庭养老模式难以适应发展趋势时，社会化养老便成为摆在我们面前的一个重大的现实课题。

---

① 〔英〕诺尔曼·金斯伯格：《福利分化——比较社会政策批判导论》，姚俊等译，杭州：浙江大学出版社，2010，第107—108页。
② 〔英〕诺尔曼·金斯伯格：《福利分化——比较社会政策批判导论》，姚俊等译，杭州：浙江大学出版社，2010，第32—34页。
③ 赵一红：《意识形态福利视角下的养老模式——城市社区养老和机构养老的比较分析》，《中国社会科学院研究生院学报》2015年第3期。

五 我国目前的机构养老与社区养老服务体系

（一）机构养老服务

"机构养老服务是指由专门的养老机构（包括福利院、养老院、托老所、老年公寓、临终关怀医院等）将老人集中起来进行全方位的照顾。以北京为例，北京目前共有养老机构340家左右，其中民办养老机构约有100家。这些养老机构可以分为三类：国家创办的养老机构，乡镇、社区、村、街道办的集体所有养老机构，企事业单位或个人所创办的民办养老机构等。在这些机构中，进入公立养老院的难度人所共知，北京市第一、第四、第五福利院的入住率常年为100%，目前有几千人在排队等候入住，城八区的公立养老院入住率也都在98%左右。"①"而民办养老院的床位已有近12000张，但平均入住率只有2/3。市民政局相关负责人表示，更多老人趋向于公立养老院，是出于对'国字头'的传统信任感，但在其他城市，状况有所不同，各方面条件优越的养老机构，入住率较高。"②

（二）社区养老服务

社区养老分为居家养老和日间照料。居家养老的基本做法是：在城市各个社区建立养老护理服务中心，老人仍然居住在自己的家里，享受服务中心提供的营养和医疗护理以及心理咨询，并由服务中心派出经过训练的养老护理员定时到老人家中为老人提供做饭、清扫、整理房间等家务服务和陪护老人、倾听老人诉说的亲情服务。居家养老服务相对于机构养老更适合我国老年人的生活习惯和心理特征，能够满足老年人的心理需求，有助于他们安度晚年，也更符合中国实际、符合城市社区为老服务的新路子。

案例1，北京。"北京西城区汽南社区积极建立'无围墙敬老院'，打造居家养老新模式。面对社区中庞大的老年群体，打破了传统养老院模式，

---

① 赵一红：《意识形态福利视角下的养老模式——城市社区养老和机构养老的比较分析》，《中国社会科学院研究生院学报》2015年第3期。

② 民政部全国老龄办公室：《全国老龄服务基本情况汇编》，北京：中国社会出版社，2010。

不设固定场所和床位收养老人。基本做法：第一，整合社区为老服务资源。将本社区居委会、社区服务站、卫生服务站、可心家政服务站、同心物业服务站、月坛街道敬老院、法律服务站等10个涉老服务单位组织起来，成立了'汽南社区居家养老枢纽服务站'。第二，建立社区居家养老服务网站。将老年人的基本情况和服务需求分类梳理公布于网上，使服务者了解老年人的需求。建立养老服务的类别信息，建立基础信息库。第三，以楼门为点，送服务到家。第四，把服务企业引进社区，直接满足老年人的个性化需求。第五，建立爱心志愿者服务"（见图1-3）。①

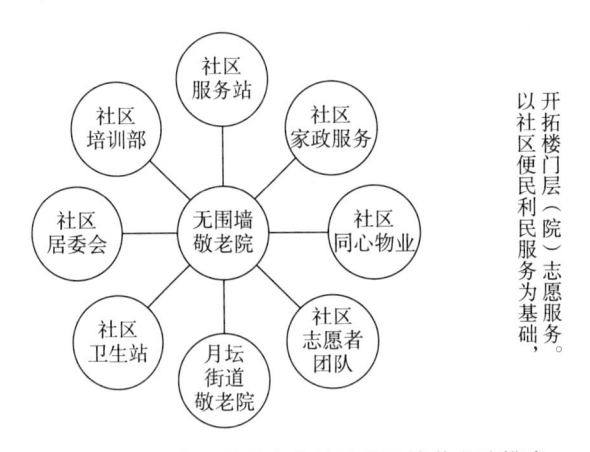

图1-3 北京西城区汽南社区无围墙养老院模式

案例2，兰州。兰州市居家养老服务的提供以"虚拟养老院"为主。2009年，兰州市城关区率先采取了由政府主导、市场运作、社会参与的虚拟养老院新型养老服务模式。2012年全市8县区都建成了虚拟养老院。截至2014年底，全市虚拟养老院服务人数达24万人，年服务老人320万人次，吸纳加盟企业253家，虚拟养老餐厅78家，虚拟社区卫生服务机构196家，服务人员3000多名。我们所调查的七里河区，其虚拟养老院建成运行以来，共建有14家"夕阳乐"餐桌，6家服务企业加盟，开展以送配餐和家政便民为主要内容的虚拟养老服务，已有46520人被纳入虚拟养老服

---

① 赵一红：《意识形态福利视角下的养老模式——城市社区养老和机构养老的比较分析》，《中国社会科学院研究生院学报》2015年第3期。

务范围。由于城关区是兰州市最早建立虚拟养老院的区，本报告对虚拟养老院的介绍主要以城关区为例。

（1）虚拟养老院的组织机构和运行模式

城关区虚拟养老院是由区政府出资筹建，区民政局主管的科级建制事业单位，负责全区居家养老工作的统筹和管理。通过建立集"接待服务""企业管理""通信指挥""咨询投诉"于一身的"四位一体"运行模式，依托网络平台信息技术手段，将养老需求与服务市场有机对接。老年人通过拨打965885服务热线提出服务需求，虚拟养老院根据老人所需向企业派出工单，服务企业在接到任务指令后派出工作人员上门服务。从服务确认到服务跟踪、服务评价、质量回访，再到企业派单统计、费用结算，整个工作流程都是通过网络管理平台来完成的。与机构养老相比，虚拟养老更加注重发挥科技服务民生的作用，因此被喻为"没有围墙的养老院"。

（2）虚拟养老院的服务内容与质量

虚拟养老院已吸纳126家服务企业加盟，养老服务从业人员近万人，为老年人提供就餐、生活照料、卫生医疗、保健康复、日常陪护、家政便民、家电维修、心理慰藉、法律咨询、文化娱乐、临终关怀等11大类230多项服务，涵盖了老年人生活的方方面面。已建成的65家虚拟养老餐厅和55家社区医疗服务站切实解决了辖区老人就近用餐和看病的问题。城关区成立了虚拟养老院义工联盟，注册爱心义工3000多名，为老年人开展包括法律咨询、心理疏导、公益宣传等系列志愿活动，帮扶老人8000多人次。

在虚拟养老院运行过程中，对不同的老年人推行分类补贴。区政府每年列支资金1000多万元，作为对全区老人的服务的补贴。虚拟养老院将全区60周岁及以上、自愿注册入院的老年人进行分类，将诸如城市"三无"、农村"五保"、困难"空巢"老人等列为A类服务对象，通过政府购买服务的形式，提供就餐、起居照顾、代办代购、居室保洁、物业维修等服务。将诸如重点优抚对象、90岁以上高龄老人、市级以上劳模或三八红旗手、正高级以上老专家、担任两届以上的省市人大代表或政协委员等列为B类服务对象，政府每月给予50元的服务补贴。对其他自愿购买服务的C类老人实行市场化服务。这样既突出了对困难老人的重点保障，又实现了全区老人居家养老服务的全覆盖。

（三）社区养老服务与机构养老服务比较分析①

1. 政策特点及行动与结构

我国自 2000 年开始陆续出台了养老服务的相关政策，各年出台的养老服务政策均有不同侧重，对这些政策进行梳理可以大致勾画出中国养老服务事业的发展历程。2000 年 2 月，国务院办公厅转发了民政部等 11 个部委制定的《关于加快实现社会福利社会化的意见》，标志着中国社会福利社会化思想的形成。《意见》提出："到 2005 年，在我国基本建成以国家兴办的社会福利机构为示范、其他多种所有制形式的社会福利机构为骨干、社区福利服务为依托、居家供养为基础的'社会福利服务网络'。"2005 年 3 月，民政部《关于开展养老服务社会化示范活动的通知》中提出："建立以国家、集体投入为主导，以社会力量投入为新的转折点，以居家养老为基础，以社区老年福利服务为依托，以老年福利服务机构为骨干的老年福利服务体系，为老年人提供生活照料服务。"养老服务社会化示范活动的启动，确立了面向全体老人提供服务的价值取向。同年 11 月颁布了针对养老机构社会化发展的文件——《关于支持社会力量兴办社会福利机构的意见》。2006 年 2 月，国务院办公厅转发全国老龄委办公室和发展改革委、民政部等部门颁布的《关于加快发展养老服务业的意见》，这是有关发展养老服务业的第一个专项通知，明确了独立发展养老服务业的构想。《意见》进一步明确居家养老、社区养老和机构养老在养老服务事业中的定位："发展养老服务业要按照政策引导、政府扶持、社会兴办、市场推动的原则，逐步建立和完善以居家养老为基础、社区服务为依托、机构养老为补充的服务体系。"2008 年 1 月，全国老龄委办公室、发展改革委、民政部等十个部门联合下发了《关于全面推进居家养老服务工作的意见》，进一步明确了居家养老在整个养老服务事业中的重要位置。该《意见》基本形成了以社区为平台的居家养老服务模式："力争'十一五'期间，全国城市社区基本建立起多种形式、广泛覆盖的居家养老服务网络，使社区居家养老服务设施不断充实，服务内容和形式不断丰富。农村社区依托乡镇敬老

---

① 赵一红：《意识形态福利视角下的养老模式——城市社区养老和机构养老的比较分析》，《中国社会科学院研究生院学报》2015 年第 3 期。

院、村级组织活动场所等现有设施资源，力争80%左右的乡镇拥有一处集院舍住养和社区照料、居家养老等多种服务功能于一体的综合性老年福利服务中心，1/3左右的村委会和自然村拥有一所老年人文化活动和服务的站点。"经过十多年的实践探索，根据《中华人民共和国国民经济和社会发展第十二个五年规划纲要》和《中国老龄事业发展"十二五"规划》，2011年年末，国务院办公厅印发了《社会养老服务体系建设规划（2011—2015年）》。《规划》从现状、定位、基本原则、目标、相关保障五个方面规划了养老服务体系，确立了新的五年计划目标：基本建立与人口老龄化进程相适应、与经济社会发展水平相协调，以居家为基础、社区为依托、机构为支撑的社会养老服务体系，让老年人安享晚年，共享经济社会发展成果。

从上述国家养老服务政策的梳理可以看出，目前中国养老服务目标为建成"以居家为基础、社区为依托、机构为支撑的社会养老服务体系"。根据这个总体目标，各级政府制定的相关政策体现出如下特点。

第一，关于政策倡导中的行动与结构，目前我国养老政策充分体现出政府政策结构与功能关联性的特点。社会政策的内容包括政策的结构与功能，也可以称其为政策的特征与目标。每一项社会政策都反映了国家意识形态，同时又是由意识形态的冲突而最终制度化的产物，养老模式的政策也不例外。政府政策的落脚点在"行动"上，但社会的资源结构却推动了政策的形成。吉登斯的观点是，结构性原则能够被理解为组织的原则，是在社会整合确定的机制基础之上合理地允许时空延伸的连续形式。其基本观点是，积极的行动者根据根本的组织原则来使用规则和资源。这些原则指导着组织和资源如何被转化和作用于调节社会关系。[①] 从我国各级政府制定的相关政策可以看出，目前在养老模式方面，政府财政积极提供资金保障，支持社会投资。各级政府通过直接补助或贴息的方式帮助贫困老人享受养老服务。同时采取公建民营、委托管理、购买服务等多种方式支持社会组织兴办或运营非营利养老机构，为形成中国特色的养老模式奠定了基础。[②]

[①] 乔纳森·H. 特纳：《社会学理论的结构》，邱泽奇译，北京：华夏出版社，2006，第455页。
[②] 赵一红：《意识形态福利视角下的养老模式——城市社区养老和机构养老的比较分析》，《中国社会科学院研究生院学报》2015年第3期。

第二，关于制度建设中的行动与结构。吉登斯认为制度是社会中跨越时间和空间的互动系统。制度并不外在于个体，是在实际的社会关系中通过应用不同的规则和资源而形成，同时，所有规则和资源最基本的维度如意义、统治和合法性等都包含在制度化的过程中，而行动者如何利用结构特质改变再生产结构。当行动者使用这些结构框架并再生产它们的时候，社会出现了"结构性特征"，即在时间与空间中延伸的"社会系统的制度化特征"。这样社会关系在典型意义上变得模式化。因此，在时空中关系的制度化揭示了一种特殊的形式，这就是吉登斯的结构特性用于解释制度定义。① 以我国特有的意识形态养老制度体系为例，"以居家养老为基础、社区养老为依托、机构养老为支撑"的社会养老服务体系的建立，正是意识形态领域中的制度化模式的代表。

2. 国家制度与政策条件下机构养老服务特点

"国家意识形态影响一国的养老模式的形成，主要表现在社会制度影响不同阶层老年人口的需求，处于不同阶层，其需要与水平不同，养老模式就不同。社会阶层由社会制度形成，每一个社会都存在不同的社会阶层。同一个特质在不同的社会有不同的阶层位置，社会阶层制度依据社会历史与文化背景的不同形成了不同的特性，而阶层制度对社会中的每一位成员都有影响。因此对于老年人来说，尽管年龄是一个生理特征，但是不同阶层的老年人的地位却有高低不同之分，因此其所选择的养老方式有很大差别。机构养老一直被认为是现代化的社会养老模式，养老机构有专职养护人员和配套的养老管理，专业水平比较高。一方面因为人数多不好入住，另一方面收取的费用比较高，这两个因素使得各方面条件比较好的养老机构很难入住。因此高水平的养老机构只能使一部分老年人享受服务，大多数老年人无法选择机构养老形式。根据中国国情，从总体发展趋势上看，养老院、老年公寓不可能成为中国社会化养老模式的主要选择，主要有以下方面的原因：第一，造成资源的浪费。老人原来都有自己的住所和完善的生活设施，老人进到养老院以后，使原来的养老生活设施闲置，养老机

---

① 〔美〕乔纳森·H. 特纳：《社会学理论的结构》，邱泽奇译，北京：华夏出版社，2006，第454—456页。

构却要重新占用土地资源和水电资源,从而造成浪费;第二,养老院的收费相对来说比较高,并非多数家庭能够承受,老年人群体因为社会阶层与经济地位不同,相当一部分老年人无法承受高消费的养老方式。同时,越来越庞大的老年人口规模也是养老院难以容纳的。因此,机构养老方式在中国只能适用于一部分老年群体"。①

3. 国家制度与政策条件下社区养老服务特点

意识形态福利视角下的社区养老模式更多的是从国家制度与结构层面设计,从减轻地方政府福利供给负担或转变政府职能、发展社会组织提供正规化服务的角度出发,英国的社区照顾模式是一个典型。社区照顾模式是英国福利国家陷入困境之后政府根据本国意识形态的特点提出的一种福利政策。英国社区照顾的福利供给对象是老人和残疾人、儿童、精神病患者等;福利供给主体是管理人员、专业工作人员和照顾人员;社区照顾的福利供给目标是维持有需要的人士在社区或者自然生活环境内独立生活。② 社区照顾的福利供给模式有社区活动中心、老人公寓、家庭照顾、居家服务、暂托处、老人院等。这些社区服务性设施主要是由英国政府举办或由政府资助的,提供的服务免费或低收费。社区照顾基本可以从几个层面界定:行动照顾、物质支援、心理支持、整体关怀。③ 从上述社区照顾福利的供给对象、供给主体、供给模式来看,此福利视角注重的是福利提供的具体方式和手段,即是一种具体的福利供给服务的模式。④ 由于中国不同于英国福利国家的社会背景,目前我国社会福利制度改革的重点主要集中在宏观政策层面,而不是集中在福利供给的具体服务方式上。⑤

相对于机构养老形式而言,社区居家养老有以下特点:第一,社会成本低。一个社区不需要太大的基建投资,只要有几间房屋略加改造即可成

---

① 赵一红:《意识形态福利视角下的养老模式——城市社区养老和机构养老的比较分析》,《中国社会科学院研究生院学报》2015年第3期。
② 夏学銮:《社区照顾的理论、政策与实践》,北京:北京大学出版社,1996,第48页。
③ 方奕霖、阮曾媛琪:《社区照顾的概念及对香港的启示》;转引自夏学銮《社区照顾的理论、政策与实践》,北京:北京大学出版社,1996,第44页。
④ 赵一红:《宏观与微观双重视角下中国社会福利制度路径选择》,《社会科学》2013年第1期。
⑤ 赵一红:《宏观与微观双重视角下中国社会福利制度路径选择》,《社会科学》2013年第1期。

为养老护理服务中心;第二,大量的资源将得到充分利用。老人居住在自己的家里,饮食起居的一切物品都会继续发挥作用,在一定意义上可以说是通过社区服务的方式把家居住房设施变成一个老年公寓;第三,所需费用较低,大多数老年人都可以承受。养老护理服务中心提供的服务价格比较低廉,而且,老年人可以根据自己的经济承受能力选择服务方式,经济条件好的可以选更多的服务,条件差的可以选择最基本的服务。相较机构养老形式,社区养老形式存在一些问题,主要表现在以下方面:第一,专业化程度不高,具有社会工作、医学、护理学等专业知识背景的高层次服务人员奇缺。一些社区仅能配备一名专职医生,这显然无法保证老年人日常保健目标的实现。第二,服务内容有限,以简单的服务和情感交流为主。第三,资金来源上过度依赖社会力量和慈善捐助,缺乏政府从制度层面和政策层面给予的支持。第四,服务对象的覆盖面不广,很多有需求的老人得不到相应的服务。只有符合一定标准的老年人(如困难老人、空巢老人等)才能成为居家养老院的成员,享受相应的服务,而由于资金和人员的限制,普通的老年人并没有被纳入服务的目标人群中。因此,针对我国养老模式的建构问题,今后还需要政府从制度层面和政策层面进行顶层设计,同时根据我国意识形态领域的特点,如何进行养老模式的研究也是非常重要的。[①]

六 城市社区老年社会工作服务体系

(一) 老年社会工作发展的内在机制分析[②]

老年社会工作的发展与国家制度以及政策密切相关。老年社会工作发展的制度结构解释框架可以追溯到吉登斯的结构化理论。吉登斯认为结构化是一个双向过程,他不相信有关社会行动、互动和组织的抽象法则,他的结构化理论不是一系列命题,而是一种动态的敏感化概念。他认为,行

[①] 赵一红:《意识形态福利视角下的养老模式——城市社区养老和机构养老的比较分析》,《中国社会科学院研究生院学报》2015年第3期。

[②] 赵一红:《我国本土化老年社会工作的发展路径研究》,《社会科学辑刊》2016年第1期。

动者利用结构并且在利用结构的特质时改变或再生产结构。因而，结构化的过程就需要对结构的性质、利用结构的行动者以及相互嵌套并生产出多种模式的人类组织方式进行概念化。吉登斯认为，结构可以概括化为行动者在跨越"空间"和"时间"的"互动情景中"利用的规则（rules）和资源（resource）。正是通过使用这些规则和资源，行动者在时间与空间中维持和再生产了结构。吉登斯认为，规则是行动者在各种环境下理解和使用的"可归纳的程序"，并认为规则其实就是一种方法论或技术。如同结构的其他关键特质一样，资源是行动者用来处理事务的工具。当行动者互动时，他们利用资源；当他们利用资源的时候，他们就操作权力以建构别人的行动。因此，结构化是一个双向的过程，在时间和空间跨度中规则和资源被用来形成互动，在互动中使这些规则和资源得到了再生产或者转化。

当用这种结构化理论解释制度定义时，吉登斯认为制度是社会中跨越时间和空间的互动系统，他认为只有当规则和资源被再生产，同时历经长时间并且在明确空间点时，才能说制度存在于社会之中。吉登斯在制度的概念化当中，力图在多个意义上避免机械化。首先，在经验情景中的互动系统是一个制度性过程的混合体。经济的、政治的、法律的和符号的秩序并不可以轻易分离。其次，制度与行动者使用并再生产的规则和资源相互联系。制度并不外在于个体，而是在实际的社会关系中通过应用不同的规则和资源形成。最后，所有规则和资源最基本的维度如意义、统治和合法性等都包含在制度化的过程中。因此，老年社会工作的发展与政府的制度以及政策的制定密切相关。

从我国老年社会服务体系发展的实践层面来分析，我国老年社会工作的实践突出表现在社区服务方面。笔者曾指出，我国社区服务的福利供给来源和供给机制都比较单一，社会化程度较低；社区的行政化倾向比较严重，社区福利供给主体大多表现为政府行为；社区福利供给的专业化程度也比较低，虽然目前一些沿海城市已经提高了社区福利供给的专业化水平，但是我国社区服务总体还处于较低水平；社区服务模式的供给视角更注重宏观政策的实施，缺少福利供给的微观层面，即专门针对养老的具体社会服务方式的提供。因此，鉴于我国老龄化严重现象，迫切需要有针对性的老年社会工作服务的开展。

然而，我国一方面缺少微观层面的老年社会服务方式的供给，另一方面，在我国社区居家养老社会工作专业服务过程中又面临着诸多困境。

（二）社区老年人精神慰藉需求与社会工作服务供给[①]

1. 社区老年人精神慰藉需求

（1）需求评估的基本概况

S社区老年人精神慰藉评估的总目标是了解社会工作服务实施地居家养老老人的精神慰藉需求状况。北京市S社区曾被评为"首都文明社区"，其特色服务项目有志愿者服务、为老服务绿色通道、食品安全监督等，其中为老服务是城市居家养老服务的重要体现，而且该社区老年人对服务的要求也越来越高。本次评估通过选取该社区50多位老年人进行需求评估问卷调查，对其精神慰藉需求进行量化，转化为具体指标，并将各个指标转化为可以操作的问题及选项。本次调查主要分为两大部分：第一部分是S社区老年人的基本信息，主要包括老年人的性别、年龄结构、受教育程度、收入来源、职业分布、健康状况等；第二部分是老年人对精神慰藉服务的需求调查，首先从整体上对老年人的精神需求满意度进行调查，然后将精神慰藉需求操作化为家庭支持需求、社区支持需求以及其他需求三大类。

（2）社区老年人精神慰藉需求情况

①个人精神状况

从表1-4可以看出，S社区的老年人对生活的满意度相对较高，且日常生活中的积极情绪体验比较多，该社区的大部分老年人对生活都抱有积极的态度。表1-5的数据表明，受访老人的生活满意度比较高，仅有3.85%的老人对生活不太满意。

表1-4 受访老年人的情绪体验

单位：人，%

情绪体验	总是	经常	有时	很少	从不	合计
消极（人数）	0	4	12	18	18	52

[①] 本节资料来源于作者主持的北京市社区居家养老社会工作专业服务项目。

续表

情绪体验	总是	经常	有时	很少	从不	合计
（比例）	0	7.69	23.07	34.62	34.62	100
积极（人数）	12	15	12	11	2	52
（比例）	23.07	28.85	23.07	21.15	3.86	100

表 1-5　受访老年人的生活满意度

单位：人，%

生活满意度	非常满意	比较满意	一般	不太满意	非常不满意	合计
人数	15	25	10	2	0	52
比例	28.84	48.08	19.23	3.85	0	100

②家庭支持需求状况

在老年人期望子女经常陪伴在自己身边的意愿方面，本研究把答案分为两个种类，把回答"非常希望"和"希望"的归为"意愿强烈"，把回答"无所谓""不太希望""十分不希望"的归为"意愿不强烈"。从表 1-6 可以看出，有 41 位老人（占 78.85%）对子女来看望自己的意愿不是很强烈，通过询问原因，大部分老人考虑到子女工作忙，怕耽误他们的时间，并非不希望子女来看望自己。

表 1-6　受访老年人期望子女陪伴的意愿

单位：人，%

期望子女陪伴的意愿	意愿不强烈	意愿强烈	合计
人数	41	11	52
比例	78.85	21.15	100

在与子女沟通的问题上，有 33 位老人（占 63.46%）认为没有困难，认为存在问题的老人主要是在沟通和生活习惯的差异上。老年人普遍表示，在困难方面的需求除了日常生活中的帮助、对社区服务的要求之外，应当加以重视的是如何与子女更好地沟通、更多地陪伴和共同参与活动。

③社区支持需求状况

在老年人最喜欢或最希望参与的活动方面，由表 1-7 可以看出，大部分老年人希望参与读书、看报、看电视、种花、养宠物等自娱自乐的活动，其次是社区组织的休闲娱乐活动和朋友间的小范围内活动。对于没有参与活动的老年人，通过询问得知主要是身体上不适的原因导致其无法参与。

表1-7 受访老年人最喜欢或最希望参与的活动

单位：人，%

参与活动	人数	比例
自娱自乐	22	42.31
朋友间的小范围内活动	9	17.31
参加社区组织的休闲娱乐活动	9	17.31
参加社区组织的学习培训活动	3	5.76
无	9	17.31
合计	52	100

由表1-8可知，大部分老年人在参与活动之后心情比以前更加愉快，这表明，社区活动对老年人精神生活质量的提高起着非常重要的作用。

表1-8 受访老年人参与活动前后的情绪变化

单位：人，%

参与活动前后情绪变化	人数	比例
心情比以前更加愉快了	27	51.92
心情没什么太大变化	7	13.46
不如以前开心	0	0
不清楚	2	3.85
不适用	16	30.77
合计	52	100

④其他需求情况

这部分问题主要针对有意愿参与志愿服务活动的老年人，从回收的问卷数据来看，表示非常愿意和愿意的老年人共31人（占发放问卷总数的59.62%），其中13人（占发放问卷总数的25%）选择便民服务，10人（占发放问卷总数的19.23%）选择帮困助弱服务。这在一定程度上反映出该社区受访老人更高层次的需求，该部分老年人具有强烈的自我实现的需求。

（3）需求评估数据分析与结论

对于城市居家养老老年人来说，特别是有一定社会经济地位的老年人群体，他们在物质生活上已经得到充分的保障，他们的晚年生活对于精神慰藉的需求会更高，这种精神慰藉可以来自家人、朋友，也可以来自社区、政府等各种社会力量。通过对S社区52位老年人进行问卷调查，在一定程度上了解到S社区居家养老老年人的精神慰藉需求的整体状况。①

首先，通过对受访老人个人基本情况数据的分析可知，该社区老年人整体生活状况处于比较好的状态，拥有充裕的物质资源。身体状况欠佳、收入较低的老年人只是很少的部分，且S社区在为老服务方面的建设相对比较完善。但是，在整体状况良好的同时，要注重个别化的服务，特别是针对高龄老人、丧偶老人、不能自理老人、经济收入相对低的老人，建立老人个人信息档案库，为其提供更加深入、长期的服务活动便显得更加重要。同时，从整体来看，该社区老年人对生活的满意度较高，这也就意味着老年人对自己晚年生活质量会有更高的需求，具体表现为老年人对于精神慰藉的需求更加迫切。②

其次，从老年人的家庭支持需求状况来看，在居家养老的模式下，老年人对子女不能长期陪伴在自己身边表示理解，也不强求子女经常来看自己。绝大多数老年人认为子女对自己的关心足够，家庭关系也比较融洽。但是，从内心深处来讲，老年人仍然希望能和子女有较多沟通，特别是在出现沟通和生活习惯差异的问题上获得帮助，以享受天伦之乐。③

再次，从社区支持需求来看，在老年人所居住的社区中，邻里朋友、社区工作人员和其他社会服务人员是其日常交往的主要范围，其需求也同样在上述交往主体中得到体现。社区活动是丰富老年人晚年生活的重要渠道，老年人在社会工作服务活动前后的情绪体验是截然不同的，多参与有利于提升老年人的健康、积极的生活感受。就社区活动来讲，老年人希望参加的是休闲娱乐活动，同时也更加注重自身兴趣方面的活动，而不一定非要参与社区集体活动。有些老年人因性格独立，更愿意发展自己的兴趣爱好。还有部分老年人因身体不便，参加社区活动有困难，因此，在具体

---

① 赵一红：《我国本土化老年社会工作的发展路径研究》，《社会科学辑刊》2016年第1期。
② 赵一红：《我国本土化老年社会工作的发展路径研究》，《社会科学辑刊》2016年第1期。
③ 赵一红：《我国本土化老年社会工作的发展路径研究》，《社会科学辑刊》2016年第1期。

的老年社会工作服务活动中,应针对每位老年人不同的性格特征、身体状况等来提供不同的专业服务。①

最后,积极参与志愿服务属于老年人更高层次的精神需求。部分老年人在自身身体状况、经济状况允许的情况下,愿意提供一些志愿服务活动。例如便民服务、帮困助弱等,S社区的"志愿者服务"常常吸纳有志愿意愿的老年人,丰富他们的晚年生活。由老年人帮助老年人会更有同理心、更有预见性、更有经验性,但是专业性的缺乏也会产生一定的不足。这就需要为老年人志愿者队伍提供一些专业支持,使专业性与经验性相结合,更好地为居家养老老人提供服务,与此同时,也能满足提供志愿服务的老年人的精神需求。②

2. 专业社会工作服务供给③

根据上述需求评估分析结果,针对服务对象设定了如下目标:第一,提升居家养老老人精神慰藉服务的质量,满足老人归属与爱、尊重、认知和自我实现的需求;第二,改善老人与家庭成员的关系,增强家庭作为老人社会支持的力量;第三,增强社区成员间的互动,扩展老人的社会支持系统;第四,整合各项服务资源,提升服务实施地居家养老各项服务的衔接性与系统性。根据上述目标,设计了如下服务计划:个案服务、小组服务、社区服务,其中以萨提亚家庭治疗模式为专业辅助技巧。家庭是一个系统,家庭成员是构成家庭这个系统的基本元素。构成家庭的每个成员相互影响、相互依赖,共同隶属于家庭,家庭成员的变化直接影响到每个家庭成员。萨提亚家庭治疗模式从家庭系统出发,以家庭情景作为动力,最终达到使每一位家庭成员成长的目的。其中,最大的特点就是着重提高个人的自尊、改善沟通及帮助人活得更"人性化",而不只求消除"症状",治疗的最终目标是个人达致"身心整合,内外一致"。很多家庭成员缺乏基本的相处技巧,包括如何聆听、如何尊重别人的私人空间、说话时如何跟对方有恰当的目光接触、如何简短明晰地表达自己而不是采用责备他人的

---

① 赵一红:《我国本土化老年社会工作的发展路径研究》,《社会科学辑刊》2016年第1期。
② 赵一红:《我国本土化老年社会工作的发展路径研究》,《社会科学辑刊》2016年第1期。
③ 赵一红:《我国本土化老年社会工作的发展路径研究》,《社会科学辑刊》2016年第1期。

方式、如何进行换位思考等。社会工作者首先要让老人及家庭成员感受到被理解、被尊重；其次要让他们分享生活过程中遇到的困难，相互提供支持；最后才是体验学习新的相处方式。

老年个案社会工作主要围绕老人及其家庭成员，以提高老年人的能力和促进老年人的发展为目标，积极提供和寻求资源，采用一对一的服务方式解决老人的生活和心理问题，调整老人及其家庭成员间的互动。个案服务主要采用心理社会治疗模式、任务中心模式、人本治疗模式以及家庭治疗模式等。在收集资料的基础之上，明确老人的需求并制订具体方案。这一环节的主要任务是社会工作者与老人共同确定合适的目标，结合社会工作者与老人的实际能力，确定具体可行的服务计划，最后详细实施个案服务计划。老年小组工作针对老年人的心理、生理、社会适应等方面的问题，利用不同目标模式的小组方案通过小组成员间的互助和凝聚力对个体进行辅导与治疗，增进老年小组成员的相互支持，改善其态度、人际关系和应对实际生活环境的能力，满足老年人工具性和情感性的需求。根据既定目标，为社区老人设计了"正能量"小组、"智慧号"小组、"老来乐"小组活动。这三个小组活动分属支持性小组和康乐小组，采用的小组模式各有不同。老年社区工作的开展需要在社会工作专业价值观的指导下，以社区为载体，以社区内老年人及其他社区成员为对象，运用各种专业工作方法，改善老人与社区的关系，提高老年人的自助、互助能力，促进老年人的社区参与，通过老年人的集体参与改善他们的生活质量。在 S 社区开展的活动分别采用地区发展模式和社区照顾模式。

通过上述社会工作专业服务的提供，S 社区的老年人在精神健康方面有所改善，在不同程度上满足了社区老年人精神慰藉的需求，一定程度上提高了社区老年人晚年的生活质量。

（三）目前我国老年社会工作发展的困境[①]

我国老年社会服务体系发展的实践重点主要体现在社区服务上。1986年，国家民政部首次提出以开展社区服务工作来满足人民生活需要的策略。

---

① 赵一红：《我国本土化老年社会工作的发展路径研究》，《社会科学辑刊》2016 年第 1 期。

目前我国社区需要承担的社会福利责任比任何一个时期都更为重要。但是就当下状况而言，我国一方面缺少服务方式的供给，另一方面在服务内容专业化方面也存在诸多问题。

第一，制度和政策层面，国家尚未建立完善的老年社会工作的人才培养制度，使得老年社会工作专业人才匮乏、服务内容不具有针对性、缺乏专业服务技巧。另外，在老年社会工作领域国家没有相关的资金扶持政策，导致老年社会服务仅局限于开展游戏和文体娱乐活动，并没有从深层次满足老年人的根本服务需求。

第二，社区认同层面，当下老年社会工作尤其是城市老年社会工作开展的成效好坏直接受制于社区认同与否。社区作为最贴近民众的一级准行政机构，在我国熟人社会文化的影响下，如果社区居委会和负责人对老年社会工作服务不认同，其工作就难以开展，不论该社区老年人是否有社会服务的需求。然而即便是社区居委会持认同和支持的态度，也会因其承担行政事务较多，在一定程度上影响老年社会服务的推进效果。

第三，地域与覆盖范围层面，当下我国老年社会服务的覆盖范围有限，只有处于一定地域和社会领域的少数老年人才能享受得到。我国西南部欠发达地区的老年人包括城市中老旧社区中的老年人都难以享受到专业的养老服务。我国政治、经济、文化发展尚不平衡，东、西部物质生活水平差距比较大，农村与城市差距比较大，即便是同一地区也有很大差别，在此情况下，如何有效运用老年社会工作服务于不同社会群体的老年人便显得尤为重要。

第四，老年人养老观念层面，当下很多老年人因受传统观念的影响以及对老年社会工作的认识不足，对社工机构提供的养老服务表现出不情愿或勉强的情绪，认为接受机构养老是晚景凄凉的表现，只有家庭养老才是幸福的晚年生活。这种养老观念上的偏见也是老年社会服务难以顺利推进的原因之一。

与上述老年社会工作发展中的具体问题相对应，社区治理中的老年社会工作服务运行机制也有如下几个方面的构成。一是政府政策。社区居家养老社会工作专业服务基本依赖于政府层面的制度与政策，政府政策的实施关系到老年社会工作的开展与发展。二是社区权力结构。街道办与社区居委会负责人对于老年社会工作的支持程度决定社区居家养老服务能否顺利实施。三是老年人对于专业社会工作服务的接纳程度。这三方面构成了我国老年社会服务工作内在运行机制的条件。

从意识形态福利视角来看，制度健全和政策引导对于我国当下的老年社会工作具有决定性意义，主要表现在以下几个方面。首先，我国老年社会工作的形成直接受国家性质与结构影响。国家权力的组织方式和国家科层化的程度作为国家结构的重要方面，其所表现出的差异性意味着中央政府对地方的控制程度不同，同时也意味着各级政府政策的不同结果。具体的机构和人为推动决定了社会政策，而社会政策对于政治共识、经济发展以及社会和谐具有重要作用。就老年社会工作而言，政府的政策制定与实施效果关系到社会全体老年人的养老服务体系是否体现了我国社会主义国家的基本要求。

其次，不同阶层需求和水平的老年人享受不同的服务体系。按照马克斯·韦伯的观点，"出于种种实际的目的，身份的分层总是会伴之以我们所熟知的那种典型方式的垄断——对观念、实物和机会的垄断"，[①]"生活方式对于身份荣誉具有关键作用，意味着身份群体是所有惯例的特定载体。无论在哪个方面都可以看得很清楚，生活的所有格式化要么起源于身份群体，要么至少也得到了它们的保护。即使身份惯例的原则大相径庭，它们也会表现出某些典型特征，尤其是在最有特权的阶层当中"。[②] 因此，从资源配置上看，国家的养老制度与政策是否能够使广大老年人群体都享受到平等的养老服务体系；从政策与社会地位获得方面看，是否能够在社会结构与社会阶层方面，使得老年人群体处于相同的社会位置当中，避免那种由于身份的分层所伴随的对观念、实物和机会的垄断，即对于优良养老服务体系的垄断，这非常重要。

---

① 马克斯·韦伯：《马克斯·韦伯社会学文集》，阎克文译，北京：人民出版社，2010，第183—184页。
② 马克斯·韦伯：《马克斯·韦伯社会学文集》，阎克文译，北京：人民出版社，2010，第183—184页。

（四）建立我国老年社会工作服务发展体系[①]

产生于西方国家意识形态下的老年社会工作理论与方法如何运用到中国的具体实践中，从而建立起中国特色的老年社会工作，这涉及老年社会工作的本土化问题。而本土化首先与一国的意识形态相关联，笔者认为本土化最基本的内涵就是本土化的社会结构与本土化的文化结构，这两个方面体现了一国意识形态的基本内涵。前文谈到，意识形态福利视角下的我国老年社会工作首先以平等、关爱、合作、助人为特征，在此基础上关注的是老年人的需求，体现国家在经济与社会政策上的供给性质与保证老年人的公民权利和利益。由此，我们要建设本土化的老年社会工作体系就一定要在中国社会结构与文化结构的基础上，以保证老年人应享受的公民权利与利益为宗旨，积极探索本土化的老年社会工作的发展路径。

1. 本土化的老年社会工作制度建构

"中国社会工作有着与西方国家完全不同的发展路径与目标。从中国社会工作建立的那一天起，中国社会工作的本质与目标就是建立中国特色的社会工作，以时代的要求为己任、以人民的要求为宗旨，以服务广大人民群众的方式参与社会治理，而不是仅仅为少数阶层服务；同时，中国特色的社会工作以其中国特色的价值观与伦理观，使用独特的专业方法，在中国共产党的领导下，通过提供职业化和人性化的服务，力求解决生活中的贫困群体与广大社会基层群体的困难与问题；整合以人为本和集体主义的价值理念，提高社会凝聚力。而我国老年社会工作的建构正是在上述意识形态视角下，以中国特色的社会工作为本质目标，为广大老年人群体进行专业服务。在此情形下如何进行老年社会工作的制度建构便成为首要问题。"

制度建构，顾名思义应该是政府从自己所承担的养老社会责任出发，以维护中国广大老年人的利益为己任，运用政府在资源配置中的优势地位，以计划和市场为手段，在中国养老模式的形式和内容上进行社会资源配置，

---

① 马克斯·韦伯：《马克斯·韦伯社会学文集》，阎克文译，北京：人民出版社，2010，第183—184页。

规范养老服务体系与标准，建立符合中国特点的养老服务机制。从2000年国务院办公室发布的《关于加快实现社会福利社会化的意见》到2013年的《国务院关于加快发展养老服务业的若干意见》，十多年来我国不断完善养老保障体系，建立了"以居家为基础、社区为依托、机构为支撑"的养老服务体系。在国家层面上，政府积极推进老年社会工作的制度化建构，例如《社会养老服务体系建设规划（2011—2015年）》提出，"探索建立在养老服务中引入专业社会工作人才机制、推动养老机构开发社工岗位"，这是发展本土化的老年社会工作的重要契机。然而面对我国人口快速老龄化的严峻形势，养老服务供给不足、养老服务制度缺失等问题仍然十分严重。因此，建立本土化的老年社会工作制度迫在眉睫，这也是我国意识形态福利视角的必然要求。

2. 本土化的老年社会工作政策引导

随着现代社会工作专业化的不断深入，社会工作的服务对象已经逐渐扩大至社会大众，其中需求最为迫切的便是老年群体。从我国的具体情况来看，我国老年群体的社会认同度和价值认同度都比较低，尤其是在意识形态领域中表现出的制度、政策、媒体宣传等关注度不高。长期以来，人们习惯把老年人视为游离于主流社会之外的弱势群体。由于中国传统文化模式的影响，养老责任一直由家庭承担而不是社会与政府，无形中又加剧了这种社会认同度。在此情况下，我国相关的养老政策缺失、养老政策缺乏连续性等。而对于老年人群体，最关键的问题在于社会能否真正用"优势视角"的理论去认识老年群体、去解决老年问题。在"优势视角"理论下，老年人不再是自身生理机能衰退带来抚养、照料问题的困难群体，反而是作为"人"和社会资源优势而成为社会人力资源的重要部分。因此，政府应该从老年人是"社会人力资源的重要部分"出发进行政策制定与引导，积极制定一系列社会福利和养老政策，健全法制，以立法的形式保障老年人的合法权益。

政府对于政策的制定要考虑一系列问题，如政策接受者的感受、政策预期、政策效果，而不仅仅关注政策的制定和实施。从这一角度出发，我国本土化的老年社会工作的政策制定应该围绕社会全体老年人的根本利益和实际需求。基于这一视角，依据中国的社会结构与文化背景积极进行本土化的老年社会工作相关政策的制定，以此为导向推动我国老年社会工作的发展。特别是考虑中国传统文化背景下的老年人对于养老政策的接受度、对于社会工作专业服务的接受度、对于社区居家养老的认可度、对于原有家庭养老观念的改变程度等。由此中国的养老服务体系应该如何建立、相关的老年社会工作政策如何导向便显得非常重要。本土化的老年社会工作政策体系要求我们在制定相关政策时要关注政策实施结构、政策实施之间的关系、政策执行的组织特征以及政治、经济、社会与文化等背景与环境，在此基础上才能够达到一定的政策预期和政策效果，这应该是本土化的老年社会工作政策引导的根本要求。

3. 本土化的老年社会工作的行动主体

社区、社工、社会组织，"三社联动"构成了我国老年社会工作的行动主体，借鉴社会发展理论。社区实施的社会发展，与"三社联动"密切相关。"三社联动"机制包括社工与社会组织、社工与社区、社会组织与社区三个系统之间的互动。这种多方合作的工作模式不仅可以减轻社区和社工机构人员紧缺的状况，增加接受服务的人数，同时也为我国老年社会工作的发展奠定了良好的基础。詹姆斯·米奇利在《社会发展——社会福利视角下的发展观》一书中系统阐述了社区发展与社会发展的关系。他认为："人们只要能够在其地方社区内一起和谐工作，就能最好地促进社会发展，这一观点构成了所谓社会发展方面社群性途径（communitarian approach）的基础。这一战略的倡导者认为，人与社区有着天然的协同工作能力，以保证其需求的满足，解决其问题，创造各种进步的机会。为了实现这种目标，他们需要相互合作达成共识。这样他们就能加强对地方资源和地方事务的控制，也能更好地为促进地方层次上的社会发展获得外部资源"。[①] 米奇利的社会发展理论在论述社区与社会发展的关系时强调了社区及社区以外的力量协同发展的作用。[②] 目前我国政府推进的"三社联动"机制恰恰体现了对米奇利这一观点的运用。在这一理论观点的作用下，"三社联动"将会为

[①] 詹姆斯·米奇利：《社会发展——社会福利视角下的发展观》，苗正民译，上海：上海人民出版社，2009，第132、135页。

[②] 詹姆斯·米奇利：《社会发展——社会福利视角下的发展观》，苗正民译，上海：上海人民出版社，2009，第132、135页。

老年社会工作提供更加广阔的发展空间。以老年社会工作中常常运用的社区照顾模式为例,在社会工作中,社区照顾包含行动照顾、物质支持、心理支持、整体关怀等内容。社工动员社区资源,运用非正规支持网络,联合正规服务提供志愿服务与设施,帮助有照顾需求的人士在家中或社区中得到照顾。社区照顾模式不仅仅是为有需求的服务对象提供服务,还能达到如下目标。第一,协助服务对象正常地融入社区;第二,强调社区责任;第三,强调非正规照顾的作用;第四,提倡建立相互关怀的社区环境。但是,在实施过程中,社区照顾实施策略要成功进入社区,单靠社区及家人的力量是不够的,为了不使这些照顾者被消耗殆尽,还需充足的志愿性社区服务和社会组织的辅助才能使社区照顾持续下去。这些社区服务包括日间护理中心、日间医院、老年人社区服务中心、关怀慰问等。因此,争取各方力量参与老年社会工作的活动与发展是中国社区发展乃至社会发展的关键。

综上所述,我国养老服务的政策引导对于我国老年社会工作的形成、结构、性质等具有关键性的影响。如何从资源配置、政策影响、制度建构、价值观念等方面发展我国老年社会工作服务、建立合理的养老社会保障体系便显得尤为重要。

七 我国城市社区综合养老服务体系建设存在的问题

(一)养老服务资金不足,缺乏社会投资

根据课题组在全国多个省市的调研情况来看,资金不足已成为制约养老事业发展的重要影响因素。目前,各省市区的养老服务体系建设资金主要依靠政府财政支持,社会投入少。虽然近年来各地在养老服务体系建设中的投入已经大幅增加,但难以形成制度化、规范化的福利资金投入保障机制。没有工作经费、建设资金缺口较大,是此次调研受访对象反映的首要问题。

受制度支持、资源分配不平衡等原因的影响,这个问题不仅存在于社会经济发展水平较低的地区,还存在于北京、上海、广州等经济发达城市。

以北上广为代表的大城市，其老龄化程度非常高，养老服务责任重大。以上海为例，截至2015年底，上海60岁及以上老年人口435.95万人，占全市户籍总人口的30.2%。上海是全国的经济中心，经济实力雄厚，但就社区养老服务的发展情况而言，也明显存在着财力、人力供不应求的情况。开展社区养老服务必须有一定的经费作为保障，但从各地区来看，还普遍存在着资金投入不足的情况。绝大部分地区开展服务所需经费来源于区级政府的拨款及街道的补助、社区办公经费，但基层财力十分有限。

这种困境在二、三线城市尤为突出。例如，甘肃省兰州市城关区自2009年建立虚拟养老院以来，服务规模逐渐扩大，服务人次不断增加，且随着虚拟养老服务内容的完善及服务质量提高，运营成本每年以20%左右的比例增长。虚拟养老院每年的资金成本主要由区政府承担，增加了政府及虚拟养老院的运营成本压力，虚拟养老院的发展受到限制。尽管区政府出台下发的《城关区社区老年人日间照料中心建设实施方案》提出对日间照料中心建设给予一定的建设和运营补贴的优惠措施，但由于财政资金紧张，没有列入预算，对各街道兴建的日间照料中心的资金补贴就无从谈起，影响了街道的工作积极性。浙江省杭州市的一位社区负责人也表示，"目前没有什么社会捐赠，因此，主要还是靠政府"，"建造一个老年食堂是一年5万，而且去年经费突然停掉了，现在是自负盈亏，……没有拨款之后，社区自己办的食堂真的很难经营下去，而且还是得按照之前的价格来"。

养老服务工作要做好，仅仅依靠政府是不够的，需要将其纳入市场的范畴内，吸纳社会投资，才能实现专业化、个性化、可持续化。然而，目前的社会化养老服务产业才刚刚起步，无法满足服务供给的基本要求，使得社会其他资金和力量无法起作用。究其缘由，可能有两个方面。第一，缺乏市场需求。虽然很多老年人确实需要多样化的养老服务，但受传统观念影响，对有偿服务这种新形式并不热情，目前仍然主要依靠子女的照料或者自食其力，很少有人愿意通过市场寻求和购买养老服务。第二，缺乏有效的市场供给。养老服务项目往往投入大、利润微、回报慢，因而没有形成规模。各地虽然也出台了一些扶持社会力量参与养老的优惠政策，但力度不够，且难以落实到位，不能发挥政策的现实效用，社会资金进入养老服务领域的积极性不高，社会力量参与养老服务事业的动力长期不足。

不管是社区抑或老人群体，与服务企业和机构之间缺少互动，彼此间没有形成相互了解、相互信任的关系。这也导致了养老服务业中的"马太效应"：愿意经营的企业越少，行业越是缺乏竞争，养老服务业就难以形成良性循环；行业越是无法形成竞争，这一行业的发展越是受到制约。养老服务机构较单一，缺乏有效的竞争，长此以往，由于缺乏必要的外部压力，一些非政府组织也容易形成垄断，丧失了改进服务的动力，进而影响工作效率和服务质量。在本次调研中，一位受访的湖北省襄阳市社区服务中心负责人表示："（中心）社会效应是良好的，经济效益不佳，社会化投资意愿不高"。这可以说是对目前总体状况的准确描述。

（二）养老服务缺乏专业队伍，亟须考核标准

随着我国老龄化程度的加剧，老年人对养老服务的需求激增，需要更多的人员，特别是专业的队伍参与到养老事业中来。目前从事养老服务工作的人员大多专业技能不高，缺乏有效的培训和资格认证，医疗服务和护理人员、社会工作师以及专业的管理人员等也不足。具体而言，从管理队伍来看，目前街道、社区一级的专职养老服务管理人员一般是民政干部或招聘人员，他们大多未受过专业训练，缺乏经验，不具备老年社会工作的专业知识；从服务队伍来看，目前的服务人员主要来自下岗失业职工，其文化素质总体偏低、专业技能缺乏、服务意识淡薄。总的来说，目前各省市养老服务体系一方面是从业人员数量总体不足，另一方面是其中专业人员很少。

调查显示，社区服务人员还存在着性别分布失衡（女性比重很大）、学历水平偏低（主要为职高、中专或技校）、年龄层次偏高（集中在50岁左右）等情况。经济发达地区的社区养老工作人员（有本科生甚至研究生加入服务队伍）的专业素质水平一般比中西部城市高，其福利保障也相对较好一些，职前职中都会有相关的技能培训。各地社区负责养老服务工作的管理人员的工资水平基本与当地的人均月收入持平，而一线服务人员的实际工资一般处于社会临时用工的最低工资水平。

在工资收入低的同时，养老服务人员的工作任务量却不轻。比如，甘肃省兰州市榆中街社区统计，社区承担的政府下派的各种工作涉及183项，

而社区工作人员加上保安员总共20人，很难将各项工作都做到位，很多工作只能处于应付状态。再如浙江省杭州市景华社区专门负责老年人工作的只有一位，而社区企业退休人员则多达900人，即使近期新增加了一名助老员，也是勉强才完成工作任务。目前，养老服务事业发展较快的深圳也只有部分社区的养老服务机构配备了少量的专业老年社工，而一两名专业社工往往要负担社区内上千名老人的评估走访、组织活动等工作，根本无法为有需要的老人提供周到细致的心理慰藉服务。

养老服务行业工作强度大、工作报酬少、服务质量低、社会认可度不高，这些都对建设和稳定养老服务队伍非常不利，导致养老服务人员从业意愿明显不足，专业人才短缺且流动情况严重。可以说，养老服务队伍建设已经成为制约养老服务事业发展的一个瓶颈。

（三）养老服务内容单一，供需不匹配

各地区由于社会经济发展水平不同等原因，其养老服务开展状况存在较大差异。经济发达的一线城市如北京、上海和深圳，其养老服务专业化水平、服务质量相对较高，服务内容覆盖面广，基本已经形成以居家养老为基础、社区养老为依托、机构养老为补充的典型的"三位一体"的社会养老服务体系。居家养老服务内容以"立足社区、面向老人、专业服务"为特点，服务内容较为丰富，主要包括生活照料、家政服务、康复服务、日托服务、法律援助、心理咨询、精神慰藉、临终关怀等。

除了几个一线大城市外，其他城市社区的养老服务开展状况则因地而异。如前所述，资金投入的不足和专业队伍的缺乏将直接影响服务项目的实施和开展。因此，各省市社区出现养老服务内容单一（在社区组织开展的相关服务当中，家政服务、组织文体活动占相当大的比重）、水平不高且费用较为昂贵的情况，无法满足多样化的养老需求。同时，老年人对于一些居家养老服务项目的需求和接纳度不高，尽管社区提供了诸如家政服务等居家养老上门服务，这些服务内容与老年人的实际需求之间也存在着一定程度的不匹配。而且，一些社区开展的居家养老服务活动没有有效刺激老年人的需求点，不能很好地满足老年人的需求，有"为搞活动而搞活动"之嫌，出现本末倒置的情况。

即便是在社会经济发展水平较好的福建省厦门市，由于意识观念、宣传力度等原因，老年人对社区提供服务的接受程度仍不高，对社区开展的活动和事务参与率和支持率较低，并且不信任从事社区服务的人员，当他们的养老出现问题时，更倾向于独自料理或雇用家政保姆。同时，受传统观念的影响，大部分老人认为养老是儿女的事情，如果依靠社区的帮扶则没有面子，而且会给外界其子女不孝的印象。这影响了社区养老服务体系的进一步建设和发展。近年来，福建省厦门市在条件相对成熟的社区试点居家养老服务中心（站），每年拨付专项资金用于服务中心的建设与运行。从社区提供居家养老服务次数比较多的项目来看，主要为迅铃急救、家政服务等。总体而言，厦门市老年人养老方式仍以家庭养老为主，机构养老比例小，社区养老尚未形成风尚，其社区所提供的服务和基础设施比较薄弱，日间照料中心数量较少，难以满足日益增长的养老需求。

中西部地区的居家养老服务体系大多不完善，尚属探索阶段，如居家养老服务券的发放和使用办法等很多方面需要进一步改进。目前的服务对象也以政府兜底的五保、失能、半失能、独居老人为主，较少涉及社会老人。根据马斯洛的需求层次理论，在满足基本的生理和安全需求之后，需求层次提升至归属和爱、尊重、认知、审美和自我实现层次。对于社会经济地位不错的老年人，他们在物质生活上能够得到充分的保障，因此其晚年生活对精神慰藉的需求更多。可以说，目前老年人的精神慰藉需求服务呈现层次不高、服务效果不明显的状态。

另外，最需要接受养老机构服务的失能、半失能的老人，养老机构一般却不愿意接收。失能、半失能的老人的生活可能不能自理或不能完全自理，需要养老机构提供相关的养老服务，但目前不管是民办的还是公办的养老机构，都不愿意收住这部分老人，大多只愿意接收健全的、生活能够自理的老人。健全的、生活能够自理的老人大多希望居家养老，而不愿意进养老机构养老，这往往导致养老资源的浪费，也许是民办养老机构入住率低的重要原因之一。

（四）养老服务资源配置不足，养老机构发展不均衡

调查发现，由于资金、环境、场地等具体条件的限制，不同社区配备的养老服务设施的种类与数量存在一定的差别。社区养老服务设施不足,便不能适应快速增长的养老需求。目前来看,大多数社区养老服务场所的服务网点少,基础设备不完善,功能相对单一,只能提供基本的生活照料及棋牌、图书阅览等文娱活动,难以满足老年人在医疗康复、精神慰藉、临终关怀等方面的需求。特别是有些地方资源严重紧缺,有些地方资源仍没有充分发挥作用。例如,根据调研组对浙江省杭州市的调研,尽管凯旋街道的各社区具有较高的同质性,但景昙社区和景华社区在经济发展水平上仍有差异。景华社区在一定程度上要好于景昙社区,因此其在养老服务供给方面也拥有更多的资金和人力。具体来说,即景华社区有社区日间照料中心,而景昙社区没有。同时,景华社区的大部分老年人主要是居住在自己家里,日间照料中心的入住率并不高;景昙社区的老龄化程度高于景华社区,但是该社区却没有这样一个服务中心。这个现象可以反映出养老服务的地区或社区差异,但课题组更多要探讨的是,两个相邻社区如何进行优势互补,是否能够将景华社区的日间照料中心也向景昙社区开放?如何科学合理地分配养老资源亦是我们应当探讨和反思的问题。

另外,养老机构布局不够合理,人口密集的中心城区数量偏少。甘肃省兰州市现有的养老机构分布就不平衡,如其城关、七里河、西固区由于土地紧张,至今没有一家国办综合福利机构,而皋兰县、永登县、红古区综合福利机构的床位利用率不足50%。这也造成了有需求的老年人想住养老福利机构,却没有床位提供;有床位的养老福利机构则因各种原因而住不满,造成资源闲置、浪费。按照民政部《社区老年人日间照料中心建设标准》,社区老年人日间照料中心房屋建筑应根据实际需要,合理设置老年人的生活服务、保健康复、娱乐及辅助用房。根据甘肃省的进一步要求,日间照料中心的建设要有"五室"(日间照料室、休闲娱乐室、图书阅览室、健身康复室和配餐室),而且每个社区都要进行建设。但不同社区老年人的需求不一定相同,比如老年人用得比较多的康复室、棋牌室要重点建,而图书馆则可以适当缩减,因为老年人到社区较少进图书馆看书。此外,一些社区离得比较近,每个社区都建老年人日间照料中心容易造成资源浪费。可以根据老年人的人数和需求考虑几个邻近社区共建一个功能齐全、辐射面广的日间照料中心,实现资源共享。这样既节省了资源,又提高了服务的质量。

还有一点是，公办养老机构供不应求，民办养老机构发展得不理想。目前湖北省宜昌市41家社会办养老机构有产权的仅9家，其他均为租赁房产，改造基础设施难度较大，多数民办养老机构依然处于规模小、设施差、功能少的状态，不能满足老年人多样化、多层次的服务需求。调研了解到，公办养老机构的床位常年保持较高的入住率，而民办养老机构的入住率较低。对一些社区来说，发展民办养老机构面临重重问题。有访谈对象认为，还是应当大力发展公办养老机构，因为民办养老机构会追求利润，如果利润不好，投资者就很难长期办下去。而且，要建设好的民办养老机构，配备完善的设施设备，收费标准就会相应提高，多数老年人难以接受和承受。此外，老年人对公办的养老机构更青睐，其设备设施和服务相对比较完善、收费相对较低。就养老机构本身来讲，也存在软硬件水平的差异，特别是民办机构服务条件差，存在配套设施不完善、服务项目偏少等问题。

（五）社会力量参与受限，未形成多方联动

在养老事业中，不仅要强调政府的主导作用，也要鼓励社会力量的参与。社会化养老区别于传统家庭养老，它通过社会途径，以社会制度保证养老服务政策、服务项目及服务内容等，具体来说就是由政府、企业、家庭、社区、社会组织、老年社会工作者、志愿者等服务供给主体，为老年人提供生活照料、家政服务、康复保健、文化教育、精神慰藉等一系列生活所需的帮助和发展服务。这种多层次、多元主体的社会养老服务体系是与我国家庭养老功能弱化以及老龄化现状相适应的。目前，养老服务的资金主要来自政府，养老服务的各监督主体多来自政府，这导致了养老服务的内生力不足、创新能力不足等问题。过度依赖政府，民间力量难以广泛参与，无法保证养老服务体系的可持续性。本课题虽为建设城市社区综合养老服务体系，但并不认为社区是一切养老服务的提供者。社区作为一个不可或缺的角色，承接着政府面向所有老年人提供的托底服务，现今也需要担负起更加丰富、多层次的养老服务。这部分服务可以是社会组织、社会工作者等提供的免费或者低收费服务，也可以是由企业提供的市场化的养老服务。它可以不由社区直接提供，但社区作为支持者和协助者参与其

中。企业、社会组织和社会工作者在社区中开展的养老服务项目、活动，有赖于政府购买或社区的引荐和帮助。然而目前的情况是，部分难得参与到社区养老服务中来的企业或社会组织只是以单个形式帮助社区解决个别问题，未能与政府和社区建立长效的项目运作机制和长期的良好协作关系。

同时，政府各部门之间也未能较好地协作沟通，制约了社区养老服务体系的建设。其中，最明显的便是民政部门与卫生部门欠缺合作和协调，制约了医养结合的发展。此次问卷调查数据显示，老年人容易患有各类慢性病，如高血压、糖尿病、关节炎、风湿病等，其在养老服务项目上支出最多的是医药费用，平均占养老服务项目支出的80%以上。老人在医疗服务方面的需求已不再是如何防治，更多的应是希望入住医护型专业养老机构，或了解如何缓解这些慢性病对生活的影响、发病时如何进行紧急救助以及发病后的康复护理服务。但是，目前各街道的医疗卫生服务中心和各社区的医疗卫生服务站所做的工作主要是按照卫生部门的要求开展的，而不是按照民政部门的要求做的。课题组在访谈中了解到，卫生和民政部门曾经合作过，即卫生部门下辖的医疗卫生工作人员开展日间护理或日间照料，刚开始做得很好，也得到了民政部门的支持，但后来由于没有明确的政策支持，比如医疗机构做养老具体应该如何界定，民政部门的经费怎么补助到医疗机构的床位上来，等等，都没有明确的说法。目前很多地区的医养结合工作基本处于停滞状态。

（六）养老服务制度不健全，政策难以落实

我国养老服务业发展尚处于探索阶段，相关法律政策配套还不健全。近年来在政策的扶持和支持下，我国社会力量举办的养老机构如雨后春笋般兴起，但问题也由此产生，目前尚未建立统一的行业规范管理标准和养老机构准入、评估、审计标准。老年人的人身健康及生命财产安全与养老服务机构的安全管理情况有着十分紧密的联系，必须对提供养老服务的特定场所、技术和标准进行规范和监管。关于非营利性民办养老服务机构的注册、收费、审计标准等，各地都有不同的规定。以老街坊养老服务中心为例，其在湖北省恩施州民政局注册为民办非企业，对其利润分配的规定是不得分红，资产不能私有化、不得设立分支机构，那么其开展相关服务

项目收费的标准便值得探讨。

而且，目前政府购买养老服务项目越来越多，但未出台较为统一的专业的效果评估标准。在青海省的调研中课题组了解到，目前青海省政府对于养老服务中心和养老服务机构采取公建民营——政府公开招标，机构负责运营的形式来进行养老服务体系的建设。但对于购买的项目在政府招标完成后就完全由民营组织负责运营，既无有效的外部监督体系，亦无同行间的竞争压力。长此以往，不仅会影响机构和服务中心提供服务的质量和效果，甚至也会影响机构和服务中心的公益性质。

此外，很多政策也仅停留在文本层面，虽然政府出台了配套政策加以扶持，但是政策落实情况很不理想，存在政府扶持力度相当欠缺的情况。2015 年湖北省出台《省物价局、省民政厅关于规范养老机构服务收费管理促进养老服务业健康发展的指导意见》，其中提出"积极探索公建民营等方式运营的养老机构收费管理模式"。意见指出："实行公建民营等方式运行的养老机构，应采用招投标、委托运营等竞争性方式确定运营方，具体服务收费标准由运营方依据委托协议等合理确定。床位费原则上根据双方投资额度、合作年限、设施水平等因素设定，其他收费项目由市场形成。鼓励政府通过购买服务的方式承担保障对象养老服务，向公建民营养老机构购买服务的，应免除保障对象的床位费，其他收费参照非保障对象确定；向民办养老机构购买服务的，保障对象保障标准与市场价格差额部分，由政府给予补贴。"① 但实际上，老街坊养老服务中心的收费标准并未按照政府文件的规定执行。在此次调查中，一位受访的养老投资人表示其个人因此而承担的风险和压力巨大。

---

① 《意见》来自恩施土家族苗族自治州民政局官网。

第二章
上海市社区综合养老服务体系建设

　　上海作为我国经济最发达的地区之一,其老龄化程度在全国位居前列。若以户籍人口为衡量指标,上海是全国最早步入老龄化的城市。同时,上海也是全国最早推行居家养老服务的试点地区。然而,目前对上海市社区综合养老服务体系建设的全面分析和详细调查研究并不太多。

　　2015年11月15日至18日,课题组成员一行四人在上海市开展了为期四天的城市社区综合养老服务体系建设状况调查。此次调查采用两种方式相结合的形式展开:一是同负责社区养老服务的政府、街道、社区的各方面人员开展座谈会,二是向政府相关部门负责人、社区相关负责人和老年人发放调查问卷。此次调研的两种方式均在社区内完成。课题组先后走访了三个社区,具体包括陆家嘴街道张杨社区、潍坊街道王家宅社区、凌云街道闵秀社区。座谈会由社区主任,街道卫生服务中心、社区卫生服务站及社区内具体负责养老工作的相关人员参加,在介绍了我们的背景、调查目的等信息后,参会人员各抒己见、踊跃发言。座谈会主要是了解城市社区养老服务体系的建设情况,涉及上海市相关养老政策、人口状况、养老的服务体系和制度体系、服务监督与保障、硬件设施、服务内容与质量、服务供给影响因素、服务效率及影响因素等。此外,我们在每个社区均选取了20名60岁及以上的老年人填写调查问卷,三个社区共发放问卷

60份，有效问卷56份。问卷调查主要是为了了解老年人的养老服务需求情况，由于不是随机抽样，所以不具有推论总体的意义。社区问卷内容主要涉及社区基本信息、社区居家养老服务供给情况以及社区居家养老服务接受情况。

本报告是对此次调研的上海市城市社区综合养老服务体系建设状况的总结。本报告主要分为四大部分：第一部分介绍上海市有关养老服务的基本情况，第二部分介绍上海市养老服务供给状况，第三部分介绍上海市老人的社区养老服务需求，第四部分总结上海市在养老方面存在的问题并提出相应的政策建议。

一 上海市养老服务的基本情况

截至2015年12月31日，上海全市户籍人口1442.97万人，其中60岁及以上老年人口435.95万人，占总人口的30.2%，比上年增加了21.97万人，增长5.3%。至此，上海老年人口占总人口的比例首次突破30%的关口，上海人口老龄化趋势进一步加重。上海市80岁及以上高龄老年人口78.05万人，占60岁及以上老年人口的17.9%，占总人口的5.4%。此外，上海市每10万人中百岁老人数12.1人，专家表示，上海长寿城市的特征已经非常明显。数据还显示，上海高龄老人数量增长稳定，低龄老人增速较快。近几年，上海步入老年阶段的人群中80%以上是独生子女父母，随着独生子女父母成为老年人群主体，"纯老家庭"现象愈加明显。①

目前，上海市政府已经建成和完善了以居家养老为基础、社区服务为依托、机构照顾为补充的养老服务体系，但目前的养老服务供应数量与质量都很有限。截至2015年底，上海养老机构共计699家，其中2015年新增床位1.1万张，比2014年增加9.7%。全市老年人日间服务机构共计442家，其中城市社区日间照料中心101家，服务人数共计1.5万，比上年增加7.1%；居家养老服务中心共计163家，社区助老服务社共计202家，服务

---

① 《上海老年人占户籍人口比例首超30%，独生子女父母渐成主体》，https://wenda.so.com/q/1363685900068195。

人数共计 30.55 万，比上年增加 3.4%，其中享受养老服务补贴的人数为 13.18 万；社区老年人助餐服务点共计 634 个，比上年增加 58 个，受益人数 7.27 万。全市老年医疗机构（独立老年护理院、老年医院）共计 28 所；独立老年护理院床位数 6645 张，比上年增加 22.7%；全市共建家庭病床 5.27 万张；65 岁及以上老年人口健康管理人数 203.89 万，占同年龄组人口比重的 71.9%。[①] 下文将进一步就所调查社区的各类基本情况做一个简要介绍。

（一）三个社区各类人口数

张杨社区总人口 4000 人，其中男性 1600 人，女性 2400 人。60 岁及以上人口 1000 人，60 岁及以上的男性有 460 人，女性有 540 人。其中半失能老人 20 人，男性半失能老人 10 人，女性半失能老人 10 人；失能老人 3 人，其中男性 1 人，女性 2 人。

王家宅社区总人口 4800 人，其中男性 2800 人，女性 2000 人。60 岁及以上的人口有 435 人，60 岁及以上的男性有 235 人，女性有 200 人。其中半失能老人 4 人，男性半失能老人 1 人，女性半失能老人 3 人；失能老人 3 人，其中男性 0 人，女性 3 人。

闵秀社区总人口 3021 人，其中男性 1456 人，女性 1565 人。60 岁及以上的人口有 872 人，60 岁及以上的男性有 420 人，女性有 452 人。其中半失能老人为 0 人；失能老人共计 4 人，其中男性 1 人，女性 3 人。

通过对比三个社区的各类人口数可以发现：张杨社区、王家宅社区和闵秀社区总人口规模大致相当，且人口总量都比较小。老龄化特征最为明显

表 2-1 三个社区的各类人口数汇总

单位：人

	张杨社区	王家宅社区	闵秀社区
社区总人口数	4000	4800	3021
女性人口数	2400	2000	1565

---

① 《上海老年人占户籍人口比例首超 30%，独生子女父母渐成主体》，https://wenda.so.com/q/1363685900068195。

续表

	张杨社区	王家宅社区	闵秀社区
男性人口数	1600	2800	1456
60岁及以上人口数	1000	435	872
60岁及以上男性人口数	460	235	420
60岁及以上女性人口数	540	200	452
半失能老人	20	4	0
男性半失能老人	10	1	0
女性半失能老人	10	3	0
失能老人	3	3	4
男性失能老人	1	0	1
女性失能老人	2	3	3

的是张杨社区，60岁及以上的老年人口比重高达25%，该社区失能、半失能老人比重达0.58%；老龄化程度最低的是王家宅社区，60岁及以上的老年人口比重为9.06%，失能、半失能老人比重不突出。

（二）三个社区的经费使用情况

三个社区均没有在调查问卷中对养老服务经费的来源和使用情况做出明确和详细的说明。但通过访谈我们了解到，三个社区的养老服务费用都以政府投入为主，并有少量的社会捐助。此外，以发行福利彩票为筹资渠道的"社区老年福利服务星光计划"是由民政部制订并在上海实施的，将发行福利彩票筹集到的绝大部分福利金用于资助城市社区的老年人福利服务设施、活动场所和农村乡镇敬老院建设的一项计划。从三个社区的支出用途来看，最广泛的三类用途是基础建设投入、日常活动支出和节日慰问支出。

（三）三个社区的养老机构情况

从居家养老机构的数量上来看，张杨社区居家养老服务机构一共有4个，其中政府组织机构2个、非营利性民间组织机构1个、营利性组织机构1个。王家宅社区没有公布明确的居家养老服务机构数量，但在访谈中得知"上海伙伴居家养老服务社"作为一家非营利性社会组织，在该社区的养老服务中发挥着积极且重要的作用。闵秀社区指出该社区有2家非营利性社会组织,分别是"上海正能社区发展中心"和"巾帼家政",二者共同承担政府的老年服务项目,社区周边还有3家公办养老院和1家私营养老院。

(四) 三个社区工作人员的情况

在三个社区有关工作人员情况的问卷填写中,缺失都比较严重,很难从问卷中获得更多更详细的关于工作人员的具体情况。从访谈中我们了解到,年轻的志愿者服务人员是社区养老服务的主力军。张杨社区主要由社区负责养老服务的管理人员通过调动、安排工作人员、志愿者为居家老人提供家政、精神慰藉等服务内容。其中管理人员4人;工作人员全为女性,共计15人,年龄在51至60岁的有10人,60岁以上的有5人。王家宅社区除了负责养老服务的管理人员、志愿者外,还按照社会工作者与老年人1∶5的比例配备社工,这些社会工作者每周上门服务两次。闵秀社区也以社区养老服务的管理人员、志愿者为居家养老服务的主力军,此外,还通过政府支付工资的形式雇用提供居家养老服务的服务人员。

(五) 三个社区居家养老服务接受情况

张杨社区2014年接受社区居家养老服务的老年人共计20人,其中男性5人,女性15人。2015年1月1日以来接受社区居家养老服务的老年人共计34人,相比上一年度,张杨社区接受养老服务的老年人人数有了显著增长。王家宅社区因数据缺失,无法了解到具体的接受居家养老服务的人数。闵秀社区2014年接受社区居家养老服务的老年人共计14人,其中男性3人,女性11人;按年龄来划分,接受社区居家养老服务的老年人在65—69岁的有2人,70—74岁的1人,75—79岁的3人,80—84岁的4人,85—89岁的1人,90岁及以上的3人。2015年1月1日以来该社区接受社区居家养老服务的老年人共计17人,较上一年度也有小幅的增加。探究人数增加的原因,很可能是居家养老服务的深入被更多的老年人及其家属认可和接受。

(六) 三个社区提供的居家养老服务项目和质量

调查问卷中列举出迅铃急救、电话送餐、家政卫生、长期护理、情感陪护、代购代邮等服务项目。其中，张杨社区的服务项目主要集中在迅铃急救、电话送餐、家政卫生、情感陪护等方面；王家宅社区的服务项目主要集中于迅铃急救、电话送餐、长期护理、情感陪护、代购代邮等方面；闵秀社区的服务项目主要集中于迅铃急救、电话送餐、家政卫生、长期护理、情感陪护等方面。可以看出，不同社区的居家养老服务内容各有侧重、不尽相同。若请老人对其接受的服务进行评价，采用10分制的话，张杨社区负责人认为可以得到9分，王家宅社区负责人认为可以得到10分，闵秀社区负责人认为可以得到9分，可见负责人对该社区提供的居家养老服务还是比较认可的。

二 上海市养老服务供给状况

上海市位于长三角地区，经济发达、人口众多、意识超前，在社会生活的方方面面都领先于国内其他地区。就社会养老服务体系而言，目前上海市已经形成以居家养老为基础、社区养老为依托、机构养老为补充的典型的"三位一体"的社会养老服务体系。具体来说，已经形成足不出户、尽享服务的"宾馆式"居家养老模式，以"日托所"为主的社区养老服务模式与以"公办公营"和"公办民营"为主要形式的机构养老模式。

（一）上海市居家养老服务状况

居家养老服务是适应人口老龄化和家庭结构变迁的、在家庭养老基础上发展起来的、适合我国国情的新型社会化养老模式，它有效整合了政府、社会、家庭的养老资源，满足了老年人个性化的需要，已成为我国养老服务的发展趋势。在居家养老服务中，政府和社会力量依托社区，为居家老人提供生活照料、家政服务、康复护理和精神慰藉等多方面的服务，是对传统家庭养老模式的补充与更新。

1. 社区问卷调查的有关情况

第一，通过问卷调查发现，三个社区都建立了社区服务中心或社区服务站。从社区服务中心提供居家养老服务的项目来看，三个社区开展的居家养老服务的项目种类大体相同，但也存在着某些差别。

就张杨社区而言，社会保障相关服务侧重开展了慈善捐赠事务处理，社会福利相关服务侧重开展的是日托所，社区文体活动类服务侧重开展的是文体活动中心、老年人活动室、老年人体育俱乐部等，教育科普类服务开展的服务项目包括老年法律课堂与司法援助、老年大学、老年人图书馆和阅览室等，但张杨社区在提供医疗保健方面的相关服务上相对比较滞后。王家宅社区和闵秀社区开展的活动大致相同，与张杨社区相比种类上更为丰富。在社会保障服务方面，提供了生活救助站、社保卡受理分站点、医疗保险事务受理、慈善捐赠事务受理等；医疗保健服务方面，提供了社区卫生服务中心/服务站、康复治疗室、体质测试站等；社会福利服务方面，提供了社区福利院、"日托所"、残疾老人服务中心、服务站等；社区文体活动类服务方面，提供了文化活动中心、老年人活动室、老年人体育俱乐部等；教育科普类服务方面，提供了老年法律课堂与司法援助、老年大学、老年人图书馆和阅览室等。可见，王家宅社区和闵秀社区提供的服务项目很全面，种类也很丰富。

第二，从社区提供居家养老服务的方式来看，三个社区所采用的方式也不尽相同。张杨社区采取的居家养老服务方式包括：低报酬的小时工性质的家庭服务员入户服务、无偿的小时工性质的家庭服务员入户服务、低报酬的社区站点形式的日间照料服务、无偿的社区站点形式的日间照料服务和邻里志愿性质的服务。王家宅社区采取的居家养老服务方式主要包括两种：低报酬的社区站点形式的日间照料服务和邻里志愿性质的服务。闵秀社区采取的居家养老服务方式主要包括：低报酬的小时工性质的家庭服务员入户服务、无偿的小时工性质的家庭服务员入户服务、低报酬的社区站点形式的日间照料服务、有偿的社区站点形式的日间照料服务、无偿的小时工性质的家庭服务员入户服务和邻里志愿性质的服务。

通过比较三个社区提供居家养老服务的方式可以发现，张杨社区和闵秀社区的方式更为灵活和多样，相比之下王家宅社区提供居家养老服务的方式比较单一。

第三，从社区提供的为老服务项目来看，三个社区提供的为老服务项目也是各有侧重。张杨社区和闵秀社区所提供的为老服务项目基本相同，包括老年人讲座、定期免费体检、少年志愿者进社区、传统节日庆祝活动等。王家宅社区提供的为老服务项目包括老年人讲座、定期免费体检、传统节日庆祝活动，缺少了少年志愿者进社区，这在一定程度上反映王家宅社区和一些社会组织的联系不太紧密，没有最大限度地发掘社会资源关注并参与老年居家养老服务。

第四，从社区提供的面向特殊老人群体的服务来看，三个社区面向特殊老人提供的服务也是不同的。张杨社区向特殊老人群体提供的服务包括高龄老人补贴与养老服务，失独老人补贴与养老服务以及"空巢"老人养老服务。王家宅社区向特殊老人群体提供的服务包括高龄老人补贴与养老服务和失独老人补贴与养老服务，并没有提供"空巢"老人养老服务。闵秀社区向特殊老人群体提供的服务除了张杨社区提供的所有项目（高龄老人补贴与养老服务、失独老人补贴与养老服务以及"空巢"老人养老服务）之外，还向低保、低收入老人提供养老服务。

对比三个社区向特殊老人群体提供的服务可以发现，闵秀社区几乎对所有特殊老人群体都有关注，服务对象覆盖面广。张杨社区没有特别关注低保、低收入老人，服务对象的范围仅次于闵秀社区。相比之下，在特殊老人群体服务上做得最欠缺的是王家宅社区，该社区对"空巢"老人和低保、低收入老人的关注都比较少。

2. 上海市"宾馆式"的居家养老服务

上海市是我国最早设立试点和推行居家养老服务的地区，倡导和提供"宾馆式"的居家养老服务。上海市的居家养老服务从2000年开始探索，2004年有了重大突破，现在已经比较成熟。上海市在提供养老服务方面领先于全国其他城市，这与该市老龄化程度高的现实密不可分。上海市"宾馆式"居家养老服务与传统的居家养老不同，它以家庭为基点、以社区为依托、以专业机构服务为支撑为老年人提供物质、精神和文化的发展需要。截至2015年底，上海市已有居家养老服务组织233个，居家养老服务人员2.5万人，覆盖了所有社区，使10.5万名老人受益。之所以称上海市提供的是"宾馆式"的居家养老服务，是因为老年人在家或社区就可以通过电话、安康通等通信手段，订购送餐、家政、维修、护理等各类服务项目，真正实现了"足不出户（社区）、服务尽享"，而且这些服务项目还会被服务监督机构进行量化评比，进而保证了服务质量。

"安康通"老年人呼叫援助系统具有两大功能，一是当老年人遭遇意外和危险时发挥紧急呼救的作用，二是帮助老年人与社区服务网络建立联系。其服务内容也非常广泛，可以联系维修、帮助购物、紧急救援等。"安康通"对于独居老人的贡献尤其突出，低保老人或经济困难老人的使用量也很大，大约占到15%。"安康通"成为老年人与社区服务快速连接的纽带，运用先进的科技手段满足老年人的生活服务需求。换句话说，"安康通"是老年人享受"宾馆式"居家养老服务的重要手段之一。

（1）"宾馆式"的居家养老服务的运行模式

政府向不同年龄、不同健康状况的老年人发放不能变现的服务券用于老年人购买服务项目，服务券的面值金额有300元/月、400元/月、500元/月。居家老人根据自身需要，通过拨打服务热线提出服务需求，养老服务中心根据老年人的需求进行登记、派发服务，提供服务的组织在接到服务任务后派出专门的工作人员提供上门服务。服务结束后，第三部门会对服务状况进行跟踪、评价、回访，最后提供服务的组织凭借老人提供的服务券到社区养老服务中心进行费用结算。对于一些老年人产生的服务费用超出了服务券限度的情况，老年人也可以通过支付现金直接购买服务。

（2）"宾馆式"的居家养老服务的服务内容

政府提倡各个街道根据本地区的特点，整合资源、因地制宜，不断丰富服务内容，为有服务需求的老人提供照料、慰藉等服务。截至目前，很多社区在坚持服务标准化的基础上向个性化、多元化迈进，组织和利用各方资源开展居家养老服务，形成以"十助"为基本内容的服务体系。"十助"的服务内容具体包括：助餐、助洁（助浴、洗衣、理发）、助居、助医、助急（安装家居宝等紧急呼叫设备）、助聊、助游、助学、助保（设立维权咨询站等）、助乐（老年活动室、棋牌室等）。充分利用居委会的活动场地，努力挖掘社区、服务机构、民间组织等现有的服务资源，使老年人充分享受"十助"服务带来的便利。

（3）"宾馆式"的居家养老服务的监督和保障

为了更好地保障老年人合法权益，将老年服务工作落到实处。上海市政府先后出台了《养老机构分类分级标准》《养老机构服务标准》《居家养老服务标准》"三大标准"，逐步建立健全养老服务标准体系，不断提高行业规范化、专业化发展水平。下一阶段养老服务的工作重点将聚焦于服务需求的评估机制建设，即对有服务需求的老年人进行健康状况、支付水平、需求内容、服务层次的评估和界定，在实现资源合理有效配置的基础上，努力满足不同老年人的服务需要。除此之外，对于提供养老服务的工作人员的各项技能也要加大考核和培训的力度，努力实现精准化服务的目标。

（二）上海市社区养老服务状况

家庭养老一直是广大老年人首选的养老方式，一来受传统的养儿防老思想的影响，二来受经济发展水平和个人收入水平的制约。然而，随着实施计划生育政策后家庭结构的改变以及子女工作和居住地点的限制，传统的家庭养老模式正在逐渐式微。此外，由于上海市先于全国20年进入老龄化社会，可以借鉴的国内经验几乎没有，而且社会福利水平远达不到发达国家的水平，因而机构养老无法成为上海市养老服务的主流。正是基于这样的现实，社区养老开始成为一种具有生命力的养老模式，并在养老事业发展中发挥着越来越重要的作用。同时，社区养老服务又是居家养老服务的重要支撑，主要面向家庭日间暂时无人或者无力照护的社区老年人提供生活照料、医疗保健和精神文化等方面的服务。上海市的社区养老服务主要以日间照料中心（或称"日托所""托老所"，以下统称为"日间照料中心"）的形式来提供。相关资料显示，81.6%的老年人需要和比较需要在每个街道建立老年人日间照料中心。[①]

截至2015年底，上海市共有381家社区老年人日间服务中心，为1万名社区老人提供日间照料服务。虽然一些日间照料中心在硬件设施上还未能完全跟进，但从服务理念和服务目标上，都在为日间照料中心的老年人提供更为全面、细致的服务而努力。日间照料中心的服务对象主要针对三类人群：一是高龄自理老人；二是轻、中度失能老人及轻度失智老人（不建议将重度失能老人包含其中，因为他们行动不方便，容易诱发安全事故；对于中度、重度失智的老年人，因为需要护理人员具有较高的专业水平，

---

① 刘芳：《上海市长宁区社区为老服务体系的构建》，《中国老年学杂志》2010年第12期，第17页。

因而很难实现规模化服务）；三是老年人的子女、保姆和监护人等，上海市正在开展的"护老者之家"的活动就是针对这类人群的典型活动，之所以将老年人的子女、保姆和监护人等列为日间照料中心的服务对象，是因为长期以来我国向家庭照护者提供的系统性的照护信息和技术支持相对欠缺，照护知识相对缺乏，但当前我国居家养老的照护工作仍然以家庭成员或保姆为主力，这使得他们急需压力释放、管理支持等方面的指导。

1. 上海市日间照料中心的建设情况

依据上海市《社区老人日间照料中心建设标准》，日间照料中心应根据小区住户人数进行相应配置，并没有整齐划一的标准。大多数的日间照料中心由政府投资兴建，日常运行费用一般由区或街道两级政府来承担（少数由福彩募资或企业投资，对此不做详述）。不同的日间照料中心的收费标准也不相同，有的完全免费，有的收费300元、700元，有的收费上千元。

在使用面积上，日间照料中心少则几十平方米多则上千平方米（不包括与其他单位共用的面积）。在基础设施建设上，条件较好的设有多功能活动室、医疗保健室、康复训练室、心理疏导室、娱乐室、书画室、浴室、理发室、阅览室、配菜室、休息室等，条件较差的仅有几间配有电视、空调等基础设施的活动室。在人员配备上，功能齐全的大型日间照料中心从管理到服务人员多达十几人甚至几十人，而规模较小的日间照料中心可能只有几个人，而且很多时候管理人员还要兼顾服务的职能。

2. 上海市日间照料中心的运行、经营与管理情况

上海市的日间照料中心大体采用的是"六位一体"的运行模式，即医疗、照护、康复、营养、心理疏导和娱乐共存的医养结合型运营模式。日间照料中心相当于机构中的一个照护单元，与机构不同的是，除了老年人晚上不在这里住之外，其他的服务都与机构入住老人无异。

上海市的日间照料中心采用的是多种经营方式并存的模式，有的外包给企业经营，有的临近敬老院由敬老院来管理，还有的由街道老龄科直接管理。[1]

上海市的日间照料中心基本都采用"三级管理模式"，一级管理为日间

---

[1] 汤军克等：《上海市某区老年人日间照料中心的调查》，《中国老年学杂志》2012年第32期，第2807—2808页。

照料中心负责人,有一定的社会经验和文化水平,热爱老龄事业、热心老年服务,负责日间照料中心相关制度的制定、与上级部门协调沟通以及对二级人员的管理工作;二级管理人员主要由离退休老人组成,负责日常活动安排和三级人员的管理工作;三级管理人员负责亲临服务工作和协调志愿者服务队伍;志愿者服务队伍大多是年龄相对较低的中老年人,主要负责安全检查、卫生打扫等服务工作。这种分工明确、职责分明的管理模式不但提高了管理水平,提升了组织的运行效率,也增强了服务的质量。

3. 上海市日间照料中心的主要照护内容

尽管上海市日间照料中心的建设水平参差不齐、服务项目各有侧重,但无论是哪个层次的日间照料中心,都在为健全生活照料、康复护理、医疗保健、紧急援助、精神慰藉、社交情感六大类服务内容而努力。六大类服务内容在上海市的很多日间照料中心已经实现,即使有些尚未完全实现,也或多或少有所涉及。

此外,上海日间照料中心在服务内容上强调不与居家上门服务同质化,要侧重开展家中无法完成的服务,一些结构完善、设施齐全的日间照料中心正朝着更加全面化、专业化、细致化的方向迈进。例如,开展专业康复指导,在开展服务的过程中由专业康复治疗师进行指导,实施内容包括运动疗法、物理疗法、作业疗法、语言疗法及心理治疗等;开展娱乐和交友活动,多项研究表明,社会支持与老年人的生活质量、身心健康密切相关,高龄老人和失能老人的社会支持总体较少,因而增强其社会支持十分重要,日间照料中心应积极引进专业社工开展小组活动,不让活动流于形式,并使其积极作用充分发挥;开展家庭照料技能和压力管理培训,为子女、保姆、其他老人照护者提供专业性的家庭护理培训,通过培训提高照护者的技能和管理能力,此外,培训过程中的沟通交流也能够使照料中心更直接、更方便地了解照护者在日常照料中遇到的困难,以便更有针对性地提供相应的支持和服务;开展心理慰藉与干预活动,调查显示,85%的老年人或多或少存在着不同程度的心理问题,40%的老年人常见病诱因与心理因素有关[1],

---

[1] 丁勇:《一种反思:再定位社区日间照料中心》,《中国科技投资》2014年第30期,第26—29页。

因而，认真有效地做好老年人的心理慰藉和干预工作，是日间照料中心一项重要而艰巨的任务，中心可以根据不同老人的具体情况为其制定具有针对性的慰藉和干预方案，在老人来到日间照料中心时开展服务。

4. 上海市日间照料中心的服务监管和保障

尽管上海市政府一直非常重视对日间照料中心的建设投入，但对于服务质量、服务能力的测度和监管并没有足够重视，缺乏规范的行业标准和有效监管。仅依靠《老年人生活自理能力评估表》和《上海市社区老年人日间服务中心规范化运营指导手册》作为行业服务标准，难以找到其他的规范管理和运行的标准。此外，管理体制多采用"直属、直办、直管"的管理模式，政府职能没能真正转向制定行业标准、保证运营资金、监督监管等角色，没有能够充分发挥政府与社会的合力，很难实现长期有序的发展。

通过长期实践，上海市政府也已经意识到自身在日间照料服务监管和保障上的欠缺。"养老服务体系建设被列为今年本市政府系统目标管理三大重点项目之一，会议审议通过的《2016年本市推进社会养老服务体系建设工作目标》涵盖5大类工作任务，其中包括打造科学有效的养老服务行业监管体系，并提出了17项工作目标和47个考核指标。"① 可见，上海的养老服务监管和保障工作正在不断成熟、日益完善。

（三）上海市机构养老服务状况

随着"养儿防老"思想的逐渐淡化，机构养老作为老年人养老的重要方式之一，也慢慢被更多的思想开明的上海老人接受和认可。不过这一养老方式也是优劣参半的。机构养老方式的优势在于：就服务质量而言，老年人能够获得更加专业和细致的生活、医护照顾；就服务设施而言，有专门的无障碍设计，减少了老年人跌倒等意外事故发生的可能性；就生活品质而言，便于老年人聚集到一起聊天、活动、游玩，缓解了独自生活的孤独，减轻了儿女负担，对于丧偶老人还有利于其找寻到新的伴侣，进而提

---

① 黄欢：《上海市政府常务会议召开，着力推动儿童健康服务能力建设》，http://news.163.com/16/0329/05/BJA6TBGA00014AEE.html。

升幸福感。

其劣势在于：就人际关系而言，老年人需要适应新的生活环境并重新建立人际关系，在此过程中，难免与他人发生口角和冲突；就成本费用而言，需要更多的费用来支付享受服务和使用设施的开销，难免会加重老人的生活负担；就精神慰藉而言，和子女相处的时间少了，难免会增加对亲人的思念。

截至2015年底，上海市共有养老机构699家。在全市养老机构中，由社会投资开办的有344家，床位5.8万张。截至2016年上半年，养老机构已经达到872家，涵盖敬老院、福利院、疗养院、老年公寓等多种类型，收费标准每月500元到5000元不等；规模上，从50张床位到5000张不等。其中，设施相对齐全，价格每月在500元到2000元的养老机构更受老年人青睐，存在明显的供不应求的状况。为一定程度上缓解这一问题，上海市政府对入住各类养老服务机构的重点优抚对象、城市三无人员、农村五保对象、城乡低保人群以及处于低保边缘的家庭老人，依据自理情况，分别给予1200元到3600元不等的补助。此外，上海市政府还大力鼓励民办养老院的建设。2013年，上海市提高了养老服务补贴标准，对于新建立的养老服务机构，每张床位的补贴额度从2000元增长到4000元；对于采用租用方式增加的床位，每张床位可享受的补贴额度为1000元。

"目前，全市养老床位入住率为70%左右，中心城区高一些，郊区低一些。民政局在分析入住率低的原因时表示，一是养老机构从开业到入住需要时间较长一些，入住率达到一定比例平均需要2年到3年的时间；二是养老机构有一定比例的包床，据统计有40%的养老机构存在包床现象，部分老人占了床位但不一定长时间使用；三是选址规划不尽合理，没有考虑交通、医疗等配备，给入住养老机构的老年人及家属造成不便。此外，因郊区的一些养老机构管理模式相对滞后，不能满足城区老年人多样化的需求，同时缺少便于老人及家属查询的平台。针对这些问题，民政部门正在通过统筹规划、完善政策、搭建平台、加强宣传等方式进行改善。"[1]

---

[1] 王海燕：《老床位入住率为70%左右，中心城区相对较高》，http://sh.sina.com.cn/news/b/2013-07-16/082154267.html。

可见，上海市政府对于养老机构建设高度重视，并通过资金补贴向养老机构兴办者和有入住需求的老人提供双向的补助，完善政策法规、积极搭建平台，这对于养老机构的建立、完善以及入住率的提升都有积极的促进作用。

三 上海市老年人的社区养老服务需求

老年人社区养老服务需求主要包括精神需求、健康医疗服务需求和休闲娱乐需求等。① 社区养老服务可以根据老年人的需求，从他们的意愿与实际情况出发，提供切实可行的个性化的养老服务。对于老年人的健康医疗需求，老年人可以使用社区提供的服务，或者根据具体情况由社区向老年人提供便利的医疗上门服务，这样既可以避免去大型公立医院就诊面临的距离远、患者多、手续繁杂等问题，又能够避免私营诊所医疗风险大等问题。对于老年人的休闲娱乐需求，社区是提供符合老年人特点的活动场所、组织相应的群体活动、满足老年人精神层面需求的重要载体。

对上海市老年人社区养老服务需求情况的了解我们主要采用了问卷填答法，具体为对社区内60岁及以上的老年人口进行问卷调查。需要特别说明的是，该部分问卷调查并不是采用随机抽样完成的，因而不具有推论总体的意义。以下是对上海市老年人社区养老服务需求情况的问卷分析。

（一）老年人基本情况

1. 性别构成

课题组在上海市调研的三个社区老年人的性别构成如表2-2所示。在56份有效问卷中，男性有18人，占调查总量的32.1%；女性有38人，占调查总量的67.9%。简单地说，参与调查的女性人数是男性的2倍多。

---

① 王晓峰、刘帆、马云博：《城市社区养老服务需求及影响分析——以长春市的调查为例》，《人口学刊》2012年第6期。

表 2-2　老年人的性别构成

单位：人，%

	人数	百分比
男	18	32.1
女	38	67.9
合计	56	100.0

2. 老年人的年龄构成

上海市调研的三个社区的老年人年龄构成如表 2-3 所示。在 56 份有效问卷中，65—69 岁这一年龄段的老年人是最多的，共有 21 人，占参与调研的老年人总量的 37.5%；其次是 70—74 岁的老年人，有 11 人，占参与调研的老年人总量的 19.6%，这两个年龄段的老年人身体还比较强壮，离开工作岗位不久，还很热心于社会活动；再就是 60—64 岁、75—79 岁、80—84 岁，这三个年龄段参与调研的老年人数量大致相当，都在 7 人或 8 人，占参与调研的老年人总量的 12.5% 或 14.3%；比重最小的是 85—89 岁，只有 1 位老人，占参与调研的老年人总量的 1.8%。

表 2-3　老年人的年龄构成

单位：岁，人，%

年龄段	人数	百分比
60—64	8	14.3
65—69	21	37.5
70—74	11	19.6
75—79	7	12.5
80—84	8	14.3
85—89	1	1.8
合计	56	100.0

3. 老年人的受教育程度

课题组在上海市调研的三个社区老年人的受教育程度如表 2-4 所示。从表 2-4 可以看出，未接受过教育的老人只有 1 位，占参与调研的老年人总量的 1.8%，比重是最小的；接受小学教育的有 6 人，占参与调研的老年人总量的 10.7%；接受过初中和高中/中专教育的老人分别有 24 人和 17 人，分别占参与调研的老年人总量的 42.9% 和 30.4%，这两类人群在参与调研的老年人中的占比是最大的，一共占到了 70% 以上；接受过大专及以上教育的有 8 人，占参与调研的老年人总量的 14.3%。总的来说，上海市参与调研的老年人的文化水平还是比较高的。

表 2-4 老年人的受教育程度

单位：人，%

	人数	百分比
未上学	1	1.8
小学	6	10.7
初中	24	42.9
高中/中专	17	30.4
大专及以上	8	14.3
合计	56	100.0

4. 老年人的婚姻状况

课题组在上海市调研的三个社区的老年人的婚姻状况如表 2-5 所示。初婚有配偶的有 38 人，占参与调研的老年人总量的 69.1%，这一人群在被调研的老年人婚姻状况中所占的比重是最大的；其次是丧偶的有 13 人，占参与调研的老年人总量的 23.6%，也就是说调研的这批老年人当中，每 4 个人中就有 1 个缺少了生活伴侣，孤独感、寂寞感很可能是这部分老年人最大的情感问题；再次是再婚有配偶的，共有 3 人，占参与调研的老年人总量的 5.5%；再就是离婚老人，只有 1 人，占参与调研的老年人总量的 1.8%。可见上海市被调研的这部分老年人的离婚率还是比较低的，这也符合老年人普遍低离婚率的社会现实。在此次上海市的调研中，没有未婚和同居的老年人。没有出现未婚的老年人可能与老年人适婚年龄所处的年代有关，那个年代很少有适婚年龄的青年不结婚的。没有出现同居的老年人，可能的原因有两种，一种是与老年人普遍的生活理念有关，认为同居不太光彩；另一种可能是被调查的老年人中确实没有同居现象存在。

表 2-5 老年人的婚姻状况

单位：人，%

	人数	百分比
初婚有配偶	38	69.1
再婚有配偶	3	5.5
丧偶	13	23.6
离婚	1	1.8
未婚	0	0
同居	0	0
合计	55	100.0

5. 老年人的共同居住情况

课题组在上海市调研的三个社区老年人的共同居住情况如表 2-6 所示。对于上海市老年人的共同居住情况，我们在问卷设计上是以不定项选择的形式呈现的，涉及的选项有配偶、子辈、孙辈、其他亲戚、保姆、自己居住以及其他。

从表 2-6 可以看出，被调查的老年人中与配偶共同居住是最多的，共有 37 人，占参与调研的老年人总量的 66.1%，这些老人与老伴相依相辅、共度晚年；其次是与子辈共同居住的，共有 17 人，占参与调研的老年人总量的 30.4%，选择这种居住方式的老年人，可能是居住面积有限，也可能是老人身体状况欠佳需要子女的照顾，还有可能是老人与子女之间相互需要；再次，是自己居住的老年人，共有 8 人，占参与调研的老年人总量的 14.3%，这部分老年人基本都是身体还比较健康的丧偶老人或与老伴没在一个城市生活的老人；再有是与孙辈共同居住的，共有 3 人，占参与调研的老年人总量的 5.4%，这部分老人基本是三世同堂，三代人共同生活在一起，选择这种居住方式的老年人，较多的是老人帮助子女照看孙辈，也有可能是老人身体状况欠佳需要子女的照顾；选择其他居住方式的有 3 人，占参与

表 2-6 老年人的共同居住情况

单位：人，%

	人数	百分比
与配偶共同居住	37	66.1

续表

	人数	百分比
与子辈共同居住	17	30.4
与孙辈共同居住	3	5.4
与其他亲戚共同居住	0	0
与保姆共同居住	0	0
自己居住	8	14.3
其他	3	5.4

调研的老年人总量的5.4%；此次上海被调查的老年人中，没有与保姆居住或与其他亲戚居住的老年人。

6. 老年人退休前所在的单位类型

课题组在上海市调研的三个社区老年人退休前所在的单位类型如表2-7所示。从表2-7可以看出，被调研的老年人中，退休前在企业工作的人数是最多的，共有51人，占参与调研的老年人总量的91.1%；其次是从事业单位退休的老年人，其虽然是除企业之外就业人数最多的行业，但也只有3人，占参与调研的老年人总量的5.4%；无单位和自办企业的各有1人，各占参与调研的老年人总量的1.8%。上海市三个社区参与调研的老年人中没有党政机关退休人员，没有军队退役人员，也没有从事其他行业的人员。

表2-7 老年人退休前所在的单位类型

单位：人，%

	人数	百分比
党政机关	0	0
企业	51	91.1
事业单位	3	5.4
无单位	1	1.8
自办企业	1	1.8
军队	0	0
其他	0	0
合计	56	100.0

7. 老年人目前的主要生活来源

课题组在上海市调研的三个社区老年人目前主要生活来源如表2-8所示。对于上海市老年人目前的主要生活来源情况，我们在问卷设计上是以不定项选择的形式呈现的，涉及的选项有自己的离/退休金、自己劳动/工作所得、配偶的收入、子女的资助、政府/非营利组织的补贴/资助、以前的积蓄、房屋土地等租赁收入以及其他，表2-8是根据统计结果绘制的表格。

从表2-8可以看出，以自己的离/退休金作为主要生活来源的老年人是最多的，共有55人，占参与调研的老年人总量的98.2%；其他形式的老年人生活来源都比较有限：以配偶收入和以前的储蓄为主要生活来源的各有3人，各占参与调研的老年人总量的5.4%；以子女的资助为主要生活来源的有2人，占参与调研的老年人总量的3.4%；以自己劳动/工作所得、政府/非营利组织的补贴/资助或房屋土地等租赁收入为主要生活来源的，各有1人，各占参与调研的老年人总量的1.8%。调研所列举的老年人主要生活来源基本涵盖了老人收入的所有情况，所以其他收入来源的人数为0。

表2-8 老年人目前的主要生活来源状况

单位：人，%

	人数	百分比
自己的离/退休金	55	98.2
自己劳动/工作所得	1	1.8
配偶的收入	3	5.4
子女的资助	2	3.6
政府/非营利组织的补贴/资助	1	1.8
以前的积蓄	3	5.4
房屋土地等租赁收入	1	1.8
其他	0	0

8. 老年人2014年的家庭平均月收入

课题组在上海市调研的三个社区老年人2014年的家庭平均月收入如表2-9所示。从表2-9的汇总情况可以看出，被调研的老年人中家庭平均月收入水平为1501—3000元是最多的，共有26人，占参与调研的老年人总量的46.4%；其次是家庭平均月收入水平在3001—5000元的，共有22人，占参与调研的老年人总量的 39.3%，这两部分收入人群在被调研的老人中的比重最大，两部分合计占参与调研的老年人总量的 80% 以上；家庭平均月收入水平在 5001—10000 元的老年人有 4 人，占参与调研的老年人总量的 7.1%；与之相当的是家庭平均月收入水平在 701—1500 元的老年人，有 3 人，占参与调研的老年人总量的 5.4%；家庭平均月收入水平在 700 元以下的也很少，只有 1 人，占参与调研的老年人总量的 1.8%。可以看出，上海市调研的三个社区老年人的家庭平均月收入水平总体呈抛物线形，1501—5000 元是抛物线的顶点，月收入水平离顶点越远，人数越少。

表 2-9　老年人 2014 年的家庭平均月收入情况

单位：元，人，%

家庭平均月收入	人数	百分比
无收入	0	0
700 及以下	1	1.8
701—1500	3	5.4
1501—3000	26	46.4
3001—5000	22	39.3
5001—10000	4	7.1
10001 及以上	0	0
合计	56	100.0

（二）老年人养老需求情况

1. 老年人在养老项目上的支出情况

课题组对上海市三个社区的老年人在 2014 年一年的养老项目上的支出情况进行了调研，支出项目涉及康复护理支出、长期照料支出、医药费用支出、家政服务支出以及其他支出。从支出类别的人员数目来看，涉及医药费用方面支出的人数最多，共有 37 人，占参与调研的老年人总量的 66.1%，这符合老年人体弱多病的年龄特点；其次是家政服务支出，虽然在这个项目上支出的人数只有 2 人，但这是仅次于医药费用支出的第二大项，支出金额为每月 200 元和 250 元；其他支出项目如康复护理支出、长期照料支出、其他支出等被调研的老年人均很少涉及。

相比于其他的服务支出项目，上海市三个社区的老年人在 2014 年一年中用于医疗费用支出的人数最多，占参与调研的老年人总量的 66.1%，因而有必要单独对其进行分析，具体支出情况如表 2-10 所示。从该表可以看出，老年人每月的医疗费用支出差距很大，少则 0 元，多则上万元，这与老年人的年龄、身体状况、患病种类有着密切联系。从参与调研的老年人整体情况看，每月没有任何医疗费用支出的有 19 人，占参与调研的老年人总量的 33.9%；每月用于医疗费用的支出在 100—500 元的老年人是最多的，共有 22 人，占参与调研的老年人总量的 39.3%，仅就参与调研的这部分老年人而言，医疗服务支出低于 500 元的占参与调研的老年人总量的 66.1%，这也说明参与调研的老年人中多数身体健康状况比较好。相比次之的是，每月用于医疗费用的支出在 1000 或 5000 元的老年人，各有 4 人和 2 人，分别占参与调研的老年人总量的 7.1% 和 3.6%；每月用于医疗费用的支出在 1000 元及以上的老年人共有 11 人，占参与调研的老年人总量的 19.6%，相对于老年人的收入状况，这部分老年人的经济负担还是比较重的。

表 2-10　老年人 2014 年的医疗费用支出

单位：元，人，%

支出金额（元）	人数	百分比
0	19	33.9
30	1	1.8
50	1	1.8
100	4	7.1
200	8	14.3
300	3	5.4
400	1	1.8
500	6	10.7
600	1	1.8
800	1	1.8
1000	4	7.1
1500	1	1.8
2000	1	1.8
2500	1	1.8
3000	1	1.8
5000	2	3.6

续表

支出金额（元）	人数	百分比
10000	1	1.8
合计	56	100.0

2. 老年人目前的身体状况

课题组对上海市三个社区老年人当前身体状况的调查，主要是通过老年人的自我感知和老年人凭借以往的体检报告等做出的选择，具体结果如表2-11所示。从表2-11可以看出，认为自己身体状况一般的人数最多，共计38人，占参与调研的老年人总量的69.1%；认为自己身体状况健康和不健康的各有8人，分别占参与调研的老年人总量的14.5%；认为自己身体很健康的老人只有1人，占参与调研的老年人总量的1.8%。我们认为，参与调研的老年人的身体状况符合该年龄阶段的生理特征，这也提示这部分老年人要注重身体锻炼，争取更健康的体格。

表2-11 老年人目前的身体状况

单位：人，%

	人数	百分比
很健康	1	1.8
健康	8	14.5
一般	38	69.1
不健康	8	14.5
合计	55	100.0

3. 老年人的慢性病情况

对于上海市三个社区老年人患慢性病的情况，我们在问卷调查中列出了比较常见的一些疾病，包括高血压、糖尿病、慢性支气管炎、肺气肿、肺心病、心脏病、关节炎、风湿病、哮喘和其他。很多老年人同时患有几种病症，所以我们采用不定项选择的形式让老人作答，表2-12是将统计结果整理后绘制的表格。从表2-12可以看出，老年人患高血压的比重是最大的，共有26人次，占参与调研的老年人总量的46.4%，高血压已成为参与调研的老年人中最为普遍的病症；患慢性支气管炎、心脏病和关节炎的人数也比较多,分别有14人、15人和16人,各占参与调研的老年人总量的25.0%、26.8%和28.6%;患糖尿病和风湿病的老年人的数量少一些,分别有6人和7人,各占参与调研的老年人总量的10.7%和12.5%;除其他项的病症外,得肺气肿和哮喘的老年人数是最少的,分别只有1人和3人,占参与调研的老年人总量的1.8%和5.4%。从我们整理问卷的情况来看,几乎每一位老人都患有一种或几种慢性病,这说明年过六旬后患病风险增加,这值得引起广大中老年人的注意。

表2-12 老年人的慢性病患病情况

单位:人,%

	人数	百分比
高血压	26	46.4
糖尿病	6	10.7
慢性支气管炎	14	25.0
肺气肿	1	1.8
心脏病	15	26.8
关节炎	16	28.6
风湿病	7	12.5
哮喘	3	5.4
其他	5	8.9

4. 老年人的生活起居是否需要有人帮助

课题组对上海市三个社区老年人生活起居是否需要有人帮助的调查情况如表2-13所示。从该表的数据可以看出,需要他人帮助的有3人,占参与调研的老年人总量的5.6%;不需要他人帮助的有51人,占参与调研的老年人总量的94.4%。就被调研的这部分老年人而言,其总体身体状况比较好、自理能力比较强。

表2-13 生活起居是否需要有人帮助

单位:人,%

	人数	百分比
需要	3	5.6

续表

	人数	百分比
不需要	51	94.4
合计	54	100.0

5. 老年人的生活起居是否有人照料

课题组对上海市三个社区老年人生活起居是否有人照料的调查情况如表2-14所示。从该表的数据可以看出，有人照料生活起居的老人有10人，占参与调研的老年人总量的18.9%；没人照料的有43人，占参与调研的老年人总量的81.1%。我们在整理调查问卷时发现，生活起居需要有人帮助的3位老人，均有人照料。将表2-13和表2-14进行对比分析发现，有人照料的老年人比需要照料的老年人多，照料上的供给大于需求。

表2-14 老年人的生活起居是否有人照料

单位：人，%

	人数	百分比
有	10	18.9
没有	43	81.1
合计	53	100.0

6. 老年人的社会交往情况

（1）老年人与子女的联系频率

上海市三个社区老年人与子女的联系频率如表2-15所示。从该表的数据可以看出，几乎每天联系的共有25人，占参与调研的老年人总量的46.3%，也是调研中最多的一类人群；其次，每周至少联系一次的共有22人，占参与调研的老年人总量的40.7%，这两类人群属于和子女联系比较密切的老年人，基本没有孤独感，精神慰藉需求得到满足；每月至少一次和几乎没有联系的分别有5人和2人，分别占参与调研的老年人总量的9.3%和3.7%，在通信如此发达的今日，尤其是各种配套设施都很完善的上海，这种联系频率确实很低，很难满足老年人的情感需求。

表 2-15 老年人与子女的联系频率

单位：人，%

	人数	百分比
几乎天天	25	46.3
每周至少一次	22	40.7
每月至少一次	5	9.3
一年几次	0	0
几乎没有	2	3.7
合计	54	100.0

（2）老年人与朋友的联系频率

上海市三个社区老年人与朋友的联系频率如表 2-16 所示。从该表的数据可以看出，几乎天天联系和每周至少一次的分别有 23 人和 10 人，分别占参与调研的老年人总量的 42.6% 和 18.5%，一般认为，老年人和朋友几乎天天联系或每周至少一次，对于老年人陶冶情操、保持身心健康具有重要作用；每月至少一次的有 16 人，占参与调研的老年人总量的 29.6%，这种联系频率只能算是适中的水平；一年几次联系和几乎没有联系的老年人各有 4 人和 1 人，各占参与调研的老年人总量的 7.4% 和 1.9%，这些老人和朋友的接触相对来说比较少，不太利于老年人的情感生活。

此外，需要特别说明的是，老年人对于朋友的定义有所差别，有些老人认为同一社区的老年人也是自己的朋友，天天出入就可以相遇、交流；有些老人则将同一社区的老年人定义为邻居，朋友只是原来结交的一些人，不同的定义方式难免会影响到这个问题的统计结果。

表 2-16 老年人与朋友的联系频率

单位：人，%

	人数	百分比
几乎天天	23	42.6
每周至少一次	10	18.5
每月至少一次	16	29.6
一年几次	4	7.4
几乎没有	1	1.9
合计	54	100.0

7. 老年人的养老方式倾向

(1) 老年人遇到困难最希望得到谁的帮助

老年人遇到困难最希望得到谁的帮助的调研结果如表2-17所示。从该表的数据可以看出,最希望得到配偶和子女帮助的有43人,占参与调研的老年人总量的76.8%,这一比重以绝对的优势超越了其他主体,很可能的原因是,一方面配偶和子女是老人的至亲,他们提供的帮助使其更有安全感,另一方面不用麻烦其他人可以避免更多的麻烦。另外有12名老年人最希望得到居委会和社区工作者的帮助,这一人群占参与调研的老年人总量的21.4%,排除老人的亲人不在身边提供帮助不方便的因素,这也在一定程度上反映了老人对于居委会和社区工作者的信任。遇到困难最希望得到其他亲属帮助的只有1人,占参与调研的老年人总量的1.8%;调研老人中尚未发现希望得到朋友、邻居和其他人帮助的。

表 2-17 老年人遇到困难最希望得到谁的帮助

单位:人,%

	人数	百分比
配偶或子女	43	76.8
其他亲属	1	1.8
朋友、邻居	0	0
居委会和社区工作者	12	21.4
其他	0	0
合计	56	100.0

(2) 最应该由谁承担养老责任

老年人认为谁最应该承担养老责任的调查情况如表2-18所示。从该表的数据可以看出,认为应该由政府来承担这一责任的人数是最多的,共有24人,占参与调研的老年人总量的46.2%,超过了认为应该由子女承担养老责任的人数;调查数据显示认为应该由子女承担养老责任的人数有15人,占参与调研的老年人总量的28.8%,可以看出,就上海市参与调研的这批老人而言,"养儿防老"的传统观念已经发生了实质性的转变;认为最应该由老人自己或配偶来承担养老责任的有8人,占参与调研的老年人总量的

15.4%，这也说明一些老人不仅实现了经济独立，也开始追求身体独立、思想独立；认为应该由所在社区来承担养老责任的有 4 人，占参与调研的老年人总量的 7.7%，这也是"养儿防老"观念的一种转化；另有 1 人认为这个问题不好说。

表 2-18 最应该由谁承担养老责任

单位：人，%

	人数	百分比
政府	24	46.2
所在社区	4	7.7
子女	15	28.8
老人自己或配偶	8	15.4
不好说	1	1.9
合计	52	100.0

（3）老年人心目中最理想的养老方式

上海市三个社区老年人心目中最理想的养老方式的调查情况如表 2-19 所示。从该表的数据可以看出，认为住在家里由亲人照顾是最理想的养老方式的老年人是最多的，有 27 人，占参与调研的老年人总量的 51.9%，这可能更多地反映了老年人的情感需求；其次是以住在家中接受社区服务为最理想的养老方式的共有 14 人，占参与调研的老年人总量的 26.9%；以住在养老院为最理想的养老方式的有 11 人，占参与调研的老年人总量的 21.2%，这一类型的老年人的人数和比重略低于住在家中接受社区服务的老年人。从上海市调研的这部分老年人的心理需求来看，还应该把居家养老放在首位，社区养老其次，养老院最后。

表 2-19 老年人心目中最理想的养老方式

单位：人，%

	人数	百分比
住在家里由亲人照顾	27	51.9
住在家中接受社区服务	14	26.9

续表

	人数	百分比
住在养老院	11	21.2
其他	0	0
合计	52	100.0

8. 老年人对目前生活的评价

上海市三个社区老年人对目前生活的评价情况如表 2-20 所示。从该表的数据可以看出，对目前的生活持满意态度的有 23 人，占参与调研的老年人总量的 42.6%；认为当前生活状态一般的老年人人数更多一些，共有 31 人，占参与调研的老年人总量的 57.4%；没有人对当前的生活状态感到不满意。老年人对目前生活的评价表明老年人养老需求得到满足的程度，就上海市参与调研的这部分老年人而言，生活需求基本得到满足，但仍有提升的空间。

表 2-20 老年人对目前生活的评价

单位：人，%

	人数	百分比
满意	23	42.6
一般	31	57.4
不满意	0	0
合计	54	100.0

（三）社区支持情况

1. 老年人到社区医疗机构的时间

老年人到社区医疗机构的时间直接影响到老年人就医的方便程度，以及遇到突发意外得到救治的及时程度。三个社区的老年人到社区医疗机构的时间如表 2-21 所示，该表是根据老年人的填答略加整理的结果。从该表的统计情况可以看出，有 40 位老人到社区医疗机构的时间在 5—20 分钟，占参与调研的老年人总量的 80%，即能实现及时、方便的救治；还有 8 位老人到社区医疗机构的时间在 30—50 分钟，即基本在半小时到一小时之间,这类老人占参与调研的老年人总量的16%;还有2位老人到社区医疗机构的时间在一小时到一个半小时之间,这些老人就医的时间比较长,很不及时和方便。此外,问卷设计上我们还有一个欠缺,就是并没有说明选择步行、骑车或公交哪种出行方式,这对老人就医时间的判断也有一定的影响。

表 2-21　老年人到社区医疗机构的时间

单位:人,%

	人数	百分比
5—20 分钟	40	80.0
30—50 分钟	8	16.0
60—90 分钟	2	4.0
合计	50	100.0

2. 老年人到社区医疗机构的路程

老年人到社区医疗机构的路程是考察老年人距离医疗机构远近、就医便利程度的另一项重要因素,这一问题的设置在一定程度上弥补了问卷的上一题没有指明具体交通方式造成的干扰。老年人到社区医疗机构的路程的具体调研结果如表 2-22 所示。从该表的统计情况可以看出,有31位老年人到社区医疗机构的路程在半公里以下,这类老人占参与调研的老年人总量的60.78%,可以看出参与调研的绝大多数老年人就医非常方便;此外,到社区医疗机构的路程大约在半公里至一公里的有19人,占参与调研的老年人总量的37.26%,这个距离也可以保证老年人在出现紧急情况时及时就医,起到降低风险发生的作用;还有1名老年人到社区医疗机构的路程大约在一公里至三公里,对行动不便的高龄老人来说,这个距离稍远。总的来说,三个社区的老年人到社区医疗机构的路程还是比较短的。

表 2-22　老年人到社区医疗机构的路程

单位:人,%

距离	人数	百分比
半公里以下	31	60.78

续表

距离	人数	百分比
半公里至一公里	19	37.26
一公里至三公里	1	1.96
合计	51	100.0

3. 社区医疗机构面向老年人的医疗服务状况

(1) 社区医疗机构提供的服务项目

就我们对社区卫生服务中心或社区卫生服务站的了解，这些机构向老年人提供的医疗服务项目一般会包括上门护理服务、上门看病服务、康复治疗服务、紧急救助服务、特殊药品服务和日常保健服务等。那上海市三个社区的老年人是否需要社区医疗机构提供这些医疗服务项目呢？很多老年人会同时需要几种服务，因此我们采用不定项选择的形式让老人作答，表2-23是根据统计结果绘制的表格。从该表可以看出，需求量最大的是日常保健服务，共有24人，占参与调研的老年人总量的42%；另外，需要上门护理服务和上门看病服务的老年人也比较多，各有21人和23人，分别占参与调研的老年人总量的30.6%和39.0%；最后一个层次是需要康复治疗服务、紧急救助服务和特殊药品服务的老年人，相对来说人数更少一些，分别有17人、18人和16人，分别占参与调研的老年人总量的24.0%、28%和22%，而且需要特殊药品服务的老年人是所有需求项目中人数最少的。

表2-23 老年人是否需要社区医疗机构提供以下服务

单位：人，%

	人数	百分比
上门护理服务	21	30.6
上门看病服务	23	39.0
康复治疗服务	17	24.0
紧急救助服务	18	28.0
特殊药品服务	16	22.0
日常保健服务	24	42.0

(2) 2014 年老年人接受过社区医疗机构的哪些服务

通过对刚过去的一年上海市三个社区的老年人是否接受过社区医疗机构提供的相关服务项目的调查，可以进一步了解到老年人对这些医疗服务项目的真正需求。该部分也是采用了不定项选择的形式让老人作答，表 2-24 是根据统计结果绘制的，关于上海市三个社区的老年人 2014 年接受过的社区医疗机构提供的服务项目情况。从该表可以看出，真正享用过这些服务的老年人还是比较少的：使用最多的是日常保健服务，只有 4 次，占参与调研的老年人总量的 7.1%；而后是上门看病服务和上门护理服务，分别有 2 次和 1 次，各占参与调研的老年人总量的 3.8% 和 1.9%；其他服务项目，如康复治疗服务、紧急救助服务和特殊药品服务的使用的人数都为 0。

表 2-24　老年人 2014 年接受过的社区医疗机构的服务项目

单位：人，%

	人数	百分比
上门护理服务	1	1.9
上门看病服务	2	3.8
康复治疗服务	0	0
紧急救助服务	0	0
特殊药品服务	0	0
日常保健服务	4	7.1

(3) 对接受社区医疗机构相关服务的评价

由于 2014 年接受社区医疗机构相关服务的人数太少，不具有代表性，因而对其服务的评价几乎没有意义，本部分将不再进行汇总和说明。

(四) 老年人对社区为老年人提供相关服务的认识

在该部分的调查问卷中，涉及两个方面的问题：一是社区是否提供相关服务；二是社区是否有必要提供相关服务。对于第一个问题社区是否提供相关服务的回答，同一个社区的老年人对于"是"或"否"的回答也不相同，这与老年人是否真正体验过这一服务直接相关，因而对于这一问题的回答，也间接考察了服务的落实情况。对于第二个问题的回答，我们发现很多老人的想法是，"我现在不需要，所以不需要提供"而不是"作为社区，是否有必要提供"，尽管在填答过程中我们进行了特别强调和说明，还是有一部分老年人忽视了这个问题，这对于正确填答还是有一定的影响。

关于社区为老年人提供的相关服务，我们主要从上门探访、老年人服务热线、法律援助、困难救助、上门做家务、老年饭桌或送饭、日托所或托老所、心理咨询、组织文体活动和代办购物和邮寄等服务内容来判断。该部分同样采用了不定项选择的形式让老人作答，表2-25是根据统计结果绘制的老年人对社区为老年人提供相关服务的认识。需要特别说明的是，老年人并非对每一项服务都做了回答，所以每题的填答人数是不一样的，这样我们再以填答人数进行比较就不准确了，所以在该部分的分析上，我们仅对每一项提供的服务的比重进行比较分析。

从表2-25来看，其总体情况是，上海市三个社区为老年人提供的相关服务还是比较全面和到位的，因为每一项服务都至少有53.3%以上的老年人认可社区提供了这些服务。其中，知道或享用过社区提供的上门探访、老年人服务热线、困难救助、组织文体活动的老年人很多，均占参与调研的老年人总量的70%以上；其次是知道或享用过社区提供的法律援助、上门做家务、老年饭桌或送饭、日托所或托老所的老年人，均占到参与调研的老年人总量的60%—70%；知道或享用过社区提供代办购物和邮寄的老年人相对来说是最少的，占参与调研的老年人总量的53.3%。对于社区是否有必要提供这些服务的回答，绝大多数老年人的回答是肯定的。其中支持力度最大的几项服务是上门探访、老年人服务热线、法律援助、困难救助、心理咨询、组织文体活动，支持的老年人均占参与调研的老年人总量的80%以上；其次是支持老年饭桌或送饭、日托所或托老所和代办购物和邮寄的老年人，均占参与调研的老年人总量的70%—80%；相比之下，支持力度最低的是上门做家务，占参与调研的老年人总量的56%，这可能与目前的家务活不多、不重，绝大部分老年人都能自己完成有关。

表 2-25 老年人对社区为老年人提供相关服务的认识

单位：人，%

		社区是否提供		社区是否有必要提供	
		人数	百分比	人数	百分比
上门探访	是	38	73.1	45	84.9
	否	14	26.9	8	15.1
	合计	52	100.0	53	100.0
老年人服务热线	是	33	71.7	42	84.0
	否	13	28.3	8	16.0
	合计	46	100.0	50	100.0
法律援助	是	31	67.4	42	84.0
	否	15	32.6	8	16.0
	合计	46	100.0	50	100.0
困难救助	是	36	73.5	40	81.6
	否	13	26.5	9	18.4
	合计	49	100.0	49	100.0
上门做家务	是	29	63.0	28	56.0
	否	17	37.0	22	44.0
	合计	46	100.0	50	100.0
老年饭桌或送饭	是	31	68.9	39	79.6
	否	14	31.1	10	20.4
	合计	45	100.0	49	100.0
日托所或托老所	是	29	63.0	35	72.9
	否	17	37.0	13	27.1
	合计	46	100.0	48	100.0
心理咨询	是	25	56.8	41	82.0
	否	19	43.2	9	18.0
	合计	44	100.0	50	100.0
组织文体活动	是	39	79.6	42	82.4
	否	10	20.4	9	17.6
	合计	49	100.0	51	100.0
代办购物和邮寄	是	24	53.3	38	77.6
	否	21	46.7	11	22.4
	合计	45	100.0	49	100.0

(五) 老年人对社区已有的活动场所或设施的认识

在该部分的调查问卷中,同样也涉及一个类似的问题,即社区是否提供了相关活动场所或设施。对这一问题的回答,即使同一个社区的老年人回答也不尽相同,这与老年人是否真正使用过这一活动场所或设施直接相关,因而对这一问题的回答,也间接考察了这些设施的利用情况。

从表2-26的总体统计情况来看,上海市三个社区已有活动场所或设施还是比较齐全的。已有的每一项活动场所或设施的有效问卷都为55人,从问卷结果来看,认可社区有老年活动室的人数是最多的,共有50人,占参与调研的老年人总量的90.9%,也说明老年人对老年活动室的利用率是最高的;认可社区有老年健身室、图书馆、室外活动场地和老年学习室的老年人均有二十几人,占参与调研的老年人总量的一半左右;认可社区有棋牌室(麻将室)和老年康复中心的人数相比来说较少,均有12人,占参与调研的老年人总量的21.8%;认为以上活动场所或设施都没有的有2人,占参与调研的老年人总量的3.6%,就我们调研中对社区的观察来讲,至少活动室是每个社区都有的,因而这几位认为什么活动场所或设施都没有的老人的回答是有失客观的。

表2-26 老年人对社区已有活动场所或设施的认识

单位:人,%

	认为有该设施的人数	百分比
老年活动室	50	90.9
老年健身室	24	43.6
棋牌室或麻将室	12	21.8
图书馆	25	45.5
室外活动场地	28	50.9
老年学习室	25	45.5
老年康复中心	12	21.8
以上都没有	2	3.6
不知道	0	0

（六）老年人对社区提供相关养老服务的评价

老年人对社区提供的相关养老服务的评价情况如表2-27所示。从该表的数据可以看出，大部分老人对社区提供的相关养老服务表示满意，这一人群共有27人，占参与调研的老年人总量的52.9%；认为社区提供的相关养老服务一般的有21人，占参与调研的老年人总量的41.2%；只有3个人对社区提供的相关养老服务不满意，占参与调研的老年人总量的5.9%。

表2-27 老年人对社区提供的相关养老服务的评价

单位：人，%

	人数	百分比
满意	27	52.9
一般	21	41.2
不满意	3	5.9
合计	51	100.0

（七）老年人对社区改进养老服务的建议

上海市三个社区的老年人对改进社区养老服务纷纷发表意见。我们对这项内容的调查依然采用不定项选择的形式来完成，表2-28是根据调查信息重新汇总的结果。对于我们列举的三个选项：增加服务项目、提高工作人员专业性和降低费用，老年人各有所倾向且各项人数相差不大，分别是23人、20人和25人，分别占参与调研的老年人总量的41.1%、35.7%和44.6%。另有2个老年人提出其他建议，建议内容分别为扩大活动场所和老旧小区的历史遗留问题。

表2-28 老年人对改进社区养老服务的建议

单位：人，%

	人数	百分比
增加服务项目	23	41.1
提高工作人员专业性	20	35.7

续表

	人数	百分比
降低费用	25	44.6
其他建议	2	4.0

四 社区养老服务体系供需面临的问题及对策

通过此次深入社区并对上海市三个社区养老服务体系进行专项的访谈和问卷调查,我们获得了很多宝贵的一手资料。发现问题并提出、讨论最后形成有效的对策,也是我们此次调研的一项重要任务。

(一) 上海市社区养老服务体系供需面临的问题

1. 财力、人力供不应求

尽管上海是全国的经济中心,经济实力雄厚,人们观念先进,但就社区养老服务的发展情况而言,还明显存在着财力、人力供不应求的情况。开展社区养老服务必须有一定的经费作为保障,但从各地区来看,还普遍存在着资金投入不足的情况。绝大部分地区开展服务所需经费来源于区级政府的拨款及街道的补助或对社区办公经费的占用,但基层财力十分有限。此外,就活跃于社区养老服务工作的人员而言,大部分是一些仅凭人道主义和经验而工作的服务人员,只有很少一部分人接受过相关的专业教育或有关老年服务知识的培训并取得资格证书。这不仅影响养老服务的质量,也制约着养老服务事业长期有序的发展。

2. 评估机制不健全,服务监督不到位

尽管上海市的社区养老服务已经比较完善,但在一些领域还有待提高,评估机制和服务监督就是亟待完善的重要部分。评估者根据标准和程序对评估对象进行"判断",政府依据评估结果以"补助津贴"和"酌情津贴"两种模式去资助服务机构或老年人个人,从这一过程可以看出,评估机制是否完善是保证后续服务品质的先决条件。高效的评估机制既要求程序规范,又要求方法科学,目前上海市老年服务的评估状况与这一要求还存在较大的差距。服务监督体系也存在较大的完善空间，我们从访谈中并没有了解到哪个社区已引入第三方的服务监督，服务后的互访、跟踪也基本流于形式。

3. 养老设施短缺严重，资源调控力度较弱

上海老年人口比重大，老龄化程度高，老年服务设施缺口明显。根据全市养老床位建设目标，床位数要达到户籍老年人口的3.75%，其中3%系养老院护理床位，0.75%为老年护理床位。据市民政局统计，截至2013年底，上海共有养老机构631家，总床位数10.8万张，仅占户籍老年人口的2.8%，差不多40个老人竞争一个床位。另一方面，"9073"的养老格局中，3%的老人接受机构养老，单靠公办养老机构无法完成这个任务。由于场所少，档次悬殊，不少老人难以入院。此外，由于老年福利设施管理不善，缺乏协调，各自为政，导致本来就比较有限的服务资源又大量闲置、浪费。

4. 供给主体单一，需求差异被忽视

从上海市社区养老服务的主体来看，目前主要是政府在做基本养老工作，市场供给的质和量均不能满足当前及日益增长的老年服务需求。由多部门组成的老龄工作委员会所做的工作，主要为针对特殊、困难老人的雪中送炭式的托底工作，且存在个案化、碎片化弊病，体系性尚显不足。社区养老供给对计生家庭老年父母的优先优惠不明显，相关公共政策尚不配套。此次调研中有的老人向我们反映，希望可以教一教电脑，即使不和子女一起生活也能和儿女在网上视频交流。

（二）改善和提升社区养老服务体系的政策建议

1. 拓宽资金来源渠道，培训专业养老服务队伍

（1）拓宽资金来源渠道

仅依靠上海市政府出资来扩大财政拨款有明显的局限性，应该努力拓宽资金来源的渠道，吸纳个人、社会各方力量参与养老资金筹集，保障养老服务资源的有效供给。

首先，政府要出台优惠政策鼓励社会力量进入养老服务领域。努力吸引社会资金向养老服务领域流动，并要鼓励有能力的单位和个人对养老服

务进行资金捐助。公办养老机构所需经费应列入财政预算并建立动态保障机制，采取公建民营、委托管理、购买服务等多种方式，支持社会组织兴办或者运营非营利性养老机构。具体来说，政府应该鼓励更多的社会资本加入养老服务体系，将优惠政策普及到提供养老服务的社会组织，如采取税费减免、无偿转让房屋使用权等多种方式吸引社会资本的加入。

其次，通过低风险、保收益的资金运营努力扩充养老服务的资金规模。鼓励和引导金融机构在风险可控和商业可持续的前提下，改进和完善对社会养老服务产业的金融服务，增加对养老服务企业及其建设项目的信贷投入。积极探索和拓展社会养老服务产业市场化的融资渠道，努力采取直接补助或贴息的方式，支持民间资本投资建设专业化的养老服务设施。

再次，发挥福利彩票在养老服务资金供给方面的支持作用。2009年，我国正式提出了"养老彩票"这一概念，即从福利基金和彩票奖金中抽出一定比例的资金建立资金账户，以减少国家财政支出。1996年建成的上海浦东罗山市民会馆是全国第一家引进社会团体，由上海基督教青年会投资且独家管理的社区服务机构。可以通过发展慈善事业，鼓励企事业单位、经济富裕的个人捐款；贯彻落实"星光计划"，福利彩票"取之于民，用之于民"。通过明确养老彩票等资金的用途，起到防止挪用、确保资金专项专用的作用，营造良好的社会形象。养老彩票可以起到一定的资金支持和保障作用，有利于推动养老服务多元供给主体互动合作。

（2）培训专业养老服务队伍

养老照护人员的素质决定了社区养老的服务水平，这就要求对工作人员进行专业的培训，这方面可以结合上海市在教育和人才方面的区位优势，对工作人员、志愿者和外来务工人员进行培训，这样既可以使服务更加专业，又可以在一定程度上稳定服务队伍。

首先，从政策上支持专业养老服务队伍的发展。政府应该把工作人员作为社会建设的第一资源，通过具有激励性的政策和制度，激发工作人员的动力和激情；为达到预定的工作效果，还要明确工作人员的工作目标、工作内容、工作任务、工作方法等，努力增加工作人员的收入、提高福利水平，努力实现专业化工作人员队伍数量充足、结构合理、素质优良的目标。

其次，从薪资和福利待遇上激发养老服务人员的工作热情。养老服务人员的生存和发展离不开必要的物质保障，面对当前工作人员工资水平低、福利待遇落后的现状，努力拓宽资金来源、保障资金供给势在必行。因而应当发动社会力量，动员公益性组织、企业组织等筹措资金，满足养老服务工作人员的发展需求，更好地吸引和稳定工作人员。同时，参考相关行业、相同级别的薪酬福利制度也非常必要，以此为参考并结合当前该地区的经济和财政发展情况，研究制定并出台养老服务人员的薪酬、福利待遇标准，适时、适度提升养老服务人员的补贴标准，提高他们的待遇水平。

再次，从组织环境上营造良好的工作氛围。各类社会组织应当以满足养老服务工作人员的发展为工作重点，努力在增强工作人员归属感和认同感的基础上，激发他们的工作热情并提升其专业技能。激发养老服务人员工作热情、提升专业技能应发挥各类社会组织的积极作用。其中，社会工作者协会作为养老服务工作者的重要载体，对其激励机制的建设和技能提升发挥着举足轻重的作用。服务工作人员所在的组织机构应当密切关注养老服务人员的工作状况，并及时向相关部门和上级部门反映工作人员的诉求，努力维护其权益、保障其利益。此外，社会工作者协会还应积极增进与工作人员的联系沟通，为从业人员的进步与发展创造更好的环境、争取更多的支持。

2. 完善评估机制，健全服务监督体系

社区养老服务工作的有序开展以及服务质量的提升离不开有效的督导，评估和监督是保障养老服务效果的重要手段。因而，建立完善的评估机制对于社区养老服务事业的健康发展意义重大。

（1）建立完善的评估机制

社区养老政策应该在充分考察、沟通和了解的基础上制定，切实体现老年群体的实际需要，满足老年人生存和发展的需求，依据老人需求制定和完善社区综合养老服务的认证体系、评估制度。结合评估制度，加强社区服务设施建设，将社区居家养老的服务面拓宽，并确保各组织部门规范运营，使老年人用得起、用得上这些养老服务设施，努力提高老人群体的使用率。此外，还应引入第三方服务评估机构，对申请服务补贴的老人的自理能力、收入状况、特殊贡献以及服务需求等进行审核，使政府补贴资金一方面能够满足广大老年人的基本需求，另一方面切实用到最需要帮助的老人身上，努力提高政府福利资源的使用效率和效果。上海市社会福利行业协会已培训出专业评估人员135人，这些评估人员已在社区开展工作。

（2）建立严格的监督机制

政府部门应该重视并积极引进第三方养老服务监督机制，监督机制起到重要的规范和保障作用，力求将养老服务的监督工作制度化、专业化、规范化，努力提升监督效果的时效性、真实性和可靠性。就养老服务监督管理者而言，政府应适度监督养老服务供给情况，为了解老年人养老服务需求的满足度和满意度，应通过满意度调查等途径展开，以此促进养老服务工作的改进。同时，评估人员应结合相关监管部门，对养老服务的开展效果、效率等进行第三方评估、监管，实现非政府组织自我管理，降低运营成本。此外，政府应努力加大相应的反馈力度，如就养老服务质量等受理社会公众的投诉和意见。

3. 加大政策倾斜，加强养老服务设施建设

（1）政策安排

"十二五"期间，上海市养老机构建设的目标是：重点加强公共养老服务设施建设，采取差别化政策，对经济相对薄弱的郊区和中心城区，大幅度提高市级建设财政补助，建立养老机构统筹建设资金机制和养老机构规划制度。这是上海首次将养老床位建设任务指标列入绩效考核，通过政策引导，促进城乡一体化发展。[①] 特别是不能完成任务的中心城区，部分床位可以通过资金统筹由郊区完成，以此提高郊区建设养老床位的积极性。此外，上海市政府办公厅还指出，公办养老机构属于"基本养老服务"范畴，即优先满足困难群体的生活照料、长期护理、医疗康复的基本需求。

（2）虚拟养老院推广

上海市还积极筹建各种设施，鼓励发展多层次、多模式的养老服务，满足多元化养老需求，虚拟养老院正是传统养老服务设施建设的延伸。在虚拟养老院模式中，政府通过设立专项基金或财政拨款等方式购买养老服务，通信服务企业负责建设信息化养老服务系统平台，公益性组织负责向

---

① 《上海要将养老床位建设纳入政府考核》，https://wenda.so.com/q/1363685900068195。

老年人提供高质量的居家养老服务，相关政府部门负责协调工作落实，社区服务中心相关工作人员负责养老服务供给的效果评估与服务改进。在虚拟养老院模式中，社区服务中心是养老服务供给的主要载体，社区服务中心通过设立规范的养老服务系统为养老服务人员培训，与其他非营利性养老机构合作，在结合老年人养老服务需求的基础上，有针对性地向老年人提供居家养老服务。[1] 通过与信息化养老服务系统紧密结合，能够进一步优化社会养老服务资源配置、降低运营成本、提升供给效率，进而提高养老服务供给的质量与效率。

4. 调动各方力量，满足老年人需求

在养老服务供给主体中，不同主体的优势各不相同，分别肩负着不同的职责，这些主体通常共同供给养老产品与服务。养老服务多元供给主体包括政府、公益性社会组织、营利性组织、社区以及家庭，这些不同的供给主体在具体职能上差异较大。

（1）政府

政府在养老服务多元供给主体中居于主导地位。政府提供的养老服务在消费方面作为福利性支出具有非排他性，在收益方面受制于政府财力。在总的养老服务供给有限的情况下，一部分老年人享用的养老服务多就意味着另一部分老年人享用的少，呈现竞争性的特征。由于政府出资提供的养老服务在消费方面呈现非排他的特征，在收益方面呈现竞争性的特征，因而可以界定其为准公共物品，政府提供养老服务有助于提升老年群体的整体生活质量。

（2）公益性社会组织

公益性社会组织能够满足广大老人普遍和基本的服务需求。公益性社会组织可以定义为不以营利为目标，以为社会公众供给基础性养老服务为目标诉求的社会组织，提供的养老服务包括生活护理、精神慰藉等。公益性社会组织主要面向社会公众，并向社会公众供给基础性的公共服务，该组织介于政府与营利性组织之间，具有公益、非政府以及非营利等特征，

---

[1] 伏威：《政府与公益性社会组织合作供给城市养老服务研究》，吉林大学博士学位论文，2014。

提供的服务往往是满足老年人普遍需求的一般性服务。

(3) 营利性组织

营利性组织有利于满足老人高标准或特殊的服务需求。营利性组织以客户需求为导向提供养老服务，市场反应灵敏度高，能够较快地发掘老年人的服务需求，并且根据养老服务市场的变化不断调整养老产品与服务供给内容。随着社会的进步和经济的发展，养老服务需求日益多元化和差异化，营利性组织在养老服务供给中的地位日益凸显，通过发挥营利性组织的积极作用，最大限度地满足了老年人的养老服务需求。营利性组织市场化程度较高，在提供养老服务时，会根据服务对象的经济基础、偏好来提供价位适宜的产品和服务，从而有助于实现资源的优化配置，提升养老服务的供给效率。

(4) 社区

社区为养老服务提供重要支撑。在养老服务供给中，社区养老肩负着重要职责，社区养老将社区作为载体，从生活护理、精神慰藉、娱乐、保健等方面来满足老年人的养老服务需求。因此，社区养老可以界定为政府支持、社会广泛参与、市场化运作，以居家养老为基础并依托于社区的养老服务模式。① 社区养老具有突出的优势：首先，能够极大地满足那些年老体弱、行动不便的老人的需求，使这些老人足不出户就能享受到贴心的养老服务，而且对于一些有特殊需求的老人，也能够提供具有针对性和专业性的服务；其次，覆盖范围广也是社区养老服务的一大特点，这为社区老年人享用养老服务资源提供了便利；最后，家庭投入费用少，一般家庭都可以接受。

(5) 家庭

家庭是养老服务不可或缺的重要组成部分。家庭是基于血缘组建起来的基础单元，家庭成员分别承担着各自的职责，共同为家庭的正常生活和运作贡献力量，确保家庭成员可以从中获取可靠的精神和物质支持。在养老服务体系中，家庭养老也是必不可少的重要组成部分，家庭可以从生活

---

① 张俊波：《济南市社会组织参与社区养老服务调查研究》，电子科技大学博士学位论文，2012。

护理、经济给予和文化娱乐等方面保障老年人的养老服务需求，改善服务质量和老年人的健康状况。虽然家庭养老模式面临着冲击和挑战，但是受我国传统文化的影响，在相当长的一段时间内，家庭养老仍将在养老服务供给中扮演重要的角色。

总的来说，要推动上海市社区养老服务建设取得更多、更大的成绩，离不开各个相关的服务提供机构、组织管理机构的交流和配合。社区养老服务不单单是政府的职责，公益性社会组织、相关社会团体、企业等都可以而且应该为养老服务业贡献一些力量。上海市"十二五"工作会议上指出，完善社会养老服务体系建设，政府重在搭建平台，提供基本养老服务保障，同时鼓励和动员各种社会力量参与，努力满足多样化的养老服务需求，使老年人真正享受到社会各界的支持和关心。

第三章
深圳市社区综合养老服务体系建设

2016年5月11日至14日,中国社会科学院国情调研重大项目"我国城市社区综合养老服务体系建设状况调查"课题组一行三人赴深圳市开展实地调研。课题组深入深圳市福田区和罗湖区三个街道的三个社区,就城市社区居家养老服务需求状况,社区养老的服务内容、渠道方式,以及制度供给、资金投入、规划编制等社区综合养老服务方面的相关问题进行了实地调查,通过问卷与访谈的形式详细了解深圳市城市社区综合养老服务体系的建设情况,以期对我国珠三角地区城市社区综合养老服务体系建设的发展模式与经验教训有所把握。

一 研究背景与调查概况

(一)研究背景

1. 社会背景

随着工业化进程的推进、医疗技术的进步及家庭结构与功能的变迁,人口老龄化问题日益成为一个全球性的社会问题。自20世纪90年代以来,我国老龄化速度不断加快,老年人口的数量快速增加,抚养比持续增长,出现了"未富先老"的严峻形势。截至2013年底,我国65岁及以上的老年人口已达 1.23 亿，占总人口的 9.1%，占世界老年人口总数的 20%，相当于美国、日本、德国、英国、法国和澳大利亚这六个国家老年人口的总和。预计到 2020 年，我国 65 岁及以上老年人口将达到 1.67 亿，占总人口的 11.8%；到 2030 年将达到 3.1 亿，占总人口的 20.42%；到 2050 年将达到 4.37 亿，占总人口的 31.2%。与此相伴随，我国劳动力人口的增长率逐年下滑，2012 年首次出现负增长，迎来了经济学家所说的"刘易斯拐点"，"人口红利"的时代行将结束。"人口红利"的下降，预示着包括老人在内的社会抚养比的不断提高。根据联合国及国家老龄委公布的数据，我国老年人口抚养比 2000 年为 10%，2010 年为 13%，十年间提高了 3 个百分点；而到 2013 年，我国老年人口的抚养比达到了 21.6%，仅三年时间增长了近 9 个百分点。预计到 2030 年，我国老年人口抚养比将达到 24%，与欧洲的差距进一步缩小。老年人口数量的快速增长与抚养比的不断提高，意味着养老问题日渐凸显。一方面养老服务的需求不断扩大，另一方面可以抚养老年人的劳动力人口却在不断减少，因而政府、社会与家庭在养老问题上面临的压力会越来越大。与此同时，家庭小型化的趋势和代际关系的疏远导致我国传统家庭养老的功能不断衰退，越来越多的老年人将不得不依赖社会化的途径进行养老，我国过去养老体制及养老模式所面临的矛盾将变得更加突出。因此，探索构建与中国经济社会发展水平相适应的具有中国特色的养老模式与服务体系，显得尤为紧迫。

2. 政策演变

自我国进入人口老龄化社会以来，国家出台了一系列保障养老服务的政策法规。2000 年，国务院办公厅转发了民政部等 11 个部门联合制定的《关于加快实现社会福利社会化的意见》，对社会福利事业的发展提出了投资主体多元化、服务对象公众化、服务方式多样化、服务队伍专业化的"四化"要求；2005 年，民政部出台了《关于支持社会力量兴办社会福利机构的意见》，鼓励和扶持企事业单位、社会团体和个人等社会力量投资兴办养老机构；2006 年，国务院办公厅转发了全国老龄办和民政部等部门制定的《关于加快发展养老服务业的意见》，要求按照政策引导、政府扶持、社会兴办、市场推动的原则，逐步建立和完善养老服务体系；2008 年，全国老龄办等 11 个部门联合出台了《关于全面推进居家养老服务工作的意见》，指出了全面推进居家养老服务的重要意义，并提出了发展居家养老服务的四项原则与八项措施；2011 年，国务院办公厅印发了《社会养老服务体系建设规划（2011—2015 年）》，详细阐述了"十二五"时期我国社会养老服务体系建设的指导思想、基本原则、基本内涵、功能定位、具体建设任务和保障措施，并明确提出要建设"以居家为基础、社区为依托、机构为支撑"的社会养老服务体系；2013 年，国务院出台《关于加快发展养老服务业的若干意见》，提出了加快发展养老服务业的总体要求、主要任务、政策措施与组织领导，并确定了"到 2020 年，全面建成以居家为基础、社区为依托、机构为支撑的，功能完善、规模适度、覆盖城乡的养老服务体系"的发展目标。当前，以《中华人民共和国老年人权益保障法》为主体，包括相关法律、行政法规、地方性法规、部门规章和有关政策在内的养老法律法规政策体系已经形成并逐步完善，为推进养老服务体系建设提供了制度保障。

（二）调查概况

1. 调查方法

此次调查主要采取两种方式进行：一是召开社区相关人员座谈会。主要召集为社区居民提供养老服务的居民委员会、卫生服务站、公益组织等相关单位的负责人和服务人员进行焦点小组访谈，重点了解城市社区构建综合养老服务体系的基本状况，具体包括服务条件与设施、服务内容与质量、服务供给影响因素、服务效率及影响因素等内容；二是发放调查问卷。在每个社区召集 20 名 60 岁及以上的老人集中填写调查问卷，主要了解老年人的养老服务需求情况，包括养老项目支出情况、医疗康复需求情况、社区服务需求情况等内容。此外，还向社区负责人以及社区养老服务机构负责人发放了调查问卷，主要涉及社区基本信息、社区居家养老服务供给与接受情况以及社区养老服务机构的规模设施、服务项目、运营情况等信息。此次赴深圳的调查，课题组相继走访了深圳市罗湖区南湖街道的渔邨社区、福田区福保街道的益田社区和园岭街道的园东社区，参观了渔邨社区服务中心、渔邨社区老年人日间照料中心、益田社区服务中心、益田社区颐康之家、园东社区老人日间照料中心等社区养老服务场所及服务设施，并与社区养老工作人员、社区服务中心及社区养老服务机构负责人、一线养老服务人员等进行了座谈。同时，对三个社区 60 多名 60 岁及以上的老人进行了问卷调查。通过实地调查，课题组获取了丰富的数据资料，掌握了很多第一手信息，为下一步进行数据资料的整理与分析打下了扎实的基础。

2. 问卷回收

此次深圳调查，课题组以集中填写调查问卷的方式对三个社区的 65 名老年人进行了调查访问，其中有 60 位老人填写的问卷是有效问卷，占被调查人数的 92.3%。此外，课题组向社区负责人及社区养老服务机构负责人发放调查问卷 5 份，回收问卷 5 份，有效问卷回收率 100%。其中，老人调查样本的基本情况为：①性别比例。男性 15 人，占 25%；女性 45 人，占 75%。②年龄构成。60—69 岁的 34 人，占 56.7%；70—79 岁的 18 人，占 30.0%；80 岁及以上的 8 人，占 13.3%。③受教育程度。小学学历 8 人，占 13.3%；初中学历 15 人，占 25.0%；高中/中专学历 21 人，占 35.0%；大专及以上学历 16 人，占 26.7%。④婚姻状况。初婚有配偶 38 人，占 63.3%；再婚有配偶 3 人，占 5.0%；丧偶 15 人，占 25.0%；离婚 4 人，占 6.7%。

二 深圳市养老服务事业发展概况

深圳是一座年轻的城市，也是一座典型的移民城市。作为"移民城市"，深圳老年人口的占比并不高，尚未跨入老龄化社会的门槛。然而，从长远来看，这种状况必将随着早期深圳拓荒者们年龄的慢慢增大以及大量外来老年人口的涌入而发生改变，老龄化社会的到来难以避免，养老服务事业亟待发展壮大。近年来，深圳市各级政府高度重视养老服务体系建设，努力加大财政投入力度，不断完善政策法规体系，科学调整服务设施建设布局，积极引导社会力量参与其中，全市养老服务事业获得快速发展。

（一）深圳市人口老龄化的基本现状

根据《深圳市 2015 年全国 1% 人口抽样调查主要数据公报》，深圳共有 1137.89 万常住人口，其中有 38.37 万年龄在 65 岁及以上的老年人口，老年人口占比约为 3.37%，比 2010 年上升了 1.58 个百分点。① 另据统计，截至 2015 年底，深圳市 60 岁及以上常住人口接近 120 万人，约占全市常住总人口的 6.6%。从全国范围来看，截至 2015 年底，我国 60 岁及以上老年人口占总人口的 16.1%，其中，北京市 60 岁及以上户籍老年人口占比为 23.4%，上海市则高达 30.2%，广州市则超过了 17.3%。与之相比，深圳市的老龄化水平不仅低于北、上、广等特大城市，而且距离全国平均水平还有很大差距。从本省范围来看，截至 2015 年底，除深圳外，广东省大多数主要城市 60 岁及以上老年人口占比均已超过 10% 的国际老龄化社会标准。其中，江门的老龄化程度最高，老年人口占比达 17.6%，即使是同样未进入老龄化社会的佛山和中山，其老年人口占比也分别高出深圳 3.1 和 0.7 个百分点（见图 3 - 1）。由此可见，深圳市的老年人口所占比重并不算很大，老龄化程度还不是很高。

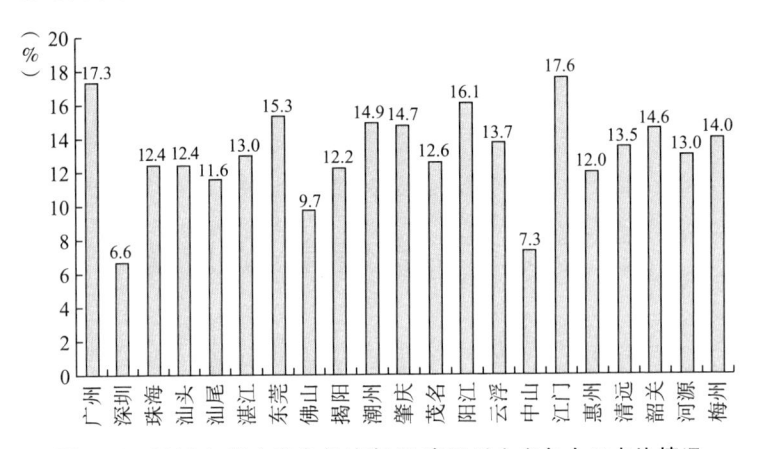

图 3 - 1　2015 年底广东省各城市 60 岁及以上老年人口占比情况

然而，近年来深圳的老龄化程度也在大幅提高，老龄化问题逐步显现，已经引起了政府与社会各界的高度关注。总体而言，主要有以下几个方面的特点。

1. 人口年龄结构快速变化

作为一个新兴的移民城市，深圳原来的老年人口相对较少，人口结构

---

① 数据来源于深圳市统计局《深圳市 2015 年全国 1% 人口抽样调查主要数据公报》。

曾长期保持年轻化的态势，到20世纪90年代末，深圳人口的平均年龄也只有27岁。然而，经过30多年的岁月，早期来到深圳工作生活的大量年轻人开始步入退休阶段，多年的奋斗历程让他们对这片土地充满了眷恋，在深圳安家养老是他们当中大多数人的夙愿。正因为如此，深圳的人口年龄结构近年来在快速发生变化，老年人口的比重不断攀升，深圳正在从一个年轻型社会加速向成年型社会和老年型社会转化。根据深圳市统计局公布的数据，2000年第五次全国人口普查时深圳市65岁及以上老年人口的比重为1.11%，2010年第六次全国人口普查时为1.76%，2015年全国1%人口抽样调查时则为3.37%。从2000年到2010年的十年间，深圳市65岁及以上老年人口比重只增长了0.65个百分点，而从2010年到2015年的5年间却增长了1.61个百分点，老年人口的增速明显加快。按照目前老年人口的增速测算，深圳将在2020年前后进入老龄化社会。与全国其他城市相比，深圳从年轻社会向老年社会过渡的速度要快很多。尽管目前在全国一线城市中深圳的老年人口占比相对偏低，但如果按照这样的速度发展下去，深圳将来的养老形势同样不容乐观。

2. 老年人数爆发式增长

近年来，随着人口结构的变化，深圳市老年人口的绝对数量也呈现爆发式增长的趋势。根据深圳市统计局公布的数据，2000年深圳65岁及以上老年人口有7.40万人，2005年为13.19万人，2010年为18.28万人，2015年为38.37万人。其中，前十年间增长了10.88万人，年增长率为14.70%；后五年间增长了20.09万人，年增长率为21.98%。深圳之所以在近几年出现老年人口快速增长的情况，除上述早期来深圳建设者正逐步进入退休年龄之外，还有两个重要因素：其一，深圳是一座年轻且蓬勃发展的城市，是年轻人就业创业的理想天堂，很多青年人来此工作学习、安家落户。受到中国传统家庭伦理关系以及独生子女政策的影响，很多老年人也不得不离开故土，跟随儿女来到这个陌生的城市生活。其二，深圳地处东南沿海，属亚热带季风气候，冬季温暖湿润，加上良好的生态环境，是一个非常理想的养生城市，每年冬天都有大量的北方老人来此居住生活，形成了非常有趣的候鸟式养老现象。这两个因素导致近年来深圳的老年人口数量大幅增长，给深圳的养老服务事业带来了很大挑战。

3. 不同户籍老人结构倒挂

作为全国最大的移民城市，深圳拥有数量庞大的流动人口群体，这使得深圳的人口结构一直存在着户籍人口与非户籍人口严重倒挂的现象。据统计，截至 2015 年底，深圳全市户籍人口为 354.99 万人，占总人口的 31.2%；非户籍人口为 782.90 万人，占总人口的 68.8%。受此影响，深圳市户籍老人和非户籍老人的人口倒挂问题也非常突出。据不完全统计，截至 2015 年 12 月，深圳 60 岁及以上老年人口约 119 万人，其中 23 万多人具有深圳户籍，95 万多人不具有深圳户籍，分别占老年人口总数的 19.49% 和 80.51%。① 统计数据显示，深圳非户籍老人的数量远远高于户籍老人的数量。在目前我国户籍制度及社会福利制度改革尚未完全到位的情况下，户籍老人与非户籍老人在获取社会福利服务资源上的差异是显而易见的。因此，目前深圳存在的不同户籍老人结构倒挂的问题，将会造成社会福利服务资源在分配上的不平衡与不公正，从而给深圳市养老服务事业的健康发展带来不良影响。

4. "空巢"高龄老人数量增多

近年来，在深圳人口老龄化的过程中，还出现了一个值得关注的现象，即"空巢"及高龄老人数量持续增长。由于面临激烈的竞争，深圳许多年轻的子女承受着来自工作与家庭的双重压力，很少能抽出时间陪伴父母，再加上生活习惯、出国定居等很多其他方面的原因，老人独居的情况在深圳较为普遍，深圳老年人口中"空巢"老人所占比例呈逐年上升的趋势。据不完全统计，目前深圳市"空巢"老人约占老年人口总数的 25%。由于见到子女的次数很少，"空巢"独居老人中普遍存在着生活孤独寂寞、缺少精神慰藉的状况，媒体上甚至曾经出现过"深圳保姆曝陪睡内幕月薪八千，陪睡对象多为独身空巢老人"的极端报道。此外，随着生活水平和医疗技术水平不断提高，人均寿命不断延长，高龄老人数量持续增多。2015 年，深圳市的人口平均寿命为 80 岁，高于国家平均寿命。据不完全统计，目前深圳市 75 岁及以上高龄老人数量约占老年人口的 35%。高龄老人数量的持

---

① 《深圳正在变老？常住老人 119 万 60 岁以上占人口 6.6%》，http://focus.szonline.net/contents/20160114/202515.html。

续增长必将对养老服务事业提出更高的要求。

(二) 深圳市养老服务事业的主要成就

深圳是改革开放的桥头堡,也是全国养老服务业综合改革试点地区。近年来,深圳在全国率先提出养老事业与养老产业并重发展、互动发展的新理念,通过强化顶层设计、深化体制改革、加大资金投入、推行规范管理等方式,积极构建"9073"社会养老服务体系(即90%的老人居家养老,7%的老人社区养老,3%的老人机构养老),努力提升社会养老服务的专业化水平,全市养老服务事业获得快速发展。

1. 政策制度体系日益完善

早在2007年5月,市政府就制定并印发《深圳市社区居家养老服务实施方案》,就推进社区居家养老服务工作进行安排部署。2010年2月,市民政局公布《深圳市居家养老消费券定点服务机构管理暂行办法》和《深圳市居家养老消费券管理暂行规定》,对如何使用政府印发的居家养老消费券的相关问题做出明确细致的规定。2011年3月,市政府印发《深圳市民办社会福利机构资助试行办法》,明确了扶持民办社会福利机构发展的具体资助政策。同年6月,市民政局制定并实施《深圳市高龄老人津贴实施细则(试行)》,建立完善了高龄老人的养老补贴制度。2013年6月,《深圳市人民政府关于加快发展老龄服务事业和产业的意见》颁布,就建立健全养老服务体系、培育发展老龄服务产业、创新完善扶持政策体系、加强组织领导等问题提出了重要意见。同年7月,市规划和自然资源局编制完成《深圳市养老设施专项规划(2011—2020)》,为深圳未来养老设施建设提供规划引导和政策保障。2015年4月,市民政局下发《深圳市公办养老机构建设和运营指引(试行)》,对公办养老机构的设计建设和运营管理提出了明确的指导意见。同年12月,市民政局向社会公布《深圳市养老服务业发展"十三五"规划(征求意见稿)》,提出"到2020年,将我市建设成为养老服务体系健全、产业质量规模领先、体制机制全面创新、社会活力充分激发的'国际老年友好型城市'"。由此可见,深圳在养老服务体系建设方面进行了有针对性的制度设计和体制机制创新,已出台的一系列政策文件既包括硬件设施的规划设计,也包括产业发展、社会引导等软件环境的优化改善，初步构建起一套既符合本市实际情况又具有鲜明特色的社会养老政策体系，为深圳未来养老服务事业的发展构建了良好的政策环境。

2. 基础设施建设得以加强

为解决养老设施建设滞后问题，深圳市在"十二五"期间先后出台多项支持性举措，充分发挥政策手段的导向功能，吸引更多的社会资本投入养老服务事业之中，推动养老服务产业做大做强，汇集多方力量共同提高养老服务设施的建设水平。一方面，深圳制定出台了《深圳市养老设施专项规划（2011—2020）》，在城市土地资源非常紧张的情况下，科学规划出70多个地块，专用于建设养老服务设施，以适应老年人越来越迫切的对养老设施的需求，同时也为深圳市养老服务体系的建设发展预留了用地空间，提供了优越条件。截至2015年底，深圳市共有养老院31家，其中公办22家、民办9家，养老总床位8359张。另一方面，深圳市大力推进社区养老服务机构建设。重点建设好三类社区养老服务机构：一是社区服务中心，服务对象是全体居民，服务范围涵盖助老助残、婴幼儿教育、便民服务等多个领域；二是社区星光老年之家，服务对象是全体老人，服务内容以开展适合老年人参加的文娱活动为主；三是社区老年人日间照料中心，服务对象是"空巢"、独居、半失能等有需要的社区老人，服务内容包括短期托护、餐饮服务、健康护理、精神慰藉、助医代购等。截至2015年12月，深圳市共建有上述三类社区养老服务机构1623家，实现了社区养老服务机构的全覆盖。

3. 福利服务水平不断提升

近年来，深圳加大对老龄事业的资金支持力度，不断提升针对老年人的福利服务水平，全市老年福利服务事业获得快速发展。第一，健全高龄老人津贴制度。从2011年起，为具有深圳户籍的高龄老人发放津贴，发放标准分为两档：70至79岁为100元/月，80岁及以上为300—500元/月。同时，政府还出资为具有深圳户籍的80岁及以上的高龄老人购买保险，以帮助他们有效应对意外伤害事故和意外医疗事件，大大提升了高龄老年人的抗风险能力。第二，增强居家养老服务能力。聚焦社区老人居家养老的服务需求，通过完善相关政策、增设服务机构、扩展服务内容等途径，进一步增强社区居家养老服务的能力。同时，针对低保家庭、优抚对象、失能老人等特殊情况给予适当的经济支持，按照每名户籍老人300—500元/月的标准发放居家养老服务补助金。时至今日，深圳市所有街道都建立了居家养老服务的设施与机制，服务内容涉及家政服务、医疗保健、康复护理、日常照料、精神慰藉等多个领域，服务水平有较大幅度的提高。第三，提升社区健康卫生服务水平。根据无工作单位户籍老人在健康卫生服务方面的需求，要求区级政府拿出专项资金免费为其进行体检，特别是对于80岁及以上的高龄老人还要提供上门免费体检服务，同时积极开展高龄老人紧急呼援救助项目，努力提升社区的健康卫生服务工作水平。第四，完善老人优待服务工作。建立健全老年人优待服务体系，改革完善"敬老优待证"制度，扩大优待服务对象范围，充实优待服务内容，为老年人免费游览公园景点、免费使用文化体育设施、免费享受法律援助、免费乘坐公共交通工具等提供便利，使老年人真正享受到优质、便捷、实惠的公共服务。

4. 体制机制创新取得成效

作为全国首批养老服务业综合改革试点城市，深圳在推进养老服务事业改革方面享有先行先试的政策便利。深圳充分利用政策机遇，努力打破旧有的体制框架，不断深化养老服务综合改革，积极推动养老服务事业创新发展。首先，做大做强养老服务产业。深圳注重发挥市场机制作用，积极引导社会资本投入养老服务市场，创办各种类型的为老服务企业，产生了良好的效果。目前，深圳已经形成了规模较大的养老服务产业集群，拥有数量众多的养老服务企业以及享誉全国的养老服务品牌，能够在金融、健康、文化、旅游等多个领域为老人提供专业化服务。其次，推进街道敬老院社会化改革试点工作。针对原来街道敬老院专业化水平低、服务能力不足的问题，深圳市民政局积极推进部分街道敬老院的社会化改革，使其运营模式由过去的公办公营调整为公办民营或公办联营，并对其进行升级改造，使之成为证照齐全、设施配套、环境优良、管理有效、服务专业的养老服务机构。截至2015年底，先后在3家街道敬老院开展了社会化改革试点和升级改造。改造后的街道敬老院软硬件大为改善，能够为社会老人特别是政府应当托底的老年人提供内容广泛的专业化养老服务，服务能力与水平得到了大幅提升，成为深圳市提供基本公共养老服务的重要支撑和保障。

（三）深圳市养老服务事业面临的发展困境

近年来，深圳的养老服务事业取得了很大成就，但与旺盛的社会养老服务需求相比，深圳的养老服务仍然面临很大的压力，特别是随着老年人口数量的快速增长，这种压力会变得越来越大。与之相比，深圳养老服务事业的前期基础并不深厚，后期的发展步伐也略显迟缓，因而会面临诸多的发展难题。

1. 养老压力偏大

深圳是一个典型的移民城市。改革开放之初，曾有大批年轻人来到深圳参与特区建设，使这个昔日的小渔村迅速发展成为一座现代化的大都市。而后，大量高素质的青年建设者不断涌入，使深圳在一个相当长的时期内保持了年轻与活力，创造出了一个又一个经济发展的奇迹。然而，经过30多年的发展，大量的第一代来深圳建设者即将同步进入退休年龄，已经不再年轻的他们大部分选择留在这个为之奉献青春的城市度过晚年生活。为他们提供周到、细致的养老服务，让他们颐养天年，是深圳这座城市必须承担的义不容辞的责任。同时，由于持续快速的经济发展与优美宜居的生活环境，深圳吸引了大批青年人来此创业就业，与之相应，跟随子女来深圳居住养老的外地老年人也呈大幅增长的趋势，这部分老人具有典型的"候鸟式"养老的特点。上述两方面因素相叠加，使深圳市的养老服务事业面临着"断崖式"的养老压力。

2. 养老服务体系有待完善

我国的社会养老服务体系以居家为基础、社区为依托、机构为支撑，基本目标是"9073"，即90%的老人居家养老、7%在社区照料和3%机构养老。与此目标相比，深圳的社会养老服务体系还存在很多不足。在居家养老服务方面，服务内容的规范性不够，尚未形成统一的服务标准，服务机构的发展面临较大障碍，自我造血功能较弱，服务网点的覆盖面不足，数量相对偏少，服务项目的设置相对单一，服务水平不高，服务券的发放和使用办法还有待改进；在社区养老服务方面，社区养老服务对象不明确，服务内容和设施缺乏规范标准，社区老人日间照料中心建设速度太慢，街道或中心社区托老所建设没有纳入城市发展规划；在机构养老服务方面，养老机构布局不够合理，人口密集的中心城区偏少，医护型专业养老机构尚未建立，扶持民办养老机构力度不够，入住公办养老机构轮候机制和评估体系仍未建立，特殊困难老人入住养老机构的费用补贴制度建设滞后。

3. 养老机构发展结构失衡

经过近几年的发展，深圳市机构养老床位的总量偏少问题已经得到了一定程度的缓解。据统计，截至2015年底，深圳市社会养老机构共有31家，比2009年底增长了1家；可以提供的养老床位达到了8359张，比2009年底增加了4762张；每千名老人拥有的养老床位数约为17张，比2009年底增加了11张。前后相比，养老床位总数增长了约1.3倍，每千名老人拥有的养老床位数增长了约1.8倍。然而，在总量问题得到缓解的同时，公办养老机构与民办养老机构发展不平衡的结构性问题却仍突出。一方面，公办养老机构由于服务收费低、硬件条件好、区域位置优等原因，受到了很多老年人的青睐，不仅绝大部分养老机构床位都住满，而且很多机构出现了老人登记排队等待入住却"一床难求"的现象；另一方面，民办养老机构由于收费高昂、功能单一以及位置偏远等原因，出现了空置率高、少人问津的情况，不得不说这是对养老资源的一种浪费。

4. 专业服务人才较为短缺

由于养老服务行业风险高、收入低，加之受到传统社会观念的影响，这个行业的从业者多为缺少专业技能的"4050"人员，而专业服务人才非常短缺且流失情况严重。目前大部分养老服务机构提供的养老服务多以生活照料为主，而老人亟须的康复理疗、营养保健、精神慰藉等专业性服务无法开展。即便是以"4050"人员为主的养老护理员队伍，由于行业流动性大，在深圳还有为数不少的护理员并没有得到职业资格培训，养老护理员总体持证上岗率未达到80%的指标要求。相对而言，能够为老人带来心灵慰藉的专业社工人才则显得更为紧缺。目前，深圳只有部分社区的养老服务机构配备了少量的专业老年社工，而一两名专业社工往往要负担社区内上千名老人的评估走访、组织活动等工作，根本无法为有需要的老人提供周到细致的心理慰藉服务。可以说，缺少专业人才成为制约养老服务事业发展的一个"瓶颈"。

5. 社会力量参与尚显不足

受传统管理体制的影响，我国的养老服务事业始终是政府唱主角，社会与市场处于从属地位。近年来，深圳虽然建立了政府、社会和市场分工制度，但是体制机制仍有待理顺，配套政策仍然有待完善，加之非政府组织本身的发展也尚显不足，因此，在养老服务领域，社会和市场配置资源的效能发挥还不显著，社会力量和资源参与明显不足，市场化运营机制不健全，养老服务业的发展远远迟滞于城市经济社会发展的整体水平。

三 深圳市综合养老服务供给状况调查

"十二五"期间，深圳坚持把加快发展养老服务业作为保障和改善民生的重要内容，强化顶层设计、深化体制改革、加大资金投入、推行规范管理，已基本建成了以居家为基础、社区为依托、机构为补充的社区综合养老服务体系。在服务供给方面，深圳以满足中低收入老人及特殊困难老人群体养老服务需求为重点，坚持资金保障与服务提供相匹配，无偿、低偿和有偿服务相结合，努力增加政府养老服务投入，不断丰富服务项目与服务内容，使社区综合养老服务的供给水平得到了很大提升。

（一）养老服务的投入状况

1. 机构建设

在深圳，社区中的养老服务机构主要包括社区服务中心、社区星光老人之家、社区老年人日间照料中心、社区综合养老机构以及社区健康服务中心5类，它们面向不同类别的老年群体分别提供综合扶助、文化娱乐、日间照料、短期托养、康复医疗等服务。其中，前三类机构主要由政府投资建设，通过政府购买社会服务的方式委托社会组织进行运营管理；第四类机构大多由政府与社会养老机构共同投资建设，以公助民营的方式由社会养老机构进行运营管理；第五类社区健康服务中心则由政府投资建设，由上一级医疗卫生机构派驻人员进行运营管理。从课题组调查走访的情况来看，三个社区均建有社区服务中心、社区星光老人之家、社区老年人日间照料中心和社区健康服务中心，一个社区建有具备长期托养功能的综合养老机构（见表3-1）。

表3-1　三个社区养老服务机构的建设情况

	渔邨社区	益田社区	园东社区
社区服务中心	有	有	有
社区星光老人之家	有	有	有
社区老年人日间照料中心	有	有	有
社区健康服务中心	有	有	有
社区综合养老机构	无	有	无

2. 经费来源

根据调研情况来看，与全国其他地区的情况大体相同，深圳在养老事业经费的资金来源上以政府投入为主，虽然也有少量社会资金的注入，但规模较小难以发挥太大的作用。政府对养老事业的资金投入主要有五个方面。一是基本建设资金。截至2015年底，深圳共有31家养老院、646家社区服务中心、916个社区星光老人之家、61家社区老年人日间照料中心，其中大部分由政府提供土地并投资兴建，对于少部分由社会企业或组织参与投资建设的非营利性养老服务机构，政府也给予一定的建设及启动经费资助。《深圳市民办社会福利机构资助试行办法》规定，对于符合条件的民办社会福利机构新建或改扩建的新增床位，给予每张床位"每年3000元，最长资助期限为5年"的经费资助。《深圳市社区老年人日间照料中心福彩公益金资助项目实施方案》规定，对以各区财政资金、机构自主投入为主建设的老年人日间照料中心，给予一次性差别化启动经费资助，最高资助经费100万元。二是养老服务机构运营补贴。在深圳，除承担所有公办养老机构的运营及管理费用外，政府对于符合条件的民办养老服务机构也给予一定的运营补贴。《深圳市民办社会福利机构资助试行办法》规定，对于民办社会福利机构收住深圳户籍老人而实际使用的床位数，按照不同护理级别分别给予每月每床100—200元的运营补贴。三是特殊群体老人养老补助。《深圳市居家养老服务实施方案》规定，对具有深圳户籍的老人群体中的失能老人、特殊群体老人，政府实行社区居家养老服务补助，60岁及以上享受低保且生活不能自理（介护）的老人人均500元/月，60岁及以上非低保对象但生活不能自理（介护）的老人人均 300 元/月，60 岁及以上"三无"老人、低保老人、重点优抚老人人均 300 元/月。《深圳市高龄老人津贴发放实施细则》规定，给具有深圳市户籍且年龄在 80 周岁以上的高龄老人发放生活照料津贴，以年龄段划分为 3 个档次，80—89 周岁老人每人每月发放现金 200 元，90—99 周岁老人每人每月 300 元，100 周岁及以上老人每人每月 500 元。四是购买社会组织养老服务费用。深圳市通过购买社会组织服务的方式，将全市社区服务中心委托专业社工机构进行运营管理，要求按照"4+2"的模式配备专业工作人员，并按照每人每年 9.3 万元的标准配置工作经费。五是社区老龄活动经费。对于社区居委会或者老人自发组织开展的老年人文体娱乐活动，区财政或街道也会给予一定的经费支持。

3. 服务设施

从调研情况来看，三个社区养老服务设施的配备较为齐全，范围包括日常生活设施、康复保健设施、文化娱乐设施等多个类别。但是，由于环境、场地等具体条件的限制，不同社区配备的养老服务设施的种类与数量也存在一定的差别。受场地条件的限制，渔邨社区将社区服务中心、社区老年人日间照料中心、社区托老所三个机构合并在同一个空间内运营，设置有老人休息室、餐厅、书画室、棋牌室、心理咨询室、康复训练室等场所，并配备了必要的办公家具、娱乐设施及康复设备，能够满足老人日常生活及文化娱乐的基本需要。益田社区的场地条件非常优越，社区服务中心与社区颐康之家（社区老年人日间照料中心）各自具有独立的运营空间，因而服务场所的设置也更加丰富，服务设备的配备也更加齐全。在社区服务中心设置有接待大厅、社区图书馆、书画室、棋牌室、舞蹈排练室、体育活动室、会议室、多功能厅等，配备了图书报刊、健身器材、体育设施、多媒体设备等服务设施。社区颐康之家占地面积 2020 平方米，共有服务用房 17 间，其中医疗用房 1 间、康复用房 1 间、老年心理咨询用房 1 间、休闲健身娱乐用房 1 间、学习培训用房 1 间、住宿用房 12 间，并配备了老人日常生活必备的各种家具、文化娱乐设施以及专业的康复训练设备。园东社区老年人日间照料中心具有独立的运营空间，占地面积 1500 多平方米，设有午休室（共 50 张床位）、接待服务台、多功能服务厅、文娱活动室、网络书报阅览室、营养配餐室、开放式茶水间、医疗康复保健室、人工助浴室、心理咨询室、营养咨询室、兴趣娱乐室等服务场所，配备了棋牌娱乐、休闲健身、康复保健、护理设备等服务器材及设施。

4. 服务人员

通过调研我们发现，在社区从事养老服务的人员主要包括五类。一是社区居委会工作人员。通常每个社区会配备1—2名工作人员，负责社区居家养老服务的行政管理工作，这部分工作人员具备较高的文化素质。渔邨社区配有2名女性工作人员，年龄在21—30岁，两人分别具有大专和本科学历。益田社区也配有2名女性工作人员，年龄在31—40岁，两人都具有本科学历。二是政府购买社工岗位人员。从2010年开始，深圳市民政局通过购买社工岗位的方式，将社区服务中心承包给专业社工机构运营管理，社工机构按照"4+2"（4名专业社工+2名行政人员）的模式配备服务人员。这部分人员大都具有社工专业背景且取得了国家社工师职业资格证书，具备较高的专业素养。本次调研走访的渔邨社区服务中心与益田社区服务中心，就是由专业的社工机构——深圳新现代社工服务中心负责运营管理的。三是一线服务人员。这部分人员大都由社区居委会或者社会组织从社会上聘用，在老年人日间照料中心或社区养老机构中从事一线服务工作，年龄多为"4050"人员，文化水平普遍不高，其中部分人员经过培训后考取了专业护理员证书。渔邨社区聘用了13名养老服务人员，年龄全部在41—50岁，学历均为初中。益田社区颐康之家23名养老服务人员中，护理人员15人，心理咨询人员1人，社会工作师2人，其他服务人员5人。四是社区志愿者。这部分人员多为本社区身体健康并具有奉献精神的年龄相对较小的老人，他们通常是在社区居委会的指导下，自发地组织老年人的文化娱乐活动，有时为年龄更大、行动不便的老人提供力所能及的帮助。五是提供居家养老服务的社会机构人员。这部分人员主要是指经过民政部门审核认定并签署协议，有资格在社区提供居家养老服务的机构人员。2012年，深圳市民政局专门出台了《深圳市居家养老消费券定点服务机构管理暂行办法》，就居家养老定点服务机构的申请、签约、变更、监督、管理等事项做出了明确规定。目前，深圳市10个区共有73家居家养老定点服务机构，内容涵盖了生活照料、家政服务、康复护理服务、日托服务、心理咨询、精神慰藉、临终关怀等服务领域。

（二）养老服务的项目内容

1. 居家养老方面

居家养老服务是指政府和社会力量依托社区，为居家的老年人提供生活照料、家政服务、康复护理和精神慰藉等服务的一种服务形式。它是对传统家庭养老模式的补充与更新，是我国发展社区服务，建立养老服务体系的一项重要内容。深圳市的社区居家养老服务面向深圳所有居家老人，服务主体多元化，政府不直接提供服务，鼓励、推动民间市场的发展，由市场根据老人需求提供服务，政府对深圳户籍的失能老人和特殊群体老人给予补助。居家养老服务内容以"立足社区、面向老人、专业服务"为特点，服务内容主要包括生活照料、家政服务、康复服务、日托服务、心理咨询、精神慰藉、临终关怀等。

从问卷调查情况来看，三个社区均设立了社区服务中心与社区健康服务中心，但不同社区的情况有所不同，提供的居家养老服务项目与服务形式也有所区别。在渔邨社区，社区服务中心提供的居家养老服务项目包括社会保障相关服务、医疗保健相关服务、社会福利相关服务、社区文体活动类服务、教育科普类服务5大类，社区健康服务中心提供的居家养老服务项目包括自助体测、健康宣传与指导、心理健康服务、康复治疗、紧急救助、诊疗服务6大类。在益田社区，社区服务中心只承担社会组织引进与管理、服务研究与转介、社区社会组织培育等职责，并没有直接参与居家养老服务，社区的居家养老服务主要由专业服务机构社区颐康之家负责提供，而社区健康服务中心提供的居家养老服务项目包括自助体测、健康宣传与指导、康复治疗、诊疗服务、药品服务5类。在园东社区，社区服务中心与社区健康服务中心所提供的居家养老服务项目与渔邨社区基本相同。

关于社区提供的居家养老服务的方式，三个社区的做法略有差别。渔邨社区的服务方式主要是"无偿的社区站点形式的日间照料服务"；益田社区的服务方式主要是"有偿的小时工性质的家庭服务员入户服务"与"有偿的社区站点形式的日间照料服务"；园东社区的服务方式主要是"有偿的社区站点形式的日间照料服务"与"无偿的社区站点形式的日间照料服务"。关于社区开展过的为老服务，渔邨社区与园东社区都选择了"老年人讲座""定期免费体检""少年志愿者进社区""传统节日庆祝活动"4项，益田社区除选择了上述4项外，还增加填写了"上门慰问"的内容。关于社区开展过的特殊老人群体服务，渔邨社区与园东社区都选择了"高龄老人补贴与养老服务""失独老人补贴与养老服务""空巢老人养老服务"3项，而益田社区则选择"高龄老人补贴与养老服务"与"失独老人补贴与养老服务"这2项，并补充填写了"居家养老服务"的内容。

2. 社区养老方面

作为居家养老服务的重要补充，社区养老服务兼具两个方面的重要功能：一方面，可以为家庭日间暂时无人照护的社区老人提供短暂的日间照料；另一方面，也可以为家庭无力照护的居家养老老人提供支持性服务。目前，深圳市社区养老服务的主要提供者是分布在各个社区的老年人日间照料中心。它主要面向社区的半失能老人提供日托服务，服务内容包括餐饮、健康、文娱、接送等多项内容。

从调研情况来看，三个社区均建有老年人日间照料中心，并且都已经委托给专业的养老服务机构来运营管理，能够为社区有需要的老人提供专业化的社区养老服务。从具体的运营模式与服务内容来看，三个社区有所不同。渔邨社区老年人日间照料中心由深圳市福田区福安居家养老服务中心负责运营管理，能够为户籍或居住地在罗湖区的年老体弱、患有慢性病或轻微伤残，虽具有一定的行动能力，但日常生活仍需他人照顾和看护的老人，提供日间照料和短期托养服务，服务项目和内容主要有：①生活照料，包括内务整理、清洁卫生、理发、修剪指（趾）甲、协助沐浴、提醒增减衣物、房间消毒；②康复训练，包括功能训练、肢体功能恢复训练、物理治疗；③职能训练，包括肢体协调训练、手工制作；④精神慰藉，包括心理疏导、减压宣泄、聚会闲聊、社会交往、阅览上网；⑤健康讲座，包括养生讲堂、生活小常识、老年病防治；⑥文化娱乐，包括书画、棋牌、舞蹈、歌唱；⑦膳食供应，包括早、中、晚三餐。此外，渔邨社区老年人日间照料中心还与渔邨社区健康服务中心合作，依托罗湖区人民医院的医疗团队，共同为社区老年人提供集生活照料、医疗护理、康复服务、临终关怀为一体的养老服务，探索建立"医养融合"的社区养老服务模式。益田社区老年人日间照料中心目前已经转型升级为专业的社区社会养老机构，兼具日间照料的功能，服务内容也涵盖日常起居、健康护理、心理咨询、餐饮服务、文娱活动等多个领域。园东社区老年人日间照料中心由深圳创乐福居家养老服务中心承包运营，以日间照料与短期托养两种方式为社区老人提供养老服务，主要服务内容包括起居照料、康复训练、卫生助浴、餐饮提供、读书看报、歌舞音乐、娱乐休闲等。

3. 机构养老方面

机构养老主要面向"三无"、失独、失能或半失能等特殊情况的老人，提供日常生活照料、医疗康复护理、紧急状况救援等更为专业化的服务。其中，专业化的服务设施建设是实现机构养老服务功能的物质基础。因此，必须以设施建设为重点，大力提升机构养老服务的专业化水平。目前，按功能类型划分，深圳有养老院、老年护理院两类养老机构，主要由政府主导建设，服务方式是集中供养，服务内容包括住宿、照料、护理、娱乐等。截至2015年底，深圳市共有养老院31家，其中公办22家、民办9家，总床位8359张。

2014年4月，深圳市民政局制定出台了《深圳市公办养老机构建设和运营指引》，对公办养老机构的设计建设标准与运营服务做出明确规定。《指引》要求："公办养老机构的选址应符合城市规划要求，并满足以下条件：（一）地势平坦、交通便利，有利于老年人参与社会活动；（二）供电、供水、供气、通信、医疗急救、体育健身、文化娱乐、生活配套等设施健全；（三）环境安静，尽量避开商业繁华区、公共娱乐场所，与高噪声、污染源区域的防护距离符合安全卫生有关规定。""公办养老机构的建筑设计应符合下列条件：（一）老年人房屋建筑应采用钢筋混凝土结构，抗震强度为重点设防类，耐火等级不低于二级；（二）老年人居住建筑应按老龄阶段从自理、介助到介护变化全过程的不同需要以及不同的体能心态特征进行设计；（三）老年人公共建筑的出入口、水平通道和垂直交通设施以及卫生间和休息室等部位，应为老年人提供无障碍设施；（四）老年人居住建筑的起居室、卧室，老年人公共建筑中的疗养室、病房，应有良好朝向、采光和通风条件；（五）建筑外观应做到色彩温馨、简洁大方、自然和谐，内装修应符合《老年人建筑设计规范》的相关规定；（六）公办养老机构应符合国家环境保护、消防安全、卫生防疫的标准和要求。"同时，《指引》还对公办养老机构的申请入住条件与流程做出了明确规定，针对公办养老机构床位紧张的情况，要求实行轮候入住的方法，遵循公开、公平、公正的原则，重点解决特殊户籍老人的入住需求。

在课题组调查走访的三个社区中，益田社区在原社区老年人日间照料中心的基础上，经过改造升级成立了集托养、日间照料、居家养老、医养结合四位一体的养老服务综合体——社区颐康之家。益田社区颐康之家由深圳市福田区福安居家养老服务中心投资、管理、运营，总占地面积2020平方米，提供床位75张，内设康复治疗室、康复训练室、智能训练室、农疗基地、健身环道、棋牌室、阅览网络室、精神慰藉室、闲聊茶吧等功能区，主要为社区老人提供生活照料、康复训练、精神慰藉、膳食供应、休闲娱乐等综合性养老服务。同时，颐康之家还与益田社区健康服务中心建立了"资源共享、优势互补、养医融合"的新型服务模式，为老年人就医、治疗、康复提供了极大的方便。

四　深圳市综合养老服务需求状况分析

老年人作为社会人口组成的一部分，他们的需要也是多方面的，既有生理性的也有社会性的，既有物质性的也有精神性的。由于老年人在年龄、性别、健康状况、收入水平、家庭结构等方面的差异，老年人在社区养老的需求方面也表现出不同的特点。从老年人的养老需求出发，结合社区养老的供给现状，构建实现养老供给与养老需求平衡的社区综合养老服务体系，是我国社会养老事业发展的重要基础。课题组通过集中填写问卷的方式，对深圳市三个社区60名年龄在60岁及以上的老年人进行了社区养老服务需求的调查分析，以期对深圳市社区老年人的养老服务需求状况达到"以管窥豹"的认识。

（一）老人个人生活情况

1. 老人共同居住情况

通过调查老人的共同居住情况，可以间接地了解被调查老人对生活照料、精神慰藉等服务项目的需求程度。通常，相比于空巢独居老人，与亲属或保姆等其他人员共同居住的老人，对于生活照料、精神慰藉等养老服务需求的迫切程度普遍偏低。对老人共同居住的情况，我们的调查问卷是以多项选择题的形式出现的，涉及的共同居住对象有配偶、子辈、孙辈、其他亲戚、保姆以及自己居住和其他，图3-2是将统计结果整理后制作的，没有选择的选项在图中没有出现，总人数仍然是60。数据显示，在60名被调查的老人中，与两代以上亲属共同居住的有29人，占比为48.3%；仅与配偶共同居住的有12人，占比为20.0%；仅与子辈共同居住的有7人，占比为11.7%；仅与孙辈共同居住的有2人，占比为3.3%；自己居住的有5人，占比为8.3%；其他居住方式的有5人，占比为8.3%（见图3-2）。从中不难发现，仅与配偶共同居住、仅与孙辈共同居住以及自己居住的三类老人共占被调查老人总数的31.6%。这部分老人由于子女不在身边且共同居住者年龄或者偏大或者偏小，相比于其他类型的老人可能更需要获得外界的照料与帮助。

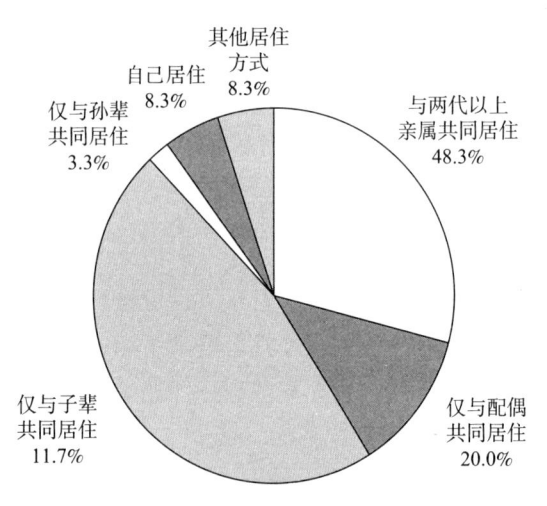

图3-2 被调查老人的居住情况

2. 老人退休前所在单位类型

由于我国社会保障制度改革尚未彻底完成，养老金"多轨制"问题依然没有得到根本解决，因此在不同类型单位工作意味着退休后拥有不同的养老保障水平。通过调查老人退休前所在单位的类型，可以间接了解老人退休后的养老金水平，从而了解其对养老服务费用的承受能力。在我们的调查问卷中，关于"您退休前所在单位的类型"的选项共有8个，分别是党政机关、企业、事业单位、社会团体、无单位、自办企业、军队、其他。数据结果显示，在60名被调查老人中，退休前所在单位类型为党政机关的有8人，占比为13.3%；企业22人，占比为36.7%；事业单位15人，占比为25.0%；无单位8人，占比为13.3%；自办企业2人，占比为3.3%；军队1人，占比为1.7%；其他4人，占比为6.7%（见图3-3）。值得注意的是，在被调查老人中退休前无单位的老人占不小的比例。这部分老人可能会存在没有退（离）休金的情况，如果也没有其他稳定的收入来源，其对养老费用的承受能力就会受到很大的影响。

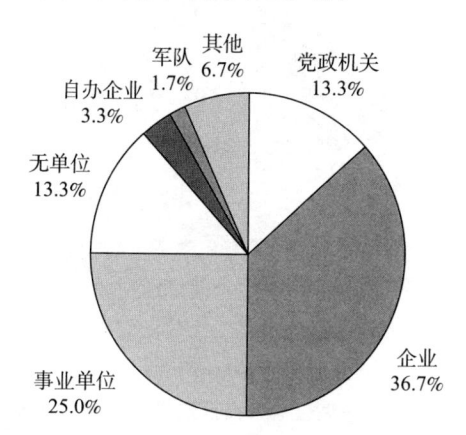

图 3-3　被调查老人退休前所在单位类型分布

3. 老人目前主要生活来源

生活来源是衡量个人经济承受能力的重要指标，是否具备稳定的生活来源是影响老人晚年生活质量的重要因素。对大部分已经丧失劳动能力的老人来说，没有稳定的生活来源意味着丧失了必要的生活保障。对于这部分老人，政府应当给予托底保障。在此次被调查的60名老人中，以自己的离退休金为目前主要生活来源的有44人，占73.3%；以自己劳动或工作所得为目前主要生活来源的有3人，占比为5.0%；以配偶收入为目前主要生活来源的有1人，占比为1.7%；以子女资助为目前主要生活来源的有9人，占比为15.0%；以其他亲属的资助为目前主要生活来源的有1人，占比为 1.7%；以政府/非营利组织的补贴/资助为目前主要生活来源的有 1 人，占比为 1.7%，以过去的积蓄为目前主要生活来源的有 1 人，占比为 1.7%（见图 3-4）。从调查结果可以发现，大部分被调查老人都具有自己的离退休金，但也有 26.7% 的被调查老人没有自己的离退休金，而依靠他人（组织）资助或者工作所得或者积蓄作为主要生活来源。相对而言，这部分老人的生活来源可能具有一定的不稳定性，相关政府部门应该给予必要的关注。

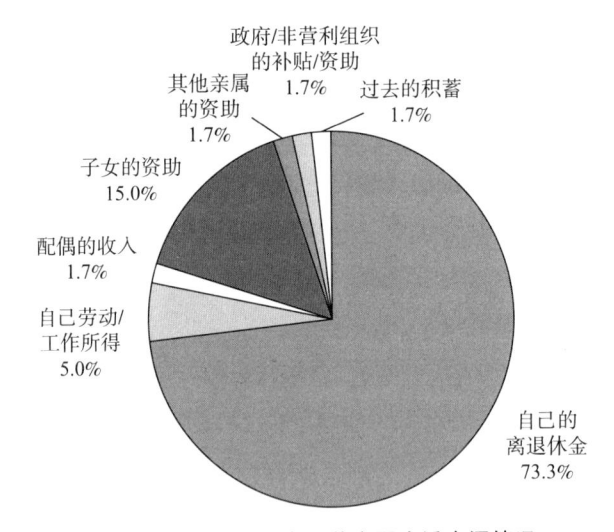

图 3-4 被调查老人目前主要生活来源情况

4. 老人 2014 年家庭平均月收入

家庭平均月收入是老人经济能力的直接体现，对老人的家庭经济生活具有重要影响，其高低直接决定着老人对社会养老服务的经济承受能力。换句话说，家庭收入的高低对于老人社会养老服务的消费意愿也会产生一定的影响。我们的调查问卷将"2014 年您家庭平均月收入是多少"作为调查问题，并给出了"无收入""700 元及以下""701—1500 元""1501—3000 元""3001—5000 元""5001—10000 元""10001 元及以上"7 个选项。调查结果显示，在被调查的 58 名老人（有 2 名老人未作答）中，2014 年家庭，无收入的 2 人，平均月收入在 700 元及以下的有 1 人，占比为 1.7%；701—1500 元的有 2 人，占比为 3.3%；1501—3000 元的有 12 人，占比为 20.0%；3001—5000 元的有 23 人，占比为 38.3%；5001—10000 元的有 12 人，占比为 20.0%；10001 元及以上的有 8 人，占比为 13.3%（见图 3-5）。总体来看，深圳老人的家庭平均月收入情况相对于西部地区较好，有 71.6% 的被调查老人 2014 年家庭平均月收入在 3000 元以上。但同时，也有 28.4% 的被调查老人在 3000 元及以下。在消费水平远高于西部地区的深圳，家庭月收入在 3000 元以下的老人将面临很大的生活压力，其在社会养老服务的消费意愿上当然也会受到一定程度的压抑。

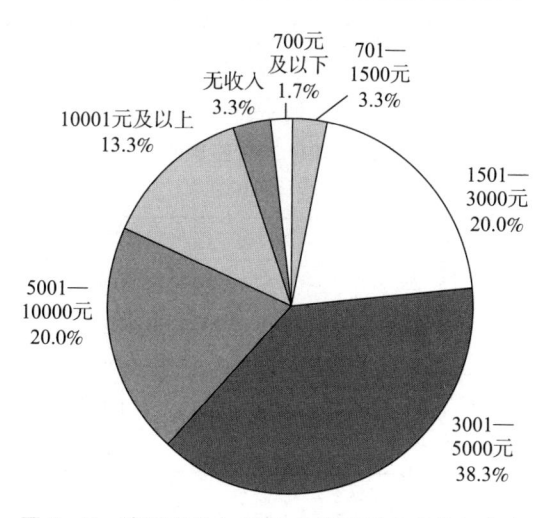

图 3-5 被调查老人 2014 年家庭平均月收入分布

（二）老人对社区养老服务的需求情况

1. 老人在养老项目上的支出情况

为了解老人在养老服务方面的需求类别及需求程度，我们通过问卷对老人 "2014 年在养老项目上的支出情况" 进行了调查，内容涉及康复护理、长期照料、医药费用、家政服务、其他 5 个方面，要求被调查老人按类别填写支出情况。通过调查我们发现，老人们在医药费用方面的支出最多，在 60 名被调查老人中有 25 人在 2014 年存在医药费用支出，占被调查人数的 41.7%，其中支出最高的为 48000 元，支出最低的为 1200 元。其次为家政服务方面的支出，有 8 人存在这方面的支出，占被调查人数的 13.3%，其中支出金额最高的为 9600 元，支出金额最低的为 1200 元。再次为长期照料方面的支出，有 5 人存在这方面的支出，占被调查人数的 8.3%，其中支出金额最高的为 48000 元，最低的为 6000 元。复次为康复护理方面的支出，有 4 人存在这方面的支出，占被调查人数的 6.7%，其中支出金额最高的为 12000 元，支出金额最低的为 1600 元。最后为其他方面的支出，有 2 人存在这方面的支出，占被调查人数的 3.3%，分别支出了 3600 元与 3000 元（见表 3-2）。总体而言，与其他养老项目支出相比，老人在医药费用方面的支出最为普遍。由此可见，提升老年人的健康水平进而减少其医疗费用支出是降低老年人在养老方面经济压力的重点，也是提升社区综合养老服务水平的关键。

表 3-2　被调查老人 2014 年在养老项目上的支出情况

单位：人，%，元

养老项目	存在支出的人数	人数占比	最高支出	最低支出
医药费用	25	41.7	48000	1200
家政服务	8	13.3	9600	1200
长期照料	5	8.3	48000	6000
康复护理	4	6.7	12000	1600
其他	2	3.3	3600	3000

2. 老人目前的身体状况

对老人目前身体状况的调查，我们在调查问卷中设计了两个问题：一是由老人根据自己的感觉来选择自己的身体状况，二是由老人根据实际情况选择自己所患慢性病情况。第一个问题的调查结果显示，在 60 名被调查老人中，有 7 人认为自己很健康，占比为 11.7%；有 24 人认为自己健康，占比为 40.0%；有 26 人认为自己的健康状况一般，占比为 43.3%；有 3 人认为自己不健康，占比为 5.0%（见图 3-6）。在第二个问题的选项中，我们列出了 10 种老人常见的慢性病，分别为高血压、糖尿病、慢性支气管炎、肺气肿、肺心病、心脏病、关节炎、风湿病、哮喘和其他病，由被调查老人根据自身实际情况做不定项选择。调查结果表明，在我们所列的 10 种慢性病中，老人患病人数最多的慢性病为关节炎，有 23 人，占比为 38.3%；排在第二位的为高血压，有 19 人，占比为 31.7%；并列第三位的为糖尿病和心脏病，各有9人，占比均为15.0%；排在第五位的为风湿病，有7人，占比为11.7%；排在第六位的为慢性支气管炎，有2人，占比为3.3%；并列第七位的为肺气肿、哮喘和其他病，各有1人，占比均为1.7%；排在最后的为肺心病，被调查老人中没有人患该病（见表3-3）。通过调查不难看出，受气候、年龄等多方面因素的影响，老年人患关节炎、高血压等慢性病的人数较多，身体状况不甚理想，对医疗护理方面的养老服务项目应当具有较高的需求意愿，这也从侧面验证了我们对老人在养老项目上支出情况的调查结果。

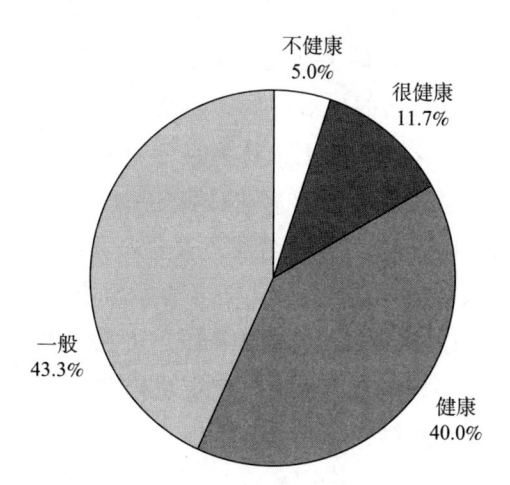

图3-6 被调查老人对自己身体状况的评价

表3-3 被调查老人患慢性病情况

单位：人，%

排序	类别	患病人数	人数占比
1	关节炎	23	38.3
2	高血压	19	31.7
3	糖尿病	9	15.0
3	心脏病	9	15.0
5	风湿病	7	11.7
6	慢性支气管炎	2	3.3
7	肺气肿	1	1.7

续表

排序	类别	患病人数	人数占比
7	哮喘	1	1.7
7	其他病	1	1.7
10	肺心病	0	0

3. 老人生活起居的照料情况

关于老人生活起居的照料情况，我们也从两个方面进行了调查：一方面，了解老人生活起居是否需要别人帮助；另一方面，了解老人生活起居是否有人照料。在回答"您的生活起居是否需要别人帮助"这一问题时，有5名被调查老人认为自己的生活起居"需要"别人提供帮助，占被调查总人数的8.3%；有55名被调查老人认为自己的生活起居"不需要"别人提供帮助，占被调查总人数的91.7%（见表3-4）。在被问到"现在是否有人照料您的生活起居"时，有18名被调查老人表示有人照料自己的生活起居，占被调查总人数的30.0%；有22名表示没有人照料自己的生活起居，占被调查总人数的70.0%（见表3-4）。可见，绝大多数老人并不认为自己的生活起居需要别人帮助，而事实上也确实只有少部分老人在生活起居上正在得到别人的照料。

表3-4 老人生活起居的照料情况

单位：人，%

	选项	选择人数	人数占比
是否需要有人帮助生活起居	需要	5	8.3
	不需要	55	91.7
是否有人照料生活起居	有	18	30.0
	没有	22	70.0

4. 老人的社会交往情况

关于老人的社会交往情况，我们用两个指标来衡量：（1）老人与子女的联系频率；（2）老人与朋友的联系频率。通过调查老人与子女的联系频率我们发现，被调查老人与子女的联系频率相对较高，几乎天天联系的有

43人，占71.7%；每周至少联系一次的有16人，占26.7%；每月至少联系一次的只有1人，占1.7%。相比于与子女的联系频率，被调查老人与朋友的联系频率略有下降，几乎天天联系的有32人，占53.3%；每周至少一次的有9人，占15.0%；每月至少联系一次的有10人，占16.7%；一年联系几次的有7人，占11.7%；几乎没有联系的只有2人，占3.3%（见表3-5）。调查结果表明，老人的社会交往情况较好，大多数人能够与子女或朋友保持相对频繁的沟通与交流，这有助于缓解他们因孤独而产生的焦虑情绪。

表3-5 老人的社会交往情况

单位：人，%

	与子女的联系情况		与朋友的联系情况	
	选择人数	占比	选择人数	占比
几乎天天	43	71.7	32	53.3
每周至少一次	16	26.7	9	15.0
每月至少一次	1	1.7	10	16.7
一年几次	0	0	7	11.7
几乎没有	0	0	2	3.3
合计	60	100.0	60	100.0

5. 老人的养老方式倾向

为了解老人在养老方式上的倾向性意见，我们在调查问卷中设置了三道选择题供老人作答。调查结果如下：首先，老人遇到困难时最希望得到配偶或子女的帮助。当被问到"如果您遇到困难，最希望得到谁的帮助"时，有83.4%的被调查老人回答最希望得到"配偶或子女"的帮助，有6.7%的老人回答最希望得到"朋友或邻居"的帮助，有5.0%的老人回答最希望得到"居委会和社区工作者"的帮助，有3.3%的老人回答最希望得到"其他亲属"的帮助，还有1.7%的老人选择了其他人。其次，更多的老人认为最应该由政府来承担养老责任。当被问到"您认为最应该由谁承担养老责任"时，有45.0%的被调查老人认为最应该由政府来承担养老责任，有28.3%的老人认为最应该由子女承担责任，有13.3%的老人认为最应该由自己或配偶承担责任,有10.0%的老人选择了不好说,还有3.3%选择了由所在社区承担责任。最后,老人心目中最理想的养老方式是家庭养老。当被问到"您心目中最理想的养老方式"时,有50.0%的被调查老人认为是"住在家里由亲人照顾",认为"住在家中接受社区服务"或者"住在养老院"的都为23.3%,另有3.3%的老人选择了其他方式(见表3-6)。总之,从调查结果来看,受中国传统观念的影响,老人们在养老方式选择上更倾向于家庭养老,但同时也有越来越多的老人认识到政府与社会在养老问题上应当承担的责任,对于家庭养老以外的养老方式也持一种越来越开放的态度。

表 3-6 老人的养老方式倾向

单位:人,%

	选项	选择人数	所占比例
遇到困难最希望得到谁的帮助	配偶或子女	50	83.4
	朋友、邻居	4	6.7
	居委会和社区工作者	3	5.0
	其他亲属	2	3.3
	其他	1	1.7
最应该由谁承担养老责任	政府	27	45.0
	子女	17	28.3
	自己或配偶	8	13.3
	不好说	6	10.0
	所在社区	2	3.3
心目中最理想的养老方式	住在家里由亲人照顾	30	50.0
	住在家中接受社区服务	14	23.3
	住在养老院	14	23.3
	其他	2	3.3

6. 老人对目前生活的评价

老人对目前生活的评价是老人的养老需求是否得到满足的重要体现。关于老人对目前生活的评价情况,我们在调查问卷中给出了"满意""一般""不满意"三个选项供老人选择。结果显示,有41名被调查老人对目前生活表示"满意",占比为68.3%;有18名老人表示"一般",占比为30.0%;只有1名老人表示"不满意",占比为1.7%(见图3-7)。这说明,大多数老人的养老需求得到了较好的满足,对目前生活表示满意。

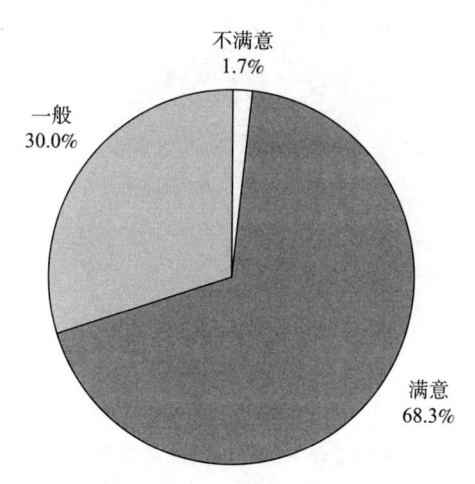

图3-7 被调查老人对目前生活的评价

(三) 老人对社区养老服务的认知与评价

1. 老人到社区养老服务机构的便利程度

对行动能力相对偏弱的老人来说,到社区服务机构是否便利至关重要,这在一定程度上决定着他们接受服务的意愿与频率。在问卷中,我们对老人从家到最近的社区服务机构的距离进行了调查。调查结果显示,在60位被调查者中,有50位老人从家到最近的社区服务机构的距离为半公里,占被调查人数的83.3%;有7位老人的距离为一公里,占11.7%;有2位老人的距离为两公里,占3.3%;另有1位老人的距离为三公里以上,占1.7%(见图3-8)。同时,由于医疗服务是老人日常生活中经常使用的养老服务项目,因此老人到社区医疗机构接受医疗服务的便利程度对其提高生活质量具有重要影响。是否方便的一个重要方面,就是老人从家里到社区医疗机构需要花费的时间。对此,我们在问卷调查中也给予了关注。通过统计调查数据可知,60名被调查老人到社区医疗机构需要花费的时间平均为9.4分钟,标准差为6.4。其中,用时最短的为2分钟,用时最长的为

30分钟。从总体上看，老人到社区服务机构的距离不长，到社区医疗机构花的时间较短，能够比较便利地接受社区养老服务。

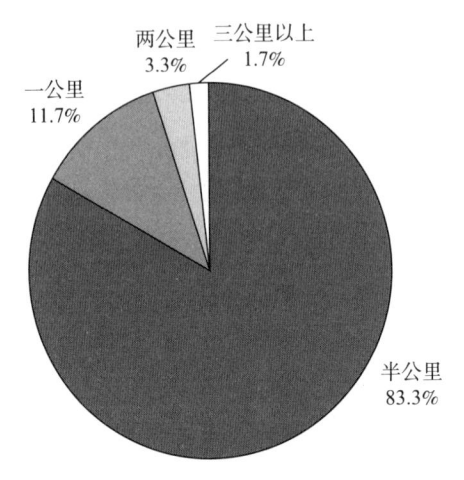

图 3-8 被调查老人到最近的社区服务机构的距离

2. 老人对社区医疗服务的认识与评价

关于老人对社区医疗服务的认识与评价，我们给出了社区医疗机构可以为老年人提供的上门护理、上门看病、康复治疗、紧急救助、特殊药品、日常保健六个常见的医疗服务项目，并从三个方面调查了老人对上述医疗服务项目的认知、使用及评价情况。首先，询问老人是否需要社区医疗机构提供相关服务。对此，在被调查的60名老人中，表示需要社区医疗机构提供特殊药品和日常保健服务的均为27人，各占被调查人数的45.0%；均有25人表示需要上门护理、康复治疗和紧急救助服务，各占41.7%；另有24人表示需要上门看病服务，占40.0%（见表3-7）。数据显示，选择各个服务项目的老人数量基本相当。其次，问卷询问了老人2014年是否接受过社区医疗机构提供的相关服务。在被调查的60名老人中，有15人表示2014年接受过社区医疗机构提供的日常保健服务，占被调查人数的25.0%；有14人表示接受过康复治疗和特殊药品服务，各占23.3%；另有13人表示接受过上门护理、上门看病和紧急救助服务，各占21.7%（见表3-7）。结果表明，实际使用各个服务项目的老人人数也基本相同。问卷询问了老人对其接受过的社区医疗机构的相关服务是否满意，结果显示，在社区医疗机构提供的各个服务项目中，接受过相关服务的老人对日常保健服务的满意度最高，为73.3%；其次为特殊药品服务，满意度为64.3%；然后是上门护理和上门看病服务，满意度均为61.5%；接着是康复治疗服务，满意度为57.1%；最后是紧急救助服务，满意度为53.8%（见表3-7）。总体来看，老人对社区医疗机构提供的相关服务评价一般，各项目的满意度均在80%以下，但也没有人表示不满意。

表3-7 被调查老人对社区医疗机构服务的认识与评价

单位：人，%

服务项目	是否需要相关服务		2014年是否接受过相关服务		对接受过的相关服务的评价					
					满意		一般		不满意	
	人数	占比	人数	占比	人数	占比	人数	占比	人数	占比
上门护理	25	41.7	13	21.7	8	61.5	5	38.5	0	0
上门看病	24	40.0	13	21.7	8	61.5	5	38.5	0	0
康复治疗	25	41.7	14	23.3	8	57.1	6	42.9	0	0
紧急救助	25	41.7	13	21.7	7	53.8	6	46.2	0	0
特殊药品	27	45.0	14	23.3	9	64.3	5	35.7	0	0
日常保健	27	45.0	15	25.0	11	73.3	4	26.7	0	0

3. 老人对社区提供的养老服务的认知与态度

老人对社区提供的养老服务项目的认知与态度反映的是老人对社区养老服务的了解及接纳程度，同时也能从另一面体现出社区现有养老服务工作的有效性与针对性。为此，我们在调查问卷中列举了社区能够提供的10个服务项目，并请被调查老人针对这10个服务项目回答两个问题：一是社区是否提供或举办过相关服务；二是社区有无必要向老年人提供相关服务。调查数据显示，认为社区组织过"文体活动"的被调查老人有36人，占被调查人数的60%；认为社区设有"日托所或托老所"的有34人，占56.7%；认为社区设有"老年人服务热线"的有33人，占55.0%；认为社区提供了"老年饭桌或送餐"与"代办购物或邮寄"服务的分别有32人，各占53.3%；认为社区提供了"上门探访"和"上门做家务"服务的各有31人，占51.7%；认为社区提供了"法律援助""困难救助"和"心理咨询"服务的分别有30人,各占50.0%。同时,有75.0%的老人认为社区有必要提供"老年饭桌或送餐""心理咨询""组织文体活动""代办购物或邮寄"4项服务,有73.3%的老人认为社区有必要提供"上门探访""老年人服务热线""法律援助""困难救助""上门做家务""日托所或托老所"6项服务(见表3-8)。从调查数据来看,老人对社区提供的各项服务的认知程度大体相当。值得注意的是,无论是哪一个服务项目,认为社区有必要提供该项服务的老人人数,都要多于认为社区已经提供了该项服务的老人人数,这在一定程度上反映了老年人的实际需求高于现实的供给。不过,需要指出的是,老人对社区是否提供相关服务的回答只是其个人的认知情况,并不能代表社区提供相关服务的实际情况。事实上,确实存在社区提供了某项服务而老人自己并不了解的情况。但是,这也从侧面反映了社区为老年人提供相关服务被老年人接纳的程度。

表3-8 被调查老人对社区提供养老服务的认识与评价

单位:人,%

服务项目	社区是否提供相关服务				社区有无必要提供相关服务			
	是		否		有		无	
	人数	占比	人数	占比	人数	占比	人数	占比
上门探访	31	51.7	29	48.3	44	73.3	16	26.7
老年人服务热线	33	55.0	27	45.0	44	73.3	16	26.7
法律援助	30	50.0	30	50.0	44	73.3	16	26.7
困难救助	30	50.0	30	50.0	44	73.3	16	26.7
上门做家务	31	51.7	29	48.3	44	73.3	16	26.7
老年饭桌或送餐	32	53.3	28	46.7	45	75.0	15	25.0
日托所或托老所	34	56.7	26	43.3	44	73.3	16	26.7
心理咨询	30	50.0	30	50.0	45	75.0	15	25.0
组织文体活动	36	60.0	24	40.0	45	75.0	15	25.0
代办购物或邮寄	32	53.3	28	46.7	45	75.0	15	25.0

4. 老年人对社区服务设施的认知情况

老人对社区服务场所或服务设施的认知情况,一方面可以反映社区养老服务设施与老人养老服务需求的对接情况，另一方面也可以反映出社区养老服务设施使用效率的高低。问卷调查的结果显示，在60名被调查老人中，认为社区有老年活动室的有48人，占80.0%；认为社区有图书馆的有40人，占66.7%；认为社区有室外活动场地的有35人，占58.3%；认为社区有棋牌室或麻将室的有29人，占48.3%；认为社区有老年学习室的有28人，占46.7%；认为社区有老年健身室的有27人，占45.0%；认为社区有老年康复中心的有17人，占28.3%；选择不知道的有2人，占3.3%；选择都没有的有1人，占1.7%（见表3-9）。从数据来看，老人对社区提供的老年活动室、图书馆、室外活动场地的情况比较熟悉，使用较为普遍。

表3-9 被调查老人对社区服务设施的认知情况

单位：人，%

	人数	百分比
老年活动室	48	80.0
老年健身室	27	45.0
棋牌室或麻将室	29	48.3
图书馆	40	66.7
室外活动场地	35	58.3
老年学习室	28	46.7
老年康复中心	17	28.3
以上都没有	1	1.7
不知道	2	3.3

5. 老人对社区养老服务的评价与建议

从调查结果来看，老人对目前社区提供的相关养老服务的评价较高。在60名被调查老人中，表示满意的有39人，占65.0%；表示一般的有20人，占33.3%；表示不满意的只有1人，仅占1.7%。此外，关于社区改进养老服务建议的调查结果显示，在所有被调查老人中，建议"降低费用"的有20人，占被调查人数的33.3%；建议"提高工作人员专业性"的有15人，占25.0%；建议"增加服务项目"的有10人，占16.7%；提出其他建议的有2人，占3.3%；没有建议的有24人，占40.0%（见表3-10）。可见，老人们对养老服务费用问题的关注度最高。

表 3-10 被调查老人对改进社区养老服务的建议

单位：人，%

	人数	百分比
增加服务项目	10	16.7
提高工作人员专业性	15	25.0
降低费用	20	33.3
其他建议	2	3.3
没有建议	24	40.0

五 深圳市综合养老服务体系建设的问题与对策

通过调查走访，我们对深圳城市社区综合养老服务体系建设的基本情况有了一定程度的了解。应当说，近几年深圳市在社区综合养老服务体系建设方面确实取得了很大成绩，但也不可避免地存在一些问题。在此，我们对调研中发现的相关问题给予归纳，并尝试提出一些对策建议。

（一）主要问题

1. 服务保障范围狭窄

受户籍制度的影响，深圳将养老服务保障及补助的对象限定为具有深圳市户籍且符合相应条件的老年人，而数量更为庞大的非本市户籍老人却无法享受到养老服务的保障与优惠。这样的政策忽视了深圳得以发展的背后的重要因素，也因此忽视了深圳市真实存在的养老需求。作为一个移民城市，30多年来大量的外地人来到深圳参与城市建设，为深圳的经济社会发展做出了不可磨灭的贡献。虽然由于种种原因他们没有取得深圳市户口，但因此将他们及他们的父母长期排除在保障补助范围之外，显然存在很大的问题。

2. 服务资金来源单一

同全国其他地区的情况相同，深圳社区养老服务资金的来源主要是政府投入，渠道过于单一。近年来，深圳市各级政府不断加大对养老服务事业的资金投入，在"十二五"期间投入了约20亿元用于社会养老服务体系建设。然而，这些资金大多被用于公办养老院、社区老年人日间照料中心等养老服务机构的基本建设，真正投入社区养老服务活动及项目的资金仍显不足。从问卷调查的情况看，三个社区的负责人在被问到"为了提高老人对所接受服务的评价，您最期待哪项举措"时，不约而同地选择了"更广泛的资金来源和更多的资金支持"一项。

3. 多元主体合作不足

在社区养老服务供给中，政府始终居于主导地位，从资金提供到服务指导再到规划监督，多采用行政手段进行管理，并且普遍存在缺位与越位现象，与市场化的要求难以有机融合，而非政府组织缺少进入养老服务市场的权限，使得社区养老服务大多只能由街道或区政府自治管理，缺乏发展的内在动力，导致供给模式单一。同时，社区养老服务属于新兴产业，市场运行模式尚未成熟，服务项目与服务内容的设计与开发能力较弱，同时服务价格也缺少严格规范的确定机制。因此，与老年人的服务需求相比，仍然存在较大的差距。这在一定程度上限制了社区养老服务产业规模的扩大，也影响了非政府组织参与养老服务事业的积极性。从问卷调查的情况来看，三个社区都存在非政府组织参与社区养老服务不足的问题。在益田社区提供居家养老服务的机构中，只有1个非营利性民间组织和1个营利性组织；在渔邨社区提供居家养老服务的机构中，则没有非营利性或营利性的民间组织。总之，在社区养老服务的供给结构中，多元主体协作机制尚未建立，政府、社会、市场处于彼此分割状态，未能形成合力。

4. 服务专业化水平不高

养老服务业不同于一般的服务性行业，对于从业人员的职业素养具有较高要求。因此，相关政府部门应当主导制定养老服务专业人才的长期发展战略与规划，同时加大对养老服务行业一线工作人员的教育培训力度，不断提升他们的服务专业化水平。通过调查可以看出，虽然深圳市、区、街道等各级政府对养老服务人员的教育培训工作非常重视，也会经常性地组织专业培训活动，但由于福利待遇较低、人员流动性较大、人才流失严重，社区养老一线服务人员当中不可避免地存在着专业水平低、服务质量差以及无证上岗等不良现象。特别是各个社区健康服务中心虽然大都开展了一些健康讲座和义诊活动，并为所在社区老年人建立了健康档案，但由于缺乏高水平的医疗技术人才,加之专业护理人员不足,难以开展更专业的诊疗服务及医疗护理服务,影响了其养老服务效能的发挥。对社区负责人的问卷调查结果显示,三个社区负责人在回答"为了提高老人对所接受服务的评价,您最期待哪项举措"这一问题时,都选择了"更专业的服务人才加入"这一答案。

5. 老年人对社区服务参与性不强

问卷调查的结果表明,社区老年人参与社区养老服务活动的积极性并不高。在渔邨社区,2014年全年接受过社区居家养老服务的老年人共50人,2015年1至4月接受过社区居家养老服务的老年人共85人;在益田社区,2014年全年接受过社区居家养老服务的老年人共55人,2015年1至4月接受过社区居家养老服务的老年人共56人。对大多数老年人来说,其经常参与的社区活动都是自发在街边、公园空地组织的一些健身娱乐活动,而由社区组织开展的服务项目和公益活动,由于信息不对称或者缺乏兴趣参与率不高。这表明,社区在养老服务供给的针对性与有效性上仍有很大的提升空间。

6. 社区服务工作入户困难

在调研中我们发现,社区在开展养老服务等相关工作的过程中,普遍存在着入户困难的问题。受社会环境的影响,社区居民对于上门入户人员大多存在一定的防范心理,不愿意接受、配合不认识的社区工作人员特别是社会服务机构人员的入户探访和调查。对社区的社会工作者来说,入户遭拒是经常需要面对的问题。与社会保障、卫生服务等社区居民比较熟悉的工作不同,社会工作并不为大多数居民所熟知。由于既不清楚社会工作者的身份,也不了解社会工作者的工作内容,社区居民对社会工作者的上门探访与服务往往会采取一种排斥的态度。

7. 各政府部门间缺少合作机制

"医养融合"是破解社会养老难题、提升养老服务水平的有效途径,但在实践中如何操作尚处于摸索阶段。深圳在这方面也进行了一些有益的探索与尝试。在我们本次调研走访的三个社区中,渔邨社区就与罗湖区人民医院签约创建了深圳市首个医养融合项目,益田社区颐康之家也与所在社区的健康服务中心签订了合作协议,开展医养融合服务。然而,由于深圳市尚未出台有关医养融合的政策制度，民政与卫生部门缺少更高层面的合作机制，这在一定程度上制约了医养结合在全市的发展。目前，深圳市的医养融合工作仍然是在罗湖区进行小范围试点，尚未在全市范围内全面展开。

8. 社会组织缺乏参与机制

一方面，受到社会大环境的制约，社会组织在我国的发展起步较晚，内部管理机制很不健全，导致部分社会组织自身条件不足，成员缺少必要的专业化培训，专业知识储备不足，不具备相应的从业资格，难以胜任较为专业化的养老服务；另一方面，政府对社会组织的政策及资金的支持力度不够，加之我国民间的慈善捐助事业尚未成熟，部分社会组织在获取资源上存在很大障碍，其流转资金大多来自市级、街道办和居委会的基层财政支出，来源渠道狭窄，经费有限，无法保证高效稳定的供给，从而影响了社会组织提供养老服务的能力。

9. 居家养老补助模式有待完善

目前，深圳市居家养老补贴的发放仍然沿用养老服务券的方式，且只能在指定的服务机构进行消费。《深圳市养老服务实施方案》规定，养老服务券可以用来支付接受生活照顾、家政服务、医疗护理、心理辅导、精神关爱以及临终关怀等居家养老服务时产生的费用。然而，受传统消费观念的影响，多数老人对于家政类的服务项目较为认可，而心理类的服务项目却少有问津。同时，政府选定的定点服务机构数量不多，可供老人就近接受服务的选择空间不足，导致老人对养老服务券的信赖度相对偏低。养老消费券的兑换及监管机制的不完善也制约了其效能的发挥。

（二）对策建议

1. 扩大养老服务受益面

考虑到深圳作为移民城市的实际情况，大量的外来建设者开始步入退休年龄，同时也有越来越多的随迁老人来此定居。无论是从促进城市繁荣稳定的角度，还是从维护社会公平正义的角度，深圳都应当将长期居住在此的大量外来老年人口纳入养老服务体系的保障范围之中，不断扩大社区综合养老服务的受益范围，为深圳养老服务事业的健康发展创造有利条件。

2. 完善相关法律法规

科学严密的法律制度体系是确保社区综合养老服务规范有序、良性发展的有力支撑，项目设计与实施、资金筹措与使用、服务监督与评估等每一个环节都需要法律法规来规范。目前，深圳市已经制定并出台了很多养老服务方面的规章制度，但也存在一些薄弱环节，如在项目规划设计、政策实施细则、财政补贴流程等方面，仍需要继续制定更多具体详细的规章制度，各区级政府、街道等也应当因地制宜、因时制宜，认真做好相关法律法规的落地工作，出台相应的配套措施，使社区综合养老服务体系的建设与发展做到有法可依、规范有序。

3. 加强各部门间协同合作

社区综合养老服务体系建设牵涉民政、宣传、卫生、党建等多个党政部门，需要各部门彼此协调、通力合作，方能顺利进行并取得实效。作为全国养老服务业综合改革试点城市，深圳应当勇敢地进行政策制度创新，率先在各个政府部门间建立政策共享和高效协作的体制机制，坚决打破部门利益与区域利益的障碍藩篱，有效整合分散的养老服务资源，积极推动服务资源的跨部门流动，努力构建运转高效、服务专业的社区综合养老服务体系，着力提升广大人民群众对社区养老服务的满意度。

4. 协调政府与社会组织关系

各级政府应当本着社会服务社会化的原则，积极转变政府工作职能，适度放权给社会组织，把原本应该由社会承担的社会养老服务职能交还给社会组织，鼓励支持其做大做强，汇聚起多方力量共同推动社会养老服务事业的健康发展。一是赋予社会组织更大的自主权，通过创建完善科学严密的法律法规体系，规范社会组织的准入条件，明确其独立参与社会事务的主体地位；二是给予社会组织更大的财政支持，激励社会组织积极投身于社区养老服务事业，尽快制定出台包括税收、用地、管理费用等在内的相关优惠政策；三是赋予社会组织更强的人才保障，通过完善人才培养制度，激励社会组织重视对其内部人员的专业培训，引导社会组织成员自主开展专业学习，不断推进社会组织的职业化发展。

5. 调动市场资源参与养老服务

养老服务业的有效运转离不开市场力量的积极参与。政府与社会的力量是有限的，而庞大的老年人群体的服务需求却是多样且无限的，缺少市场力量强有力的补充，老年人多样化的需求就无法得到满足与保障。当然，因为养老服务业还带有一定的公益性质，是一项利润率偏低、成本投入较大的社会事业，如果没有政府财政与政策的支持，仅靠市场中的企业或者社会组织很难持续经营。为此，政府必须制定出台全方位的支持性政策，充分调动市场资源参与养老服务，保障整个养老服务的供给水平，满足各方面的需求。

6. 重视养老服务人才队伍建设

人才是事业发展的关键，缺少高素质的养老服务人才是制约社区养老服务事业健康发展的重要原因。因此，各级政府部门及社会组织应当高度重视养老服务人才的队伍建设，正确评价与认识专业服务人才对社区养老服务事业发展的重要性，花大力气做好养老服务从业人员的选拔培训工作，把构建科学规范的行业准入标准与职业测评体系摆在突出位置，努力为养老服务专业人才的成长创造有利条件。针对目前服务人员素质不高、专业不精的问题，政府与社会组织应当采取提高准入门槛、强化专业培训、完善监管措施等方式，引导督促服务人员提升职业素养，改进工作态度，提高服务质量。同时，政府主管部门及服务机构要建立健全激励机制，努力改变养老服务人员工资偏低、工作量大、社会地位不高的现状。特别是对相对稀缺的专业性服务人才，如社会工作者、康复训练师、专业护理师、全科医生等，必须给予尊重，通过制定出台多层面的激励与保障政策，充分调动他们的工作积极性，最大限度地解决他们的后顾之忧，确保养老服务专业人才队伍的稳定与发展。

7. 强化养老服务的监督和评估

为提升养老服务需求评估体系的专业性和客观性，应当建立起客观的第三方评估机制。通过政府购买社会服务的方式，将评估工作委托给权威的第三方中介机构负责，由其按照委托协议赋予的职权，遵循严格的评估程序，对应科学的评估标准，独立自主地完成对老人具体养老服务需求的专业评估，并划分出相应的等级。对社区内养老服务的监督，也应当由政府授权给第三方中介机构来组织实施。例如，社区星光老人之家、社区老年人日间照料中心等养老场所及基础设施，可以请相关建筑机构进行安全认证；社区老年人餐厅及送餐服务等，可以请卫生食品安全认证机构进行认证；社区养老服务资金的使用，如养老补助、财政经费、机构补贴等，可以请审计部门进行审核把关；等等。这样，既可以保证监督工作的公正性，又可以提高监督的专业性与有效性。

8. 促进机构养老社区化

传统的养老机构大多位置偏远、相对独立，老人选择机构养老就意味着要远离长期生活的社区，在心理上不可避免地会产生一定的被遗弃感，从而产生负面情绪。如果将养老机构建在社区，实现机构养老的社区化，老人入住社区养老机构养老，并没有脱离原来生活的社区，也没有切断原来的社会联系，可以有效避免上述问题的发生。同时，养老机构建在社区，还可以密切机构养老与社区养老的联系，充分发挥养老机构对社区养老的支持作用。因此，政府部门在投资兴建公办养老机构时，应当优先在社区选址建设，同时对于社会力量在社区投资建设养老机构也应该给予大力支持，努力促进机构养老社区化的发展。此外，还应当立足于社区星光老人之家、社区老年人日间照料中心等社区已有的养老设施，积极引进专业的社会养老资源对其进行改造升级，使之成为集长期托养、日间照料、居家服务等诸多服务功能于一体的社区综合养老服务机构，尽力满足老人在社区养老服务方面的多样化需求。

第四章
北京市社区综合养老服务体系建设

《北京市民政局、北京市老龄工作委员会办公室关于依托养老照料中心开展社区居家养老服务的指导意见》指出，建设养老照料中心、发挥好其辐射区域内社区居家养老服务功能是市委、市政府完善养老服务体系的重要举措，对于发挥政府资金引导作用，鼓励社会资本参与，引入专业机构服务，解决居民养老专业化服务供给不足、质量不高的问题，保障广大老年人就近得到专业化社区居家养老服务，促进社会和谐具有重要作用。目前区域养老机构、社区养老驿站的建立和科学布局是北京市养老服务体系建设的新任务和新目标。社区养老服务驿站充分利用社区资源，就近为有需求的居家老年人提供生活照料、陪伴护理、心理支持、社会交流等服务。《北京市支持居家养老服务发展十条政策》提出，2016年，在城六区试点建设150个社区养老服务驿站；2020年，实现社区养老服务驿站科学布局、城乡社区居家养老服务全覆盖。

此次调查的主要目的是了解我国城市社区综合养老服务体系的建设状况，为了解北京市社区综合养老服务现状，课题组分别于2017年12月15日和16日对丰台区卢沟桥街道的幸福里养老中心和房山区拱辰街道的宜春里社区的相关负责人进行了访谈调研活动。

一 幸福里养老中心养老现状

幸福里养老中心位于北京市丰台区卢沟桥街道，作为北京市、丰台区市区两级政府重点扶持单位，是北京市首家大型养老照料中心。占地面积约12000平方米，建筑面积15000平方米，整个建筑呈U字形，包括一栋五层楼高的主楼和两栋四层楼高的侧楼。园内共计房间数400多间，包括日间照料区域、办公区域和住房区域，老人床位共计626张，目前入住人数为200多人。园内服务设施包括室外活动设施和室内活动区域，室内设有棋牌室、书画室、图书室、计算机室等。

（一）收费状况

收费标准为每月床位费2000元、伙食费900元、基础护理费700元。
（1）针对自理老人：日常的伙食和居住费大约在3700元/月。
（2）针对半自理和完全不能自理的老人：护理等级划分为五个等级，包括介助一、介助二、护理一、护理二以及一对一服务，收取费用依次升高，其中最高等级的一对一服务收费每月6000元左右。

（二）入住老人基本状况

养老中心虽有床位626张，但在入住的200多名老人中，因考虑个人需求、居住方便，承包率高达80%。机构内半自理和完全不能自理的老人居多，其中完全自理的老人有2人，半自理老人有153人，完全不能自理的老人有124人。

老人入住机构无户籍和区域限制，除该辖区内老人外，外地户籍和其他辖区内老人均可入住，目前入住老人多为本地户籍。年龄多为75—90岁。其中60岁左右的老人大多为因病入院，90岁以上老人较少，占比为7.88%。

（三）服务状况

养老中心所涵盖的服务有机构养老、居家养老、日间照料、短期托管、社区托老五种，除此之外，养老机构还组织行动方便、条件允许的老年人进行异地养老服务。

在日常服务中，养老中心周一到周五都有不同的活动主题，比如编织、手工、书法等活动。每天早晨9点至10点为早操时间，中心内可以活动的老人可在A1层的室内活动区域内跟随大屏幕做身体训练，行动不便、乘坐轮椅的老人则在护理人员一对一的帮助下活动身体。

机构内的日间照料服务主要是社区老年人利用养老中心的设施服务，通过资源共享进行日间照料服务。社区内老人白天过来，晚上回去，主要和机构中的老人一起活动。

心理疏导服务主要由机构内社工部承担，主要包括老人入院时对新环境的适应、心理的调适，以及住宿期间与家人或其他老人之间的调解工作。

在异地养老服务中，养老中心一年组织三至四次异地养老活动，地点为适宜老年人出游居住的地方，比如山东威海和海南三亚。异地养老为期一个月，主要方式是与异地的养老院进行合作。每次参加异地养老的老年人有二三十人，主要为70—80岁行动方便的老年人。在该机构内入住并选择异地养老的老年人在外出期间机构为其保留床位，收取床位费2000元，饮食费用和护理费用不计，但在异地养老院的一切费用，包括床位费和服务费另收。

（四）工作人员状况

养老中心内有工作人员136人，其中兼职者4人；管理人员20多人，年龄为20—60岁，受教育程度普遍为大专及以上。

护理人员80人左右，年龄为35—50岁，受教育程度普遍在初中左右，护理人员的招聘要求为有其他养老院的服务经验。自建院开始，养老中心内护理人员一直都参与民政部的护理人员培训，院内护理员不定期参加各类护理考试，多数获得民政部颁发的养老护理员初级证书，部分持有中级护理员、高级护理员资格证书。

养老中心内设社工部，其人员构成为获取助理社会工作师证书的2人，以及6名老年服务与管理院校毕业的专科毕业生。其主要工作包括老人入院的专业评估以及老人的心理疏导和调解工作，除此之外也承担中心内的其他工作。"社工部工作主要是老人入院，成效较大。我觉得社工就是（起）

一个化学剂的作用。比如说老人频繁按呼叫器,但其实并没有什么事,不正常的情况下一定是有情况的,有原因的。(社工)主要去调解、沟通、倾听、干预,从第三方去干预。"(摘自与养老中心院长的访谈记录。)

工作人员培训状况:养老中心内护理人员一直参加民政部组织的技能培训,获取职业资格证书,但针对养老服务人员、护理人员价值观的培训较少开展。新职员入职前有入职培训,除了对园内基本状况、注意事项的了解之外,还要观看公益短片,尤其重要的是组织新员工进行"高龄老人体验"。

针对护理人员的福利:一方面为了奖励护理人员,另一方面也为了留住护理人员,减少人员流失,养老中心给护理人员提供了一定的福利,包括逢年过节举办活动、旅游、看电影、发放礼品、工资上调等。

(五)医疗卫生状况

养老中心中医务室为医保定点单位,业务主管单位为卫生局。入住老人多数拥有城镇医疗保险,部分离休干部有公费医疗。

医务室设有内科、康复科、口腔科,有职业医师4人,包括中医、内科医生、牙科医生,职业护士4人。配备血压计、氧气瓶、心电图机、急救箱(急救药品)、急救车等。医务室不仅面向中心老人,还面向社区内老人。

老人常见病有高血压病、冠心病、糖尿病、脑血管后遗症、骨关节疾病等,医务室内常备相关疾病用药。为方便老人在院就医,医生24小时值班,每天到老人房间巡视做慢性病安全监测,护士控制老人口服药品和胰岛素注射,为方便老人取药,院内开通了医保通道,并为老人建立健康档案,保障老人生命健康。如有老人病情加重危及生命,院内医生第一时间进行抢救,同时拨打120或999将老人及时送至附近三甲医院救治,确保老人安全。

(六)资金来源及收支状况

根据北京市民政局和财政局针对社会力量兴办社会福利机构的运营资助标准,对社会资本投资建设或采取"公办民营"方式开展经营活动的非营利性养老机构,接收生活能够自理的老年人,每人每月补助300元;接收生活不能完全自理的老年人，每人每月补助500元。对提高补贴标准较原标准产生的财政支出增量部分，由市级和区（县）财政按照1∶1的比例负担（资料来源为《北京市2014年街（乡、镇）养老照料中心建设工作方案》）。

养老中心每年水电燃气费用大约为64万元，工资支出等人员费用大约为512万元，房租费用约为530万元，税费1万元，其他费用大约为244万元。

（七）机构承办的社区居家养老服务状况

居家养老开展情况目前采取最多的是老年饭桌、中医进万家、节假日的活动，以及面向周围四个社区70岁及以上老年人开展的为期一周的义诊服务，包含部分社区老年人参与的异地养老。"实际上居家的这部分老人是非常需要组织这种服务的，有些老人就说他非常感谢我们的组织，如果我们不组织他出去，他已经不会说话了。通过这些细节我就发现，他们非常需要组织，这是他享受到的最好的旅游。"（摘自与养老中心院长的访谈对话）。就目前开展的服务来看，居家养老的参与率并不高，因而护理意义上的为老服务尚未开展。

（八）机构特色

社工评估组：养老中心内设有社工部，成员为持有助理社工师证书和老年服务与管理专业毕业的学生。他们一项重要的任务就是对刚入院的老年人进行评估与跟踪服务。除了由医务室人员针对老年人的健康状况进行跟踪外，社工评估组主要针对老年人对新环境的适应程度、需求以及心理调节等方面进行跟踪服务，帮助老人解决问题，使其尽快适应院内生活。

高龄老人体验：高龄老人体验是护理人员入职前培训的重要环节。通过让护理人员带模糊的眼镜、用筷子夹豆子来体验老年人在晚年视力不好的状况下感受如何，生活是多么不方便；穿上尿不湿，亲身体验老人在尿湿的情况下护理人员若不能及时处理时的烦躁心情，了解为什么老人会在这种情况下发脾气。通过亲身体验，使护理人员更能接近他们所服务的老年群体，了解到老年人的真实心境，在以后的服务过程中能更好地体谅老年人的不易。

二 宜春里社区养老服务现状介绍

(一) 宜春里社区基本状况介绍

房山区拱辰街道共有 20 个社区和 20 个行政村,在辖区内梨村建立公办的社会福利院,于 2017 年开始在社区内设立社区驿站,开展区域养老照料中心和社区驿站相结合的社区居家养老模式。目前,拱辰街道社会福利院主要承接辖区范围内部分老年人的机构养老服务,并未在辖区内开展相关社区居家养老服务活动。

宜春里社区位于拱辰街道北部,南临良乡医院,占地面积 7.5 万平方米,其常住人口 2117 户,5112 人,居民多数为本地户籍,大多为区建委、拱辰街道办事处、工商分局、食品公司、轮胎厂、雨衣厂、蚕种场、良乡医院等单位的干部职工、家属及离退休干部。社区工作人员不到 20 人,宜春里社区属于老旧社区,社区居住人口中老年人居多,其中空巢老人、孤寡老人较多。社区内 60 岁及以上的老年人共有 958 人。孤寡老人有 65 人,60—64 周岁办理老年证的有 358 人,65—79 周岁办理了乘车卡的有 322 人,80 周岁及以上办理了助残卡的有 88 人,90 岁及以上享受高龄津贴的有 4 人,办证人数共计 772 人。社区周围商业网点分布较多,共计 210 家,居民生活便利,具有明显的区位优势。

经社区相关负责人介绍,社区内部养老服务经费以及设施改建(如社区旧锅炉房改造换新)的主要资金来源为街道一级拨付。社区前期开办有日间照料中心,但设施较少,不能满足老年人的需求,因此老人仍旧选择待在家里,调查走访时,日间照料中心已经停止运行。"我们之前有专门腾出一间房来做日间照料中心,但是老人不上来,我们弄了几张床,人家那小窝比咱这待着舒服啊。当然条件还是不太具备。"(摘自与宜春里社区书记的访谈对话。)

(二) 宜春里社区养老服务状况介绍

目前房山区以养老机构为中心的社区居家养老服务制度尚未正式建立,

宜春里社区属于老旧社区，社区人情关系浓厚，居民之间熟悉、互帮互助，具体事务处理上较为依赖社区工作人员，因此，在社区养老工作方面，主要是由社区居委会承担社区内的居家养老服务工作。目前在社区层面的养老服务中，宜春里社区主要采取两种形式的养老助老服务：一是由宜春益民助老服务协会承担的养老服务工作；二是邻里守望，相互扶持。

1. 宜春益民助老服务协会

宜春里社区居住人口中老年人居多，为解决老人生活上的不便利，营造和谐社区，宜春里社区成立了"宜春益民助老服务协会"，大力弘扬中华民族尊老爱老、助人为乐的传统美德，以"尊老敬老助老"为活动宗旨开展益老助老活动。协会以社区工作人员为核心，社区志愿者为主体，共计51人，年轻人居多。"就是我们这没有物业，家里边比如说水暖电等坏了，我们能解决我们第一时间到位，帮助他们分忧去。帮助不了，我们积极协调帮助解决。我们都是兼职，什么都管"（摘自与宜春里社区书记的访谈对话）。协会还建立了安全责任制度，其中第五条规定尊重老人的生活习惯，不打探老人隐私，在服务过程中不得以任何理由擅自接受服务对象馈赠的钱财、物品。此外宜春益民助老服务协会还建立了协会章程，包括招募与注册、权利与义务、培训、服务要求以及经费来源与管理五个方面的规定，服务内容主要包括以下四方面。

①生活照料：组织志愿者服务队定期到老人家中了解老人需求，提供做饭、打扫卫生、代购物品、陪同就医等老年关爱服务，对生活不能自理、经济困难的老人，提供必要的生活照料，努力改善老人的生活条件。"协会工作人员都有联系户，跟亲戚似的，还帮忙蒸包子呢。"（摘自与宜春里社区主管妇女工作的工作人员的访谈记录。）

②心理安慰：定期为社区"空巢（困难）老人"提供精神关怀服务，陪老人聊天，给老人讲故事、读书读报，有针对性地进行心理抚慰和疏导，帮助老人解开心结，快乐生活。目前社区工作人员中有1人持有专业的心理咨询师证书。但社区内部居民的调解工作较多，专业性的心理抚慰依然不够。

③文体健身：利用社区乒乓球室、文体活动室等平台，集中有文体特长的志愿者，开展形式多样、适宜老年人的文体健身活动。社区内有夕阳

红秧歌队、老年门球队、社区棋牌队、乒乓球队等群团组织。

④节日探访：在春节、元宵节、中秋节等节日，组织志愿者陪伴"空巢（困难）老人"参与社区文化活动，丰富他们的精神生活；在重阳节，集中组织志愿者到老人家中探望，陪老人过节，为本社区80岁及以上当月过生日的老人送去社区精心制作的贺卡和长寿面等，结成帮扶对子，对他们进行长期的帮扶，让老年人享受似儿女般对待的"亲情"。"我们就是有时候给他们过过生日，陪他们聊天，万一有什么磕碰了，带着他们去医院看病。"（摘自与宜春里社区书记的访谈记录。）

2. 邻里守望，相互扶持

宜春里社区建立于20世纪80年代，社区居民之间相互熟悉，邻居发挥了很大作用。"我们现在就还是年轻的老年人照顾年老的，这样邻里守望，老人有两天没出来，左邻右舍就该敲门去看看了。毕竟是老社区，邻里之间，拿老人都当自己的父母。"（摘自与宜春里社区书记的访谈记录。）

3. 其他服务

（1）医疗卫生服务

宜春里社区距离良乡医院仅一墙之隔，因此社区内部尚未成立卫生室。社区居民享有城镇医疗保险，吃药看病的主要去处为良乡医院，街道内设有社区卫生站，存有社区内老年人的健康档案，但缺乏面向社区老年人的健康跟踪以及上门医疗服务。

（2）免费服务

免费午餐服务：目前辖区内有慈善组织每天提供的免费早餐和午餐，社区内有几十名老人享用该机构的免费午餐。

免费活动场所：电力研究所隶属于宜春里社区，通过资源共享，电力研究所向社区老人免费开放活动场所，包括健身室、图书室、棋牌室等。

（3）政府提供的服务

目前社区内老年人所享受到的政府服务主要包括健康体检、老年人的办证服务，如老年证、乘车卡、助残卡以及90岁及以上老人的高龄津贴。考虑到宜春里社区周围商业网点较多且价格实惠，宜春里社区并未提供送餐服务。"我这资源太丰富了，一墙之隔，吃饺子包子喝汤，都有。"（摘自与宜春里社区书记的访谈记录。）

三 北京市城市社区养老服务体系建设的对策与建议

（一）健全社会力量参与制定养老事业的各项规章制度，加快推进养老服务社会化

我国老龄人口增多，老龄化速度加快，同时家庭养老功能不断弱化，种种社会现实凸显了社会力量参与养老事业的迫切性与重要性。养老服务社会化形塑了来自政府、社区、家庭、社会组织以及企业等不同主体的多元参与格局，同时有助于切实针对老年人的多样化需求展开多元化、多层次的养老服务供给，可以涵盖日常生活照料、家政服务、康复保健与精神慰藉、文体发展与外出旅游等内容。然而由于当前社会力量介入养老服务事业的相关法律制度不健全，行业规范制度不完善，一定程度上限制了社会力量参与养老服务的渠道，与此同时，也造成了社会力量参与带来的行而无序、行而失效的局面。

鼓励社会力量参与养老服务事业，体现了政府在面对养老这一基本民生议题上的态度及政策制定的前瞻性。养老社会化并非意味着政府对养老责任的"推卸"、养老重任的转移，而是面对当前我国社会发展背景与老龄化现实，旨在充分发挥政府的引导作用，搭建养老服务平台，开放社会力量的参与渠道，从而形成契合我国当前社会发展状况的合作共赢局面。

（二）厘清养老服务体系中各部门各主体的职能分工问题，有效实现服务合力最大化

养老服务体系的构建不仅涉及政府相关职能部门，还包括政府与社区、家庭、社会组织、企业等不同主体的合作互动，这涉及主体边界、主体间关系及职能分工问题的探讨。

社区综合养老服务体系需要民政部门、宣传部门、卫生部门、工会等相关部门的协调合作，因此，各政府部门之间高效协作机制的建立显得尤为重要，尤其是民政部、宣传部与卫生部门，不仅需要加强合作，更需要推进合作的深化与细化，积极促进医养结合，激励医疗卫生人员积极投入养老事业中，切实关注且首要解决老年人的健康问题。

相较于机构养老，社区作为当前养老的重要载体，既是政府的政策落实基地，又是社会力量的主要活动阵地。因此有效识别不同主体的优势，保持合作网络的弹性建设与发展，形成持续而强有力的紧密协作机制，则显得尤为重要。充分发挥具备社会工作、心理学、老年学等专业背景的社会组织优势，切实满足养老服务的多样化、专业化、人性化的需求；鼓励不同企业加入养老事业，培养社会企业家精神，积极培育老龄产业，用好市场力量进而助推养老事业的发展；充分挖掘社区这一基本养老场所的阵地功能，利用以社区居委会为代表的基层组织的号召与动员力量，培育基层老年人志愿互助组织各种文体组织，开发老年人口红利，充分调动并合理配置老年人力资源，促进社区文化建设、培养社区凝聚力。充分发挥各部门各主体的职能优势，才能形成养老事业内生动力与外部力量的合力，进而有效推动养老事业的发展。

（三）充分利用社会工作的专业敏感性，积极探索满足老年人需求的深度及宽度

社会工作作为当前养老事业中一支重要的专业力量，不仅有助于推动传统养老思维的转变，即养老并非仅限于生活照料、物质帮助，它更涉及老年人的心理支持、精神慰藉与自我实现，养老也绝非一个家庭的事业，更是社会发展的重要组成部分，受到外部社会环境的影响。

在此基础上，社会工作凭借其专业敏感性，以老年人为主要服务对象，尊重老年个体的差异性，将养老服务真正落实到始终以老年人为出发点和服务终点。将社会工作专业方法与日常生活照料相结合，有助于不断提升针对老年人的人性化服务，不断探索服务提供的深度与宽度，从物质帮助到精神慰藉，从技能学习到自我实现，从自愿邻里照顾到专业志愿团队建设，从家庭纠纷到心理疏导，从日常帮助到临终关怀，社会工作在尊重老年人、相信老年人的基础上，不断丰富着老年人晚年支持与照顾的内容；在为老年人保有充分尊严的基础上，给予其充分发展的空间及必要的支持与帮助。此外，社会工作专业力量的介入有助于扭转来自社会外界对老年人的消极认知，尊重老年群体之间及老年个体的差异性，以优势视角代替问题视角，培养社会养老、助老、爱老的良好道德风尚。

（四）大力建设专业养老服务人才队伍，给予其物质及精神双重关怀

养老服务人才队伍作为养老事业的重要支撑力量，有助于健全养老服务体系，加快推进养老事业发展。然而，当前我国养老服务人才队伍面临着人员数量少、结构不合理等基本现实困境，具体体现在养老服务人才不足与人才流失严重并存，养老服务人员女性偏多、年龄偏大，服务内容侧重基础性日常服务，专业性力量注入不足等，究其原因，离不开人才培养与保障体系的建设，离不开社会舆论的力量及价值观导向。

具体而言，可以从以下几方面入手开展工作。首先，积极培育多样化、专业化的人才队伍，融合护理、康复、营养搭配、社工、心理等各方专业人才参与养老服务。避免政策制定的滞后性，将养老基本现实与未来人才需求紧密结合，实现未雨绸缪。其次，切实提高养老服务人员的专业素质，保证服务人员持证上岗、定期培训与参观学习等，加大对养老服务人员的教育投入力度，切实从基层入手，加强养老机构与学校、社区与学校的合作。再次，为有效应对养老人才流失严重与人员不足的两难困境，健全养老服务人才的保障体系，提高其工资待遇水平，优化人员晋升制度，施行人才激励制度，切实保障养老服务人员的基本权益。复次，充分关注养老服务人员的精神健康，深刻理解养老服务人员的真实工作处境：精神压力大、工作强度大。组织养老服务人员外出旅游，定期开展针对养老服务人员的团体支持活动与个人的心理疏导服务。最后，发挥政府主导力量，借助网络、手机、微信等多个宣传渠道，倡导养老、助老、爱老的道德风尚，表彰优秀为老服务人员，深化行业道德规范，改变社会观念，变"伺候"为"专业服务"，提升养老服务人员的社会地位、职业价值感与使命感。

第五章
杭州市社区综合养老服务体系建设

一 凤麟社区和中兴社区综合养老服务体系建设状况调查

此次调查在凤麟、中兴社区发放《我国城市社区综合养老服务体系建设状况调查》老人卷共计41份，与此同时，课题组分别对社区负责人、社区养老机构负责人进行了访谈。通过此次调研，笔者发现杭州市下城区凤麟社区与滨江区中兴社区在养老方面存在比较多相似的情况，其中的成功经验与问题也有共同之处，因此将两个社区综合养老服务体系建设的状况进行总结，以期对现实有一定的借鉴意义。

（一）社区基本信息

此次调研的凤麟社区隶属于杭州市下城区。下城区成立于1949年，改革开放以来，面貌焕然一新，成为杭州新商贸中心、金融中心、新闻中心、文体中心。下城区行政建制数度变迁，1997年杭州市区划调整后，区面积扩大到31.46平方公里，辖1个镇6个街道。2004年8月，下城区部分行政区划调整，撤销石桥镇、潮鸣街道办事处、艮山街道办事处建制，设立石桥、东新、文晖、潮鸣4个街道办事处，保留天水、武林、长庆、朝晖街道区划不变。调整后，下城区辖8个街道办事处。该区位于杭州市的核心位置，北依杭州市人民政府，南濒秀丽的西子湖，西靠作为全省政治中心的省委、省政府驻地，东临古城河——贴沙河。下城区行政建制数度变迁，目前城区面积31.46平方公里。凤麟社区所在的武林街道位于杭州市中心，美丽的西子湖畔，东至中河路，南到庆春路，西接环城西路，北达环城北路。辖区面积1.24平方公里，下辖中北、仙林、长寿、安吉、环西、凤麟、竹竿巷7个社区，居民住户1.25万户，人口5.5万人。区域内有古老的中山北路、繁华的延安路、时尚的武林路、知名的凤起路，是杭州的旅游、商贸、文化、电信、金融等中心。

中兴社区隶属于杭州市滨江区。滨江区是浙江省杭州市下辖的一个区，位于钱塘江南岸，原属浙江省萧山市，1996年12月12日在原萧山市西兴镇、长河镇、浦沿镇三镇的基础上成立，滨江区东面和南面与萧山区相邻。滨江区由高新开发区、滨江区管理体制整合而成。高新区始建于1990年，是国务院批准的首批国家级高新区，位于钱塘江北老城区原文教区一带，占地面积11.44平方公里，是杭州高新区建设发展的发源地，也是高新技术的创新源和中小科技型企业的大孵化器。滨江区于1996年12月由国务院正式批准设立。该区98%的失地人员参加了农转非基本养老保险，同时对劳动年龄段以上的农转非人员给予每月461元的生活补贴，解决了他们的后顾之忧。积极推行农村新型合作医疗，滨江区99.8%的农民参加了新型农村合作医疗，通过"春风行动"进行兜底保障，社会保障网基本覆盖到位。

（二）老年人口基本信息

截至2016年10月，凤麟社区总人口2360人，其中，60岁及以上老年人口将近400人，占社区总人口的16.9%；70岁及以上独居、空巢老年人76人，占老年人口的19%；80岁及以上高龄老人68人，占老年人口的17%，90岁及以上高龄老人23人，占老年人口的6%；在社区居住的老人中，半失能老人2人，男性和女性各1人。按照老龄化社会的标准，凤麟社区已步入"老龄化社区"。

中兴社区的老龄化状况也不容乐观，该社区2004年建立，位于滨江区，是杭州的十个新区之一。中兴社区的老年人群体中，目前 70 岁及以上老年人口 360 人，占社区总人口的 33%，社区的老龄化程度非常高。随着老年人口的不断增加，社区中失能、半失能老人的数量也可能持续增长，养老服务体系建设成为社区服务中的重要内容。如何更好地保障高龄、独居、空巢、失能和低收入老人养老成为老年人服务亟待解决的重要难题。

此次调研过程中，课题组向两个社区发放了《我国城市社区综合养老服务体系建设状况调查》老人卷共计 41 份，经过对问卷数据的汇总和整理，老人的基本情况见图 5-1、5-2、5-3。

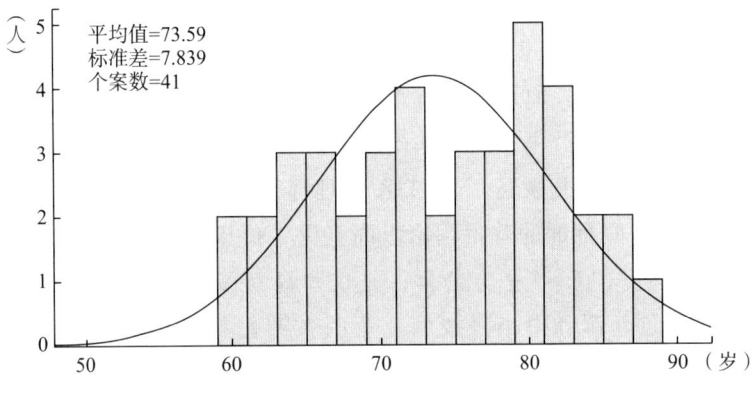

图 5-1　年龄分布

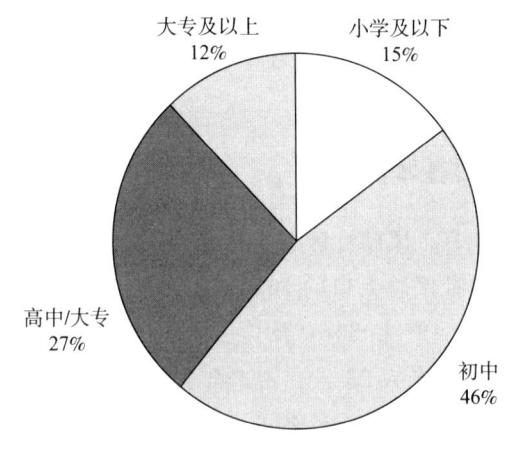

图 5-2　受教育程度分布

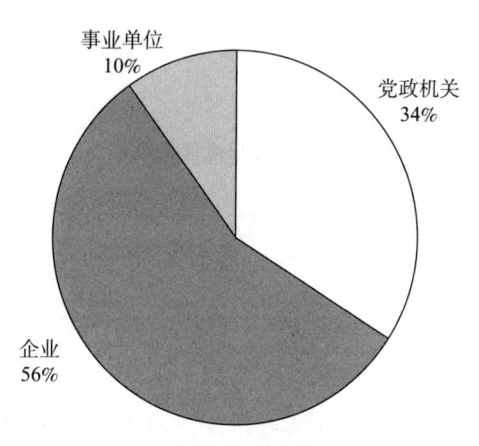

图 5-3 退休前所在单位情况

通过对图 5-2、5-3 的分析可知，两个社区老年人的受教育水平集中在初中、高中/大专，他们退休前所在的单位则集中分布在企业和党政机关。他们的主要生活来源是退休金及各类养老补贴等。此外，关于老年人居住的情况，老年人与配偶共同生活的情况比较多见，其次是与子辈、孙辈一起生活，有 12.2% 的老人自己居住，极少的老人与保姆一起居住，而与其他亲戚一起居住这种情况则没有出现。

表 5-1 老年人婚姻状况统计

单位：人，%

老年人婚姻状况	人数	百分比
初婚有配偶	34	82.9
丧偶	6	14.6
同居	1	2.4
合计	41	100.0

表 5-2 老年人居住情况统计

单位：人，%

老年人居住情况	与配偶共同居住	与子辈共同居住	与孙辈共同居住	与其他亲戚共同居住	与保姆共同居住	自己居住	其他居住方式
人数	28	16	9	0	1	5	1
百分比	68.0	39.0	22.0	0	2.4	12.2	2.4

老年人的身体健康情况见表 5-3、5-4、5-5、5-6、5-7、5-8、5-9。

表 5-3 高血压患病情况统计

单位：人，%

是否患有高血压	人数	百分比
有	20	48.8
无	21	51.2
合计	41	100.0

从表 5-3 可知，20 人患有高血压，占总人数的 48.8%，剩余 21 人未患有高血压，占总人数的 51.2%。

表 5-4 肺气肿患病情况统计

单位：人，%

是否患有肺气肿	人数	百分比
无	41	100.0

从表 5-4 可知，被调查的 41 位老人当中无人患有肺气肿。

表 5-5 糖尿病患病情况统计

单位：人，%

是否患有糖尿病	人数	百分比
有	7	17.1
无	34	82.9
合计	41	100.0

从表 5-5 可知，有 7 人患有糖尿病，有 34 人未患糖尿病，分别占 17.1% 和 82.9%。

表 5-6 慢性支气管炎患病情况统计

单位：人，%

是否患有慢性支气管炎	人数	百分比
有	3	7.3
无	38	92.7
合计	41	100.0

从表 5-6 可知，有 3 人患有慢性支气管炎，占总人数的 7.3%，剩下 38 人未患有慢性支气管炎，占总人数的 92.7%。

表 5-7　心脏病患病情况统计

单位：人，%

是否患有心脏病	人数	百分比
有	8	19.5
无	33	80.5
合计	41	100.0

从表 5-7 可知，有 8 人患有心脏病，占总人数的 19.5%，剩余的 33 人均未患有心脏病，占总人数的 80.5%。

表 5-8　关节炎患病情况统计

单位：人，%

是否患有关节炎	人数	百分比
有	9	22.0
无	32	78.0
合计	41	100.0

从表 5-8 可知，有 9 人患有关节炎，占总人数的 22.0%，剩下的 32 人未患有关节炎，占总人数的 78.0%。

表 5-9　哮喘患病情况统计

单位：人，%

是否患有哮喘	人数	百分比
有	2	4.9
无	39	95.1
合计	41	100.0

从表 5-9 可知，有 2 人患有哮喘，占总数的 4.9%，剩下 39 人未患有哮喘，占总人数的 95.1%。

综合上述列表可以看出，凤麟社区和中兴社区大部分老人的健康状况良好，所患疾病比重较大的是高血压，有 48.8% 的人患病。其他的如心脏病、关节炎、哮喘等,比重均未超过30%。综合各种情况我们可以认为,被调查社区的老年人群体身体状况良好。

表5-10 生活起居帮助需求统计

单位:人,%

生活起居是否需要帮助	人数	百分比
需要	2	4.9
不需要	39	95.1
合计	41	100.0

从表5-10可以看出,在凤麟和中兴两个社区中,2人认为自己的生活起居需要别人的帮助,占总数的4.9%,另外39人认为自己的生活起居不需要别人的帮助,占总数的95.1%。但是在调研中,很多老年人表示生活起居现阶段是不需要帮助的,但随着年龄的增长,他们的生活起居也需要其他人帮助。

表5-11 生活起居照料情况统计

单位:人,%

是否有人照料生活起居	人数	百分比
有	8	19.5
没有	33	80.5
合计	41	100.0

从表5-11可知,有8位老人是有人照顾生活起居的,占总调查人数的19.5%,33位老人没有人照顾生活起居,占总人数的80.5%。

表5-12 身体状况自我评价统计

单位:人,%

目前的身体状况自我评价	人数	百分比
健康	10	24.4
一般	30	73.2
不健康	1	2.4
合计	41	100.0

从表 5-12 可知，有 10 人认为自己健康，占 24.4%，30 人认为自己身体状况一般，占总人数的 73.2%，还有 1 人认为自己的身体状况是不健康的，占总人数的 2.4%。

综合上述分析可知，凤麟和中兴两个社区中接受问卷调查的老年人的健康状况基本良好，需要别人照顾生活起居的老人不超过 20%，并且大多数老人认为现阶段不需要其他人来照顾生活起居。老年人对身体状况的自我认知和感受也基本良好，调查中仅 1 位老年人认为自己的身体不健康。

（三）养老服务基本情况

在对凤麟社区和中兴社区的养老负责人进行访谈之后，笔者发现两个社区提供的居家养老服务项目比较丰富，涉及上门探访、法律援助、上门护理、紧急救助、日间照料、心理咨询、组织文体活动、代买代寄等服务。

1. 居家养老服务情况

凤麟社区与中兴社区均由政府拨款建立了日间照料中心。但日间照料中心的床位空置情况比较普遍，使用率不高。在与凤麟社区的养老负责人 B 主任访谈时他也曾谈到这个问题：

> 日间照料中心的床位是没有老人来住的，我们引进的第三方万科随缘之家方面也表示，老人日间来就餐的服务也有，但是没有老人过来日托。日间照料中心的床位基本上是空置的。实际上，老人没有子女照管的基本上就送到敬老院、老年护理医院、福利院去，失能、半失能老人偏向于居家养老或者选择专门的养老服务机构，那些经济条件比较好的老人则会雇用保姆或者专业护工照料起居。老人平时聚在一起聊天，他们宁愿到院子里边晒太阳边聊天也不愿意到日间照料中心，他们也不喜欢这个环境。

2. 社区养老补贴情况

高龄补贴的发放标准是杭州市统一的，80 岁及以上的老年人每月补助 50 元；90 岁及以上的老人每月补助 100 元；100 岁及以上的老年人每月补助 300 元。对于失独家庭也有相关的优惠政策，每人每年补助 3600 元。

杭州市统一规定发放居家养老补贴，每个区根据自己的情况执行标准略有不同，有些城区是按照年龄来划分标准的，有些城区的判定标准则比较严格。以凤麟社区为例，B主任表示：

> 我们城区的居家养老补贴评定标准是比较严格的，首先是按工资分（需要每月3000元以下才可以，如果3000元以上就不会得到），另外是按身体状况分、居住情况分等各种情况的综合评分，最后获得居家养老券的人是很少的。

此外，政府还向生活不方便的高龄老人发放居家养老服务券，每个社区根据自己的情况评定，在凤麟社区中，居家养老服务券的评定有严格的标准和流程，B主任谈道：

> 首先，会对有需要的老人进行评估，以老人居住在自己家中养老为例，一般情况下，90岁及以上的老人可以享受，对老年人的吃饭、穿衣自理能力进行评估并打分，独居、高龄等情况在评估的时候都会有不同程度的加分，达到50分的老人可以享受C级待遇，也就是服务券等级中的最低级。C级养老服务券，每年的前两个月是每月发放75元，最后一个月是100元，这个标准是由街道确定的。同时，由街道公开招标有资质的家政公司获得服务资格，由家政公司向老年人提供服务。获得养老服务券的老年人打电话到家政公司，家政公司上门提供服务，用养老服务券来抵消。今年居家养老服务券进行改革后，是直接将养老服务券的金额打到老年人的市民卡中。老年人拿着市民卡去定点的机器刷卡即可享受服务。

3. 社区养老服务情况

节假日上门探访，重阳节社工会上门探访慰问老人。

法律顾问，为老年人解决遗产、房产继承等方面的问题。凤麟社区从2008年开始，每周五下午都有一名律师为老人进行法律援助和法律咨询，受到老年人的欢迎。

便民服务，如修脚、理发。采用低偿服务的形式，90岁及以上老年人收费5元，75至89岁的老年人收费15元，满足老年人日常生活中的各种需求。

慰民服务，每月一次，包括磨刀、磨剪刀、修雨伞、清洗老花镜、假币识别等。社区组织附近商店，整个辖区内的理财、保险公司、银行等进社区为老年人服务。此外，民警也会进社区，主要给老年人讲解防电信诈骗、日常安全等知识。

情感陪护，社区工作人员组织成立了银龄互助队，定期对独居老人进行情感陪护，"以老养老"，让老年人志愿者对附近的老年人进行情感上的关心、生活上的照顾。

"好帮手"服务团队，由街道负责管理，服务覆盖下设的社区，服务收取的费用较低，控制在30元以内。也为独居、有需要的老人提供一些代买代寄的服务。

智慧养老服务，为每位老人免费发放老年手机，手机有紧急呼叫和服务热线呼叫功能，高龄老人可享受一定的免费通话时长。

4. 机构养老服务

凤麟社区中，目前有专门的养老机构1家，属于民办非企业；中兴社区也引进了第三方承担一部分社区内的养老服务任务。

自2006年4月开始，凤麟社区引进第三方万科随缘之家做养老服务。关于其具体运作和服务情况，B主任谈道：

> 我们现在除了社区提供养老服务外，还引入了社会组织进行养老服务。在我们社区，是万科随缘之家。随缘之家为一个社区配备一名管家，主管社区内的养老服务事宜。随缘之家为老人提供按摩、理疗、泡脚、修脚、理发、测血压（每天）等服务。像泡脚、理发这种服务，提供这些服务的专业人员十几个社区配备一名，每个社区内有预约的老人可享受到服务。此外，机构为老人组织娱乐活动，如剪纸、捏泥人等，还有针对老人的营养课、健康保健课等具体课程，这些课程由专业的营养师、医疗师负责。

5. 医疗卫生服务

社区卫生服务站。每个社区卫生服务站有一至两名责任医生，提供上门服务。签约医生为每位老年人建立了健康档案，随时记录老人身体情况的变化。以凤麟社区为例，每周三下午医生会给老年人测血压，每星期有二三十名老人得到此类服务。社区卫生服务站为老年人提供的服务还包括自助体检、健康宣传与指导、康复治疗、紧急救助、诊疗服务和药品服务等。

6. 养老服务设施情况

社区内设有社区卫生服务站、日间照料中心、体质测试站、老年人活动室、老年人图书馆、棋牌室等。上述两个社区均没有老年食堂，与中兴社区的养老负责人 Z 主任访谈时，他说道：

> 我们社区方面也想做老年食堂之类的服务，但是有些条件不允许，开始我们对外订餐，但是就餐的老年人不多，陆续就把老年食堂取消了。老年食堂办起来涉及不同的方面，比如卫生许可、环保安全各个方面，老年人的消费观念也比较保守，一般在家里可以做的就不到老年食堂来了，老一辈的花钱买服务的意识也比较淡。

（四）居家养老需求及其影响因素

在凤麟社区和中兴社区共回收 41 份问卷，填写问卷的老人均是 60 周岁及以上的老年人。根据《社会养老服务体系建设规划（2011—2015 年）》，居家养老服务涵盖生活照料、家政服务、康复护理、医疗保健、精神慰藉、法律服务等。问卷向两个社区中的 41 位老人询问了 15 项社区养老服务的需求以及服务利用情况，结果如表 5-13 所示。

表 5-13 各项居家养老服务的需求意愿与服务情况

	被服务过	需要	不需要
上门护理	4	14	27

续表

	被服务过	需要	不需要
上门看病	5	15	26
康复治疗	4	14	27
紧急救助	5	24	17
特殊药品	4	16	25
日常保健	7	22	19
上门探访	14	26	15
法律援助	6	20	21
困难救助	6	20	21
上门做家务	12	20	21
老年饭桌或送饭	10	18	23
日托所或托老所	7	16	25
心理咨询	8	17	24
组织文体活动	20	22	19
代办购物和邮寄	7	15	26

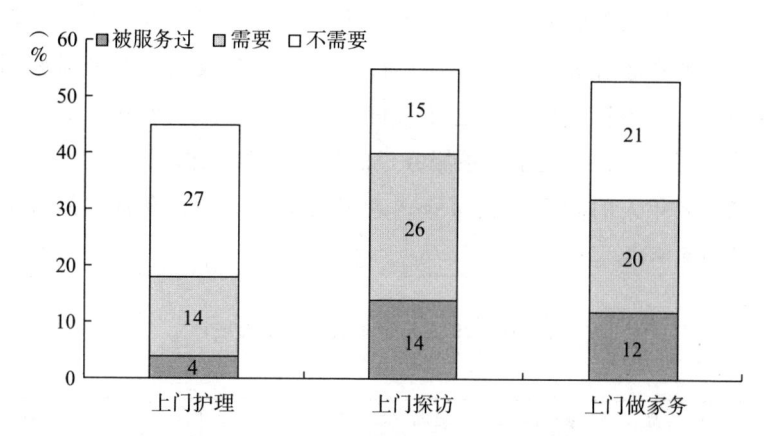

图 5-4 三项居家养老服务的需求意愿与服务情况

根据表 5-13 可知，除组织文体活动一项老年人的需求和服务情况比较接近外，其他 14 项居家服务内容均表现出接受服务情况小于需求情况。其中法律援助、困难救助、紧急救助服务几项内容表现出的需求情况与实际得到服务的情况差距最大。此外，在各项居家养老服务需求中，上门探访服务、紧急救助服务、日常保健服务、组织文体活动服务的需求情况都超过了50%，表明这些项目是现阶段老年人比较需要的。值得注意的是，因为每个老年人情况不同，各个居家养老服务项目也出现老年人不需要的情况，如老年饭桌或送饭、日托所或托老所、心理咨询等项目，数据中均表现出不需要的情况大于需要的情况，表明很大一部分老人并不需要此项服务。

由此可以看出，总体而言，在凤麟、中兴两个社区中，老年人对居家养老服务项目有较高的需求，但对不同养老服务需求的差异较大。社区提供的居家养老服务项目比较齐全，但是老年人使用频率却不高，有些居家养老的项目应根据老年人需求的不同人性化地提供，以提高每项养老服务的利用率。

老年人对居家养老服务的需求较高，可见居家养老服务市场前景广阔。然而，虽然老年人有较高的需求，但服务的利用程度不高，根据笔者向社区负责人和社区老年人了解到的情况，居家养老服务项目利用率不高的原因有以下几点。

第一，由居家养老服务的评定标准导致的利用率不高。身体机能是影响老年人居家养老服务需求的硬性指标。社区中有很大一部分需要居家养老服务的老人并不符合标准，这导致很多老年人有需求但得不到相应的服务。此外，高龄老人占比小，被服务过的高龄老人也比较少。

第二，老年人的观念比较保守。老年人崇尚节俭，花钱买服务的观念淡薄，见表5-14。

表5-14　2015年老年人收支情况统计

单位：元

	医药费用支出	康复护理支出	长期照料支出	家政服务支出	其他支出	家庭平均月收入
平均值	4365.85	0	0	307.32	1219.51	3001—5000
最小值	0	0	0	0	0	701—1500
最大值	40000	0	0	10000	30000	10001及以上

由表5-14可知，两个社区中的老年人2015年的家庭平均月收入为

3001—5000元，而他们的支出却不高，主要集中在医药费用支出和其他支出两个项目中，而家政服务支出一项的平均值仅为307.32元，是比较低的。这表明老人花钱购买服务的意识还很淡。此外，社区内有很多老人表示不习惯专业人员的服务，比较倾向于亲人或者熟人在日常生活中的照顾。

第三，社区内工作人员数量少与老年人数量多之间的矛盾。社区内仅有一名主要负责养老的工作人员和一名助老员，面对几百人的老年人群体，他们有些力不从心，无论是提供服务的质量还是数量都受到现实条件的严重制约。

（五）社区养老工作人员情况

上述社区内的两个养老工作人员都是非社工专业的，年龄集中在30至50岁，都为女性，在开展居家养老服务前接受过职前培训。此外，每个社区有一名助老员。助老员的年龄在40—50岁，属于公益性岗位，工资每月2100元左右，缴纳养老金和医疗保险等。凤麟社区中的工作人员共9人，其中5人获得了助理社会工作师资格，3人获得了中级社会工作师资格；中兴社区共有工作人员12人，其中3人获得了助理社会工作师资格，1人获得中级社会工作师资格。杭州市规定，获得助理社会工作师资格的社工每月补贴200元，获得中级社会工作师资格的社工每月补贴400元。

关于社区工作人员的工资待遇情况，凤麟社区的B主任说：

> 社区中的社工工资待遇是和工作年限挂钩的，包括职务津贴、工资津贴等，刚入职的社区工作人员工资是每月3000元左右，缴纳五险一金。按照杭州的物价水平，社工的工资比较低。因为杭州的物价水平并不比北京、上海等城市低，我做了社区工作十几年了，现在工资刚刚4000左右。现在我们的社工其实都是坚持着做工作，很多同事都离职了。

两个社区中的社工工资待遇不高，也都出现了人才流失的情况，离职率较高。

（六）养老服务资金来源

在凤麟社区与中兴社区中，养老服务的主要资金来源均是政府拨款。其中，凤麟社区 2015 年用于养老服务的经费 60 万元，资金全部为政府投入，没有其他社会捐助或基金收入。2016 年 1 月以来，凤麟社区用于养老服务的经费 100 多万元，全部来源于政府的资金投入，其中建设日间照料中心花费 40 多万元，养老补贴 60 万元。在与凤麟社区的 B 主任访谈时他说：

> 现在我们养老服务的资金主要是政府的拨款，另外老年基金会今年重阳节对 100 岁的老人补贴 1000 元，以后每月 300 元，全杭州市统一的。老年基金会是隶属于区老年委的，都是由政府主导的。现实情况也是，社会组织、民间组织还没有达到如此强壮的力量。

中兴社区中的情况大致相同，2015 年用于养老的经费是 170 万元，社会捐助、博彩、有奖募捐基金收入均为 0。2016 年 1 月以来，中兴社区用于养老服务的经费 25 万元，全部来源于政府的资金投入，其中建设日间照料中心花费 20 多万元。

（七）养老服务的监督与保障

两个社区在养老服务监督方面的情况大致相同，主要有以下三个方面的内容。

一是对社区工作人员的服务质量进行监督。每个区在年底对社区工作人员的服务满意度进行考评，一般老年人都是比较满意的。如果老年人有不满意的情绪或者问题可以到社区直接投诉，以中兴社区为例，社区工作人员表示现在老年人的维权意识比较强，如果感受到自己的权益受到损害会及时投诉。凤麟社区养老方面的负责人 B 主任说：

> 我们社区中对社区工作人员的年底考评是由下城区的和谐社区考评办组织的，综合考评社区服务，不仅包括老年人服务也包括其他社区服务，考评形式是问卷调查、电话抽查等，一个季度考评一次。主

要询问被服务的老年人对社区工作人员的服务是否满意、社区安全情况、居住在社区的安全感、社区内生活是否便利等各个方面。区里面考评完,将结果发到街道,再反馈给每位社工,考评的满分是 100 分。我们这个月刚把考评结果发下来,大家的考评结果都是比较良好的。

二是对第三方机构提供的服务质量进行监督。因为第三方或者提供服务者都是由街道进行招标的,通常评估与监督由街道进行,或者聘请其他的考评机构对第三方的服务进行测评与监督。

三是对与社区合作的家政公司的服务质量进行监督。家政公司向老年人提供服务之后,由街道和社区考评服务满意度,主要通过电话回访、服务记录等形式进行。

二 江干区凯旋街道景昙社区和景华社区综合养老服务体系建设状况调查

(一) 凯旋街道的基本情况

凯旋街道在行政区划上属杭州市江干区。江干区历史悠久,人文荟萃,既是一个老城区,也是一个建设中的新城区,还是一个未来的城市新中心。① 江干区东毗"八月十八潮,壮观天下无"的钱塘江,西依"水光潋滟,山色空蒙"的西子湖,中贯"流过1400多个春秋,踏过1794公里征程"的京杭大运河,面积210.22平方公里,共辖10个街道(其中2个街道委托杭州经济技术开发区管辖,面积105.78平方公里)。辖区有闸弄口、凯旋、采荷、四季青、笕桥、彭埠、九堡、丁兰8个街道,142个社区和4个行政村,户籍人口39.7万人,登记外来人口42.5万人。古时曾是有名的商品集散地和通商贸易口岸,有着"钱塘江畔金江干"之美誉。江干区早年是杭州副食品基地,被称为"菜园子",为杭州"天堂"的美名奠定了坚实

---

① 杭州市地方志办公室:《杭州市江干区志》,北京:方志出版社,2005。

的物质基础。①

凯旋街道位于杭州市的东部、江干区中部，东起钱塘路、老景芳路、三新路，与四季青街道相连；南至庆春东路，与采荷街道相邻；西临贴沙河，与下城区隔河而望；北靠垦山西路、秋涛北路，与闸弄口街道、彭埠街道毗邻，地处杭州市未来中心城区之"西南文化商务区"。②

凯旋街道始建于20世纪80年代。1980年2月14日，杭州市革命委员会正式下发了《关于同意望江街道和望江派出所划分为两个街道和两个派出所的批复》，正式同意将江干区原望江街道划分为望江街道和凯旋街道。1980年3月13日，江干区革命委员会决定析出原望江街道人民新村、庆春门、向阳等七个居民区和浙江农业大学、省农业局等家属委员会为凯旋街道管辖范围。目前，凯旋街道辖区面积约为4平方公里，下辖14个社区。整个凯旋街道以秋涛北路为中心线分为东西两片，西部片区管辖华家池、金兰池、庆春门、庆和、南肖埠、凯西、金秋花园七个社区，东部片管辖景芳、景新、景湖、景昙、景华、景苑等七个社区。

从辖区人口构成来看，截至2016年6月，凯旋街道总人口7.2万人（常住人口5.1万人，非常住人口2.1万人）。其中，60岁及以上老人12810人，90岁及以上老人290人，100岁及以上老人9人，残疾人1027人。在凯旋街道下辖的14个社区当中，有老社区9个，撤村建居社区1个，混合型社区（老旧社区+撤村建居小区）4个。由此可见，凯旋街道的人口构成极其复杂，且面临着"老旧小区多、困难人口多、流动人口多"等治理难题。

（二）景华、景昙社区简介

1. 景华社区

景华社区位于江干区的东北部，被新塘路和昙花庵路包围，是江干区历史较为悠久的社区之一，同时也是人口和地域面积均较大的社区之一。

---

① 《江干概况》，摘自江干门户网（http://www.jianggan.gov.cn/contents/5450/21474.html）。
② 柯红波：《共生型治理：基层社会治理创新的"凯旋模式"》，杭州：浙江工商大学出版社，2016。

景华社区辖区内主要有景华苑、景华中学等主要住宅区和教育机构，景华社区的西部被杭州市地铁4号线穿过，应当说景华区是交通较为便利的一个社区。基于对景华社区主任Z的访谈，我们大致可以知道，截至2016年10月，景华社区总人口为5988人，其中男性3298人，女性2690人。60岁及以上的人口有868人，其中男性有477人，女性391人。社区中半失能老人20人，男性半失能老人12人，女性半失能老人8人。失能老人4人，男性失能老人2人，女性失能老人2人。该社区居住人员主要为企业职工和事业单位工作人员等。

目前，景华社区内提供居家养老服务的机构有3个，从兴办主体上看，政府机构1个；非营利性民间机构2个，由居民自治组织所兴办。

2. 景昙社区

景昙社区位于江干区的东南部，与景华社区、景芳社区相邻，社区左侧为秋石高架路，景昙路从北至南穿过，正北为昙花路。景昙社区和景华社区一样，是江干区中历史较为悠久的社区，也是人口和地域面积均较大的社区之一。景昙社区辖区内主要有联华超市、杭州市四季青小学等主要住宅、商业街和教育机构，景昙社区的东部靠近杭州地铁4号线，应当说景昙社区和景华社区一样是交通较为便利的一个社区。基于对景昙社区副主任W的访谈，我们大致了解到，截至2016年10月，景昙社区目前总人口数为3300人，其中男性1602人，女性1680人。景昙社区60岁及以上人口有620人，男性有285人，女性有335人。半失能老人25人，男性半失能老人10人，女性半失能老人15人。失能老人8人，男性失能老人3人，女性失能老人5人。该社区居住人员主要包括企业职工和事业单位工作人员等。目前，景华社区内提供居家养老服务的机构有2个，分别为政府单位兴办的机构与居民自治组织兴办的机构各1个。

（三）调查的基本情况

此次调查在景昙、景华社区分别发放《我国城市社区综合养老服务体系建设状况调查》老人卷20份，两个社区共40份。同时对社区负责人、社区养老机构负责人进行了访谈。

此次调查的基本情况如下：男性8人，女性32人。被访问者的年龄在

60—92岁。在受教育程度方面，1人未上学，7人为小学及以下，24人为初中，7人为高中或大专，1人为大专及以上。在婚姻状况方面，初婚有配偶的31人，再婚有配偶的1人，丧偶的7人，离婚的1人。在居住方式上，24人与配偶共同居住，13人与子辈共同居住，3人与孙辈共同居住，还有10人是自己一个人居住。关于被访者退休前所在单位的类型，2人在党政机关工作，占总数的5.0%，32人在企业工作，占总数的80.0%，还有2人在事业单位，占5.0%，4人无单位，占总数的10.0%。关于主要生活来源，35人是自己的离/退休金，占总数的87.5%，自己劳动所得/工作所得的有1人，占2.5%，配偶收入的有1人，占2.5%，剩下3人的主要生活来源来自子女，占7.5%。

表5-15 被调查者的性别分布

单位：人，%

	人数	百分比
男	8	20.0
女	32	80.0
合计	40	100.0

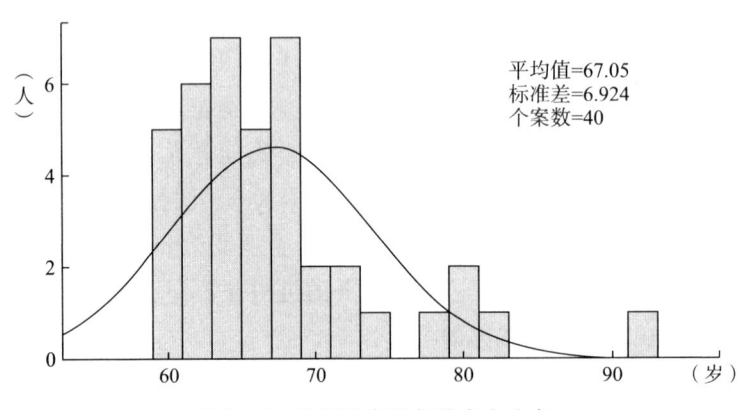

图5-5 被调查者的年龄直方分布

表5-16 被调查者的婚姻状况分布

单位：人，%

	人数	百分比
初婚有配偶	31	77.5

续表

	人数	百分比
再婚有配偶	1	2.5
丧偶	7	17.5
离婚	1	2.5
合计	40	100.0

表 5-17　被调查者退休前所在单位类型

单位：人，%

	人数	百分比
党政机关	2	5.0
企业	32	80.0
事业单位	2	5.0
无单位	4	10.0
合计	40	100.0

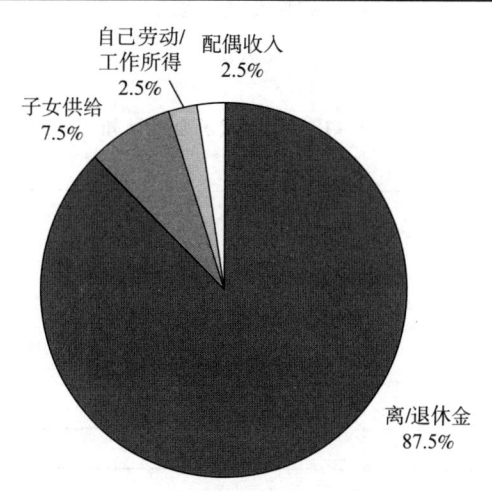

图 5-6　被调查者主要生活来源

（四）景华、景昙社区综合养老服务体系建设状况的调查结果

1. 老人自身状况

从图 5-7 可以看出，在医药费用支出方面，居民之间还是有较大差异的。调查表明，医药费支出低于 2000 元一年的有 16 人，占 40.0%，2000—

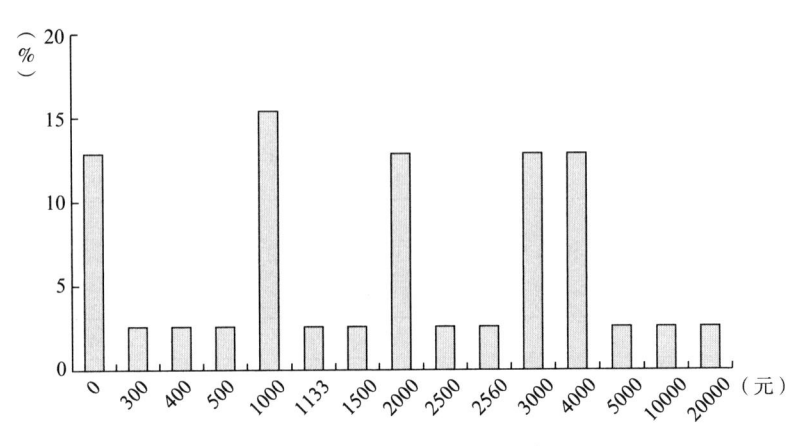

10000 元一年的有 23 人，占 57.5%，剩下 1 人为 20000 元。

图 5-7　2015 年医药费支出情况

从表 5-18 可知，有 1 人认为自己很健康，占 2.5%，10 人认为自己健康，占 25.0%，22 人认为自己身体状况一般，占总人数的 55.0%，有 5 人认为自己的身体状况不健康，占总人数的 12.5%。

表 5-18　健康状况自我认知

单位：人，%

	人数	百分比
很健康	1	2.5
健康	10	25.0
一般	22	55.0
不健康	5	12.5
缺失	2	5.0
合计	40	100.0

由表 5-19 可知，4 人认为自己的生活起居需要别人的帮助，占总数的 10.0%，另外 36 人认为自己的生活起居不需要别人的帮助，占总数的 90.0%。当然，值得注意的是，这个结果和我们通常认为的老年人应当需要别人的帮助有一定偏差。结合对不少老人的访谈得知，其实并不是他们不需要，他们认为只是现在暂时不需要，当他们年纪足够大时，其生活起居必然需要别人的帮助。

表 5-19　生活起居帮助需求统计

单位：人，%

	人数	百分比
需要	4	10.0
不需要	36	90.0
合计	40	100.0

从表 5-20 可知，有 6 位老人目前是有人照顾生活起居的，占总调查人数的 15.0%，剩下 34 位老人目前是没有人照顾生活起居的，占总人数的 85.0%。这里再结合表 5-20，对比后可以发现一个极为有趣的现象，被调查的老人当中有 85.0%（34 人）的老人是没有人照顾生活起居的，与此同时，有 90%（36 人）的老人认为自己不需要被人照顾，这个和我们所理解的或者说我们所熟知的常识是不一致的。按理来说，老年人由于身体机能退化，很多时候是需要下一代照顾的，但是由于被调查的老年人年龄基本上处于 60—70 岁，大于 70 岁以上的较少，也就是说刚刚步入老年阶段的人居多。因此，如被访问者 H 所说的那样："我们不是不需要别人的照顾，只是这会真儿的不需要，我们身体还很健朗，但是并不代表以后是不需要的，而且我们小区各种条件都很不错，养老不存在什么大问题。"

表 5-20　生活起居照料情况统计

单位：人，%

	人数	百分比
有	6	15.0
没有	34	85.0
合计	40	100.0

从表 5-21 可知，22 人患有高血压，占总人数的 55.0%，剩余 18 人未患有高血压，占总人数的 45.0%。

表 5-21　被调查者患高血压情况统计

单位：人，%

	人数	百分比
有	22	55.0

续表

	人数	百分比
无	18	45.0
合计	40	100.0

从表 5-22 可知,有 3 人患有糖尿病,有 37 人未患有糖尿病,分别占 7.5% 和 92.5%。

表 5-22　被调查者患糖尿病情况统计

单位:人,%

	人数	百分比
有	3	7.5
无	37	92.5
合计	40	100.0

从表 5-23 可知,有 5 人患有慢性支气管炎,占总人数的 12.5%,剩下 35 人未患慢性支气管炎,占总人数的 87.5%。

表 5-23　被调查者患慢性支气管炎情况统计

单位:人,%

	人数	百分比
有	5	12.5
无	35	87.5
合计	40	100.0

从表 5-24 可知,被调查的 40 位老人当中无人患有肺气肿。

表 5-24　被调查者患肺气肿情况统计

单位:人,%

	人数	百分比
无	40	100.0

从表 5-25 可知,仅有 1 人患有肺心病,占总人数的 2.5%,39 人未患有肺心病,占总人数的 97.5%。

表 5-25　被调查者患肺心病情况统计

单位：人，%

	人数	百分比
有	1	2.5
无	39	97.5
合计	40	100.0

从表 5-26 可知，有 5 位老人患有心脏病，占总人数的 12.5%，35 人未患有心脏病，占总人数的 87.5%。

表 5-26　被调查者患心脏病情况统计

单位：人，%

	人数	百分比
有	5	12.5
无	34	85.0
缺失	1	2.5
合计	40	100.0

从表 5-27 可知，有 10 人患有关节炎，占总人数的 25.0%，30 人未患有关节炎，占总人数的 75.0%。

表 5-27　被调查者患关节炎情况统计

单位：人，%

	人数	百分比
有	10	25.0
无	30	75.0
合计	40	100.0

从表 5-28 可知，有 7 人患有风湿病，占总人数的 17.5%，33 人未患有风湿病，占总人数的 82.5%。

表 5-28　被调查者患风湿病情况统计

单位：人，%

	人数	百分比
有	7	17.5

续表

	人数	百分比
无	33	82.5
合计	40	100.0

从表 5-29 可知，有 2 人患有哮喘，占总数的 5.0%，38 人未患有哮喘，占总人数的 95.0%。

表 5-29　被调查者患哮喘情况统计

单位：人，%

	人数	百分比
有	2	5.0
无	38	95.0
合计	40	100.0

综合上述列表，我们可以看到景华和景昙社区的大部分老人比较健康，所患疾病占比重较多的是高血压、关节炎和风湿病，但是得这些疾病的人数比重都未超过 30%，因此，在某种程度上我们可以认为被调查的景华和景昙社区的老年人身体状况是良好的。

2. 社区养老状况

从表 5-30 可知，被调查的 40 位老人当中，12 人认为自己所处的社区提供了上门探访服务，而 28 人认为社区未提供上门探访服务。

表 5-30　上门探访服务提供情况

单位：人，%

	人数	百分比
是	12	30.0
否	28	70.0
合计	40	100.0

从表 5-31 可知，被调查的 40 位老人当中，16 人认为社区提供了老年人服务热线，24 人认为社区没有提供老年人服务热线。

表 5-31　老年人服务热线提供情况

单位：人，%

	人数	百分比
是	16	40.0
否	24	60.0
合计	40	100.0

从表 5-32 可知，被调查的 40 位老人中，有 14 人认为自己所在的社区提供了法律援助服务，26 人认为社区未提供法律援助服务。

表 5-32　法律援助服务提供情况

单位：人，%

	人数	百分比
是	14	35.0
否	26	65.0
合计	40	100.0

从表 5-33 可知，被调查的 40 位老人当中，有 13 位老人认为自己所在的社区提供了困难救助服务，27 位老人认为社区没有提供该项服务。

表 5-33　困难救助提供情况

单位：人，%

	人数	百分比
是	13	32.5
否	27	67.5
合计	40	100.0

从表 5-34 可知，被调查的 40 位老人当中，有 16 人认为自己所在的社区提供了上门做家务的服务，还有 24 人认为社区未提供该项服务。

表 5-34　上门做家务服务提供情况

单位：人，%

	人数	百分比
是	16	40.0

续表

	人数	百分比
否	24	60.0
合计	40	100.0

从表5-35可知，被调查的40位老人当中，有15人认为自己所在的社区提供了老年饭桌或送饭服务，25人认为社区没有提供该项服务。

表5-35　老年饭桌或送饭服务提供情况

单位：人，%

	人数	百分比
是	15	37.5
否	25	62.5
合计	40	100.0

从表5-36可知，被调查的40位老人当中，有11人认为自己所在的社区提供了日托所或托老所服务，29人认为社区未提供该项服务。

表5-36　日托所或托老所服务提供情况

单位：人，%

	人数	百分比
是	11	27.5
否	29	72.5
合计	40	100.0

从表5-37可知，被调查的40位老人当中，有9人认为自己所在的社区提供了心理咨询服务，31人认为自己所在的社区未提供该项服务。

表5-37　心理咨询服务提供情况

单位：人，%

	人数	百分比
是	9	22.5
否	31	77.5
合计	40	100.0

从表 5-38 可知，被调查的 40 位老人当中，有 20 人认为自己所在的社区组织过文体活动，有 20 人认为社区未提供该项服务。

表 5-38　文体活动组织服务提供情况

单位：人，%

	人数	百分比
是	20	50.0
否	20	50.0
合计	40	100.0

从表 5-39 可知，被调查的 40 位老人当中，有 5 人认为自己所处的社区提供了代办购物和邮寄服务，有 35 位老人认为社区未提供该项服务。

表 5-39　代办购物和邮寄服务提供情况

单位：人，%

	人数	百分比
是	5	12.5
否	35	87.5
合计	40	100.0

从表 5-40 可知，被调查的 40 位老人当中，32 人认为自己所在社区有老年活动室，占被调查总人数的 80.0%，剩余 20.0% 的老人认为自己所在的社区没有老年活动室。

表 5-40　老年活动室情况

单位：人，%

	人数	百分比
有	32	80.0
无	8	20.0
合计	40	100.0

从表 5-41 可知，被调查的 40 位老人当中，20 人认为自己所在的社区有老年健身房，剩余 20 人认为没有，各占 50.0% 的比重。

表 5-41　老年健身房情况

单位：人，%

	人数	百分比
有	20	50.0
无	20	50.0
合计	40	100.0

从表 5-42 可知，被调查的 40 位老人当中，22 位老人认为自己所在社区有棋牌室和麻将室，剩余的 18 位老人认为自己所在的社区没有棋牌室或麻将室。

表 5-42　棋牌室或麻将室情况

单位：人，%

	人数	百分比
有	22	55.0
无	18	45.0
合计	40	100.0

从表 5-43 可知，被调查的 40 位老人当中，31 位老人认为自己所在的社区有图书馆或者图书室，有 9 位老人认为社区没有图书馆或图书室。

表 5-43　图书馆或图书室情况

单位：人，%

	人数	百分比
有	31	77.5
无	9	22.5
合计	40	100.0

从表 5-44 可知，被调查的 40 位老人当中，20 人认为自己所在的社区有室外活动场所，20 位老人认为社区没有室外活动场所。

从表 5-45 可知，被调查的 40 位老人当中，有 22 人认为自己所在的社区有老年学习室，占总被调查人数的 55.0%，18 位老人认为社区没有老年学习室，占总人数的 45.0%。

表 5-44　室外活动场所情况

单位：人，%

	人数	百分比
有	20	50.0
无	20	50.0
合计	40	100.0

表 5-45　老年学习室情况

单位：人，%

	人数	百分比
有	22	55.0
无	18	45.0
合计	40	100.0

从表 5-46 可知，被调查的 40 位老人当中，有 19 人认为自己所在的社区有老年康复中心，占总被调查人数的 47.5%，21 人认为社区没有老年康复中心。

表 5-46　老年康复中心情况

单位：人，%

	人数	百分比
有	19	47.5
无	21	52.5
合计	40	100.0

从图 5-8 可知，大部分人对于社区养老服务还是满意的，当然也有部分老人不满意，占比为 10.0%。

3. 社区负责人访谈记录提要

本调查除了对课题组所抽取的社区居民发放了《我国城市社区综合服务养老体系建设状况调查问卷》老人卷外，还对社区负责人、机构负责人发放了《我国城市社区综合服务养老体系建设状况调查问卷·社区负责人卷》和《我国城市社区综合服务养老体系建设状况调查问卷·机构负责人

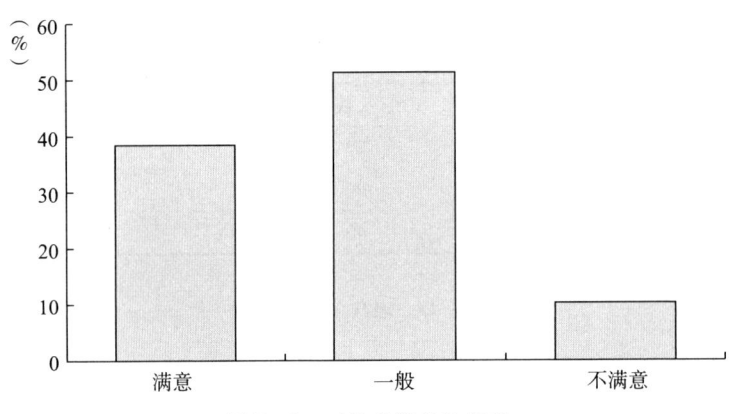

图 5-8　对养老服务的评价

卷》，并且选派专人对景华、景昌两个社区的相关负责人进行了访谈，通过对访谈资料的整理，课题组做了如下分析。

（1）景华社区

第一，养老服务主要提供给高龄老人和有特殊需要的老人，提倡低龄老人帮助高龄老人。

> 我们这边是这样的，老年人是比较多的，我们这边分为两块，一边是 1700 多户，另外一边是 700 多户，由这两大块组成了我们社区。我们社区总共有 4000 多人，对于老人而言，就是说 70 周岁以上的，我们社区现在有 400 多人，不过由于其他一些因素，我们现在可能就是 380 多人。一般来说，我们的老年服务基本上是针对 70 岁以上的老人，我们认为 60 岁的老年人真的是太年轻了，所以我们主要做的是 70 岁以上，当然，对于一些特殊情况的群体，残疾人、精神病群体等，我们是不分年龄的。如果说 60—70 岁的这种，但是没有什么特殊疾病之类的，我们真的没办法做什么服务，最多是提供一些志愿者活动，毕竟他们还是比较年轻。现在呢，老年人寿命越来越长，因此，我们会动员社区的志愿者来服务 70 岁的老年人，也就是说让社区中低于 70 岁的人去服务和照顾高于 70 岁的老人。应当说，我们社区还是一个高龄社区，而且我们社区是一个拆迁社区，因此会有比较多的老年人。我们首先重点关注的是户口在我们社区的，但是对于那些孤寡老人，就算户口

不在我们社区的，我们还是一样会特别关照的。（景华社区Z书记）

第二，养老压力大、任务重，养老队伍的人员数量和素质需要进一步提高。

目前我们社区管老年人的社会工作者就1个人，这样其实是比较棘手的，而且现在我们社区企业退休人员特别多，多达900人，因此，我们还增加了1个助老员，否则真的很难去完成上面交给我们的任务。现在，我们也特别鼓励街道、社区当中的社会工作者去考助理社会工作（师）证、中级等资格证，我们这里面有三个社会工作者已经拿到了中级资格证书。对于考取资格证的，我们也会有鼓励，增加工资的。现在，很多老人刚刚退休，其实他们还是掌握比较多知识的，因此我们也应当学会一些技术才能够服务好他们。当然，对于年纪大的老人家，我们更多提供的是一些做家务之类的帮忙。（景华社区Z书记）

第三，养老服务经费不足，需要政府加大投入的同时吸引社会资本进入。

当然，对于低龄老人，我们觉得应该更多体谅我们社区，他们毕竟还是不太需要社区的一些老年服务的。针对高龄老人，很多老人还是比较感恩的，但是服务的模式、服务的经费政府还是应当加大投入，而且目前没有什么社会捐赠，因此，主要还是靠政府。关于养老经费的具体数据，2015年可能应该就是一个民政项目，它是一个打包，更多是看项目，建造一个老年食堂是一年5万，而且去年经费突然停掉了，现在是自负盈亏，所以很多时候看经营得怎么样了。而且，我们老年食堂的价格比一般食堂要低很多，但是现在没有拨款之后，社区自己办的食堂真的很难经营下去，还是得按照之前的价格来。现在，我们社区每天大概有100多个老人来老年食堂，中午人比较多，基本上我们的价格是7—8块，一荤一素，一荤两素是10块，与此同时，我们还会给老人发补助，每个月给他们打钱。

日间照料中心和老人托养所，现在这些也是特别难弄的，尤其是夜间照料，我们现在都不敢办了，实在是麻烦。因此，如果要按照一开始的设想的话，是行不通的，原因是经费问题、场地问题、人员问题，最主要是这一块。现在我们推行的是居家养老，但是你知道的还是需要各种经费的。因此，现在把居家养老的很多标准提高了，就从年龄这个指标来看，要求是90岁以上才被纳入服务对象范畴，我们可以给他们提供购物等服务。

第四，第三方与社区相互合作、相互补充，共同促进养老事业的发展。

  我们根据社区的老人名单，发动老人来我们这里。平时就是健康讲座、教老人太极拳等内容。现在都是和社区合作，然后具体事情都是我们万科这样的凯乐居来负责。现在，像正规的社区医院很难做一些日常的活动，因此，现在主要是引入第三方，我们可以比较便利地发展和发挥一些切实能行的作用。应当说，万科和社区是一种相互合作、相互补充的关系，现在社区重点是引进第三方，然后第三方和我们对接。社区卫生服务中心人员比较紧缺，因此，我们实在没办法让他们来参与这次访谈。（凯乐居日间照料中心负责人W）

  前期万科的引进，我们也有评价机制，日常的社区助老员等人员，我们也有第三方来进行评价，我们会利用社会组织，就是一些专门做第三方的组织，现在主要是夕阳红，我们目前在准备竞标一个杭州市最大的居家养老服务的项目。现在，在养老方面，我们主要形成了一个模式，景华社区有凯乐居，我们凯字打头的有很多服务，凯旋的标杆都是这样的模板，都是参考我们景华社区的模式。（景华社区Z书记）

第五，保证政策稳定性与持续性的同时，尊重基层多样性，确保政策执行的弹性。

  当然，真要说目前有哪些问题，第一，就是政策时常在变，政策应当有持续性，最好要五年以上。第二，政府制定政策，但是最后都放到最基层里面，下面因素是不够稳定的，政府出台政策啊，要多元化考虑问题。第三，应当探讨居家养老和社区养老结合。现在新小区和老小区还是有很大差距的，怎么探究两代人的养老问题，尤其是我们现在基本上就是两个人养四个老人，最好是在自己家门口有一个养老院，这样才好，不过现在我们杭州已经在探索了，杭州是养老的先行"实验室"，最好是两到三个社区就举办一个养老院。现在普惠型的其实我们已经探索好了，现在主要是个性化的如何探索。（景华社区Z书记）

(2) 景昙社区
第一，整合资源，建设养老设施，积极探索多样化的养老服务。

现在社区自营、联合营业就是一个典型，在老年食堂方面，这个我们街道做得还是比较好的。我们通过资源整合，把街道拥有的临街店铺进行重新装修和整合，甚至是置换，这样就有场地来建造社区日间护理中心、社区活动中心等。现在，我们街道基本上都覆盖了老年食堂，实在没有的，我们也会提供一些送菜、送饭服务，这样基本上是提供了一个较好的服务。我们刚才讲的是老年人吃饭的问题，现在讲讲老人的娱乐，一般会有老年人打扑克等，我们街道会想办法给他们提供一些场地的。还有就是，到了冬天，每个社区我们都会提供一个医疗站，而且靠近我们街道这种的，还有更好的服务设施，比如中医之类的。不仅仅是我们政府在做，现在也在探索机构养老和政府购买服务，有一个民营机构，里面有400多个床位，住满老人了，蛮受欢迎的，根据等级内容来给老人们提供服务。当然，我们这里还有为老服务，叫夕阳红的项目，我们政府出钱给不同级别的老人提供服务，我们这个凯旋街道一直是杭州市最早实行这样服务的街道，我们根据不同的情况实行不同的服务。（原景昙社区W书记，现凯旋街道W副书记）

第二，鼓励社会力量参与，共同分担养老压力。

当然，夕阳红等项目就是在不断补充我们政府的服务，现在居家养老这一块，我们政府也越来越难推行服务，压力也大，现在老百姓一有事情就找政府，都打我们的服务热线，很多人都把老年人推给政府来养，这是一种畸形发展。我们应当继续推广中国传统的孝道观念和养老观念。现在有小红帽、小红甲等服务，这些大部分都是志愿者在做，我们主要开展敲门行动，通过这样一种方式来展开为老服务。我觉得，你们来调研，你们应当要提供一个顶层的设计。当然，我们也在不断探索基层如何治理。像我这种，差不多马上就是50岁的人，压力很大，父母如何照顾（是要考虑的），现在机构养老还是偏少。我们街道和区里面基本上没有，要么就是养老机构太小。民营的养老机构太贵了，因此，我们觉得可以推行以房养老的方式。现在政府承担的太多了，其实这个事情应当让社会去做，（政府）实在是管太多了，应当把一些不该管的事情脱离出去。（原景昙社区W书记，现凯旋街道W副书记）

第三，积极探索合理有效的第三方监管模式与科技助老模式。

还有一个监管问题，这个问题我们现在感到比较棘手。养老问题的监管，如何加入一个对第三方的监管。我们现在也在尝试学习其他一些地方的先进经验，比如上海、深圳等地方。我们杭州以前有一个电话，就是类似于智慧养老、虚拟养老的平台，不过好像没有做好这个平台。那种被称为没有围墙的养老院，充分利用互联网来发展养老。我们就应该做一个资源的整合，架构一个体系，我们现在很多基层啊，都在弄一些平台，但是其实就是在重复工作，浪费了很多资源，还是缺乏顶层设计。现在很多工作基层在做，基层创新好了在全市、全省推广，养老、社区建设都是这样，基层创新是最为重要的，但领导换一届，一些政策又随着变动，所以很多时候也很无奈和很无助。（原景昙社区W书记，现凯旋街道W副书记）

三 灯芯巷社区和武林社区养老服务体系建设调查

（一）社区基本信息

1. 灯芯巷社区

灯芯巷社区位于杭州市下城区天水街道，社区有42幢住宅楼，共103个单元，居民1870户，常住人口4250人，其中男性2054人，女性2196人。

灯芯巷社区位于杭州市老城区，交通便利、经济发展良好，且人文和自然景观都很丰富，有着厚重的历史文化底蕴。社区建设富有特色、成果优秀，受到了高度且广泛的重视，曾经获得过"全国创建文明社区示范点""全国社区服务先进社区""全国和谐邻里建设示范社区""省级文明社区"等100多项荣誉称号。

灯芯巷其名出自历史典故，从杭州市最繁华的延安路上的一条小巷弄走进去，不出3分钟，灯芯巷社区服务中心映入眼帘。该社区服务中心约500平方米，分为社区服务大厅、社区居委会办公室、社区组织办公室、居民活动室、会议室等区域。灯芯巷社区服务中心装潢简单、温馨，工作人员态度友好，在居民活动室和老年人娱乐室中有许多人聚集在一起排练文艺节目，在社区服务中心旁边的走廊上，也有三三两两的社区居民在一起聊天。

2. 武林社区

武林社区位于市中心，在省市政府旁边，社区的面积较小，占地0.1平方公里，居民住户1360户，人口4600人左右。该社区附近不仅有古老的历史名胜，也有繁华现代的商业街道，是杭州的金融、文化、旅游中心。武林社区作为武林街道的七个楼宇社区之一，社区老龄化严重，拥有较多的老年人口。

> 那么我们社区呢，有一个非常突出的一个问题呢，就是我们的老龄化非常严重，大概有35%。同时，这里靠近安吉路实验小学、十四中，属于重点学校的学区，许多年轻人将户口空挂在这里，并不居住。所以说，那就是有些年轻人为了孩子读书呢，他会把孩子的户口啊，

这些放在这里,但是你要他住在这里呢,基本上也不住,所以说我们这里呢,很多都是老年人的房子,老年人就是说,爷爷奶奶在这里,就是为了孩子解决读书问题,所以说我们社区的老年化呢,应该说是比较严重。(武林社区主任)

(二) 社区老龄化特点

1. 两社区老龄化严重、高龄老人多

比较而言,灯芯巷社区老年人平均年龄较小,大部分老年人为低龄老人,高龄老人比例较少;而武林社区高龄老人所占比例较大。

(1) 灯芯巷社区老龄化结构

在灯芯巷社区老年人群体中,60岁及以上的人口有1506人,其中男性742人,女性764人。在这些老人中,半失能老人32人,男性半失能老人22人,女性半失能老人10人。失能老人15人,男性失能老人11人,女性失能老人4人。

课题组在灯芯巷社区随机抽取20名老人,对其进行问卷调查,老年人的年龄结构见表5-47和5-48。

在灯芯巷社区中,老年人的平均年龄为66.2岁,在调查数据的样本中,年龄最小值为61岁,年龄最大值为83岁。低龄老人占85.0%,为老年人群体中的大多数,高龄老人占社区老年群体总数的5.0%,由于老年人的基础数量比较大,因此,高龄老人绝对数量不少。

表5-47 灯芯巷社区老年人年龄情况

单位:岁

平均值	中位数	众数	最小值	最大值
66.2	64.5	64	61	83

表5-48 灯芯巷社区老年人年龄结构

单位:人,%

	人数	百分比
60—70岁(低龄)	17	85.0
71—80岁(中龄)	2	10.0

续表

	人数	百分比
81岁及以上（高龄）	1	5.0
合计	20	100.0

（2）武林社区老龄化结构

在武林社区中，随机抽取20名该社区的老人进行调查（其中1份问卷无效），老龄化结构见表5-49、表5-50。

表5-49　武林社区老人年龄情况

单位：岁

平均值	中位数	众数	最小值	最大值
73.2	71	80	60	89

表5-50　武林社区老人年龄结构

单位：人，%

	人数	百分比
60—70岁（低龄）	8	42.1
71—80岁（中龄）	8	42.1
81岁及以上（高龄）	3	15.8
合计	19	100.0

从表5-49、5-50中可以看到，武林社区老年人的平均年龄为73.2岁，本次调查中，样本年龄最小的老人为60岁，年龄最大的老人为89岁；调查中人数最多的老人年龄为80岁。就其年龄结构而言，低龄老人和中龄老人均占总人数的42.1%，80岁以上的高龄老人占总人数的15.8%。

从灯芯巷社区和武林社区对比来看，灯芯巷社区老人平均年龄较小，70岁及以下的低龄老人所占比重较大；武林社区老人平均年龄较大，高龄与低龄老人呈相对均匀分布。

2. 两社区老年人受教育程度都比较高，退休前所在单位多为企业、事业单位和党政机关

通过对社区负责人的问卷调查得知，社区居民的主要职业类型（包括已退休人员退休前的职业类型）为事业单位工作人员和企业职工，也有少

部分的党政机关工作人员。

灯芯巷社区老年人受教育程度较为集中在高中或中专,退休前单位类型主要是企业,有少部分无单位的老年人;武林社区老年人受教育程度差异化明显,受大专及以上教育的老年人比例较高,无单位的老年人比例较小。

(1) 灯芯巷社区

该社区老人的受教育程度比较高,受教育类型最多的为高中或中专,其次为初中和大专及以上,只接受过小学教育的老人比例较小。

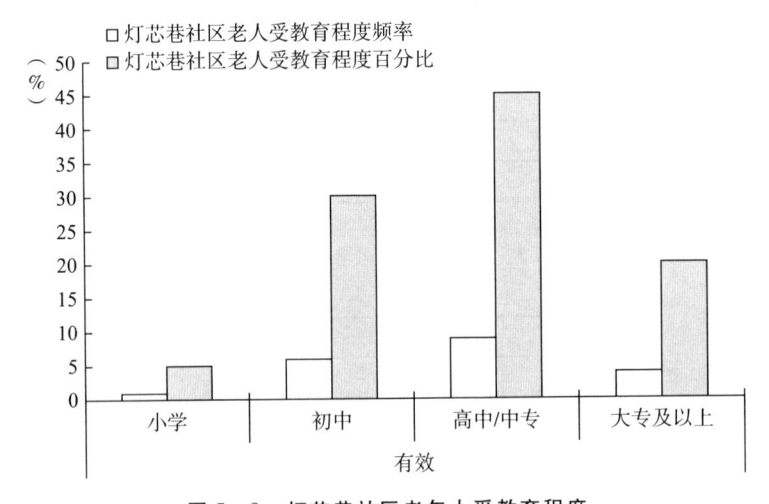

图 5-9 灯芯巷社区老年人受教育程度

在职业类型上,大多数被调查者为企业单位退休职工,事业单位和党政机关职工也占一定的比例,无单位的老人比例最小。

(2) 武林社区

武林社区老人受教育水平有较明显的差异,比例最多的为大专及以上,其次为初中,高中或中专的比例在其后,小学比例最少。

武林社区老年人退休前大部分为企业人员,事业单位和党政机关工作人员的比例较小,基本上没有无单位的老人。

3. 两社区老人目前主要生活来源为离退休金,且家庭平均月收入较高

通过调查得知离退休金是目前两个社区中老年人的主要生活来源;灯芯巷社区和武林社区的老年人家庭月收入差异不明显,各个收入阶段的老人所占比例相近,老年人的收入主要集中在 3001—5000 元、5001—10000

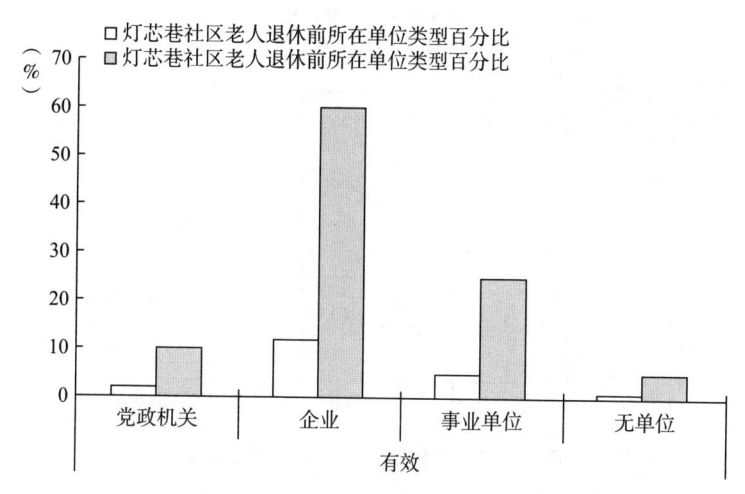

图 5-10　灯芯巷社区老年职业类型

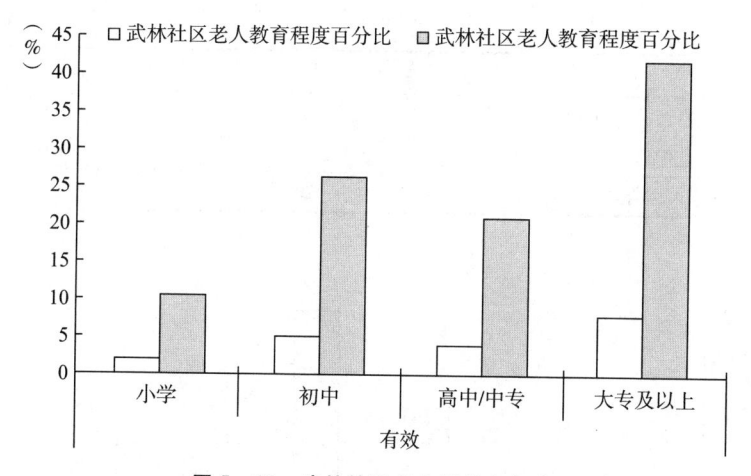

图 5-11　武林社区老人受教育程度

元这两个范围,值得注意的是,有一定比例的老年人家庭月收入超过 10000 元。

(1) 灯芯巷社区

由表 5-51 和图 5-13 可以得知,灯芯巷社区老年人的生活来源主要是自己的离退休金。月收入 3001—5000 元的老人占比最大,同时分别有 20% 的老人家庭月收入达到 5001—10000 和 10000 元以上。

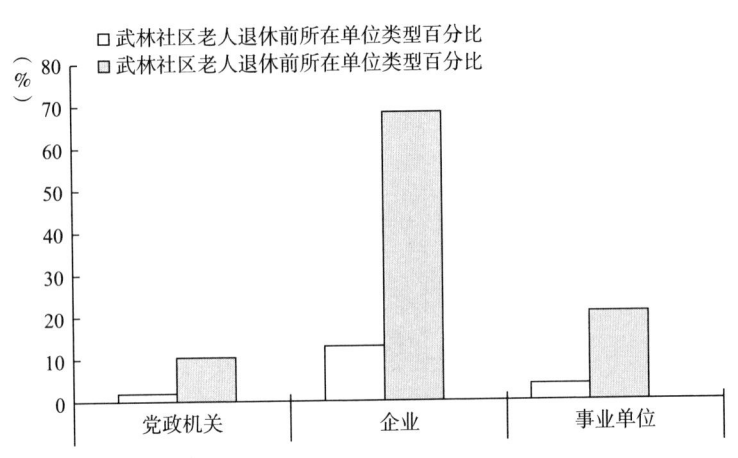

图 5-12 武林社区老年人的职业类型

表 5-51 灯芯巷社区老人目前主要生活来源

单位：人，%

	人数	百分比
自己的离退休金	19	95.0
配偶的收入	1	5.0
合计	20	100.0

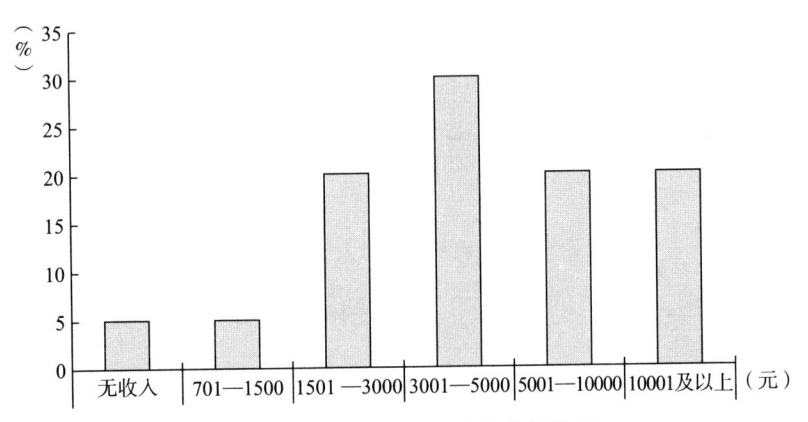

图 5-13 灯芯巷社区老人的收入情况

(2) 武林社区

由表 5-52 和图 5-14 可知，武林社区老年人的生活来源主要是自己的离退休金。月收入 1501—3000 元和 3001—5000 元的老人最多。

表 5-52　武林社区老人目前的主要生活来源

单位：人，%

	人数	百分比
自己的离退休金	18	94.7
子女的资助	1	5.3
合计	19	100.0

图 5-14　武林社区老人收入情况

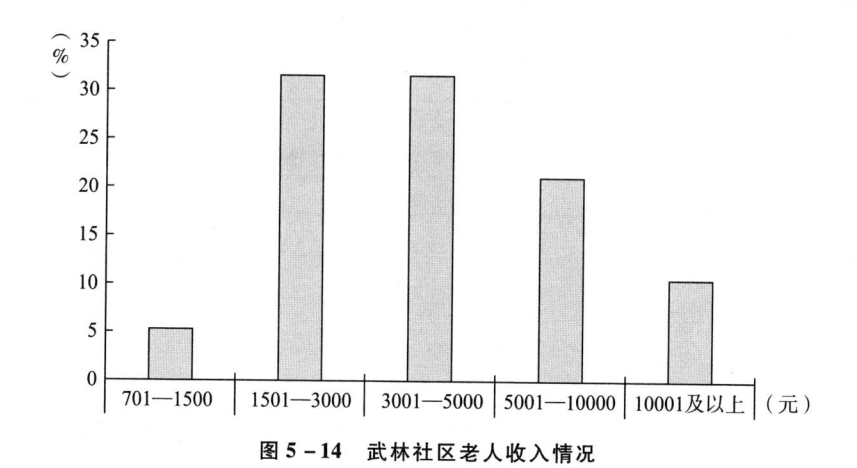

4. 两社区老人中有少数的孤寡、失能或半失能以及独居老人，绝大多数老人同配偶、子女居住，多数老人目前身体状况一般。

两社区老人的婚姻状况绝大部分为初婚有配偶，灯芯巷社区有 10.0% 的老人丧偶，武林社区有 36.8% 的老人丧偶，这也对应了灯芯巷社区和武林社区相比老龄化程度较低的情况。同时，两社区老人绝大多数与配偶或子女居住在一起，但不容忽视的是，仍有少数老人独居，并且有少数老人半失能或失能，在对两个社区的负责人进行访谈的过程中，我们也得到了比较具体的数据。

你像失能、孤寡老人的话，是有 12 个。（灯芯巷社区）
我们社区孤寡老人还挺多的啊，大概有七八个。（武林社区）

总体而言，两个社区老人的健康状况都一般，灯芯巷社区老人有半数能够达到健康水平，武林社区老人健康人数不到四成。

表 5-53　灯芯巷社区老人的婚姻状况

单位：人，%

	人数	百分比
初婚有配偶	16	80.0
再婚有配偶	1	5.0
丧偶	2	10.0
离婚	1	5.0
合计	20	100.0

表 5-54　灯芯巷社区老人的身体状况

单位：人，%

	人数	百分比
很健康	4	20.0
健康	6	30.0
一般	10	50.0
合计	20	100.0

表 5-55　武林社区老人的婚姻状况

单位：人，%

	人数	百分比
初婚有配偶	12	63.2
丧偶	7	36.8
合计	19	100.0

表 5-56　武林社区老人的身体状况

单位：人，%

	人数	百分比
很健康	2	10.5
健康	5	26.3
一般	10	52.6
不健康	2	10.5
合计	19	100.0

（三）灯芯巷社区和武林社区居家养老服务现状

1. 灯芯巷社区和武林社区居家养老服务供给情况

第一，社区养老服务提供主体多样化，以政府为主，社会组织和居民自治团体为辅，市场主体参与较少。

首先，灯芯巷社区内提供居家养老服务的机构共有3个，这些机构由不同的主体兴办：其中由街道管辖下的社区兴办的1个，非营利性的民间机构兴办的有2个。社区中提供涉及养老服务的居民自治组织有10个，街道牵头合作的基金会也对养老服务有所贡献。武林社区提供居家养老服务的机构主要是社区和社区中的非营利性养老机构——娱乐养老。两个社区中都没有营利性的机构，且企业及涉外社会组织都没有参与社区养老服务事务。

其次，两个社区养老服务的提供主要依托街道全面铺开，社区提供养老服务多在街道的扶持下开展，方式仍旧以政府购买居家养老服务为主。例如同属于下城区天水街道的灯芯巷社区和武林社区都享受到了街道承办的"老年食堂""助老员""紧急呼救器"等服务，也都享受到了政府提供的对于退休社会企业人员和高龄老人的补贴等社会福利。

无论是专业性的社会工作机构还是非营利性的社会机构，在社区养老服务的提供方面都占有一定的比例。

最后，由社区居民自发组织的自治团体，例如文体小组、手工小组、旅游小组等。

第二，社区养老服务对象覆盖面广，部分养老服务针对全部老人，享受社会福利补贴的老人仍需进行资格审查。

首先，社区日常服务已经将老年人纳入服务对象范围，例如，帮助老年居民办理各种手续、修理家电等。除此之外，还有街道全面铺开的各种专门针对老年人的养老服务，服务形式多种多样，服务对象覆盖了低龄、高龄以及独居、失能等各种类型的老年人。

其次，在对两个社区的访谈和问卷调查中我们发现，"老年食堂"以及居民自治的团体等对社区中所有的老人具有同等的开放性，但是政府提供的稳定的养老福利，例如一些补贴和优惠等，仍旧对老人按照年龄、居住状况、家庭情况等进行"等级"上的划分后提供。

以街道提供给老年人的服务优惠卡为例，此卡由街道和家电维修公司、理发店等家政市场部门合作制作，为老人提供低价或者免费的上门服务。

每个社区都有的，就是几十岁的老年人进行评级，比方说评自理能力啊，有无子女同住啊，还有工资有多少啊，按照这些呢进行评级，评完以后呢，给你享受一定的什么理发啊、上门服务啊，就这些。（武林社区）

总的来说，目前社区中提供的养老服务仍旧不是普惠型的服务，全面覆盖服务对象的仍旧占少数，大部分稳定、有效、有针对性的福利提供仍旧需要评定资格。

第三，社区养老服务内容细致丰富，涵盖医疗保健、教育文娱多方面。

首先，社区服务中心提供的养老服务项目主要有医疗保健相关服务、社会福利相关服务、社区文体活动类服务、教育科普类服务。

具体来说，在医疗方面，包括建立社区卫生服务站，提供的服务有：自助体测（有自动身高体重测量仪、血压计、血糖测试仪、身体成分分析仪等设备）、健康宣传与指导（包括健康生活注意事项宣传、饮食营养指导、健康生活方式指导等）、心理健康服务（包括心理疏导服务、心理咨询服务等）、康复治疗（包括设立康复治疗室、上门提供康复服务等）、紧急救助（包括提供吸氧设备、速效急救药品等）、诊疗服务（包括常见病诊疗、慢性病用药监控、上门输液打针、输液室等专门房间的设置等）、药品服务（包括常用药品、依照国家政策免费发放的特殊药品等）。

依照国家福利政策，街道提供社区日间照料中心、助老员、老年食堂等服务，社区还开展了针对特殊老人群体的服务，包括高龄老人补贴与养老服务、失独老人补贴与养老服务、空巢老人养老服务，还提供了居家养老服务特色项目，例如紧急呼叫器、老年人智慧手机等。

社区文体类活动主要有社区提供支持的以及居民自组织的，包括文化活动中心，老年人活动室，老年人体育、艺术俱乐部等；教育科普类的服务内容包括老年法律课堂与司法援助、老年人讲座、老年人图书馆等。此外，社区还开展了丰富的为老服务，包括定期免费体检、少年志愿者进社区、传统节日庆祝活动等。

第四，养老服务提供形式以政府购买和补贴的无偿服务为主，低报酬服务为辅，且服务形式比较统一。

两个社区中的大部分养老服务项目仍旧是政府支持下的无偿服务以及社会福利补贴，政府购买社会服务即政府将专业社工专业服务纳入社区养老服务系统中，例如街道下属的各个社区都给符合条件的老年人发放福利津贴，老年人在接受或者要求服务的时候，也普遍认为服务应当是无偿的。

> Q：比如帮忙抬东西呀，修理灯泡啊之类的，社工如果做这些部分，就是全免费吗？
> A：对啊，我们社工给他做的，那么就是全免费的呀。（灯芯巷社区）
> B：作为社区我们也在转型，我觉得服务都是有价格的，你服务更好，你收费肯定高，是不是？那当然，它在收费的过程中，它是对等的，都是你们愿意承担的地方，你们愿意承担的范围内，适当的收费，不会说是高于市场价很夸张（地收费）。（武林社区）

第五，社区养老服务的实施主要受街道、社区居委会和社区居民监督，社会工作者的考评机制也对养老服务的监督有所作用，第三方监督力度比较小。

首先，在灯芯巷社区，居民自发成立了"居民监督委员会"，主要成员是具有各项专长的退休老年人，其中有建筑、财会等专业的老人，通过每个月开会的形式监督社区的工作。

> 我们每个月都有一次碰头会，讨论居民反映的一些情况，或者你社区做了哪些事情，包括我们所有财务发票的签字，都要他们看到啊。（灯芯巷社区）

居民自发形成的监督，有利于居民形成自己的民主和自治意识，把社区的事当作自己的事来做，而且监督灵活，避免流于形式，可以使社区提供的服务更加贴合居民的需要。

他本身就是居民，你们做的事情，都在他眼里，对吧。（灯芯巷社区）

武林社区的养老服务提供是由社区配合非营利性的社会企业来进行的，监督工作也主要由街道来实施，专门孵化社会组织，还有监督管理，其实这个作用呢主要是在街道里面，他们来监督管理，那我们社区呢？其实就辅助的啦，就平常了解一下。（武林社区）

其次，对于社会工作者的考评，也被视为对提供养老服务进行监督的一个重要方式。对社工的监督每年都由街道的纪委来执行。

街道的纪委这一块在做对社工的一个考评，每年的考评工作，还有我们平时的工作就是社区居委会监督，对这个服务中心提意见。（灯芯巷社区）

最后，就第三方监督来说，由政府民政部门主推的"满意社区评比"达到了这个目的。

比如说我们要在整个下城区进行一个满意社区评比，那么就是第三方来对你这个工作，比如说在老年人的服务方面，残疾人服务方面，各个方面的人群当中发放一些表格，那我们是不能参与的，那么他们民政现有那个名单，他们就去孤寡老人这里去上门，去做一些调查。（灯芯巷社区）

第六，专业社会工作作为新亮点，参与社区养老服务。

社区中的社会工作者上岗资格为大专学历及以上，要求本市户口。社工的持证率较高，例如灯芯巷社区中统称"社工"的工作人员共10个，其中专业社工有7个，5个人持证，初级的有2个，中级的有3个，45岁以上的工作人员不要求持证。社工的工资待遇比较低，普通社工实际到手工资每月为3000—3500元。

中级社工他们是这样的，拿到初级证的加200，拿到高级证的加

400，那拿到高级证的人就相当于副主任。工资3年加了150块钱，3年，每3年加150，那30年就1500。

社工的日常工作通常为早八点晚九点，轮流值班，无加班费，社区工作内容比较烦琐。责任制度为分片管理，即"下去一把抓，上来再分工"，实际上，在工作中的分工并非十分明确，比如说我这里有42幢房子，我现在有10个社工，那么相当于一个人管四幢房子，那么这里面的，我们分配下去，不管你是卫生也好，老人和年轻人也好，包括矛盾调解也好，都是你负责，其实我们分工基本是不分，能解决的就解决掉了。（灯芯巷社区主任）

综上所述，在杭州市的灯芯巷社区和武林社区，居家养老服务体系的建设主要是由社区、社会组织、社区居民联合组成，但政府部门即街道作为主要的资源提供和推动力量；社区居民作为社区的内生力量，发挥着十分灵活的作用；社会组织在参与社区养老服务的过程中形式比较多样，既有社会工作者的参与，也有民办非营利机构的参与。

养老服务的对象总体上覆盖比较广，但个别化、多样化的服务只惠及了少数老人；养老服务的内容比较全面，但是具体的施行情况缺乏有效的监督和标准严格的评估。

2. 灯芯巷社区和武林社区居家养老服务接受情况

第一，老年人认为养老责任主要在于子女和政府，老年人选择的养老方式以社区养老和居家养老为主。

根据问卷调查，老年人在"遇到困难最希望得到谁的帮助""应由谁承担自己的养老责任"以及"自己最理想的养老方式"三个问题上的回答结果如表5-57、表5-58、表5-59所示。

表5-57 遇到困难最希望得到谁的帮助

单位：人，%

	人数	百分比
配偶或子女	33	86.8
其他亲属	1	2.6

续表

	人数	百分比
朋友、邻居	1	2.6
居委会和社区工作者	3	7.9
合计	38	100.0

表5-58 应由谁承担自己的养老责任

单位：人，%

	人数	百分比
政府	14	36.8
所在社区	4	10.5
子女	11	28.9
老人自己或配偶	4	10.5
不好说	5	13.2
合计	38	100.0

表5-59 自己最理想的养老方式

单位：人，%

	人数	百分比
住在家里由亲人照顾	15	38.5
住在家中接受社区服务	11	28.2
住在养老院	11	28.2
其他	2	5.1
合计	39	100.0

由表5-57、表5-58、表5-59可知，在遇到困难时，绝大部分老人选择向配偶或子女求助，只有7.9%的老人能够想到向居委会和社区工作者求助。在询问养老责任应该由谁承担时，36.8%的老人认为养老责任在于政府，28.9%的人认为养老责任在于子女。38.5%的老人认为理想的养老方式是住在家里由亲人照顾。

第二，老年人的养老需求主要在于日常生活上的帮助，老年人对医疗卫生有需求的人数比较少。

根据问卷设计的内容，老年人的养老需求主要有以下一些方面：第一，医疗卫生方面的需求有上门护理、日常保健、紧急救助、特殊药品、上门看病和康复治疗；第二，日常生活方面的服务有上门探访、代办和邮寄、文体活动、心理咨询、日托所或托老所、老年饭桌或送饭、老年服务热线、上门做家务、困难救助和法律援助。

根据数据可知，在医疗卫生方面，有需求的老年人少于认为自己不需要的老年人，尤其在特殊药品和康复治疗方面比较突出。在日常生活方面，关于上门探访、文体活动、心理咨询、老年人服务热线和法律援助服务，认为有这种需要的老人比较多；而其他方面的日常服务，更多的老人认为不需要。

第三，大多数老年人认为没有接受过社区提供的医疗卫生以及日常照顾等方面的服务，认为自己用过"老年人服务热线"的人数最多。

在问及是否接受过一系列医疗服务时，有超过8成的老人选择没有接受过。选择接受过服务人数较多的是上门探访、老年人服务热线、困难救助和法律援助，对于其他的一些日常服务，大多数老人选择了没有接受过此类服务。

第四，不及半数老人对社区养老服务的评价是满意的，对于社区养老服务的不满意之处和建议多在于提高工作人员的专业性和增加服务项目。

从表5-60可知，有38.5%的老人对社区养老服务的评价为满意，有46.2%的老人对社区养老服务的评价是一般，还有15.4%的老人对社区养老服务的评价是不满意。

在对社区养老服务的建议方面，选择"提高工作人员的专业性"的老年人最多，选择"增加服务项目"的老年人紧随其后，选择"降低费用"的老年人比较少，值得注意的是有一部分老年人选择了"其他"，并且在后面填答的答案多为"不知道"，个别人填写了"不明白为什么老年手机要停用""应当设置老年食堂"等。

表5-60 对养老服务的评价

单位：人，%

	人数	百分比
满意	15	38.5
一般	18	46.2

续表

	人数	百分比
不满意	6	15.4
合计	39	100.0

表5-61 对于社区养老服务的建议

单位：%

		人数	百分比
增加服务项目	是	15	38.5
	否	24	67.5
提高工作人员的专业性	是	18	46.2
	否	21	53.8
降低费用	是	9	23.1
	否	30	76.9
其他建议	是	8	20.5
	否	31	79.5

综上所述，大多数老年人认为养老责任在于政府和配偶以及子女，"社区"的概念在养老过程中并不清晰明确。受传统"家本位"思想的影响，多数老年人理想的养老方式仍旧是在家中养老，但也有部分老年人能够接受在养老院养老。对于社区提供的养老服务，总体上，老年人是不满意的，认为还有许多地方有待提升，尤其是工作人员的专业技能需要提升。

四 杭州市社区养老服务体系建设的对策与建议

（一）加强养老服务人才队伍建设，培育"原住社工"和在地领袖，增强基层自生力

随着我国老龄化趋势越来越严峻，养老服务人才的供需矛盾也日益凸显。调查发现，杭州市社区养老与机构养老服务中，专职人员数量明显不足，公益性岗位需求突出；工作人员管理经验缺乏，服务人员素质仍有待提高。如此，更凸显了加强人才队伍建设、提高专业素质的紧迫性。

结合实际,具体而言,可从以下几方面着手做好工作。第一,加大教育投资,政府作为养老事业的主导力量,应充分倡导和鼓励社会各界积极参与养老人才队伍建设,给予必要的政策优惠,加大教育资源的投入,增加培训机会,将对养老人才的重视落到实处。将学历教育、继续教育、职业技能培训有机结合,增设养老方面的专业课程,加快培养老年医学、康复、护理、营养、心理、社工等多领域的人才队伍。利用先进的信息技术,拓展互联网+教育培训多样化的培养模式。建立并执行持证上岗制度,定期组织人员学习相关养老政策、方法、业务,分享并学习养老服务经验。第二,养老服务人才建设的核心是能力建设,也是服务水平、实践水平建设。以专业化和职业化为目标,将理论和实践相结合、学习与工作相结合,注重培养人才的实践能力、服务能力。第三,针对当前专业社会工作者介入社区养老中"'社工难入户,老人难接纳'的困境,借助'原住社工'重塑社区工作者和社会工作者"[①],即在地培养社会工作者,消除外来专业社会工作者与社区之间难以亲近的隔阂,如此,更有助于真正实现社区建设的目标,发展社区的自主性、自生力。第四,培养在地领袖,充分发挥社区领袖的影响力与号召力。以本调查中的"鲍大妈聊天室"为例,社区名人鲍大妈以个人热情与努力,坚持十几年为社区老人解开心理困惑,舒缓心理压力,后逐渐辐射社区其他服务内容。因此,应充分认识到培养在地领袖的重要性,认同老年人的社会价值、充分挖掘老年人资源。

(二)注重总结各地养老服务先进经验,发展本地养老服务模式

伴随着人口老龄化的加剧,家庭养老压力日增,传统的家庭养老模式难以承担养老重任,各地不断出现对养老模式的新探索,对这些先进经验进行总结,发展适合本地的养老服务模式至关重要。

我们通过本调查总结出养老服务的合作共生模式,以期对现实有一定的借鉴意义。杭州市凤麟社区与中兴社区根据自身的实际情况将社区养老模式与社会化养老模式相结合,在实践中取得了一定的成果。

---

① 萧子扬:《培育"原住社工",发展基层自生力》,《中国社会报》2017年1月23日,第3版。

两个社区在街道的公开竞标招标下，引进了第三方社会组织进行养老方面的服务，服务的内容几乎覆盖了居家养老服务的所有需求，包括上门探访、法律援助、日常保健、日托服务等，且为社区老年人提供的服务均是无偿或者低报酬的。第三方的进驻不仅减轻了社区养老工作人员的工作压力，而且提高了老年人居家养老服务的服务质量；同时，第三方与社区的有机结合更为社区养老注入了可持续发展的内生动力。在社区与第三方同时向老年人提供养老服务的同时，社区也为老年人建设了相关的养老设施，包括老年人活动室、图书馆、健身房等。除此之外，社区还积极组织有能力、有热情的老年人加入社区养老服务体系之中，建立了老年人志愿服务队，"以老养老"，让老年人结成对，在社区备案，提供一些日常的照顾和探望。老年人自己组建的兴趣小组也经常组织文化活动，丰富了自己的精神文化生活。两个社区关于社区养老和社会化养老合作共生的模式如图 5-15 所示。

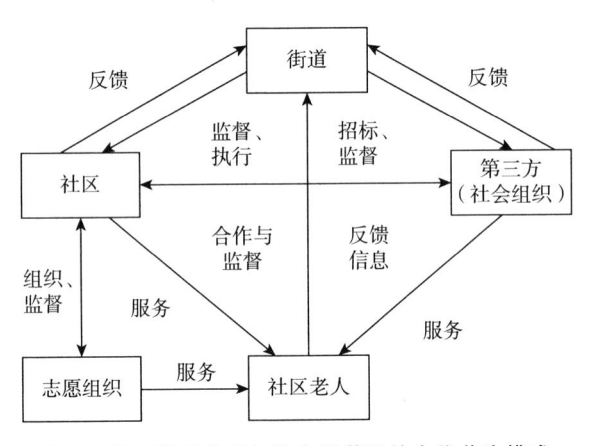

图 5-15　社区养老与社会化养老的合作共生模式

在养老服务的监督方面，社区隶属的街道发挥了主要作用。首先，街道对社区的工作人员进行监督和考评。每个季度，街道会通过问卷和电话回访的形式向社区中接受过服务的老年人询问情况，内容包括对养老服务的满意程度、工作人员的态度等。街道将汇总的结果反馈给社区，在这种监督机制下，社区工作人员的工作不断得到修正和改善。其次，街道对社区内提供养老服务的第三方进行监督。公开招标的第三方（社会组织）提供的养老服务、养老项目的运行情况都受到街道的监督和评估。此外,社区也在养老服务的监督方面发挥重要作用。社区工作人员之间相互监督,使日常提供的养老服务的质量得到了保障。由社区组织的老年人志愿组织,每位结对的老年人均在社区进行备案,社区会对服务的情况进行及时的监督。

社区养老与社会化养老合作共生的模式为社区的居家养老服务注入了新的活力,不仅减轻了社区养老工作人员的压力,而且提高了养老服务的专业水平和服务质量。这种合作共生的新模式可以在全国范围内进行试点,为现阶段养老模式的探索提供了新的解决方案。

(三)加强引导与监管,促进居家养老服务社会化、市场化、产业化

从调研的情况来看,绝大多数社区养老机构偏少,而且由政府主导、主办的居多,社会组织和社会企业主办的偏少,即市场化、产业化明显不足。此外,地方政府对养老机构的监管力度依然不够,进而衍生出了一系列规范、服务及运营上的问题;引入的社会服务机构也呈现数量不多且质量上良莠不齐等问题。总的来说,仍然需要加强政府在养老事业发展中的引导与监管作用。

具体而言,有以下几方面建议:首先,在养老事业发展态势上,承认产业化、市场化的必要性,在政策制定层面更具前瞻性,据此充分考虑社会组织与社会企业的准入准出制度、考核评估标准、服务规范、人员配备结构与标准、人才培养制度、人才保障体系建设及相关法律法规配套政策等,避免因政策漏洞导致违法乱纪行为的发生,始终坚持以助老爱老为核心。其次,学习国内外先进经验,鼓励创新,支持品牌化、规模化,有实力有实效的养老机构、养老服务项目的推广发展,在养老服务事业中敢于创新,鼓励社会各界积极参与养老服务事业,使养老事业真正社会化。最后,搞活养老资金来源渠道,充分借助市场化、产业化优势。养老服务不能单靠政府,只有通过市场化、产业化的方式才能够给养老服务工作带来最大的经济来源和支持。同时,利用市场机制,倒逼养老服务水平的提高。

(四)积极利用互联网技术,开创智慧化、智能化居家养老模式

随着社会需求的增长和科学技术的进步,智能化养老产业已成为国家

的战略部署，被提上了政府的工作议程，成为新兴的战略性产业形态。当前我国养老服务的提供更多地依赖人工服务，服务效率不高、应对突发问题能力较弱；同时，也带来沉重的人力资本负担。养老事业的发展固然需要大量培养专业养老服务人才，但人才的高效、合理分配与使用也是一个值得探讨的问题。智慧化、智能化手段的运用不仅能够节约人工服务成本与管理成本，还能以高效、快捷的方式及时动态地掌握老人信息，提高应对老人突发情况的能力，真正将现代科技成果运用于老人晚年生活，做到于细节处关爱老年人的生活状态与生命健康。

正如访谈中了解的情况，不少企业已经参与社区养老服务，并提供了一些先进的技术服务。不少地方政府也推出了一些智能服务，因此，这一条道路是可行的。如"智慧手机"的应用，其一是为了方便老人联系、提供实惠的服务，其二是保证老人在有生命危险等突发情况时可以紧急呼救。除此之外，在设备方面可能有更好的选择，如上海市推行的生命监测手环，广州市推行的生命安全钟等。此外，免费通话套餐还应根据老年人自身的需求及经济条件有所调整，在减轻财政养老压力的情况下，让智慧养老更加"智慧"。

第六章
厦门市社区综合养老服务体系建设

2016年5月15—16日，课题组一行三人到厦门市就其城市社区综合养老服务体系建设状况进行调查。调查主要是以召开座谈会和发放问卷的形式进行。我们走访了厦门市湖里区所辖的三个社区，分别是康乐社区、村里社区和吕岭社区。在社区召开了由社区主任、街道卫生服务中心和社区卫生服务站及社区内具体负责养老工作的相关人员的座谈会。同时，在每个社区对20名60岁及以上的老人进行问卷调查，三个社区共发放问卷67份，有效问卷61份。此外，还有3份社区问卷，由每个社区的负责人填答。座谈会主要是了解城市社区养老服务体系的建设情况，涉及厦门市的养老政策、人口状况、养老的服务体系和制度体系、服务监督与保障、硬件设施、服务内容与质量、服务供给影响因素、服务效率及影响因素等。问卷调查主要是了解老年人的养老服务需求，由于不是随机抽样，所以不具有推论总体的意义。社区问卷主要涉及社区基本信息、社区居家养老服务供给情况以及社区居家养老服务接受情况。本章是关于此次调研的厦门市城市社区综合养老服务体系建设状况的报告。报告主要分为五大部分：第一部分介绍厦门市有关养老方面的基本情况，第二部分介绍厦门市养老服务的供给状况，第三部分介绍厦门市老人对社区养老服务的需求，第四部分和第五部分总结了厦门市养老方面存在的问题并提出相应的政策建议。

一 厦门市养老的基本情况

1994年,厦门市的老龄化问题初步显现。截至2015年12月31日,厦门全市的户籍人口为212.1465万人①,厦门市不同年龄段老年人的数量如表6-1所示。

表6-1 厦门市不同年龄段老年人口的数量和占比

单位:岁,人

年龄	老年人口数量
60—79	298405
80—89	43768
90—99	5468
100及以上	103

厦门市老年人口数量庞大,独生子女也较多,高龄老年人在老年人的总人数中占比也较大,很多老年人的儿女都不在家,老年人较为孤独。截至2015年12月31日,厦门市共有341个社区(村)居家养老服务站,很多老年人享受到了养老服务,相比之前有了非常大的进步。② 2013年,有13个农村幸福院项目得到建设,有30个建制村得到了300万元的资金进行老年活动室和活动设施的改善工作,实现了老年人日间照料、老年人活动室和老年灶等多项养老服务的综合运转。③ 其中,厦门市城市社会养老服务机构的数量和床位数量如表6-2所示。

预计到2020年,厦门市将新增日间照料床位,在90%以上的城市社区建立符合国家标准的养老服务设施和护理照料服务体系;④ 60%以上

---

① 刘明辉、林刚、周文勇:《厦门养老状况呼唤加快养老地产的发展》,《厦门科技》2016年第1期。
② 彭晓娟:《人口老龄化背景下城市养老问题与对策——以厦门市为例》,《辽宁经济管理干部学院、辽宁经济职业技术学院学报》2012年第3期。
③ 周雄勇、郗永勤:《厦门市养老产业的发展现状及前景》,《社会福利》2015年第2期。
④ 宋水安:《厦门市养老业发展现状及前景分析》,《集美大学学报》(哲学社会科学版)2004年第2期。

表6-2 厦门市各类养老服务机构数量和床位数量

单位：家，张

	机构数量	床位数量
公办养老服务机构	6	2124
民办养老服务机构	31	5329
农村敬老院	7	145

的农村社区将设立社区居家养老服务站、农村幸福院、日间照料中心等养老设施，有1500张日间照料的床位将会投入使用。60%以上的城区和部分条件较好的农村社区将会建设适合老年人康复的场所，[①] 65岁及以上的老年人的健康照料和管理率将达到75%以上，65%以上的居家老年人将享受到基层医疗卫生机构提供的上门服务，所有的医疗机构将会为老年人开设绿色通道，使其无障碍就医。专门为老年人服务的志愿者预计将达到15000人，养老护理人员将持证上岗，轮训率达到100%。

在厦门市多层次的养老服务体系中，居家养老占有很大的比重，居家养老的服务种类和数量可以由老年人自主选择。现在居家养老的产业化规模已经基本形成，也引入了养老综合信息服务平台[②]在一些地方进行试点，后续有望在全市范围内推广。届时，老年人可以足不出户选择服务，在家即可享受上门服务，养老机构能为老年人提供家政、康复保健、法律援助、心理咨询等一系列较为基础的服务。

下面就我们所调查的社区的各类基本情况做一简要介绍。

1. 所调查社区各类人口数

村里社区总人口2882人，其中男性1387人，女性1495人；60岁及以上人口有475人，其中男性227人，女性248人；半失能老人2人，男性半失能老人1人，女性半失能老人1人；女性失能老人1人，男性失能老人0人，女性失能老人1人。湖里社区总人口6559人，其中男性3278人，女性3281人；60岁及以上的人口有834人，其中男性401人，女性433人；半

---

① 向永泉：《厦门旅游养老产业发展对策研究》，《厦门特区党校学报》2015年第5期。
② 蔡婷、韩耀凤、陈炜等：《厦门市老年人文化程度对养老意愿的影响》，《中国老年学杂志》2016年第15期。

失能老人3人，男性半失能老人2人，女性半失能老人1人；失能老人2人，男性失能老人1人，女性失能老人1人。吕岭社区由于负责人休假，未能收集到相关数据。

表6-3 社区各类人口数汇总

单位：人

	村里社区	湖里社区
社区总人口数	2882	6559
男性人口数	1387	3278
女性人口数	1495	3281
60岁及以上人口数	475	834
60岁及以上男性人口数	227	401
60岁及以上女性人口数	248	433
半失能老人	2	3
男性半失能老人	1	2
女性半失能老人	1	1
失能老人	1	2
男性失能老人	0	1
女性失能老人	1	1

2. 所调查社区养老经费的使用情况

所调查社区的养老服务经费的来源和使用情况见表6-4。从表6-4中可以看到，不论是2014年还是2015年，调查社区的经费来源都以政府投入为主，但政府的投入不平衡，湖里社区的经费比村里社区要少。在经费的用途上，村里社区主要用于提供养老服务、开展活动和购买机构服务，而湖里社区则用于影像发声居家养老社工项目。这说明，政府在大力支持村里社区和湖里社区的养老服务。

表6-4 所调查社区的经费使用情况

单位：元

	村里社区	湖里社区
2014年养老服务经费	250000	239467
政府投入	250000	239467

续表

	村里社区	湖里社区
社会捐助	0	0
社区服务项目收入	0	0
博彩、有奖募捐基金收入	0	0
其他	0	0
2015年1月—2017年1月养老服务经费	290000	210397
政府投入	290000	210397
社会捐助	0	0
社区服务项目收入	0	0
博彩、有奖募捐基金	0	0
其他	0	0
2014年养老服务经费支出	250000	239467
用途	提供养老服务、开展活动和购买机构服务	影像发声居家养老社工项目
2015年1月—2017年1月养老经费支出	290000	210397
用途	提供养老服务、开展活动和购买机构服务	新媒体下社区老人照护能力提升项目书

3. 所调查社区的养老机构情况

从居家养老机构的数量来看，村里社区有1个提供居家养老服务的营利性组织。湖里社区有1个提供居家养老服务的非营利性民间组织。总体而言，所调查社区的居家养老服务机构较少。

4. 所调查社区工作人员的情况

村里社区有3名工作人员直接从事居家养老服务，其中服务人员2名，管理人员1名；男性1人，女性2人；其学历1人是初中毕业，1人是本科毕业，还有1人是研究生毕业，有1人取得社会工作师证。工作人员在职前和职中都有培训，其工资水平低于厦门市人均月收入。湖里社区从事居家养老服务的工作人员有5人，其中服务人员4人，管理人员1人；男性1人，女性4人。工作人员在职前和职中都有培训，其工资水平大致与厦门市人均月收入持平。在社区有关工作人员情况的问卷填写中，吕岭社区的数据缺失，所以对这个社区的情况的了解就没有其余两个社区详细。

二 厦门市养老服务供给状况

《福建省城乡养老服务设施规划及配置导则（试行）》规定的机构养老设施规划的标准是：（1）养老院。基本设施应该包括医疗卫生保健、餐饮娱乐服务、生活起居照料、室外活动场所和健身房等。（2）老年养护院。基本的配置除了医疗设施之外，也要有养老院配备的其他设施。[①]

（一）厦门市居家养老服务状况

居家养老是老年人依托社会（社区）提供的服务实现在家养老的一种新型养老模式，它在传统家庭养老的基础上，将养老服务的提供者由家庭成员扩大到家庭成员之外的其他组织和个人。居家养老服务涵盖生活照料、家政服务、康复护理、医疗保健、精神慰藉等，以上门服务为主要形式。一般而言，为身体状况较好、生活基本能自理的老年人提供家庭服务、老年食堂、法律服务等服务；为生活不能自理的高龄、独居、失能等老年人提供家务劳动、家庭保健、辅具配置、送饭上门、无障碍改造、紧急呼叫和安全援助等服务。有条件的地方可以探索对居家养老的失能老年人给予专项补贴，鼓励他们配置必要的康复辅具，提高老年人生活自理能力和生活质量。

1. 社区问卷调查的有关情况

我们所调查的三个社区都没有设立社区服务中心（站）。从社区提供居家养老服务的方式来看，村里社区有两种：无偿的小时工性质的家庭服务员入户服务和邻里志愿性质的服务。湖里社区也有两种，分别是无偿的社区站点形式的日间照料服务和邻里志愿性质的服务。

从社区居家养老的服务项目来看，村里社区有四种：电话送餐、家政卫生、长期护理和情感陪护。湖里社区有三种：迅铃急救、家政卫生和情感陪护。

从社区开展过的为老服务情况来看，村里社区有老年人讲座、定期免

---

① 任洁：《机构养老服务效率研究——以厦门市为例》，《人口与经济》2016年第2期。

费体检、少年志愿者进社区和传统节日庆祝活动。湖里社区有老年人讲座、定期免费体检、少年志愿者进社区和传统节日庆祝活动。

从特殊老人服务来看，村里社区开展的养老服务有：高龄老人补贴与养老服务、失独老人补贴与养老服务、空巢老人养老服务。湖里社区开展的养老服务有高龄老人补贴与养老服务、失独老人补贴与养老服务。

2. 厦门市居家养老服务的多元供给主体格局初步形成

自 2007 年开始，厦门市在思明区实施具有居家养老服务性质的"安康计划"，主要由政府为困难老年人提供无偿服务。2009 年，厦门市正式在全市各区试点推行居家养老服务，在前期以政府为主的基础上，逐步扩大服务供给主体的范围。2009 年下发了《厦门市居家养老服务试点工作指导意见》，尝试引进社区组织、社会养老服务机构和志愿者组织等多种服务供给主体。其中，社会养老服务机构的选择通过公开招标签订协议等市场方式进行，提供的服务也不再是全部无偿，而是分为无偿、低偿和有偿三种，这为市场化供给主体的发展开辟了空间。2011 年，厦门市下发了《关于推进居家养老服务工作的实施意见》，提出居家养老服务应坚持社会化方向，采取多种形式、多元投入、市场运作，以有偿服务为主、政府购买服务为辅，充分调动各方面力量参与和支持居家养老服务工作。2013 年，厦门市下发了《关于加快社会养老服务体系建设的实施意见》，明确提出要按照"政策引导、政府扶持、社会兴办、市场推动"的原则，逐步建立起多元化、多层次的城乡养老服务体系，为老年人提供优质的养老服务。近年来，厦门市按照上述文件要求逐步扩大居家养老服务供给主体，目前初步形成了包括政府、非营利性社会组织、市场化组织、社区组织、志愿者组织和老年群众组织等在内的多元供给主体格局。截至 2013 年 10 月，厦门市共有城乡社区居家养老服务站 290 个，另有 51 个社区正在筹划建设居家养老服务站。

3. 厦门市社区居家养老模式的实施

（1）创建居家养老服务中心

厦门市先后建立了 70 个社区居家养老服务站来保障老年人的生活水平和生活质量。社区居家养老服务站一般是在社区现有资源的基础上，比如对医疗卫生资源开展系统性的建设，整合社区资源和家庭中的现有资源，做到联合和综合服务。现在厦门市的绝大部分老年人都可以在家中享受养老服务。① 从所调查的三个社区来看，都没有设立社区服务中心（站）。

（2）多元主体参与居家养老

厦门市现有的助老为老服务队伍近2000人，义工8000人左右，这些人中有专职的也有兼职的，有专业的也有经过培训后才达到专业水平的。② 为了进一步加强养老服务队伍的建设，厦门市一方面加大居家养老服务投入的力度，80岁及以上的困难老人都拿到了高龄补贴，厦门市的各个区镇也用政府购买服务的方式更好地为老年人服务，完善居家养老服务的体系。③ 另外，厦门市对养老服务的队伍也进行了改革，要求持证上岗，持证上岗过程中还要加强考核和监管，对不合格的人员要求重新培训和学习，以进一步优化服务队伍，提高人员素质，同时通过提高待遇的方式吸引了一批大学生加入。

（3）改进居家养老服务机构

截至2015年，厦门市基本实现每个镇（街）设有至少1处居家养老服务站（点），城市社区实现了日间照料服务的基本覆盖，50%以上的建制村也得到覆盖，取得较大的进展。④ 对居家养老服务的机构进行考核和绩效考评，尤其是机构的基础设施要进行升级换代，加大投入，避免在招投标过程中人为造成的损失以及出现贪污腐败的现象，让更多老年人享受到服务。同时，对机构的床位数量也做出了新规定，使每千名老年人拥有的机构养老的床位达到30张以上，使新增的机构养老床位和日间照料床位达到6000张以上，让更多的老年人得到照料。

（4）倒逼养老服务改进

为了更好地落实养老服务政策，改善老年人的生活，维护老年人的合法权益，厦门市要求对各个建设"社区居家养老服务中心（站、点）"的社区都实施绩效考评，严格进行自查自评，定期将考评的情况上报，切实落

---

① 王莹：《厦门市社区养老服务研究》，厦门大学硕士学位论文，2014。
② 陆斌：《厦门市社区居家养老模式分析及政策建议》，《哈尔滨职业技术学院学报》2015年第1期。
③ 张贤日、钟大彬：《厦门市：信息化平台推动社区居家养老新发展》，《社会福利》2016年第5期。
④ 金星、李健红、王墨林：《厦门社区养老配套设施现状初探》，《华中建筑》2011年第9期，第86—90页。

实居家养老工作小组办公室下达的指令。① 自查自评至少要有五个方面，但又不限于这五个方面，比如养老服务的基本制度建设、养老服务队伍的专业化水平、养老服务的效果、养老服务基础设施建设情况、居家养老服务中心（站、点）的服务网络建设等情况。并且将老年人的满意度作为重要的考评标准，不得弄虚作假。

（二）厦门市社区养老服务状况

厦门市的社区养老模式主要是政府购买服务的模式，由各个区的政府向社会组织购买服务，社会组织让有资质的和专业的工作人员开展工作。每个社区由财政拨款设置1到2个为老服务的专业岗位，服务人员的待遇水平和工资标准由不同的区参照机关事业单位非在编人员（外包或者派遣）标准确定。② 各个区要切实提供每年不少于2万元作为每个社区居家养老服务站（农村幸福院）的运营补贴，社区也要提供相应的工作场所和必要的设施设备进行支持。助老员的任职要求有严格的标准，必须是45周岁（含）以下，身体健康并且具有大专（含）以上学历，热爱老年服务工作，在工作中认真负责，具备良好的沟通协调以及组织老年人活动的能力，所学专业与所从事的行业相关度比较大或持有社会工作者资格证书的人员将优先录用。③ 助老员的工作职责包括：为老年人建立健康档案、对老年人进行入户的走访调查、协助社区提供老年人紧急救助和救援、及时报送养老助老的相关服务信息等；根据要求及时将社区的老年人和养老的信息录入"12349"养老服务信息平台，④ 老年人或者老年人的子女可以通过手机APP和其他终端设备进行下单，购买相应的服务，下单后，助老员要协助和协调实体的服务商、义工、爱心企业、志愿者等迅速提供上门服务。助老员

---

① 刘明辉：《厦门人口老龄化呼唤全面建立居家养老服务网络》，《厦门科技》2011年第2期，第30—33页。
② 倪璐、李健红：《厦门社区养老公共服务调查与空间改造策略研究》，《福建建筑》2016年第8期，第6—11页。
③ 张贤日：《厦门市养老服务工作实现"五个转变"》，《社会福利》2015年第2期。
④ 庄鹭明：《厦门160个城市社区今年实现居家养老服务全覆盖》，《中国社会工作》第8期，第41页。

一定要经过民政部门的依法登记，由社区负责管理。从事社会工作服务和养老服务的社会组织可以招聘助老员，助老员入职后要进行相关的培训，使其系统地掌握养老方面的知识；培训后由街（镇）和社区组织做相应的考评，考评通过的可以直接上岗，[①] 考评不通过的，社会组织必须在一定时间内按照要求重新派遣其他的助老员，直到考评合格为止。

在相关政策和文件的指导下，厦门市整合了老年学校、日间照料中心、社区卫生服务站、老年人活动室、老年人应急呼叫系统或服务热线等一系列社区服务资源。厦门市利用社区现有资源，面向老年人开展了多项综合服务，有针对老年人生活娱乐的，有针对老年人康复保健的，有针对老年人的安全保障的，等等。同时，厦门市响应国家号召，建立了养老信息服务平台，老年人可以在网上预约服务，预约后有专门人员上门服务。针对一些年纪较大的老年人，失去基本生活自理能力或者自己生活非常困难的老年人，可让年纪小的健康老年人照顾年纪大的老年人。[②] 同时在社区中还加入了护理型的床位，优先满足失能失智老人的日常生活需求，为这些老年人提供日常的照料和看护。

厦门市鼓励多种社会力量参与社区养老服务设施的管理运营，支持通过民办公助、公建民营、股权合作、购买服务等多种方式，促使养老服务多元化。厦门市也注重对公共服务设施进行规划和整合，[③] 利用先进的手段进行标准化的管理，使其能更好地为老年人服务；实行网络化的布局，根据老年人的需求筛选和寻找养老服务的机构和企业，要求他们实行标准化的服务。通过建立健全加盟商的准入和退出机制，着力打造和培育出一批具有高标准、高质量、连锁经营、规模大、品牌响亮的具有行业带头作用的社会组织、机构、企业，[④] 让各种社会力量迸发出生机和活力，改变之前

[①] 米红、陈新华：《厦门市人口老龄化及其商业化养老可行性研究》，《老年学论文集》，1998。
[②] 李桓促：《政府购买社会组织居家养老服务的实践与思考——以厦门市为例》，《福建广播电视大学学报》2016 年第 1 期。
[③] 孙学妍：《养老服务体系建设在城市规划建设中的体现——以厦门为例》，《江西建材》2016 年第 13 期。
[④] 向永泉：《试论居家养老服务的供给主体与供给机制创新——以厦门市为例》，《厦门特区党校学报》2014 年第 1 期。

过分依赖政府的状况。同时，注重加大对养老院等养老机构的支持，使其直接向社区提供居家养老服务，开展相应的延伸服务，或者提供技术支持进一步改进社区居家养老服务设施，从而为老年人提供多元化、个性化、多层次、多样化的养老服务。

（三）厦门市机构养老服务状况

厦门市采取了多样化的优惠政策促进民办养老机构的发展。厦门市颁布了关于厦门市养老服务机构的管理办法条例，规定只要是养老服务机构有50张以上床位用于老年人的，每个床位给予10000元的补贴。在调研过程中，我们采访了厦门市吕岭社区的养老服务机构，了解到这些补贴是一次性补贴，除了这个补贴外，对"三无"老人和"五保"老人还可以给予其他的补贴，比如政府对能自理的老人每年有4800元的补贴，而自理有困难的老年人也就是半自理老人每年有7200元的补贴，而全护理老人则每年补贴9600元。① 可以看出，厦门市对养老服务机构的补贴力度还是比较大的。同时，不同的养老机构以及服务人数的不同，所享受的补贴政策略有差异，但总体上看，资金一般是由省财政与市级的福利彩票共同分担。

厦门市加强了对养老服务机构的考核。为了规范全市养老服务机构的标准和管理，提高养老服务的质量，厦门市综合养老服务机构服务的数量、服务的质量、老年人的满意度等多种因素开展考评，每年会给出考评合格、基本合格或不合格的评价。② 对于考评不合格的要停业整顿，倒逼养老服务机构提升自身的服务质量，一般整改时间为3个月，整改过后需要提交相应的报告，如果不合格还需要进一步整改或暂停或取消其养老服务资格。③ 厦门市将对养老服务机构的考核作为每年的一项基本任务来执行。考评专业化有利于更好地满足老年人的需要，让养老机构能更好地改善自身的经营管理。

---

① 邱秋英、袁圣慧：《民办养老机构发展市场前景分析——以厦门市某民营养老机构为例》，《人口与社会》2009年第4期，第45—49页。
② 刘明辉、林刚：《厦门市社会化养老机构建设存在的问题及对策》，《厦门广播电视大学学报》2014年第3期，第26—29页。
③ 徐思瀛、陈茗：《民办养老机构的SWOT分析——以厦门市Y养老机构为例》，《经济师》2014年第4期。

厦门市的政府购买养老服务探索出了新模式，从以往对老年人的暗补即直接补贴给机构，变成明补即直接补贴给厦门市的户籍老人，由政府向专业的社工机构购买相关的养老服务，涉及健康保健、医疗卫生、文体活动等各个方面，目前正在试点，有望推行到整个厦门市。① 同时，厦门市也面向80周岁以上的高龄老人建立了高龄补贴，对于一些生活困难的老人、"三无"老人和"五保"老人也实行了补贴制度，对于他们在生活中遇到的问题，由政府解决。厦门市还引入了志愿者服务的制度，对于志愿者的问题及时进行解答，让他们能为老年人提供更加专业化的符合老年人实际需求的服务，通过多方努力，力求实现老有所养，老有善养。

养老服务机构能够为老年人在家庭养老和社区养老之外提供新的养老场地，符合社会福利社会化的要求，除了政府主导，各种社会力量也要广泛参与到养老服务行业中来，可以倡导大企业加入"银色产业"，充分发挥大企业的资金和管理优势，为老年人提供更好的服务。

三 厦门市老年人的社区养老服务需求

我们在访谈中了解到，社区是通过以下方式了解老年人的需求的。首先社区实行网格化管理，老龄专干、楼园长以及相关的其他干部会经常走访老年人，特别是楼园长与社区老人互动较多，能及时向社区及相关部门反馈老年人的具体需求。我们对老年人的养老服务需求通过问卷调查来了解。我们调查的是60岁及以上的老年人，由社区居委会将老年人召集到居委会，采用问卷集中填答法收集资料。由于不是随机抽样，所以不具有推论总体的意义。本部分介绍我们通过问卷调查了解到的情况。

（一）老年人个人基本情况

1. 性别构成

老年人的性别构成见表6-5。男性23人，占36.1%，女性38人，占62.3%。

---

① 张贤日：《厦门出台养老服务机构年度考评办法》，《社会福利》2013年第7期。

表6-5 老年人的性别构成

单位：人，%

	人数	百分比
男	23	36.1
女	38	62.3
合计	61	100.0

2. 老年人的年龄

老年人的年龄平均为66.34岁，标准差为9.48，最大年龄83岁，最小年龄61岁。

3. 老年人的受教育程度

老年人的受教育程度见表6-6。未上学的8人，占13.1%；小学学历16人，占26.2%；初中学历19人，占31.1%；高中或中专学历16人，占26.2%；大专及以上学历2人，占3.3%。

表6-6 老年人的受教育程度

单位：人，%

	人数	百分比
未上学	8	13.1
小学	16	26.2
初中	19	31.1
高中/中专	16	26.2
大专及以上	2	3.3
合计	61	100.0

4. 老年人的婚姻状况

老年人的婚姻状况见表6-7。初婚有配偶的55人，占90.2%，再婚有配偶的1人，占1.6%；丧偶的4人，占6.6%；同居的1人，占1.6%。

表6-7 老年人的婚姻状况

单位：人，%

	人数	百分比
初婚有配偶	55	90.2

续表

	人数	百分比
再婚有配偶	1	1.6
丧偶	4	6.6
离婚	0	0
未婚	0	0
同居	1	1.6
合计	61	100.0

5. 老年人的共同居住情况

老年人的共同居住情况见表6-8。对于老年人的共同居住情况，我们的调查问卷是以多项选择题的形式出现的，涉及的共同居住对象有：配偶、子辈、孙辈、其他亲戚、保姆、自己居住以及其他。表6-8是对统计结果重新整理后制作的表格，没有选择的选项在表6-8中没有出现，总人数仍然是61。从表6-8中可以看到，与配偶共同居住的有51人，占83.6%；与子辈共同居住的有31人，占50.8%；与孙辈共同居住的有28人，占45.9%；自己居住的有3人，占4.9%；其他居住方式的有1人，占1.6%。

表6-8 老年人的共同居住情况

单位：人，%

	人数	百分比
与配偶共同居住	51	83.6
与子辈共同居住	31	50.8
与孙辈共同居住	28	45.9
自己居住	3	4.9
其他居住方式	1	1.6

6. 老年人退休前所在的单位类型

老年人退休前所在的单位类型见表6-9。党政机关退休的有2人，占总人数的3.3%；企业退休的有29人，占总人数的47.5%；事业单位退休的有13人，占总人数的21.3%；社会团体退休的有2人，占总人数的3.3%；无单位退休的有10人，占总人数的16.4%；军队退休的有1人，占总人数的1.6%；选择其他的有4人，占总人数的6.6%。

表 6-9 老年人退休前所在的单位类型

单位：人，%

	人数	百分比
党政机关	2	3.3
企业	29	47.5
事业单位	13	21.3
社会团体	2	3.3
无单位	10	16.4
军队	1	1.6
其他	4	6.6
合计	61	100.0

7. 老年人目前的主要生活来源

老年人目前的主要生活来源见表 6-10。以自己的离退休金为主要生活来源的有 49 人，占 80.3%；以自己劳动或工作所得为主要生活来源的有 3 人，占 4.9%；以配偶收入为主要生活来源的有 2 人，占 3.3%；以子女资助为主要生活来源的有 4 人，占 6.6%；以政府或非营利组织的补贴或资助为主要生活来源等其他方式的有 3 人，占 4.9%。

表 6-10 老年人目前的主要生活来源

单位：人，%

	人数	百分比
自己的离/退休金	49	80.3
自己劳动/工作所得	3	4.9
配偶收入	2	3.3
子女资助	4	6.6
其他	3	4.9
合计	61	100.0

8. 老年人 2014 年的家庭平均月收入

老年人 2014 年的家庭平均月收入情况见表 6-11。没有收入的 4 人，占 6.6%；700 元及以下的 7 人，占 11.5%；701—1500 元的 8 人，占

13.1%；1501—3000 元的 16 人，占 26.2%；3001—5000 元的 19 人，占 31.1%；5001—10000 元的 6 人，占 9.8%；10001 元及以上的 1 人，占 1.6%。

表 6-11　老年人 2014 年的家庭平均月收入情况

单位：元，人，%

收入	人数	百分比
0	4	6.6
700 及以下	7	11.5
701—1500	8	13.1
1501—3000	16	26.2
3001—5000	19	31.1
5001—10000	6	9.8
10001 及以上	1	1.6
合计	61	100.0

（二）老年人的养老需求情况

1. 老年人在养老项目上的支出情况

我们所调查的老年人 2014 年一年的支出涉及康复护理支出、长期照料支出、医药费用支出、家政服务支出以及其他支出。调查发现，老人除了医药费用方面的支出比较多，其他方面的支出较少甚至没有。在康复护理支出方面，只有 5 位老人有支出，分别为 12000 元、12000 元、2400 元、9600 元和 4800 元。在家政服务支出方面，只有 2 位老人有支出，分别为 2400 元和 2600 元。在医药费的支出方面，接受调查的 61 位老人中，有 19 人没有支出，在有医药费支出的老人中支出最少的是 240 元，支出最多的是 36000 元。总体来说，老年人的医药费用支出平均为 4673.78 元，标准差为 3085.34。因此，与老年人在其他养老项目上的支出相比，老年人的医药费用支出是最为重要且金额最多的。

2. 老年人目前的身体状况

我们对老年人身体状况的了解是通过老年人填答自己的感觉来获取的，具体情况见表 6-12。老年人认为自己很健康的有 3 人，占 4.9%；认为自己健康的有 20 人,占 32.8%;认为自己的健康状况一般的有 32 人,占 52.5%;认为自己不健康的有 6 人,占 9.8%。

表 6-12 老年人目前的自评身体状况

单位:人,%

	人数	百分比
很健康	3	4.9
健康	20	32.8
一般	32	52.5
不健康	6	9.8
合计	61	100.0

3. 老年人的慢性病得病情况

调查问卷中列出了以下几种常见的慢性病:高血压、糖尿病、慢性支气管炎、肺气肿、肺心病、心脏病、关节炎、风湿病、哮喘和其他。这是一个多项选择,没有老年人患此病就不出现在表 6-13 中。从表 6-13 中可以看到,在我们所列的慢性病中,患高血压的有 29 人,占 47.5%;患糖尿病的有 14 人,占 23.0%;患关节炎的有 16 人,占 26.2%;患风湿病的有 10 人,占 16.4%。

表 6-13 老年人的慢性病得病情况

单位:人,%

	人数	百分比
高血压	29	47.5
糖尿病	14	23.0
慢性支气管炎	2	3.3
心脏病	7	11.5
关节炎	16	26.2
风湿病	10	16.4
其他	2	3.3

4. 老年人的生活起居是否需要帮助

老年人的生活起居是否需要他人帮助的情况见表 6-14。认为自己的生活起居需要人帮助的有 2 人，占 3.3%，其他老年人认为自己的生活起居不需要人帮助。

表 6-14　老年人的生活起居是否需要人帮助

单位：人，%

	人数	百分比
需要	2	3.3
不需要	59	96.7
合计	61	100.0

5. 老年人的生活起居是否有人照料

老年人的生活起居是否有人照料的情况见表 6-15。有 10 名老年人的生活起居是有人照料的，占 16.4%。

表 6-15　老年人的生活起居是否有人照料

单位：人，%

	人数	百分比
有	10	16.4
没有	51	83.6
合计	61	100.0

6. 老年人的社会交往情况

（1）老年人与子女的联系频率

老年人与子女的联系频率见表 6-16。几乎天天联系的有 42 人，占 68.9%；每周至少一次的有 14 人，占 23.0%；每月至少一次的有 4 人，占 6.6%；一年几次的有 1 人，占 1.6%。

表 6-16　老年人与子女的联系频率

单位：人，%

	人数	百分比
几乎天天	42	68.9
每周至少一次	14	23.0
每月至少一次	4	6.6

续表

	人数	百分比
一年几次	1	1.6
几乎没有	0	0
合计	61	100.0

(2) 老年人与朋友的联系频率

老年人与朋友的联系频率见表 6-17。几乎天天联系的有 38 人，占 62.3%；每周至少一次的有 13 人，占 21.3%；每月至少一次的有 6 人，占 9.8%；一年几次的有 4 人，占 6.6%。

表 6-17　老年人与朋友的联系频率

单位：人，%

	人数	百分比
几乎天天	38	62.3
每周至少一次	13	21.3
每月至少一次	6	9.8
一年几次	4	6.6
几乎没有	0	0
合计	61	100.0

7. 老年人的养老方式倾向

从养老方式选择来看，我们发现老年人更倾向于家庭养老。具体表现在以下几个方面。

(1) 老年人遇到困难最希望得到谁的帮助

老年人遇到困难最希望得到谁的帮助，这一问题的回答情况见表 6-18。希望得到配偶或子女帮助的最多，有 55 人，占 90.2%；最希望得到其他亲属帮助的有 1 人，占 1.6%；最希望得到居委会和社区工作者帮助的有 2 人，占 3.3%；拨打 120、110 等救助热线的有 2 人，占 3.3%；选择其他的有 1 人，占 1.6%。

表 6-18 老年人遇到困难最希望得到谁的帮助

单位：人，%

	人数	百分比
配偶或子女	55	90.2
其他亲属	1	1.6
拨打120、110等救助热线	2	3.3
居委会和社区工作者	2	3.3
其他	1	1.6
合计	61	100.0

（2）最应该由谁承担养老责任

老年人认为最应该由谁承担养老责任的情况见表 6-19。认为是政府的有 24 人，占 39.3%；认为是所在社区的有 4 人，占 6.6%；认为是子女的有 17 人，占 27.9%；认为是老人自己或配偶的有 13 人，占 21.3%；选择不好说的有 3 人，占 4.9%。选择政府的最多，其次是子女。

表 6-19 最应该由谁承担养老责任

单位：人，%

	人数	百分比
政府	24	39.3
所在社区	4	6.6
子女	17	27.9
老人自己或配偶	13	21.3
不好说	3	4.9
合计	61	100.0

（3）老年人心目中最理想的养老方式

老年人心目中最理想的养老方式见表 6-20。选择住在家里由亲人照顾的有 45 人，占 73.8%；选择住在家中接受社区服务的有 7 人，占 11.5%；选择住在养老院的有 7 人，占 11.5%；选择其他的有 2 人，占 3.3%。老年人选择最多的是住在家里由亲人照顾。

表6-20 老年人心目中最理想的养老方式

单位：人，%

	人数	百分比
住在家里由亲人照顾	45	73.8
住在家中接受社区服务	7	11.5
住在养老院	7	11.5
其他	2	3.3
合计	61	100.0

8. 老年人对目前生活的评价

老年人对目前生活的评价是老年人的养老需求是否得到满足的重要体现，老年人对目前生活的评价情况见表6-21。选择满意的有46人，占75.4%；选择一般的有14人，占23.0%；选择不满意的有1人，占1.6%。这说明老年人对目前的生活较为满意。

表6-21 老年人对目前生活的评价

单位：人，%

	人数	百分比
满意	46	75.4
一般	14	23.0
不满意	1	1.6
合计	61	100.0

（三）老年人的社区支持情况

1. 老年人到社区医疗机构的时间

医疗服务是老年人养老服务中非常重要的组成部分，从前面有关老年人养老支出的情况来看，绝大多数老年人都有医药费用支出。因此，老年人接受社区医疗机构提供的服务是否方便成为我们关心的问题。而是否方便的一个重要体现是老年人从家里到社区医疗机构需要花费的时间。在我们所调查的61名老年人中，到社区医疗机构需要花费的时间平均为17.59分钟，标准差为13.89。时间最短的为1分钟，最长的为60分钟。

2. 社区医疗机构对老年人的医疗服务状况

（1）社区医疗机构提供哪些服务

在我们访谈的过程中，通过对社区卫生服务中心和社区卫生服务站的了解发现，社区医疗机构可以为老年人提供上门护理服务、上门看病服务、康复治疗服务、紧急救助服务、特殊药品服务和日常保健服务等。从表6－22可以看到，有30人认为自己需要社区医疗机构提供上门护理服务，占49.2%；有31人认为需要社区医疗机构提供上门看病服务，占50.8%；有33人认为需要社区医疗机构提供康复治疗服务，占54.1%；有31人认为需要社区医疗机构提供紧急救助服务，占50.8%；有31人认为需要社区医疗机构提供特殊药品服务，占50.8%；有31人认为需要社区医疗机构提供日常保健服务，占50.8%。选择康复治疗服务的人数相对较多。

表6－22　老年人是否需要社区医疗机构提供服务的情况

单位：人，%

	人数	百分比
上门护理	30	49.2
上门看病	31	50.8
康复治疗	33	54.1
紧急救助	31	50.8
特殊药品	31	50.8
日常保健	31	50.8

（2）2014年老年人接受过社区医疗机构的哪些服务

老年人在2014年接受社区医疗服务的情况见表6－23。从表6－23可以看到，2014年接受过社区医疗机构上门护理服务的有30人，占49.2%；接受过上门看病服务的有12人，占19.7%；接受过康复治疗服务的有13人，

表6－23　老年人2014年是否是接受过社区医疗机构的相关服务

单位：人，%

	人数	百分比
上门护理	30	49.2
上门看病	12	19.7

续表

	人数	百分比
康复治疗	13	21.3
紧急救助	12	19.7
特殊药品	12	19.7
日常保健	12	19.7

注：每一项服务的总人数都为61，表中的数字是接受过相关服务的数字。

占21.3%；接受过紧急救助服务的有12人，占19.7%；接受过特殊药物服务的有12人，占19.7%；接受过日常保健服务的有12人，占19.7%。实际接受过的服务中较多的是上门护理服务。

（3）对所接受社区医疗机构服务的评价

由于2014年接受社区医疗机构相关服务的人数比较少，表6-24中老年人对社区医疗机构相关服务的评价仅供参考。从表6-24中可以看到，老年人对各项服务的满意度在75%—76.9%，服务水平有待提升。

表6-24 老年人对社区医疗机构相关服务的评价

单位：人，%

		人数	百分比
上门护理	满意	9	75.0
	一般	3	25.0
	不满意	0	0.0
	合计	12	100.0
上门看病	满意	9	75.0
	一般	3	25.0
	不满意	0	0.0
	合计	12	100.0
康复治疗	满意	10	76.9
	一般	3	23.1
	不满意	0	0.0
	合计	13	100.0

续表

		人数	百分比
紧急救助	满意	9	75.0
	一般	3	25.0
	不满意	0	0.0
	合计	12	100.0
特殊药品	满意	9	75.0
	一般	3	25.0
	不满意	0	0.0
	合计	12	100.0
日常保健	满意	9	75.0
	一般	3	25.0
	不满意	0	0.0
	合计	12	100.0

3. 老年人对社区为老年人提供服务的认识

我们的问卷中一方面询问老年人社区是否提供相关服务或组织相关活动，另一方面询问老年人社区是否有必要向其提供相关服务，具体情况见表6-25。需要说明的是，在同一个社区，老年人对社区是否提供相关服务的回答并不一致。因此，只能表明老年人本人是否知道社区提供相关服务的情况，那些接受过相关服务的老年人肯定知道社区提供了这些服务，那些没有接受过这些服务的老年人，有可能不知道社区提供了这些服务。这只是老年人的主观认识，但从侧面反映了社区为老年人提供相关服务被老年人接纳的程度。从表6-25可以看出，有43人认为社区提供了上门探访服务，占70.5%；有54人认为社区有必要提供上门探访服务，占88.5%。有38人认为社区提供了老年人服务热线，占62.3%；有54人认为社区有必要提供老年人服务热线，占88.5%。有37人认为社区提供了法律援助服务，占60.7%；有52人认为社区有必要提供法律援助服务，占85.2%。有40人认为社区提供了困难救助服务，占65.6%；有54人认为社区有必要提供困难救助服务，占88.5%。有33人认为社区提供了上门做家务服务，占54.1%；有53人认为社区有必要提供上门做家务服务，占86.9%。有31人认为社区提供了老年饭桌或送饭服务，占50.8%；有52人认为社区有必要提供老年饭桌或送饭服务，占85.2%。有29人认为社区提供了日托所或托老所服务，占47.5%；有53人认为社区有必要提供日托所或托老所服务，占86.9%。有36人认为社区提供了心理咨询服务，占59.0%；有52人认为社区有必要提供心理咨询服务，占85.2%。有42人认为社区组织过文体活动，占68.9%；有55人认为社区有必要组织文体活动，占90.2%。有25人认为社区提供了代办购物和邮寄服务，占41.0%；有53人认为社区有必要提供代办购物和邮寄服务，占86.9%。从这些数字来看，在各项服务中，老年人认为有必要的数字都高于认为社区已经提供了的数字，这在一定意义上反映了老年人的实际需求高于当前的供给。

表6-25 老年人对社区为老年人提供相关服务的认识

单位：人，%

服务项目		社区是否提供		社区是否有必要提供	
		人数	百分比	人数	百分比
上门探访	是	43	70.5	54	88.5
	否	18	29.5	7	11.5
	合计	61	100.0	61	100.0
老年人服务热线	是	38	62.3	54	88.5
	否	23	37.7	7	11.5
	合计	61	100.0	61	100.0
法律援助	是	37	60.7	52	85.2
	否	24	39.3	9	14.8
	合计	61	100.0	61	100.0
困难救助	是	40	65.6	54	88.5
	否	21	34.4	7	11.5
	合计	61	100.0	61	100.0
上门做家务	是	33	54.1	53	86.9
	否	28	45.9	8	13.1
	合计	61	100.0	61	100.0

续表

服务项目		社区是否提供		社区是否有必要提供	
		人数	百分比	人数	百分比
老年饭桌或送饭	是	31	50.8	52	85.2
	否	30	49.2	9	14.8
	合计	61	100.0	61	100.0
日托所或托老所	是	29	47.5	53	86.9
	否	32	52.5	8	13.1
	合计	61	100.0	61	100.0
心理咨询	是	36	59.0	52	85.2
	否	25	41.0	9	14.8
	合计	61	100.0	61	100.0
组织文体活动	是	42	68.9	55	90.2
	否	19	31.1	6	9.8
	合计	61	100.0	61	100.0
代办购物和邮寄	是	25	41.0	53	86.9
	否	36	59.0	8	13.1
	合计	61	100.0	61	100.0

4. 老年人对社区已有的活动场所或设施的认识

老年人对社区已有的活动场所或设施的认识与上述内容具有相似之处。社区是否有相关的活动场所或设施只是老年人的认识，老年人使用过的肯定会选择有，没有使用过的可能不知道有没有，即使社区有，老年人也可能选择没有。这一方面反映了老年人对社区提供服务的接受程度，另一方面也可能与社区的宣传力度有关系。从表6-26中可以看到，认为社区有老年活动室的有54人，占88.5%；认为社区有老年健身室的有38人，占62.3%；认为社区有棋牌室或麻将室的有33人，占54.1%；认为社区有图书馆的有29人，占47.5%；认为社区有室外活动场地的有38人，占62.3%；认为社区有老年学习室的有25人，占41.0%；认为社区有老年康复中心的有12人，占19.7%；选择都没有的有3人，占4.9%；选择不知道的有1人，占1.6%。从这些数字来看，老年人使用社区提供的老年活动室、棋牌室或麻将室比较多。

表6-26　老年人对社区已有活动场所或设施的认识

单位：人，%

	人数	百分比
老年活动室	54	88.5
老年健身室	38	62.3
棋牌室或麻将室	33	54.1
图书馆	29	47.5
室外活动场地	38	62.3
老年学习室	25	41.0
老年康复中心	12	19.7
以上都没有	3	4.9
不知道	1	1.6

注：以上各个场所或设施有无的调查对象是61名老人，表格中的数字仅是选择有的数字。

5. 老年人对社区提供相关养老服务的评价

老年人对社区提供相关养老服务的评价见表6-27。认为满意的有38人，占62.3%；认为一般的有23人，占37.7%；认为不满意的有0人。超过一半的老年人对社区提供的养老服务的评价是满意的。

表6-27　老年人对社区提供的养老服务的评价

单位：人，%

	人数	百分比
满意	38	62.3
一般	23	37.7
不满意	0	0.0
合计	61	100.0

6. 老年人对社区改进养老服务的建议

老年人对社区改进养老的建议见表6-28。有20人认为要增加服务项目，占32.8%；有23人认为应提高工作人员专业性，占37.7%；有14人认为应降低费用，占23.0%；有1人提了其他建议，占1.6%；有17人没有建议，占27.9%。

表 6-28　老年人对改进社区养老服务的建议

单位：人，%

	人数	百分比
增加服务项目	20	32.8
提高工作人员专业性	23	37.7
降低费用	14	23.0
其他建议	1	1.6
没有建议	17	27.9

四　厦门市社区养老服务体系供需面临的问题

在我们与社区及政府相关负责人的访谈中，社区养老服务体系供需所面临的问题是一个非常重要的方面。本部分对调研中发现的问题进行总结。

（一）厦门市居家养老服务存在的问题

1. 年轻人没有时间照料父母，日间照料需求大

随着改革开放和经济转型升级，年轻人的思想观念也发生了巨大的转变，他们在结婚后寻求二人世界，不愿意和父母在一起生活。同时随着经济的飞速发展，年轻人的生活压力大，不得不外出工作满足日常开支，每天早出晚归很少有时间照料父母，这使很多老人成为"空巢老人"，不能享受日间的照料，生活也有很多的不方便。尤其是很多老年人年纪较大，行动不方便，更需要得到照料，养老服务的需求大。数据显示厦门市现在有七成以上的 70 岁及以上的农村老人是空巢老人，城区的数据更加惊人，有半数 60 岁及以上的老人是空巢老人，空巢老人的数量多，使居家养老也面临很大的挑战。

2. 老年人口增加多，独生子女多，老年人受到的照料不足

我国过去较长一段时间实行计划生育，限制每对夫妇生育孩子的数量，除了少数民族和特殊家庭外，每对夫妇只能生育一个孩子，现在厦门市的大部分老人都只有一个子女。子女工作忙，2 个子女要照料 4 个老人，明显力不从心。尤其是现在的年轻人经常加班，上有老下有小，有些家庭独生子女除

了要照顾父母，还要照料祖父母，面临巨大的生活压力和赡养老人的压力。

3. "低龄老年人"照顾"高龄老年人"，面对巨大挑战

中华人民共和国成立后，我国人民生活水平不断提高，医学事业也取得很大的进步。老年人身体越来越好，平均寿命也越来越高，很多老人70岁左右依然身体健朗，有部分精力可以照料年纪更大的老人，我们常可看到60—70岁的老人照顾80—90岁的老人。年龄小的老人虽然能照顾年龄大的老人，但一些事情会力不从心，难以做好全面照料。随着老龄化程度的加深，这一问题可能会变得严重。

（二）厦门市社区养老服务存在的问题

1. 社区居家养老起步晚，设施差

厦门市的社区居家养老服务与发达地区相比起步晚，发展也较为缓慢。老年人服务人员管理制度尚不完善，人才培养也缺乏健全的培训制度和系统化的培训内容，社区养老仍处于试点阶段。关于社区内的基础设施，不同区的配置标准不同，养老资源没有得到合理化的配置，存在养老资源不足或浪费的情况，对于社区养老服务全面开展来说还存在着巨大的阻力，需要进一步加强资源的合理配置，同时也应多方争取资源。

2. 社区居家养老服务中心设施配置低，不平衡

虽然厦门市对养老服务基础设施的配备越来越重视，一定程度上改造了社区居家养老服务场所的条件，并且提高了标准，但是在实际运行过程中依然存在很多问题。厦门市各个区经济发展不均衡，区政府对养老服务工作的重视程度也不尽相同，导致不同区养老服务的质量存在很大差别。尤其是很多从村庄改造成社区的地方，养老床位和服务严重不足，不能满足老年人的需求。思明区、集美区和海沧区是厦门市较为发达的区，养老工作做得比较好，基本上在全区内养老工作都得到了很好的落实，老年人的满意度也较高；但是在同安、湖里和翔安区，与发达的区相比，养老工作开展得不尽如人意。厦门市村改居的社区占比大，很多村庄虽然改成了社区，但是财政投入不足，基础设施相当不完善，标准低、质量差、数量少，远远不能满足老年人的需求。这些地区也缺乏专业的服务人员，从事为老助老服务的人员专业素质低，服务的质量不高，在人员的安排和培训

上也极大地落后于其他区。整体上，厦门市各个区之间、村改居和原来社区之间，在社区居家养老服务中心的基础设施配备、养老服务专业人员的配备、财政补贴等多方面存在发展不平衡的现象。

3. 资金不足，管理和运营受到限制

当前，各个社区的养老服务主要依赖政府财政拨款，渠道非常单一。政府拨款只能保障居家养老服务中心最基本的运营和基础设施的建设工作，至于养老服务中心工作进一步的开展和完善，这些资金只是杯水车薪。厦门市虽然在居家养老上有一定的发展，老年人的基本养老服务已经得到满足，但是要想跟发达地区看齐，进一步改进和提高养老服务的水平，还需要多方争取资金。由于资金的限制，不能雇用更专业的人员，不能对已经雇用的人员开展更专业的培训，也不能进行基础设施的更新换代，这对于居家养老服务中心的管理和运行也是巨大的挑战，社会人士和爱心组织捐款捐资也难以维持居家养老服务中心后续的运营，资金缺口大，服务受到很大的限制。

4. 从业人员职业素养低，基础设施差

受资金的限制，厦门市的养老服务人员大部分是40岁以上的下岗人员。这些人员缺乏专业的知识，也没有接受过系统的培训，很多人也未持有社会工作者专业证书，职业素养比较低。职业素养低、年龄的限制使他们学习新知识的速度较慢，导致他们提供的服务不专业，只能简单地进行做家务、日间照料等基础工作。很多老年人需要的心理咨询、临终关怀、法律咨询等服务他们无法提供，导致服务的专业度和服务质量一直难以提高。除此之外，厦门市大部分社区的基础设施不完善，只有少数几个社区在政府财政的支持下有大面积的活动场所，大部分社区基础设施标准低，设施配备不足，没有专门的活动场所，占地面积也小。比如，有些社区一个房间配备了几张麻将桌或者几个象棋桌就是活动中心了。虽然近期厦门市已经投入资金对老年活动室进行了改造，但是距离发达地区或合格的老年活动中心还有很大的差距。

5. 缺乏市场化的运作，供求少，阻力大

目前，厦门市的养老服务过多依靠政府的支持，市场的参与度低，不能满足老年人的需求。虽然厦门是沿海城市，经济相对发达，但是老年人还是倾向于家庭养老等传统的养老方式。一方面他们更希望在家中享受子孙满堂的幸福，不愿意走出家门进入社区，担心进入机构养老有人会说他们的子女不孝顺；另一方面，厦门市很多老年人退休金少，还有很多老人是外来务工人员或者农村的，没有退休金，生活很拮据，难以承担养老费用。这两方面因素导致老年人不愿意走出家门到社区的养老服务机构中养老，养老服务的需求低。① 此外，养老机构的回报速度慢、回报率低，政府的扶持力度不够，公益色彩较浓，政府的支持和投入相对于它们的付出不成正比，大部分养老机构的人员素质低下，专业度不够，也让很多老人望而却步。一方面是缺乏需求，一方面是供给不足，满足不了老年人的需求，厦门市养老服务工作开展的阻力很大，资源也不能进行优化配置。② 在老年人内部，养老服务也向高收入的老年人进行倾斜，政府兜底的力度不够，使很多收入低的老年人享受的服务远远不足。但是，若引入市场化的运作方式会使收入低的老年人更加难以享受到老年服务，这就会形成恶性循环。而收入高的老年人想要得到更好的养老服务，需要基础设施完善、养老服务人员专业化程度高的养老服务中心，如果找不到合适的，他们宁愿在家中养老。这也就造成了市场化的资本难以介入、难以满足老年人需求的现状。要想改变这种状况，需要政策上的支持和制度上的保障，使供给和需求匹配，形成良性循环和可持续的发展模式。

（三）厦门市机构养老服务存在的问题

1. 养老床位数量少，与需求差距大

厦门市现在有37家养老机构，床位的总量却只有5400多张，与需要入住老年人的数量还有很大的差距。很多农村的敬老院设置的床位非常少，即便是现有的37家养老服务机构，其中有4家是在照顾基本不能自理的老人，而其他的床位都是老年人自费的。老年人的收入水平差异较大，很多收入水平低但是生活难以自理的老年人，因掏不起护理的费用对养老机构只能望而却步，养老床位的数量与社会的需求不匹配，给机构养老提出了

---

① 许温生：《养老、医保、助学、低保一样都没少——厦门思明区莲前街道构建起"村改居"社会保障体系》，《就业与保障》2006年第3期。
② 黎剑锋：《民办养老机构服务供给现状及对策研究——以厦门市思明区为例》2010年第4期。

很大的挑战。

2. 养老服务的水平不高，但是费用居高不下

我们的调查了解到，很多老年人认为养老机构的服务专业性不够、基础设施差、收费太高，条件比自己家要差。还有，老年人不愿意去养老机构一个很大的原因是找不到家庭的温暖，只是养老而不是生活。现在很多养老院和敬老院虽然是面向所有的老年人，但是只有失能、孤寡的老年人在万不得已的情况下才会入住，健康的老人或者半失能的老人只要基本能自理就不会去养老机构，他们觉得养老机构费用高服务又不到位。

3. 季节和地域制约入住率

厦门市是一座美丽的沿海城市，尤其是鼓浪屿和环岛路环境优美，适合疗养，鼓浪屿的养老机构入住率能达到九成以上，环岛路的入住率也在七成以上，但是其他地方的养老机构的入住率非常低。很多地区的老年人只在冬天入住，其他时间在家中不去养老院，尤其是夏天，养老院的入住率非常低，这使厦门市机构养老受季节和地域的双重影响，有限的资源不能被充分利用。

4. 供求怪圈，排队率居高不下，入住率却不高

养老机构的环境也存在差异，一部分民营的养老机构环境优美，基础设施完善，服务专业化程度高，服务人员素质高，有很多老年人排队等待入住；但是，很多民营机构和公办福利机构基础设施不完善，服务水平专业化程度不高，服务费用却不低，由此性价比低而入住率很低，难以维持运营，挣扎在倒闭的边缘。

五 对厦门市社区养老服务体系的建议

经过长时间的努力，我国已经探索出了具有中国特色的养老服务体系，即以家庭养老为基础，社区服务为依托，机构养老有效地补充家庭养老和社区养老。这个模式存在很多不足，我们"摸着石头过河"在实践过程中不断吸取经验和教训，正是不断改善和完善这个模式。在全国老龄化程度不断加深的背景下，建立一个完善的、能覆盖全体老年人并且服务水平和保障水平较高的养老服务体系显得尤为重要。

（一）对居家养老服务体系的政策建议

1. 促进老年人养老观念的转变，培育养老服务市场

很多老年人依然坚持传统的观念，难以接受有偿的养老服务，很多养老服务对于老年人没有吸引力，尤其是那些身体健康、生活基本能自理的老年人更是无法接受有偿服务。而我国在开展老年服务的过程中，并没有对老年人的需求和养老现状进行系统的调查，养老服务没有因时因地的变化，缺乏动态性。居家养老服务要想得到更多老年人的认可，让老年人愿意为其埋单，就必须加强对老年人消费观的引导，提高老年人对养老服务的认可和需求。社会上提供的养老服务也要对老年人的物质和精神需要进行调查和摸底，避免盲目提供一些老年人实际并不需要的服务。这样，在政府的有效引导之下，社会资本才会提供更加符合老年人实际的服务，进而打开老年人对养老服务的市场化需求。其中，对老年人养老服务的需求进行评估是非常重要的一环，是养老服务需求和养老服务供给之间对接的桥梁，在进行调查过程中要走近老年人，了解老年人内心的真实想法。

2. 进行资源整合，完善居家养老服务网络

居家养老服务的原则是以有偿优惠为主、政府购买为辅，但是在实际操作的过程中，政府购买占了非常大的比重，居家养老服务存在过度依赖政府的情况。居家养老服务应该是由政府、家庭、社会、企业等多种主体共同开展的，政府的作用固然重要，但也不能替代其他主体，应该把大部分的工作让其他主体来分担。政府可以通过优惠政策引入社会资本，让多方主体共同参与养老事业，促进资源的整合和利用，例如慈善机构、民营企业、企事业单位、社会组织等可以采用委托、派遣、外包的方式来加强合作，盘活闲置的资源。在运行过程中，政府虽不能将所有的工作大包大揽，要进行责任和任务的下放，但是要加强监管，给其他主体充分自主权的同时加强监督，以防一些不法分子利用这些机会谋取私利，或者在招投标以及服务过程中违规操作。

3. 提高服务人员的专业化水平和人员素质，打造高水平、专业化的养老服务人才队伍

我国养老服务人员职业素养较低，很多是 40 岁以上的下岗人员。要想提高服务人员的素养和专业化水平，首先要提高待遇，通过提高待遇吸引高校毕业生加入养老服务的队伍，有条件的还可以跟高校合作，让高校定期输送人才。其次，对进入养老服务行业的人员进行培训和考核。（1）培训分为岗前培训和岗内培训，岗前培训主要是让从业人员有专业化的服务水平，提升服务的质量，岗中培训则是精益求精，让一些做得好的从业人员更加进步，让一些做得不好的从业人员切实认识自己的不足，改进服务。通过培训，看从业人员是否具备进入行业的资格，如果不具备就回炉再造。（2）考核在入职前和入职后都要开展，入职后要定期考核，以免懈怠。再次，要多方面进行宣传，吸引更多的志愿者加入居家养老服务的队伍中，尤其是那些服务水平高、思想道德高尚的志愿者，在校的大学生以及心理咨询、法律援助等行业的从业人员，可以通过志愿者注册的制度把他们吸引进来，这样就可以让老年人享受到更多的服务，也可以发挥志愿者的特长。最后，要借鉴发达地区的经验，对于自身存在的不足及时进行反思，更好地开展居家养老服务。

（二）对社区养老服务体系的政策建议

1. 切实发挥政府在养老服务中的主导作用，完善养老制度和基础设施建设

养老服务作为政府工作的重要组成部分要纳入经济发展规划中，作为服务业发展的重要领域，要制定相应的政策法规，使社会保障水平和经济发展水平相匹配，不能滞后于经济的发展。政府应该切实向不同的老人提供不同层次的服务，比如"三无"老人和"五保"老人，政府财政要进行兜底，保障他们的基本生活，为他们提供基本的生活照料服务，必要时政府可以进行供养；而对于一些失智、失能、高龄或生活困难的老人，要给予相应的补贴和优惠，这部分资金不能过分地依赖市财政，地区财政也要承担起相应的责任；对于其他老年人也要提供基本的照料服务，比如康复保健、家政服务、日间照料、法律援助、心理咨询等，让这些老年人不仅"老有所养"，还要"老有善养"。以厦门市为例，根据厦门市的经济发展水平和职工的平均收入水平以及物价上涨等情况，应适当提高老年人的退休工资和养老水平，同时稳定物价，保证养老服务的价格在老年人可接受的范围之内。在基础设施方面，政府也要不断改进电梯等基础设施，力求让老年人的出行无障碍，让老年人衣食无忧，进一步加强制度和基础设施的建设。

2. 建立量化指标，完善社区养老绩效考评体系

针对现在各个区养老服务的标准不尽相同、服务的质量和基础设施存在较大差异的现实，需要在全市范围内建立社区养老的绩效考评体系，将指标量化，① 倒逼社区进行改进，引起各个城区和社区的重视。这样，一方面可以提高群众的满意度，让老年人享受到更好的养老服务，晚年过得更加幸福；另一方面也是合理利用政府的公共财政，让社区不断争取除政府以外的其他资金的一种很好的方式和手段。在全国范围内建设社区养老服务的绩效考评体系，有利于在全国范围内建立统一的标准，能够准确及时地反映各个省市的问题，也可为政府以后制定规划和改革的政策奠定基础，提供可供参考的依据。

3. 引入社会资本，推动多元主体共同提供养老服务

随着改革开放的发展，现在很多民间的资本都有较多积累，可进入养老服务行业，② 也应该在政府单一主体之外引入其他主体共同推进养老行业的发展。一方面，要支持社会组织的建设，尤其是具有公益性质的，鼓励它们进入养老市场，以自身的能力最大限度地为老年人提供服务。另一方面，也应该鼓励民间投资，比如民间投资养老院、福利院、基础设施建设等，引入市场竞争的机制可以倒逼其他的养老服务产业进行服务改进和产品升级。③ 对于民间养老服务机构，在审批上也要给予一定的优惠政策，让它们取得资质的速度加快，但是也要对它们进行市场监管，以免产生市场混乱或者出现提供的服务质量不高、雇用人员素质差的现象。当然，在政策允许的范围内，也可以引入境外资本，鼓励养老服务规模化经营，只要

---

① 谭樱芳：《社区养老——城镇养老服务保障的新选择》，《石河子大学学报》（哲学社会科学版）2007 年第 5 期。

② 杨春：《对推进居家养老服务可持续发展的思考——以南京市为例》，《人口学刊》2016 年第 6 期。

③ 唐咏、徐永德：《中国社会福利变迁下养老服务中非营利民间组织的发展》，《深圳大学学报》（人文社会科学版）2010 年第 1 期。

是能改善养老服务的方式都可以尝试。同时,也可以鼓励个人和组织投入养老行业,为养老服务做出贡献。

(三)对机构养老服务体系的政策建议

1. 提升养老服务机构的服务能力,增加护理型养老服务机构

老人面临着看病难的问题,在养老机构中设置医疗服务的配套设施能够有效地改变看病难的现状,一些小病可以在养老机构中看,有一些老人需要长期照料的,可以增加护理型床位的数量,使老年人享受更好的服务,同时也能减轻老年人及其家庭的负担。① 护理员一定要有相关的职业资格证书,不管是民营的还是公办的护理机构,护理员都应该享受同等的待遇,提高护理员的准入门槛,防止一些素质差、专业水平不够的人混入队伍中。同时,也要加大护理型床位在总床位中的占比,加大对护理型床位的建设和支持力度,改变"一床难求"的现状。对于护理型床位,优先安排一些失能、失智或高龄的老年人,尤其是生活困难、生活难以自理的老人,要加大照管的力度,各个区都要加大护理型床位的建设力度。

2. 加大税费补贴力度,完善用地政策

《厦门市养老设施空间布局专项规划》规定要在全市预留出2到4处养老设施用地,为了更好地建设基础设施,可以在政策范围内进行土地划拨,也可以将闲置的场所挂牌出让。除了厦门市的这种做法,我国其他地区还要加大对于养老机构用地和基础设施建设的财政补贴力度和税收优惠政策,② 要切实将已有的税收优惠政策落实。对于床位的建设和运营,财政补贴要落实到特定的帮扶对象,对老年人护理和养老护理员的培训进行补贴,真正将资金用到实处、用到好处。除了政府投入,社会上的其他主体也要参与进来,比如公益组织和爱心团体可以捐款捐物;引入市场化的竞争机制,让养老机构不敢懈怠,不断改善自身的服务水平和服务质量,同时加强基础设施的建设。这样公共财政的补贴才能充分发挥作用。但是也不能

---

① 张晓峰:《建立政府购买服务制度完善居家养老服务体系》,《社会福利》2007年第8期。
② 张卫、张春龙:《当前我国养老服务社会化面临的问题及对策——基于地方养老服务工作的思考》,《现代经济探讨》2010年第5期。

过度依赖政府财政，要逐步摆脱依赖，实现良性和可持续的发展。

3. 改革公办养老服务机构固有模式，进行转型升级

首先，公办养老机构建设的初衷是满足老年人最基本的需求，增加护理型床位的数量，解决很多失能、半失能、失智老年人的生活问题。[①] 要鼓励社会力量投入养老院的建设中来，可以将公办的养老院交给社会资本进行运营，通过市场化的运作手段提高公办养老院的服务水平和服务质量，提升效益。其次，公办养老机构可以实行分级管理，以托底为主，在保障了最基本的需求之后，将其他床位推向市场，市场化的床位的价格要与市场上提供的床位价格进行对接，不能过高，体现出公益性质。再次，要鼓励养老服务机构引入创新的养老运营模式，通过政府和民间资本合作的方式或者公建民营等多种方式，将居家养老、社区养老和机构养老进行结合，设置区域性的综合养老服务中心，提供老年饭桌、上门服务、康复保健等多层次、多元化的服务。[②] 最后，广泛引入境内外的资本，实行优惠政策，鼓励它们投资和运营养老服务机构。可以进行资源的整合，将一些小型的养老院、护理院合并，也可以进行服务升级，如引入更多的社会资本，使其提供高端的养老服务，使那些有条件享受高端老年服务的老人有选择的权利。当然，中高端的服务并不是价格的虚高，而是服务的高质量、服务人员的高素质以及基础设施的完善。这样，才能使厦门市的养老服务体系多层次化，针对不同的老人提供个性化的服务。

[①] 章晓懿：《政府购买养老服务模式研究：基于与民间组织合作的视角》，《中国行政管理》2012 年第 12 期。

[②] 秦艳艳、邬沧萍：《我国城市社区居家养老服务体系中政府职能分析》，《兰州学刊》2012 年第 1 期。

第七章
无锡市社区综合养老服务体系建设

2015年11月18—19日,课题组一行四人来到无锡市就其城市社区综合养老服务体系建设状况进行调查。课题组走访了无锡市梁溪区和滨湖区,在这两个区各选一个社区。在社区召开了由社区主任、社区卫生服务站、在社区服务的社会组织的工作人员及社区内具体负责养老工作的相关人员的座谈会。同时,在每个社区对20名60岁及以上的老年人进行问卷调查,两个社区共发放问卷45份,有效问卷44份。此外,还有两份社区问卷,由每个社区的社区负责人填答。其中一个社区有养老服务机构,因此也请养老服务机构相关负责人进行了养老机构问卷的填答。座谈会主要是了解城市社区养老服务体系的建设情况,涉及无锡市的相关养老政策、养老的服务体系、社区内的硬件设施、服务内容、服务供给、服务效率及影响因素等。社区问卷主要涉及社区基本信息、社区居家养老服务供给情况以及社区居家养老服务接受情况。本报告是此次调研的无锡市城市社区综合养老服务体系建设状况的报告。本报告主要分为四部分:第一部分介绍无锡市有关养老方面的基本情况,第二部分介绍无锡市养老服务的供给状况,第三部分介绍无锡市老人对社区养老的服务需求,第四部分为对策与建议。

一 无锡市养老的基本情况

截至2014年底,无锡市户籍人口477.14万人,本市户籍60岁及以上的老年人口 114.57 万人，比上年增长 5.29 个百分点。老龄化比例达 24.05%，比上年提高 0.97 个百分点，高于全国和江苏省平均水平，这意味着每 4 个户籍人口中就有一个 60 岁及以上的老年人。老年人口抚养比高达 22.02%、老少比达 150.61%，分别比上年提高 1.43、1.95 个百分点。全市养老机构达 150 家，养老床位总数 4.47 万张，每千名老人拥有养老床位 39 张；居家养老机构达 1092 家，基本实现城市社区全覆盖，农村社区覆盖率达 90%。借助社会力量开展 7 项助老项目，累计折价约 300 万元。① 下面就课题组所调查的社区的各类基本情况做一简要介绍。

（一）两个社区各类人口数

从所调查的两个社区来看，各类人口数为：沁园二社区总人口 10442 人，其中男性 5258 人，女性 5184 人。60 岁及以上的人口有 2670 人，60 岁及以上的男性有 1332 人，女性有 1338 人，没有半失能老人或失能老人。震泽社区的总人口 13000 人，60 岁及以上的人口有 3000 人，其中半失能老人 50 人，失能老人 20 人。

表 7-1 两个社区各类人口数汇总

单位：人

	沁园二社区	震泽社区
社区总人口数	10442	13000
男性人口数	5258	
女性人口数	5184	
60 岁及以上人口数	2670	3000
60 岁及以上男性人口数	1332	
60 岁及以上女性人口数	1338	
半失能老人	0	50
失能老人	0	20

（二）两个社区的经费使用情况

沁园二社区并没有对社区的经费使用情况进行相关填答及说明。震泽

---

① 《2014 年度无锡市民政部门决算》，无锡市民政局官网，2015 年 8 月 14 日。

社区的填答也不全面，只说明了 2014 年及 2015 年 1 月 1 日以来养老经费支出的用途，并没有提到相关的金额，两个时间段的经费用途是一样的，都是用于居家养老就餐服务和活动支出。

（三）两个社区的养老机构情况

从居家养老机构的数量上来看，沁园二社区只有 1 个由民办企业办的营利性养老服务机构，震泽社区有 1 个由政府单位办的养老服务机构。总的来说，两个社区的居家养老服务机构均较少。

（四）两个社区工作人员的情况

沁园二社区直接从事居家养老服务的有 2 人，男性 1 人，女性 1 人。21—30 岁的 1 人，51—60 岁的 1 人。从学历上来看，普通高中学历的 1 人，专科学历的 1 人。工作人员在职前和职中都有培训，其工资水平低于本市人均月收入水平。震泽社区从事居家养老服务的有 5 位女性，其中直接服务人员 4 人，管理人员 1 人，41—50 岁的 1 人，51—60 岁的 3 人，60 岁以上的 1 人。从学历上来看，初中学历的 3 人，中专学历的 1 人，专科学历的 1 人。从职业资格来看，（中级）社会工作师 1 人。开展居家养老服务的工作人员都有职前培训和职中培训，从事居家养老服务的工作人员的月工资水平与本市人均月收入水平大致持平。

（五）两个社区接受居家养老服务的情况

沁园二社区仅说明了 2015 年接受过居家养老服务的老人与 2014 年同期相比变多了。震泽社区 2015 年接受过社区居家养老服务的老人平均为每月 1000 人次，与上年同期相比是持平的，其中 2015 年 1 月 1 日后接受过社区居家养老服务的失能老人有 15 人。由于两个社区在这方面的填答不够详细且较分散，因此没办法很好地进行比较分析。

从社区提供居家养老服务次数较多的项目来看，沁园二社区选择的是电话送餐、长期护理；震泽社区选择的是迅铃急救、电话送餐。

为了解社区居家养老服务的质量，本调查还让社区负责人对自己提供的服务进行打分，按 10 分制来算，沁园二社区和震泽社区都为 8 分。

二 无锡市养老服务供给状况

一直以来,无锡市致力于建设以居家为基础、社区为依托、机构为支撑、信息为辅助,功能完善、设施先进、服务优良、覆盖城乡的养老服务体系。目前,无锡市初步形成了以居家养老为基础,社区养老为依托,机构养老为补充的养老服务体系。具体来说,建立了以家庭为基础的虚实结合的居家养老服务,以日间照料中心、居家养老服务中心为依托的社区养老服务,以及以社会力量兴办的养老机构为补充的机构养老服务。

(一)无锡市居家养老服务状况

居家养老服务涵盖生活照料、家政服务、康复护理、医疗保健、精神慰藉等,以上门服务为主要形式,以保障高龄、独居、失能和低收入老人为重点,借助专业化养老服务组织,为居家老年人提供生活照料、家政护理、医疗保健等服务,还通过区域性老年人助餐中心、社区"老年餐桌"等项目来进行服务。同时,针对有特殊需要的老人提供了可购买的居家养老援助服务。总体上,无锡市是通过虚实结合的方式服务社区的老年人。

1. 社区问卷调查的有关情况

从社区问卷调查结果来看,所调查的两个社区都设立了社区服务中心(站),但不同社区的社区服务中心(站)提供的居家养老服务项目有所不同。沁园二社区的社区服务中心(站)提供了医疗保健相关服务[包括社区卫生服务中心(站)、康复治疗室、体质测试站等]、社区文体活动类服务(包括文化活动中心、老年人活动室、老年人体育俱乐部等)、教育科普类服务(包括老年法律课堂与司法援助、老年大学、老年人图书馆和阅览室等)。震泽社区服务中心(站)提供的社区居家养老服务项目有:医疗保健相关服务[包括社区卫生服务中心(站)、康复治疗室、体质测试站等]、社会福利相关服务[包括社区福利院/日托所、残疾老人服务中心(站)等]、社区文体活动类服务(包括文化活动中心、老年人活动室、老年人体育俱乐部等)。

从社区提供居家养老服务的方式来看,沁园二社区有两种:有偿的社区站点形式的日间照料服务和邻里志愿性质的服务。震泽社区只有邻里志愿性质的服务这一种。

从社区居家养老的服务项目来看，沁园二社区有两种：电话送餐和长期护理。震泽社区的是迅铃急救和电话送餐两种。

从社区开展过的为老服务情况来看，沁园二社区开展过老年人讲座、定期免费体检、传统节日庆祝等活动。震泽社区开展过的同样也是老年人讲座、定期免费体检、传统节日庆祝等活动。

从特殊老人服务来看，沁园二社区开展的养老服务有：高龄老人补贴与养老服务、失独老人补贴与养老服务。震泽社区开展的养老服务与沁园二社区的相同。

2. 虚实相结合的居家养老服务

无锡市的居家养老服务主要采用虚实相结合的方式，既有实在的可以上门提供的服务，也有虚拟的居家养老援助性质的服务；既有社区内部可以提供的，也有结合其他社会组织或者企业进行相关服务的。接下来就无锡市的整体情况以及所调查社区的情况进行说明。

（1）实在的居家养老服务

实在的居家养老服务主要包括三个方面：引入助餐、医疗、护理等专业化服务；建立嵌入式养老机构，提供家庭病床、康复护理、精神关爱等专业化服务；建立街道层面的日间照料中心或托老所；建立中央厨房，提供配餐服务。同时，还有政府购买的相关服务，如便民服务中心96158提供的每月2个小时的各种服务，老人拨打民生热线后其可以帮助解决各种生活方面的困难，还有社区"一中心多站点"式的服务，建立15分钟社区居家养老服务圈等。[①] 各个社区根据社区自身的特点、可利用的社会资源为老年人开展相应的居家养老服务。在调查中，沁园二社区长期与便民服务中心96158进行合作，为老年人提供日常生活服务以及紧急状况服务，同时也与配餐中心联系提供送餐服务。震泽社区在社区范围内通过居家养老服务中心提供就餐服务，也有可供选择购买的安康通提供家政方面的相关服务。

---

① 《"微养老"冲击家政业》，无锡市民政局官网，2016年4月16日。

(2) 虚拟的居家养老服务

虚拟性质的服务主要体现在特定老年人家庭购买的居家养老援助服务。有的社区致力于打造安康通服务平台，这是一种自己购买服务的形式，有的社区中，相关服务已经在使用当中，我们在调查中了解到震泽社区的部分老年人在使用。有的引进"智慧养老"平台，通过信息化的方式解决老年人的问题，无锡市是2011年开始引进的，特别之处在于无锡市是通过政府来推进"智慧养老"的，主要是建立养老机构的信息化管理和智能化服务以及面向家属的平台，同时也建立了相应的紧急情况预防机制，实时了解老年人的状况并及时提供服务，以现代信息化的方式提供相关的养老服务。

(二) 无锡市社区养老服务状况

无锡市的社区养老在养老服务体系中起到一种支撑性的作用，通过出台《无锡市居家养老服务机构规范化建设基本标准》《关于加快推进我市居家养老服务工作的意见》等文件来推进工作，《江苏省养老服务条例》中第三章也专门提到社区养老服务之后的开展方向。具体工作主要通过推进日间照料中心、老年人活动室等社区养老设施建设来实现。政府还要加强社区与老年人日常生活密切相关的公共服务设施的规划、建设改造，推进对介助、介护老年人家庭无障碍设施的改造。同时还要加强社区养老服务设施与社区服务中心及社区卫生、文化、体育等设施的功能衔接，发挥综合效益。[①] 但无锡市欠缺关于日间照料中心的建设标准、设备设置以及运营模式的文件规定，只是在全市范围内鼓励建立居家养老服务中心，提供日间照料等相关服务。

各社区充分整合社区内各种资源为老年人提供各种康复咨询、休闲娱乐、日间照料等服务。关于社区服务人员的配备与管理，有社区居家养老服务中心的专业服务人员，社区的工作人员，同时还有各种志愿者，不仅是社区外的志愿者团队，社区内年龄小的老人也可以为年龄大的老人进行相关服务，同时，这些人员也会参与相关的培训，提高为老年人服务的质量。

---

① 《关于加快发展养老服务业的实施意见》，无锡市民政局官网，2015年2月6日。

在课题组所调查的社区中，沁园二社区内不仅设有老年活动区域可以开展相关的养老活动，同时还设立了一家非营利性的社区居家养老机构，通过日间照料的方式为老年人提供生活照料，提供"一元早餐"等服务，日常也会组织老年人开展一些活动，并开展康复理疗等服务。震泽社区设有居家养老服务中心，主要向老年人提供就餐服务，这实质上是一种居家养老的补充。同时震泽社区面向老年人开展很多的兴趣活动，丰富老年人的日常生活。震泽社区还为80岁及以上的老年人提供每月60元的养老金，沁园二社区没有。从这一点也能看出各个区、各个社区相关政策及服务开展的不同。

（三）无锡市机构养老服务状况

无锡市一直十分重视养老事业建设，加大投入资金对公办养老机构进行创建和改造，同时也出台优惠政策鼓励社会力量兴办养老机构，如《江苏省养老服务条例》《无锡市养老机构条例》（全省率先出台，无锡是全国第一个用地方性法规规范养老机构的地级市）《市政府关于加快养老服务业的实施意见》等。

截至2015年1月，无锡市已有养老机构132家，六成养老机构的规模在200张床位以下。从区域分布来看，崇安区有6家，北塘区有2家，南长区有8家，锡山区有14家，惠山区有12家，滨湖区有26家，江阴有31家，宜兴有33家。[1]

无锡市的养老机构建设主要从几个方面来推进。首先是增加养老机构的数量，同时增加各养老机构的床位数，目标是到2020年每千名老年人拥有养老床位数45张，社会力量举办或经营的养老机构床位数占比达70%以上。[2] 其次，鼓励各种社会力量兴办养老机构，对养老机构给予土地以及减免税收等优惠政策，鼓励和支持民营养老机构对公办养老机构起到一种补充作用。再次，公办养老机构重点为城乡"三无"老人、"五保"老人、经

---

[1] 郝悦、王检、柏景岚：《关于无锡市公共养老体制构建的调查报告》，《考试周刊》2015年第22期。
[2] 《关于加快发展养老服务业的实施意见》，无锡市民政局官网，2015年2月6日。

济困难的失能半失能老人提供服务，同时鼓励公办养老服务机构进行市场化改革，促进投资方式的多样化。最后，《无锡市养老机构条例》也对养老机构的规划建设、设立与变更、服务规范、运营管理、监督检查及法律责任等进行了详细的规定，各项优惠政策和补贴政策均在条例中得到了相应的体现。

（四）医疗卫生服务

医疗卫生服务是养老服务供给中很重要的一个方面，也是疾病多发的老年人群体日常所需的一项服务，因此将医疗卫生作为独立的一部分进行介绍。

关于医疗卫生服务，无锡市在2015年出台了《关于加快推进医养融合发展的实施意见》，把医疗和养老两方面通过政策的执行结合起来。首先，鼓励举办康复医院和护理院，鼓励和引导具备条件的养老机构内设医疗机构，还鼓励社会资本和其他医疗机构在养老机构设置配套医疗机构。同时落实老年医疗服务优待政策，加强对医养融合机构的医疗服务行为的监管等。在此基础上推进医养融合的信息化建设，同时制定其他推进医养融合的发展政策。不仅如此，无锡市还鼓励充分发挥中医药在健康养老中的作用。除此之外，政府对养老机构和医疗机构还会给予相应的优惠政策以及补贴措施，促进两类机构的发展，同时促进二者之间的融合和共同发展。

从调查结果来看，两个社区均设有社区卫生服务中心（站），但不同的卫生服务中心（站）提供的老年人服务有所不同。沁园二社区服务中心（站）提供的是自助体测（包括身高体重测量仪、血压计、血糖测试仪、身体成分分析仪等设备）、健康宣传与指导（包括健康生活注意事项宣传、饮食营养指导、健康生活方式指导等）、心理健康服务（包括心理疏导服务、心理咨询服务等）、康复治疗（包括设立康复治疗室、上门提供康复服务等）、紧急救助（包括吸氧设备、速效急救药品等）、诊疗服务（包括常见病诊疗、慢性病用药监控、上门输液打针、输液室等专门房间的设置等）、药品服务（包括常用药品、依照国家政策免费发放的特殊药品等）。震泽社区卫生服务中心（站）提供的有自助体测（包括身高体重测量仪、血压计、血糖测试仪、身体成分分析仪等设备）、健康宣传与指导（包括健康生活注意事项宣传、饮食营养指导、健康生活方式指导等）、诊疗服务（包括常见病诊疗、慢性病用药监控、上门输液打针、输液室等专门房间的设置等）、药品服务（包括常用药品、依照国家政策免费发放的特殊药品等）。

在访谈中课题组发现，无锡市针对社区老年人的医疗卫生服务主要由街道卫生服务中心以及社区的卫生服务站提供，一些社区内的日间照料中心也能提供相关的医疗服务。无锡市范围内的社区卫生服务站的工作通常包括为 65 周岁及以上的老人和退休工人做体检，65 周岁及以上的一年一次，退休工人是两年一次。日常疾病以及拿药都可以在卫生服务站解决，还会建立健康档案，针对慢性病老人会有跟踪探访。其他服务包括在社区内开展健康讲座等。

在问卷及访谈中我们发现，当前老年人在医疗方面面临的最大问题就是拿药，通常医院或是医疗服务站只能为慢性病患者开一周服用的药量。但老年人因为身体方面的原因可能无法经常去医疗机构拿药，而医疗机构又不能开太大的药量，这可能是当前老年人在就医方面的一大困扰。

三 无锡市老人社区养老服务需求

课题组对老年人的养老服务需求主要是通过问卷调查来了解的。课题组调查的是 60 岁及以上的老年人，由社区居委会将老年人召集到居委会，采用集中填答法进行问卷资料的收集。由于不是随机抽样，所以不具有推论总体的意义。本部分简要介绍在对老年人进行的问卷调查了解到的情况。

（一）老年人基本情况

1. 性别构成

老年人的性别构成见表 7-2。男性 9 人，占 20.5%，女性 35 人，占 79.5%。

表 7-2 老年人的性别构成

单位：人，%

	人数	百分比
男	9	20.5

续表

	人数	百分比
女	35	79.5
合计	44	100.0

2. 老年人的年龄

老年人的平均年龄为71岁，标准差为6.98，最大年龄为88岁，最小年龄为61岁。

3. 老年人的受教育程度

老年人受教育程度的情况见表7-3。未上学的4人，占9.1%；小学及以下学历4人，占9.1%；初中学历16人，占36.4%；高中或中专学历13人，占29.5%；大专及以上学历7人，占15.9%。

表7-3 老年人的受教育程度

单位：人，%

	人数	百分比
未上学	4	9.1
小学及以下	4	9.1
初中	16	36.4
高中/中专	13	29.5
大专及以上	7	15.9
合计	44	100.0

4. 老年人的婚姻状况

老年人的婚姻状况见表7-4。初婚有配偶的36人，占81.8%，再婚有配偶的1人，占2.3%；丧偶的7人，占15.9%；离婚、未婚或同居的均没有。

表7-4 老年人的婚姻状况

单位：人，%

	人数	百分比
初婚有配偶	36	81.8
再婚有配偶	1	2.3

续表

	人数	百分比
丧偶	7	15.9
合计	44	100.0

5. 老年人的共同居住情况

老年人的共同居住情况见表7-5。关于老年人共同居住的情况，调查问卷是以多项选择题的形式出现的，涉及的共同居住对象有：配偶、子辈、孙辈、其他亲戚、保姆、自己居住以及其他。表7-5是将统计结果重新整理后制作的表格，没有选择的选项在表7-5中没有出现，总人数仍然是44。从表7-5中可以看到，与配偶共同居住的有36人，占81.8%；与子辈共同居住的有14人，占31.8%；与孙辈共同居住的有5人，占11.4%；自己居住的有1人，占2.3%。

表7-5 老年人的共同居住情况

单位：人，%

	人数	百分比
与配偶共同居住	36	81.8
与子辈共同居住	14	31.8
与孙辈共同居住	5	11.4
自己居住	1	2.3

6. 老年人退休前所在的单位类型

老年人退休前所在的单位类型见表7-6。党政机关、无单位和其他分别为1人，占比分别为2.3%。企业37人，占84.1%；事业单位4人，占9.1%。

表7-6 老年人退休前所在的单位类型

单位：人，%

	人数	百分比
党政机关	1	2.3
企业	37	84.1

续表

	人数	百分比
事业单位	4	9.1
无单位	1	2.3
其他	1	2.3
合计	44	100.0

7. 老年人目前的主要生活来源

老年人目前的主要生活来源见表7-7。以自己的离退休金为主要生活来源的37人，占84.1%；以配偶收入为主要生活来源的1人，占2.3%；以政府/非营利组织的补贴/资助为主要生活来源的5人，占11.4%；以房屋、土地等租赁收入为主要生活来源的1人，占2.3%。

表7-7 老年人目前的主要生活来源状况

单位：人，%

	人数	百分比
自己的离退休金	37	84.1
配偶的收入	1	2.3
政府/非营利组织的补贴/资助	5	11.4
房屋、土地等租赁收入	1	2.3
合计	44	100.0

8. 老年人2014年的家庭平均月收入

老年人2014年的家庭平均月收入情况见表7-8。701—1500元的2人，占4.5%；1501—3000元的14人，占31.8%；3001—5000元的21人，占47.7%；5001—10000元的7人，占15.9%。

表7-8 老年人2014年的家庭平均月收入情况

单位：人，%

	人数	百分比
701—1500	2	4.5
1501—3000	14	31.8

续表

	人数	百分比
3001—5000	21	47.7
5001—10000	7	15.9
合计	44	100.0

(二) 老年人的养老需求情况

1. 老年人在养老项目上的支出情况

此次调查的老年人 2014 年在养老项目上的支出主要包括康复护理支出、长期照料支出、医药费用支出、家政服务支出以及其他支出几个方面。本支出是按月计算的，即每月在各项上的花费。课题组在调查中发现，老年人医药费用方面的支出比较多，其他方面有支出的人较少，且支出费用也不多。在康复护理支出方面，只有 1 位老人有支出，为 200 元/月；在长期照料支出方面，只有 1 位老人有支出，为 3500 元/月；在家政服务支出方面，有 2 位老人有支出，分别为 50 元/月和 300 元/月。在医药费的支出方面，接受调查的 44 位老人中，有 3 人没有这方面的支出，在有医药费支出的老人中支出最少的是 30 元/月，支出最多的是 3000 元/月。总体来说，老年人的医药费支出平均为 701.14 元/月，标准差为 703.73。与老年人在其他养老项目上的支出相比，老年人的医药费支出是最重要且最多的。

2. 老年人目前的身体状况

对老年人身体状况的调查是通过老年人自己感觉的情况来填答的，具体情况见表 7-9，其中有效数据为 43 个。认为自己健康的有 11 人，占 25.6%；认为自己的健康状况一般的有 25 人，占 58.1%；认为自己不健康的有 7 人，占 16.3%。

表 7-9 老年人目前的身体状况

单位：人，%

	人数	百分比
健康	11	25.6

续表

	人数	百分比
一般	25	58.1
不健康	7	16.3
合计	43	100.0

3. 老年人的慢性病得病情况

关于老年人慢性病得病的情况，课题组列出了以下几种常见的慢性病：高血压、糖尿病、慢性支气管炎、肺气肿、肺心病、心脏病、关节炎、风湿病、哮喘和其他。这是一个多项选择题，没有老年人得的病不出现在表7-10中。从表7-10中可以看到，在所列的慢性病中，患有比较多的慢性病种类有：高血压，27人，占61.4%；心脏病17人，占38.6%；关节炎16人，占36.4%；糖尿病9人，占20.5%。

表7-10 老年人的慢性病患病情况

单位：人，%

	人数	百分比
高血压	27	61.4
糖尿病	9	20.5
慢性支气管炎	4	9.1
肺气肿	2	4.5
肺心病	2	4.5
心脏病	17	38.6
关节炎	16	36.4
风湿病	1	2.3
其他	5	11.4

4. 老年人的生活起居是否需要他人帮助

老年人的生活起居是否需要他人帮助的情况见表7-11，其中有效数据为42个。认为自己的生活起居需要他人帮助的有3人，所占百分比为7.1%。其他老年人认为自己的生活起居不需要他人帮助。

表 7-11　老年人的生活起居是否需要他人帮助

单位：人，%

	人数	百分比
需要	3	7.1
不需要	39	92.9
合计	42	100.0

5. 老年人的生活起居是否有人照料

老年人的生活起居是否有人照料的情况见表 7-12，有效数据为 41 个。有 14 名老年人的生活起居是有人照料的，占 34.1%。

表 7-12　老年人的生活起居是否有人照料

单位：人，%

	人数	百分比
有	14	34.1
没有	27	65.9
合计	41	100.0

6. 老年人的社会交往情况

（1）老年人与子女的联系频率

老年人与子女的联系频率见表 7-13，有效数据为 43 个。几乎天天联系的有 31 人，占 72.1%；每周至少一次的有 9 人，占 20.9%；每月至少一次的有 2 人，占 4.7%；一年几次的有 1 人，占 2.3%。

表 7-13　老年人与子女的联系频率

单位：人，%

	人数	百分比
几乎天天	31	72.1
每周至少一次	9	20.9
每月至少一次	2	4.7
一年几次	1	2.3
合计	43	100.0

(2) 老年人与朋友的联系频率

老年人与朋友的联系频率见表7-14，有效数据为43个。几乎天天联系的有23人，占53.5%；每周至少一次的有9人，占20.9%；每月至少一次的有9人，占20.9%；几乎没有的有2人，占4.7%。

表7-14 老年人与朋友的联系频率

单位：人，%

	人数	百分比
几乎天天	23	53.5
每周至少一次	9	20.9
每月至少一次	9	20.9
几乎没有	2	4.7
合计	43	100.0

7. 老年人的养老方式倾向

从调查问卷中老年人有关自身养老方式选择的几个问题来看，老年人更倾向于接受家庭养老。具体表现在以下几个方面。

(1) 老年人遇到困难最希望得到谁的帮助

老年人遇到困难最希望得到谁的帮助，具体情况见表7-15，有效数据为33个。最希望得到配偶或子女帮助的最多，占97.0%；最希望得到居委会和社区工作者帮助的有1人，占3.0%。这一比例表明亲人在老年人心目中的地位高于其他人，老年人最为中意的仍然是家庭养老。

表7-15 老年人遇到困难最希望得到谁的帮助

单位：人，%

	人数	百分比
配偶或子女	32	97.0
居委会和社区工作者	1	3.0
合计	33	100.0

(2) 最应该由谁承担养老责任

老年人认为最应该由谁承担养老责任的情况见表7-16，有效数据为22

个。认为由政府、子女承担养老责任的分别有5人,所占百分比为22.7%;认为由所在社区承担的有2人,所占百分比为9.1%;认为由老人自己或配偶承担的有8人,占36.4%;选择不好说的有2人,占9.1%。选择老人自己或配偶的最多,其次是子女及政府。

表7-16 最应该由谁承担养老责任

单位:人,%

	人数	百分比
政府	5	22.7
所在社区	2	9.1
子女	5	22.7
老人自己或配偶	8	36.4
不好说	2	9.1
合计	22	100.0

(3) 老年人心目中最理想的养老方式

老年人心目中最理想的养老方式见表7-17,有效数据为34个。认为住在家里由亲人照顾的有20人,占58.8%;认为住在家中接受社区服务的和住在养老院的分别有7人,各占20.6%。选择最多的是住在家里由亲人照顾。

表7-17 老年人心目中最理想的养老方式

单位:人,%

	人数	百分比
住在家里由亲人照顾	20	58.8
住在家中接受社区服务	7	20.6
住在养老院	7	20.6
合计	34	100.0

8. 老年人对目前生活的评价

老年人对目前生活的评价是老年人的养老需求是否得到满足的重要体现。老年人对目前生活的评价情况见表7-18,选择满意的有31人,占70.5%;选择一般的有12人,占27.3%;选择不满意的有1人,占2.3%。这说明,老年人对目前生活的评价以满意居多。

表7-18 老年人对目前生活的评价

单位：人，%

	人数	百分比
满意	31	70.5
一般	12	27.3
不满意	1	2.3
合计	44	100.0

（三）对老年人的社区支持情况

1. 老年人从家到最近的服务机构的距离

社区内的各种服务机构是为老年人提供社区支持的基础，而这些服务机构的地理位置安排是否合理以及对老年人来说是否方便是一个需要关心的问题。这一问题的核心表现为老年人从家到最近的服务机构的距离。在我们调查的44名老年人中有42位老人做出了回答，到最近的服务机构的距离平均是0.883公里。从表7-19可以看出，选择半公里的有24人，占57.1%；选择一公里的有14人，占33.3%；选择两公里的有3人，占7.1%；选择三公里以上的有1人，占2.4%。

表7-19 老年人从家到最近的服务机构的距离

单位：人，%

	人数	百分比
半公里	24	57.1
一公里	14	33.3
两公里	3	7.1
三公里以上	1	2.4
合计	42	100.0

2. 老年人到社区医疗机构的时间

医疗服务是老年人养老服务非常重要的组成部分，从前面有关老年人养老支出的情况来看，绝大多数老年人都有医药费用支出。因此，老年人接受社区医疗机构提供的服务是否方便，是我们关心的问题。而是否方便的一个重要方面就是老年人从家到社区医疗机构需要花费的时间。我们调查的44名老年人中有43人做出了回答,到社区医疗机构需要花费的时间平均为12.81分钟,标准差为7.07,最短的时间为5分钟,最长的时间为30分钟。

3. 社区医疗机构对老年人进行医疗服务的状况

(1) 社区医疗机构提供哪些服务

在对社区卫生服务中心和社区卫生服务站的了解中可以发现,社区医疗机构可以为老年人提供上门护理服务、上门看病服务、康复治疗服务、紧急救助服务、特殊药品服务和日常保健服务等。那么,老年人是否需要社区医疗机构提供这些服务呢?从表7-20可以看到,在40个有效数据中,有20人认为需要社区医疗机构提供上门护理服务,占50.0%;在42个有效数据中,有24人认为需要社区医疗机构提供上门看病服务,占57.1%;在43个有效数据中,有21人认为需要社区医疗机构提供康复治疗服务,占48.8%;在41个有效数据中,有21人认为需要社区医疗机构提供紧急救助服务,占51.2%;在41个有效数据中,有20人认为需要社区医疗机构提供特殊药品服务,占48.8%;在42个有效数据中,有25人认为需要社区医疗机构提供日常保健服务,占59.5%。选择日常保健和上门看病两项服务的人数相对较多。

表7-20 老年人需要社区医疗机构提供的服务

单位:人,%

	人数	百分比
上门护理	20	50.0
上门看病	24	57.1
康复治疗	21	48.8
紧急救助	21	51.2
特殊药品	20	48.8
日常保健	25	59.5

(2) 2014年老年人接受过社区医疗机构的哪些服务

对于各项服务,老年人在2014年接受的情况见表7-21。从表7-21中可以看到,2014年接受过社区医疗机构上门护理服务的40个有效问卷填答中有2人，占5.0%；38个有效数据中接受过上门看病服务的有3人，占7.9%；40个有效数据中接受过康复治疗服务的有1人，占2.5%；39个有效数据中接受过特殊药品服务的有1人，占2.6%；39个有效数据中接受日常保健服务的有4人，占10.3%。老年人实际接受的服务项目较多的仍然是日常保健服务和上门看病服务。

表7-21 老年人2014年接受过的社区医疗机构相关服务

单位：人，%

	人数	百分比
上门护理	2	5.0
上门看病	3	7.9
康复治疗	1	2.5
紧急救助	0	0.0
特殊药品	1	2.6
日常保健	4	10.3

（3）对接受社区医疗机构相关服务的评价

由于2014年接受社区医疗机构相关服务的人数比较少，表7-22中老年人对接受社区医疗机构相关服务的评价仅供参考。从表7-22中可以看出，基本上所有接受过社区医疗机构服务的老年人给出的评价都是满意。

表7-22 老年人对接收社区医疗机构相关服务的评价

单位：人，%

		人数	百分比
上门护理	满意	2	100.0
	一般	0	0.0
	不满意	0	0.0
	合计	2	100.0
上门看病	满意	3	100.0
	一般	0	30.0
	不满意	0	0.0
	合计	3	100.0

续表

		人数	百分比
康复治疗	满意	1	100.0
	一般	0	0.0
	不满意	0	0.0
	合计	1	100.0
特殊药品	满意	1	100.0
	一般	0	0.0
	不满意	0	0.0
	合计	1	100.0
日常保健	满意	4	100.0
	一般	0	0.0
	不满意	0	0.0
	合计	4	100.0

4. 老年人对社区为老年人提供相关服务的认识

问卷中涉及老年人对社区为老年人提供相关服务的认知情况，一方面是询问老年人所在社区是否提供过相关服务或举办过相关活动；另一方面是询问老年人认为社区是否有必要向老年人提供相关服务。老年人的回答情况见表7-23。需要说明的是，在同一个社区，老年人对社区是否提供相关服务的回答并不一致。因此，第一个方面的回答只是表明老年人本人是否知道社区提供相关的服务，那些接受过相关服务的老年人肯定知道社区提供了这些服务，没有接受过这些服务的老年人，有可能不知道社区提供了这些服务。因此，这只是老年人的主观认识。但这从侧面反映了社区为老年人提供相关服务被老年人接纳的程度。从表7-23中可以看出，在43个有效数据中有33人认为社区提供了上门探访服务，占76.7%；有38人认为社区有必要提供上门探访服务，占88.4%。在40个有效数据中有23人认为社区提供了老年人服务热线，占57.5%；在41个有效数据中有38人认为社区有必要提供老年人服务热线，占92.7%。在40个有效数据中有17人认为社区提供了法律援助服务，占42.5%；在41个有效数据中有36人认为社区有必要提供法律援助服务，占87.8%。在42个有效数据中有30

人认为社区提供了困难救助服务，占71.4%；在41个有效数据中有37人认为社区有必要提供困难救助服务，占90.2%。在41个有效数据中有21人认为社区提供了上门做家务服务，占51.2%；在41个有效数据中，有35人认为社区有必要提供上门做家务服务，占85.4%。在41个有效数据中有26人认为社区提供了老年饭桌或送饭服务，占63.4%；在39个有效数据中有33人认为社区有必要提供老年饭桌或送饭服务，占84.6%。在40个有效数据中有19人认为社区提供了日托所或托老所服务，占47.5%；在38个有效数据中有32人认为社区有必要提供日托所或托老所服务，占84.2%。在41个有效数据中有13人认为社区提供了心理咨询服务，占31.7%；在40个有效数据中有33人认为社区有必要提供心理咨询服务，占82.5%。在42个有效数据中有32人认为社区组织过文体活动，占76.2%；在40个有效数据中有36人认为社区有必要组织文体活动，占90.0%。在40个有效数据中有15人认为社区提供了代办购物和邮寄服务，占37.5%；在38个有效数据中有31人认为社区有必要提供代办购物和邮寄服务，占81.6%。从以上数字来看，在各项服务中，老年人认为有必要的数值都高于认为社区已经提供了的数值，这在一定意义上反映了老年人的实际需求高于现实中社区能提供的。

表7-23　老年人对社区为老年人提供相关服务的认识

单位：人，%

		社区是否提供		社区是否有必要提供	
		人数	百分比	人数	百分比
上门探访	是	33	76.7	38	88.4
	否	10	23.3	5	11.6
	合计	43	100.0	43	100.0
老年人服务热线	是	23	57.5	38	92.7
	否	17	42.5	3	7.3
	合计	40	100.0	41	100.0
法律援助	是	17	42.5	36	87.8
	否	23	57.5	5	12.2
	合计	40	100.0	41	100.0

续表

		社区是否提供		社区是否有必要提供	
		人数	百分比	人数	百分比
困难救助	是	30	71.4	37	90.2
	否	12	28.6	4	9.8
	合计	42	100.0	41	100.0
上门做家务	是	21	51.2	35	85.4
	否	20	48.8	6	14.6
	合计	41	100.0	41	100.0
老年饭桌或送饭	是	26	63.4	33	84.6
	否	15	36.6	6	15.4
	合计	41	100.0	39	100.0
日托所或托老所	是	19	47.5	32	84.2
	否	21	52.5	6	15.8
	合计	40	100.0	38	100.0
心理咨询	是	13	31.7	33	82.5
	否	28	68.3	7	17.5
	合计	41	100.0	40	100.0
组织文体活动	是	32	76.2	36	90.0
	否	10	23.8	4	10.0
	合计	42	100.0	40	100.0
代办购物和邮寄	是	15	37.5	31	81.6
	否	25	62.5	7	18.4
	合计	40	100.0	38	100.0

5. 老年人对社区已有的活动场所或设施的认识

关于老年人对社区已有的活动场所或设施的认识，社区是否有相关的活动场所或设施只是老年人的认识，老年人使用过的肯定会选择有，没有使用过的可能不知道有还是没有，即使社区有，老年人也可能选择没有。这一方面反映了老年人对社区提供服务的接受程度，一方面也可能与社区的宣传有关系。从表7-24中可以看到，认为社区有老年活动室的有40人，占90.9%；认为社区有老年健身室的有23人，占52.3%；认为社区有棋牌室或麻将室的有 18 人，占 40.9%；认为社区有图书馆的有 22 人，占 50.0%；认为社区有室外活动场地的有 37 人，占 84.1%；认为社区有老年学习室的有 20 人，占 45.5%；认为社区有老年康复中心的有 8 人，占 18.2%；选择都没有的有 1 人，占 2.3%。从这些数据来看，老年人较多使用社区提供的老年活动室和室外活动场地。

表 7-24　老年人对社区已有活动场所或设施的认识

单位：人，%

	人数	百分比
老年活动室	40	90.9
老年健身室	23	52.3
棋牌室或麻将室	18	40.9
图书馆	22	50.0
室外活动场地	37	84.1
老年学习室	20	45.5
老年康复中心	8	18.2
以上都没有	1	2.3

6. 老年人对社区提供的相关养老服务的评价

老年人对社区提供相关养老服务的评价见表 7-25。认为满意的有 23 人，占 53.5%；认为一般的有 20 人，占 46.5%。超过一半的人对社区提供的相关养老服务的评价是满意的。

表 7-25　老年人对社区提供相关养老服务的评价

单位：人，%

	人数	百分比
满意	23	53.5
一般	20	46.5
合计	43	100.0

7. 老年人对社区改进养老服务的建议

老年人对社区改进养老服务的建议见表 7-26。有 11 人认为要增加服务项目，占 25.0%，并有 2 人提到了具体的服务项目内容，提出要增加家庭服务、健康咨询以及关心孤独老人的服务；有 22 人认为应提高工作人员专业性，占 50.0%；有 15 人认为应降低费用，占 34.1%；有 5 人提了其他建议，占 11.4%。

表 7-26　老年人对改进社区养老服务的建议

单位：人，%

	人数	百分比
增加服务项目	11	25.0
提高工作人员专业性	22	50.0
降低费用	15	34.1
其他建议	5	11.4

四　无锡市城市社区综合养老服务体系建设的对策与建议

（一）从各种渠道引进社会资金，增加养老经费投入

首先，政府要加大针对社区内养老服务的专项资金的投入，保障基本养老服务供应，同时推动社区范围内养老服务中心以及养老设施设备等建设。除此之外，政府还应出台相应的优惠政策帮助社区吸引社会力量进入养老领域。但在资金方面除政府的拨款和相关政策的引导之外，社区也应该发挥自身优势，积极寻求其他社会力量，如企业、社会组织的投资，或者基本设施的配备和服务材料的供给，保证养老服务资金链的充足，同时在已有的服务项目的基础上拓展各种不同类型的服务项目。

其次，课题组在调研过程中发现老年人在医疗方面的支出是最多的，因此政府需要提高老年人的医疗补贴，让老年人病有所医。

（二）进一步推进医养融合的实践进程

虽然当地政府出台了有关于医养融合的相关政策，但却没有很好地进行实践。因此，政府方面不仅需要将相关政策规定得更细致、更便于实施，还需要社区、医疗机构积极主动寻求资源，主动开展合作，这有助于保证

医养融合想法的实现及进一步发展。医院和医疗机构方面也应该对老年人尤其是身体状况较差的老年人开通就医绿色通道，方便老年人就医。

同时，社区的医疗服务水平还需要进一步提升，相关医疗服务人员的专业资格和服务要求也需要进行规范。由于老年人得慢性病的比例较大且前去就医不太方便，医院及相关医疗机构可酌情更改只能拿特定时间常用药的规定，这一点也是多个社区的老年人都提到的问题。

（三）建立有效的养老服务监管机制

政府可以委托第三方来对社区的相关养老服务进行监督，促进社区内居家养老及社区养老的发展。对于各个养老机构，还可以出台相应的监管以及评估标准，评估标准既包括进入和退出养老服务，也包括对日常运营管理的规定。关于日间照料中心，政府只是鼓励社区建设居家养老服务中心并让其提供相关服务，但欠缺日间照料中心的建设标准、设备设置以及运营模式等相关规定。有了有效的养老服务监管机制，才能更好地保证养老服务的质量，更好地满足老年人各方面的需求。

（四）居家养老服务项目的建设和完善

课题组在调查中发现老年人更愿意居家养老，让配偶和亲人照顾自己，因此老年人对居家养老的需求是很大的。但从调查的结果来看，目前居家养老项目还是比较少的，而且社区之间的差异比较明显。因此，社区需要动用资金、资源开展更多的居家养老服务项目，以满足老年人在居家养老各方面的服务需求。同时，增加服务人员的数量，引进专业的服务人员提供相关的服务。在建立相关服务机构时，要考虑服务机构的区域问题，以更方便地为老年人提供各方面的服务。

除此之外，推动相关的智能养老设备在居家养老中的使用，无锡在提出"智慧养老"后就有一些服务平台出现，有一些信息化管理和智能化服务。可能由于推广不足，目前使用的人较少。类似的智能养老服务在未来的发展中肯定会越来越多，当前需要完善服务的种类并解决智能平台推广的问题。

（五）培养更多的养老服务专业化人才，建立专业化的队伍

建立专业化队伍的基础是有专业人才可以施展才华开展服务的场所，因此首先要加强养老机构和社区养老服务中心的建设，这是无锡市已经出台政策并在推进的。但目前看来，由于无锡市有约四分之一的人口是老年人，因此服务的匹配程度还需要提高。针对区域养老机构分配不均衡的问题，还需要在缺乏养老机构的区域建立更多的养老机构，以保证养老服务的提供。

为了促进养老机构的运营以及养老服务的提供，需要更多的专业化人才，因此要多培训有关的社会工作师、养老护理员、心理咨询师及医护人员等新型人才。同时还需要对已经被纳入养老服务队伍的服务人员进行培训，提高他们的专业服务能力，致力于建立一支专业化的养老服务团队。针对专业化人才不愿意到社区进行服务的情况，政府可以出台相应的补贴或是指向性政策，消除就职地点、层次的偏见，鼓励专业人才到社区进行服务。

（六）针对特殊老人群体提供更多的政策福利和政策倾斜

对于特殊的老人群体，主要是高龄老人和失独老人，需要考虑其真实状况，调查他们的真实需求，出台对他们有效有利的相关政策，这也需要社区工作人员多与社区内的老年人接触，尤其是要更多地了解特殊老年人群体的需求。以当前的服务来说，基本就是给予他们特殊补贴，而没有太多的实质性服务，失独老人可能更需要一些心理方面的关心和服务，高龄老人可能需要特殊的医疗服务和日常照料服务等。

（七）促进社会力量的参与，增强多方资源的整合

在目前这个阶段，社区内提供的养老服务实际上并没有把所有可利用的资源全都整合起来，有的社区提出很愿意与社会组织合作但并没有主动去寻找资源。其实，很多资源是需要发掘和利用的，如果社区和社会组织都不积极主动寻求合作，是没办法在社区范围内为老年人提供更丰富更好的养老服务的。不仅是社会组织，企业、营利性养老机构也是如此，沁园二社区内的净慧居家养老服务机构就是一个比较成功的例子，虽然是街道引进的，但很好地做到了资源的利用和整合，这一点是其他社区可以借鉴的。

第八章
扬州市社区综合养老服务体系建设

2015年11月20—21日，中国社会科学院国情调研重大项目"我国城市社区综合养老服务体系建设状况调查"课题组一行四人赴扬州市，就城市社区居家养老服务需求状况，社区综合养老服务的供给方式与影响因素，以及政府在社区养老服务方面的政策制定、资金投入、发展规划等相关问题开展实地调查。课题组深入扬州市广陵区曲江街道文昌花园社区，走访了社区居委会，参观了社区社会组织发展中心、邻里中心、老年大学、老年公寓等社区养老服务场所及服务设施，并与社区居委会负责人、养老服务一线工作人员、社区卫生服务中心工作人员以及部分老年社会组织负责人举行了座谈会。同时，对20多名60岁及以上的老人进行了问卷调查。课题组在分析调查数据与资料的基础上形成了本报告。

一 扬州市综合养老服务基本概况

扬州地处江苏省中部、长江下游，地理位置优越，气候宜人，经济发达，交通便利。2014年，标准排名、中国健康养老产业联盟、《投资时报》联合发布"2014年中国最佳养老城市50强排行榜"，扬州在宜居指数、空气指数、医疗指数、交通指数等要素的评选中名列前茅，成功跻身中国十大最佳养老城市。

（一）全市养老服务现状

1. 全市人口老龄化现状

《扬州市2015年1%人口抽样调查主要数据公报》显示，截至2015年11月1日零时，扬州全市常住人口为448万人，与2010年第六次全国人口普查数据相比，增加1.99万人，年平均增长率为0.09%。在全市常住人口中，65岁及以上人口为68万人，占15.18%。同2010年第六次全国人口普查数据相比，65岁及以上人口的比重上升2.74个百分点。根据联合国的标准，扬州市已经进入深度老龄化社会。

2. 养老政策体系建设情况

近年来，扬州市政府及相关部门出台了《扬州市加快发展养老服务业的意见》《关于加快发展健康和养老服务产业的实施意见》《关于加强养老服务体系建设的实施意见》《关于推进医疗与养老服务融合发展的意见》《关于进一步加强农村五保供养服务机构建设管理的实施意见》《扬州市区政府购买居家养老服务采购管理办法》《扬州市城区养老机构新增床位经费补助办法》《扬州市城区养老机构运营经费补助办法》《扬州市老年人尊老金发放管理办法》等一系列文件，基本形成以居家为基础、社区为依托、机构为支撑、信息为辅助，功能完善、服务优良、覆盖城乡的养老服务体系。

3. 基础服务设施建设情况

"十二五"期间，市级财政加大对养老服务基础设施的投资建设力度，实施了市颐和养老院、市老年活动中心、市养老服务中心等一批民生工程，全市公共养老服务能力大为提升。同时，全市各地切实加强了公共养老服务设施建设，高邮市建成了社会福利院，宝应县失能老人托养中心顺利落成，邗江区、仪征市也相继建成了医养结合的老年公寓。扬州所有县、市（区）均建有政府主办的示范性养老机构，公共养老服务条件显著改善。截至2015年底，全市养老服务机构达98家，千名老人养老床位数由2011年的21.5张增加到33张，护理型养老床位数10352张，占总床位数的30%；社会力量举办机构床位数5494张，占总床位数的16%。养老护理员持证上岗率达90%以上。

4. 养老服务改革主要成就

"十二五"期间，扬州市全力推进社区居家养老服务，建成了集政策咨询、为老服务、产品展示、居家养老信息中心为一体的养老服务平台，为全市7600名高龄、困难老年人和其他社会老人提供居家养老定制服务。全市建成了1363个社区居家养老服务中心，实现了城镇全覆盖、农村覆盖率90%；建成城市社区日间照料中心163个、农村"老年关爱之家"61个。推进医养融合、旅居养老等新型养老方式，创新开展了以"温暖空巢""心灵茶吧""舞动夕阳""校园争辉"为主要内容的老年精神关爱示范项目；尊老金标准连续提高，创立了"市民日·百寿宴"活动品牌。

（二）调查社区基本情况

1. 社区概况

文昌花园社区位于江苏省扬州市东部，东起京杭大运河，南至文昌中路，西临沙施河，北至解放北路，是扬州市最大的拆迁安置小区。社区面积1.28平方公里，居住4519户。现有办公活动用房800平方米，其中，办公用房160平方米、活动用房620平方米，建有便民服务大厅、党建室、图书室、书画室、多功能活动室、残疾人康复室、市民学校、老年大学等社区服务和活动场所。文昌花园社区被曲江街道评为三个文明建设先进单位，被广陵区评为和谐示范社区、先进基层党组织，被扬州市评为绿色人居环境社区，被江苏省评为园林居住区，被中国社会工作协会评为全国社区服务先进社区。

2. 社区老龄人口现状

据调查，文昌花园社区总人口为12066人；60岁及以上的人口约1600人，其中男性约700人，女性约900人；半失能老人40人，其中男性半失能老人25人，女性半失能老人15人；失能老人14人，其中男性8人，女性6人。社区老年人退休前的主要职业类型为企业管理人员。

3. 被调查老人情况

此次调查，我们共发放针对老年人的调查问卷23份，回收有效问卷22份，有效问卷回收率为95.7%。此外，还向社区负责人发放调查问卷1份，回收问卷 1 份。老人调查样本的基本情况为：（1）性别。男性 11 人，占 50.0%；女性 11 人，占 50.0%。（2）年龄构成。60—64 岁的 4 人，占 18.2%；65—69 岁的 10 人，占 45.5%；70—74 岁的 7 人，占 31.8%；75 岁及以上的 1 人，占 4.5%。（3）受教育程度。未上学 1 人，占 4.5%；小学学历 3 人，占 13.6%；初中学历 11 人，占 50.0%；高中/中专学历 4 人，占 18.2%；大专及以上学历 3 人，占 13.6%。（4）婚姻状况。初婚有配偶 18 人，占 81.8%；再婚有配偶 2 人，占 9.1%；丧偶 1 人，占 4.5%；离婚 1 人，占 4.5%。

二 扬州市社区综合养老服务供给状况

经过多年发展，目前扬州市已经基本形成以居家为基础、社区为依托、机构为支撑、信息为辅助的综合养老服务体系。在社区，养老服务供给由社区居委会、社区卫生服务中心、社区居家养老服务中心、非营利性组织等共同完成。现就此次调研社区养老服务供给的有关情况介绍如下。

（一）服务机构

目前，文昌花园社区内提供养老服务的机构有 3 个。其中，政府组织机构 1 个，为社区服务中心，内部设有健身室、康复训练室、心扉室、棋牌室、老年文化体验室、睦邻文化展示墙等服务场所，并配备了相应的服务设施；非营利性的民间组织机构 2 个，分别是社区居家养老服务中心和文昌花园老年公寓，老年公寓内设有老年人餐厅、休闲茶座、功能训练室、电脑学习室、康复理疗室等室，并配有专业设备。此外，社区内还建有社区卫生服务中心，可以为有需要的社区老人提供医疗服务。

（二）服务项目

社区服务中心向辖区老人提供的养老服务项目有五大类：一是社会保障相关服务，包括生活救助、社保卡受理、医疗保险事务受理、慈善捐赠事务受理等；二是医疗保健相关服务，包括医疗服务、康复治疗、体质检测、健康咨询等；三是社会福利相关服务，包括养老补贴发放、困难老人救济、残疾老人服务等；四是文体活动类服务，包括唱歌、舞蹈、书画、棋牌、健身、体育活动等；五是教育科普类服务，包括老年法律课堂、司法援助、老年大学、老年人图书馆、阅览室等。

社区提供的社区居家养老服务项目主要有迅铃急救、电话送餐、家政卫生、长期护理、情感陪护、代办购物和邮寄等。社区开展过的为老服务主要包括老年人讲座、定期免费体检、少年志愿者进社区、传统节日庆祝活动等。社区依照国家福利政策开展过的特殊老人群体服务有：高龄老人补贴与养老服务、失独老人补贴与养老服务以及空巢老人养老服务。

老年公寓是集异地养老、长期托养、日间照料、居家养老服务于一体的社区综合养老机构，提供的养老服务主要分为四类：一是异地养老，服务项目包括就餐、护理、医疗、休闲、教育等；二是老年公寓，服务项目包括日常饮食起居、清洁卫生、生活护理、健康管理、文化娱乐等；三是社区养老，服务项目包括就餐、医疗、休闲、教育等；四是居家养老，服务项目包括家政、老年助餐、陪护散步、陪护就医、陪聊、理发、代购代邮、洗衣服、健康理疗等。

（三）服务方式

社区提供的社区居家养老服务的方式主要是：低报酬的小时工性质的家庭服务员入户服务，无偿的小时工性质的家庭服务员入户服务，无偿的社区站点形式的日间照料服务，以及邻里志愿性质的服务。

（四）服务人员

目前，社区从事居家养老服务的工作人员有26人，其中直接服务人员14人，管理人员12人。从事居家养老服务的工作人员中，男性8人，女性18人；年龄在21—30岁的2人，31—40岁的8人，41—50岁的10人，51—60岁的6人；文化程度为职业高中2人，普通高中13人，中专4人，专科3人，本科2人，研究生及以上2人。

社区从事居家养老服务的工作人员获得各类职业资格的情况是：心理咨询师二级4人，一级1人；助理社会工作师2人，社会工作师2人；医生中，住院医师1人，主治医师2人，副主任医师1人，主任医师1人；护理人员中，初级护师 2 人。

社区开展居家养老服务的工作人员的培训活动包括职前培训和职中培训。社区从事居家养老服务的工作人员的工资与本市人均月收入大致持平。

（五）服务接受情况

与 2014 年同期相比，2015 年度社区接受过社区居家养老服务的老人人数有所减少。社区提供服务次数最多的居家养老服务项目是：电话送餐、家政卫生、长期护理和情感陪护。若请老人对接受的服务进行评价，社区负责人认为老人可能的打分是满分 10 分。为了提高老人对所接受服务的满意度，社区负责人最期待的服务改进措施是更专业的服务人才加入。

三　扬州市综合养老服务需求状况分析

为了解老人的养老需求，我们请社区居委会召集了 20 多名 60 岁及以上的老人，以集中填写的方式进行了问卷调查。调查问卷内容涉及老人个人基本情况与社区支持情况两部分。

（一）老人个人生活情况

1. 老人共同居住情况

对于老人共同居住的情况，我们的调查问卷是以多项选择题的形式出现的，涉及的答案有：配偶、子辈、孙辈、其他亲戚、保姆、自己居住以及其他。调查数据显示（见表 8-1），在 22 名被调查的老人中，与配偶共同居住的有 19 人，占比为 86.4%；与子辈共同居住的有 11 人，占比为 50.0%；与孙辈共同居住的有 11 人，占比为 50.0%；自己居住的有 2 人，

表 8-1　被调查老人的共同居住情况

单位：人，%

选项	人数	百分比
配偶	19	86.4
子辈	11	50.0

续表

选项	人数	百分比
孙辈	11	50.0
其他亲戚	0	0
保姆	0	0
自己居住	2	9.1
其他	1	4.6

占比为9.1%；选择其他（与母亲共同居住）的有1人，占比为4.6%；没有人与其他亲戚或保姆共同居住。可见，大部分老人都与亲人共同居住，但也有少部分老人处于独居或空巢的状态，更需要获得外界的照料与帮助。

2. 老人退休前所在单位类型

在调查问卷中，关于"您退休前所在单位的类型"的选项共有8个，分别是党政机关、企业、事业单位、社会团体、无单位、自办企业、军队、其他。调查结果显示，在22名被调查老人中，有21人退休前所在单位类型为企业，占被调查人数的95.5%；只有1人退休前没有工作单位，占比为4.6%（见图8-1）。这表明，社区存在一些退休前无单位的老人，他们可能存在没有离/退休金的情况，虽然数量很少，但也应当给予更多的关心与帮助。

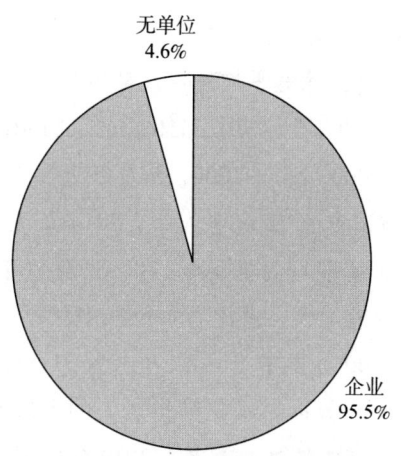

图8-1 被调查老人退休前所在单位类型

3. 老人目前主要生活来源

在此次被调查的22名老人中，以自己的离退休金为目前主要生活来源的有20人，占90.9%；以配偶收入为目前主要生活来源的有1人，占比为4.6%；以子女资助为目前主要生活来源的有1人，占比为4.6%（见图8-2）。从调查结果可以发现，绝大部分被调查老人都有自己的离退休金，但有大约9%的被调查老人没有自己的离退休金，将配偶收入或子女的资助作为主要生活来源。

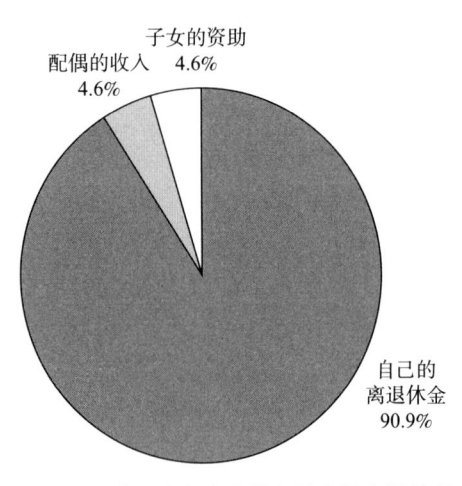

图8-2 被调查老人目前主要生活来源情况

4. 老人2014年家庭平均月收入

调查问卷将"2014年您家庭平均月收入是多少"作为调查问题，并给出了"无收入""700元及以下""701—1500元""1501—3000元""3001—5000元""5001元—10000元""10001元及以上"7个选项。调查结果显示（见图8-3），在被调查的22名老人中，2014年无收入的有1人，占被调查人数的4.6%；家庭平均月收入在700元及以下的有1人，占比为4.6%；701—1500元的有1人，占比为4.6%；1501—3000元的有7人，占比为31.8%；3001—5000元的有7人，占比为31.8%；5001—10000元的有5人，占比为22.7%。数据显示，扬州老人的家庭平均月收入情况相对于西部地区较好，有54.5%的被调查老人2014年家庭平均月收入在3000元以上，但也有一小半的被调查老人在3000元以下。

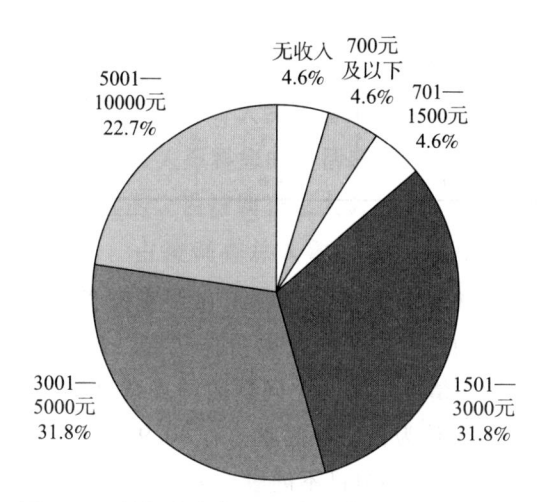

图 8-3 被调查老人 2014 年家庭平均月收入情况

（二）老人对社区养老服务的需求情况

1. 老人在养老项目上的支出情况

调查发现，老人们在医药费用方面的支出最多，在 22 名被调查老人中有 17 人在 2014 年存在医药费用支出情况，占被调查人数的 77.3%，其中支出最高的为 3000 元/月，支出最低的为 60 元/月。其次为康复护理方面的支出，有 3 人存在这方面的支出情况，占被调查人数的 13.6%，其中支出最高的为 700 元/月，最低的为 200 元/月。然后为家政服务方面的支出，有 2 人存在这方面的支出情况，占被调查人数的 9.1%，其中支出最高的为 300 元/月，支出最低的为 150 元/月。最后为其他方面的支出，有 1 人存在保健品方面的支出，占被调查人数的 4.6%，每月支出 900 元（见表 8-2）。总体而言，与其他养老项目支出相比，老人在医药费用方面的支出最为普遍。

表 8-2 被调查老人 2014 年在养老项目上的支出情况

单位：人，%，元/月

养老项目	存在支出的人数	百分比	最高支出	最低支出
康复护理	3	13.6	700	200
长期照料	0	0	0	0

表 8-5　被调查老人的社会交往情况

单位：人，%

	与子女的联系情况		与朋友的联系情况	
	人数	百分比	人数	百分比
几乎天天	11	50.0	9	40.9
每周至少一次	9	40.9	5	22.7
每月至少一次	2	9.1	4	18.2
一年几次	0	0	3	13.6
几乎没有	0	0	1	4.6
合计	22	100	22	100

委会和社区工作者"的帮助，各有 4.6% 的老人回答最希望得到"其他亲属"或"朋友或邻居"的帮助。当询问老人"您认为最应该由谁承担养老责任"时，各有 36.4% 的被调查老人认为最应该由"子女"或"自己或配偶"来承担养老责任，有 18.2% 的老人认为最应该由政府承担责任，有 4.6% 的老人认为最应该由所在社区承担责任，还有 4.6% 的老人选择了不好说。当询问老人"您心目中最理想的养老方式"时，有 59.1% 的被调查老人选择"住在家里由亲人照顾"，有 36.4% 的老人选择"住在家中接受社区服务"，有 4.6% 的老人选择"住在养老院"（见表 8-6）。可见，老人们在养老方式选择上倾向于居家养老。

表 8-6　老人的养老方式倾向

单位：人，%

问题	选项	人数	百分比
遇到困难最希望得到谁的帮助	配偶或子女	17	77.3
	其他亲属	1	4.6
	朋友或邻居	1	4.6
	居委会和社区工作者	3	13.6
最应该由谁承担养老责任	政府	4	18.2
	所在社区	1	4.6
	子女	8	36.4
	自己或配偶	8	36.4
	不好说	1	4.6

续表

问题	选项	人数	百分比
心目中最理想的养老方式	住在家里由亲人照顾	13	59.1
	住在家中接受社区服务	8	36.4
	住在养老院	1	4.6

6. 老人对目前生活的评价

关于老人对目前生活的评价情况，我们在调查问卷中给出了"满意""一般""不满意"三个选项供老人选择。结果显示，有16名被调查老人对目前生活表示"满意"，占比为72.7%；有6名老人表示"一般"，占比为27.3%；没有老人表示"不满意"（见图8-4）。这说明，大多数老人的养老需求得到了较好的满足，对目前生活比较满意。

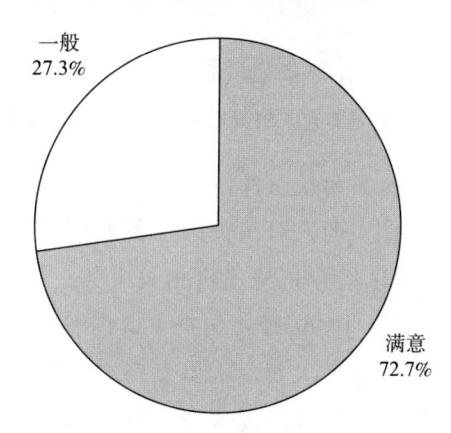

图8-4 被调查老人对目前生活的评价情况

（三）老人对社区养老服务的认知与评价

1. 老人到社区养老服务机构的便利程度

在问卷中，对老人从家到最近的社区服务机构的距离进行了调查。结果发现，在22位被调查者中，有17位老人从家到最近的社区服务机构的距离为半公里，占被调查人数的77.3%；有4位老人的距离为一公里，占18.2%；有1位老人的距离为两公里，占4.6%（见图8-5）。同时，我们还调查了老人从家到社区医疗机构需要花费的时间，通过计算调查数据得出，22 名被调查老人到社区医疗机构需要花费的时间平均为 9.68 分钟，标准差为 7.09。其中，用时最短的为 1 分钟，用时最长的为 20 分钟。总体来看，老人到社区服务机构的距离不远，到社区医疗机构花的时间较短。

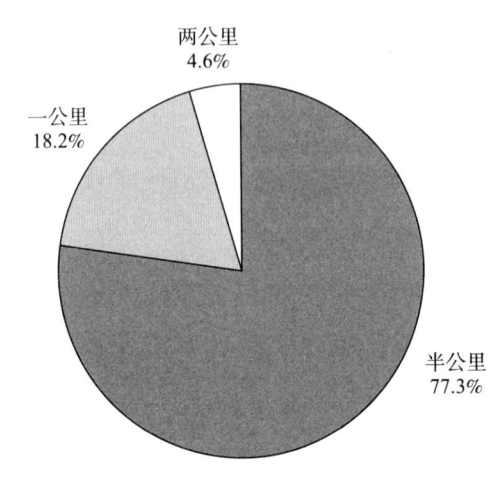

图 8-5　被调查老人到最近的社区服务机构的距离

2. 老人对社区医疗服务的认识与评价

问卷从三个方面调查了老人对相关医疗服务项目的认知、使用及评价情况。（1）是否需要社区医疗机构提供相关服务。在被调查的 22 名老人中，分别有 10 人表示需要社区医疗机构提供上门看病和紧急救助服务，各占被调查人数的 45.5%；有 8 人表示需要上门护理服务，占 36.4%；分别有 7 人表示需要康复治疗和日常保健服务，各占 31.8%；还有 5 人表示需要特殊药品服务，占 22.7%。（2）2014 年是否接受过社区医疗机构提供的相关服务。在被调查的 22 名老人中，只有 1 人表示 2014 年接受过社区医疗机构提供的日常保健服务，占被调查人数的 4.6%；其他人表示没有接受过相关服务。（3）对社区医疗机构的相关服务是否满意。仅有的 1 位接受过日常保健服务的老人，对服务表示满意（见表 8-7）。这表明，目前社区医疗机构在提供相关服务方面存在缺位问题。

3. 老人对社区提供养老服务的认知与态度

课题组在调查问卷中列举了社区能够提供的 10 个服务项目，并请老人回答"社区是否提供或举办过相关服务""您认为社区有无必要向老年人提

表 8-7 被调查老人对社区医疗机构服务的认识与评价

单位：人，%

服务项目	是否需要相关服务		2014年是否接受过相关服务		对接收过相关服务的评价					
					满意		一般		不满意	
	人数	百分比	人数	百分比	人数	百分比	人数	百分比	人数	百分比
上门护理	8	36.4	0	0	0	0	0	0	0	0
上门看病	10	45.5	0	0	0	0	0	0	0	0
康复治疗	7	31.8	0	0	0	0	0	0	0	0
紧急救助	10	45.5	0	0	0	0	0	0	0	0
特殊药品	5	22.7	0	0	0	0	0	0	0	0
日常保健	7	31.8	1	4.6	1	4.6	0	0	0	0

供相关服务"。调查结果显示（见表 8-8），有 86.4% 的老人认为社区组织过"文体活动"，有 81.8% 老人认为社区提供过"上门探访"和"法律援助"服务，有 77.3% 的老人认为社区提供了"上门做家务"服务，有 72.7% 的老人认为社区设有"老年人服务热线"，有 68.2% 的老人认为社区提供了"困难救助"服务，有 63.6% 的老人认为社区提供了"心理咨询"服务，有 59.1% 的老人认为社区提供了"日托所或托老所""老年饭桌或送餐""代办购物和邮寄"服务。同时，有 91.9% 的老人认为社区有必要组织"文体活动"，有 86.4% 老人认为社区有必要提供"上门探访""老年人服务热线""法律援助""困难救助""上门做家务""日托所或托老所""老人饭桌或送饭""心理咨询"8 项服务，还有 72.7% 的老人认为社区有必要提供"代办购物和邮寄"服务。从数据来看，认为社区有必要提供相关服务的老人人数，普遍高于认为社区已经提供了相关服务的老人人数，这在一定程度上反映了老年人的实际需求高于当前的供给。

表 8-8 被调查老人对社区提供养老服务的认识与评价

单位：人，%

服务项目	社区是否提供相关服务				社区有无必要提供相关服务			
	是		否		有		无	
	人数	百分比	人数	百分比	人数	百分比	人数	百分比
上门探访	18	81.8	4	18.2	19	86.4	3	13.6

续表

服务项目	社区是否提供相关服务				社区有无必要提供相关服务			
	是		否		有		无	
	人数	百分比	人数	百分比	人数	百分比	人数	百分比
老年人服务热线	16	72.7	6	27.3	19	86.4	3	13.6
法律援助	18	81.8	4	18.2	19	86.4	3	13.6
困难救助	15	68.2	7	31.8	19	86.4	3	13.6
上门做家务	17	77.3	5	22.7	19	86.4	3	13.6
老年饭桌或送餐	13	59.1	9	40.9	19	86.4	3	13.6
日托所或托老所	13	59.1	9	40.9	19	86.4	3	86.4
心理咨询	14	63.6	8	36.4	19	86.4	3	13.6
组织文体活动	19	86.4	3	86.4	20	91.9	2	9.1
代办购物和邮寄	13	59.1	9	40.9	16	72.7	6	27.3

4. 老年人对社区服务设施的认知情况

老人对社区服务设施认知情况的调查结果显示（见表8-9），有95.5%的老人知道社区有老年活动室，有90.9%的老人知道社区有图书馆，有86.4%的老人知道社区有老人健身室和室外活动场地，有72.7%的老人知道社区有老年人学习室、棋牌室或麻将室，有68.2%的老人知道社区设有老年康复中心，被调查者中没有人选择"以上都没有"和"不知道"。这说明，社区为老人们提供了较为丰富的服务设施，老人们对这些服务设施都比较熟悉，使用较为普遍。

表8-9 被调查老人对社区服务设施的认知情况

单位：人，%

选项	人数	百分比
老年活动室	21	95.5
老年健身室	19	86.4
棋牌室或麻将室	16	72.7
图书馆	20	90.9
室外活动场地	19	86.4
老年学习室	16	72.7
老年康复中心	15	68.2

续表

选项	人数	百分比
以上都没有	0	0
不知道	0	0

5. 老人对社区养老服务的评价与建议

调查结果显示，老人对目前社区提供的相关养老服务的评价较高。在22名被调查老人中，表示满意的有18人，占81.8%；表示一般的有4人，占18.2%；没有人表示不满意。关于社区改进养老服务的建议，在22名被调查老人中，建议"提高工作人员专业性"的有8人，占36.4%；建议"降低费用"的有4人，占被调查人数的18.2%；建议"增加服务项目"的有2人，占9.1%；有8人表示没有建议，占36.4%（见表8-10）。可见，老人们对养老服务专业性问题的关注度最高。

表 8-10 被调查老人对改进社区养老服务的建议

单位：人，%

	人数	百分比
增加服务项目	2	9.1
提高工作人员专业性	8	36.4
降低费用	4	18.2
其他建议	0	0
没有建议	8	36.4

四　扬州市综合养老服务体系建设的问题与对策

通过调研，课题组对扬州市城市社区综合养老服务体系的建设情况有了一定了解，从中也发现了一些问题。在此，对调研中发现的问题做一简要梳理，并尝试提出一些对策建议。

（一）主要问题

1. 社区养老服务内容有所缺失

从调研情况来看，社区为居家老人提供的养老服务大多为家政服务、文体活动等日常生活类项目，比较缺乏精神慰藉、长期照护等专业性服务项目，特别是缺少医疗护理、康复训练、健康管理等医疗服务的内容。而这些服务项目对于空巢、独居、残疾、失能等特殊群体的老人来说，是非常急需的服务。

2. 专业性社会组织数量较少

在调研中我们发现，社区孵化了大量的社会组织，并通过它们联系动员了大量社区活动积极分子，组建了人数众多的社区志愿者队伍，在社区活动与社区建设中发挥了很好的作用。然而，这些社会组织大多为社区文体活动爱好者自发组织，活动内容也以个人兴趣类文化娱乐为主。由于缺少真正专业性的社区社会组织与机构，许多社区急需的专业性服务活动难以开展。

3. 养老服务专业人才较为匮乏

调查发现，社区中虽然拥有一定数量的居家养老一线服务人员，但大多为"4050"人员，文化水平不高，也缺少相应的服务技能。由于缺少养老服务专业人才，很多专业性的服务项目无法开展，严重制约了社区养老服务水平的进一步提高。

4. 养老服务资金投入有所不足

通过调研我们了解到，目前社区用于居家养老服务项目的资金较为匮乏，政府财政缺少对这部分内容的资金支持，来自社会的捐助与投资也严重不足。由于缺乏稳定的资金来源，社区居家养老的服务内容与服务范围受到严重的制约。

（二）对策建议

1. 拓展养老服务内容

社区应当委托专业的社会机构开展针对社区老人养老服务需求的调查与分析，并根据调查分析结果拓展社区居家养老服务项目，满足不同群体老人的多层次需求。同时，社区服务中心和社区居家养老服务中心等社区养老服务机构应当主动与社区卫生服务中心等建立合作机制，依托社区卫生机构的医疗护理资源，为有需要的居家老人提供慢性病治疗、康复护理、卫生保健、健康管理等医疗服务，探索医养融合的社区综合养老服务模式。

2. 引入专业服务机构

政府应当鼓励和支持社区努力创新体制机制，积极引进专业的社会养老服务机构，采取政府购买服务、公私合办、公助民营等方式，对现有的社区养老服务设施进行改造升级，努力打造集短期托养、日间照料、居家服务等多种服务内容于一体的社区综合养老服务机构。

3. 培养专业服务人才

政府应当大力加强社区养老服务人才队伍建设，引导专业服务人才进入社区开展养老工作，强化对社区现有养老服务人员的专业培训，提高社区养老服务人员的福利待遇，完善社区服务人员专业晋升的补贴机制，积极构建专业服务人才进得来、留得住、用得好的良好机制。

4. 健全资金投入机制

政府应当加大对社区居家养老服务的财政支出力度，探索构建稳定的经费投入机制，确保社区居家养老服务工作的正常开展。此外，政府还应当及时制定完善各项优惠政策，支持鼓励社会组织、社会企业等加入社区养老服务的供给，引导社会资源流向社区，扩大社区居家养老服务的资金来源，促进社区居家养老服务事业持续健康发展。

第九章
宜昌市社区综合养老服务体系建设

为了解宜昌市社区综合养老服务现状,课题组选取宜昌市伍家岗区和西陵区作为调查地点,分别针对两个辖区内两个社区的居家养老服务状况、社区医疗卫生服务状况以及辖区内多家养老机构的养老服务状况召开座谈会,并对代表四种不同类型的养老机构进行了深入的调查。此外,课题组还对两个社区内的老人共计发放问卷54份,回收有效问卷50份,有效回收率为92.6%。调查为对宜昌市社区综合养老服务体系建设状况进行研究提供了宝贵的第一手资料。

一 调查概况

(一) 被调查社区老年人的基本状况

1. 被调查老年人的性别分布

此次调查的50名老年人中,男性老年人有14人,女性老年人有36人。

表9-1 被访老人的性别结构

单位:人,%

	人数	百分比
男	14	28.0

续表

	人数	百分比
女	36	72.0
合计	50	100.0

2. 被调查老年人的年龄分布

此次调查的 50 名老年人中，60—70 岁的老人有 25 人，71—80 岁的老人有 16 人，81—90 岁的老人有 9 人。

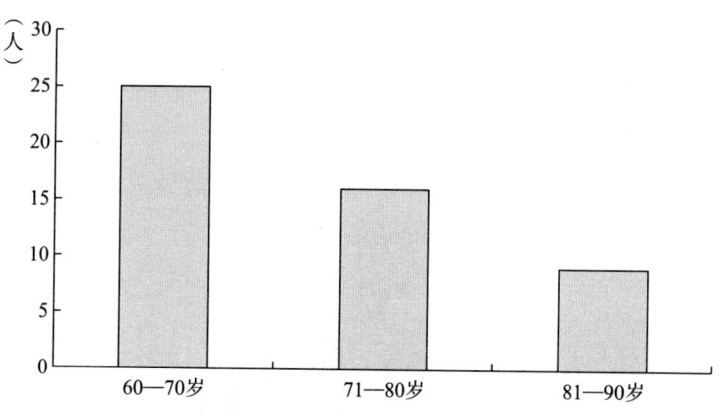

图 9-1　被访老人年龄分布

3. 被调查老年人的受教育程度

此次调查的 50 名老年人中，受教育程度为小学及以下或未上小学的共有 24 人，初中学历 16 人，高中学历 7 人，大专及以上学历为 3 人。

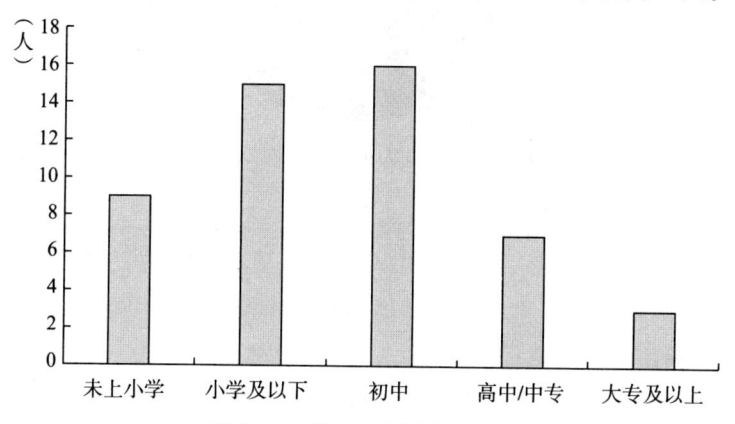

图 9-2　被访老人受教育程度

4. 被调查老年人独自居住的状况

此次调查的 50 名老年人中，独自居住的老年人有 15 人，独居原因为配偶离世。

表 9-2 被访老人独自居住状况

单位：人，%

	人数	百分比
是	15	30.0
否	35	70.0
合计	50	100.0

5. 被调查老年人退休前所在单位类型

此次调查的 50 名老年人中，37 名老年人退休前为企业职工，4 名为事业单位人员，无单位的 7 人，自办企业的有 2 人。

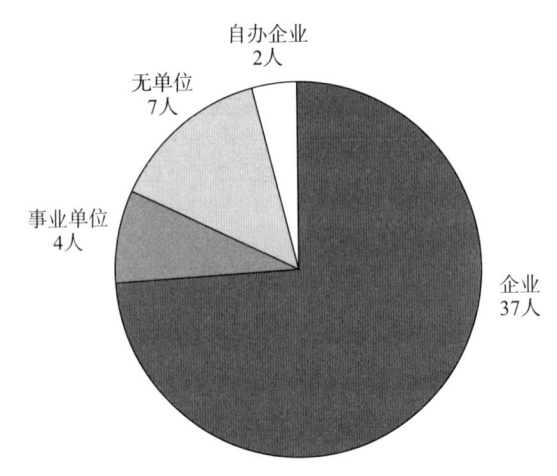

图 9-3 被访老人退休前所在单位类型

6. 被调查老年人目前生活主要来源

此次调查的 50 名老年人中，主要以自己离/退休金为生活来源的有 41 人，依靠配偶收入的有 2 人，依靠以前积蓄的有 4 人，依靠其他的有 3 人（其中包括离世配偶的遗产）。

7. 被调查老年人家庭 2015 年平均月收入状况

此次调查的 50 名老年人中，2015 年家庭平均月收入低于 700 元的有 1

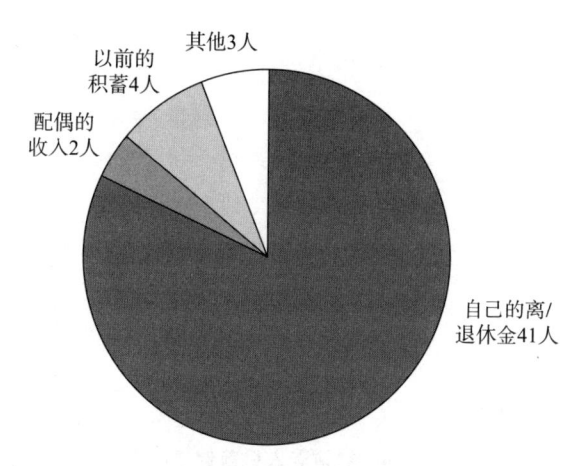

图 9-4　被访老人目前生活的主要来源

人，701—1500 元的有 14 人，1501—3000 元的有 20 人，3001—5000 元的有 24 人，5001—10000 元的有 1 人。

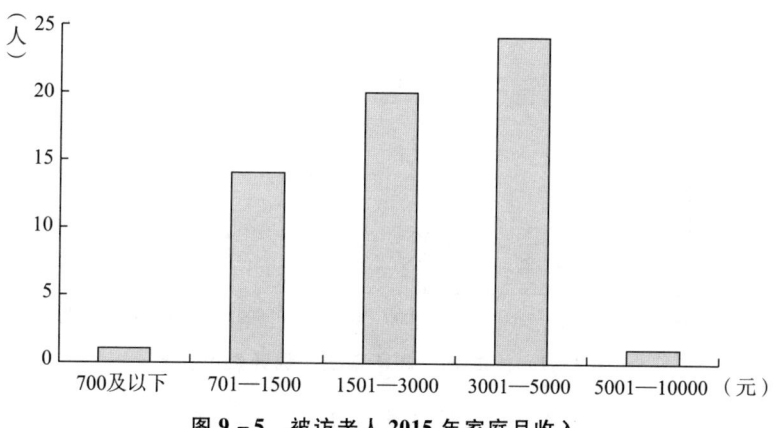

图 9-5　被访老人 2015 年家庭月收入

8. 被调查老年人目前的身体状况

此次调查的 50 名老年人中，有 2 位老年人身体状况很健康，身体状况健康的有 12 人，一般的有 25 人，不健康的有 11 人。

9. 被调查老年人 2015 年全年医药费支出状况

此次调查的 50 名老年人中，结合 2014 年的家庭月收支状况，全年医药花费在 700 元以下（包含 700 元）的有 16 人，701—1500 元的有 7 人，1501—3000 元的有 12 人，3001—5000 元的有 7 人，5001—10000 元的有 6

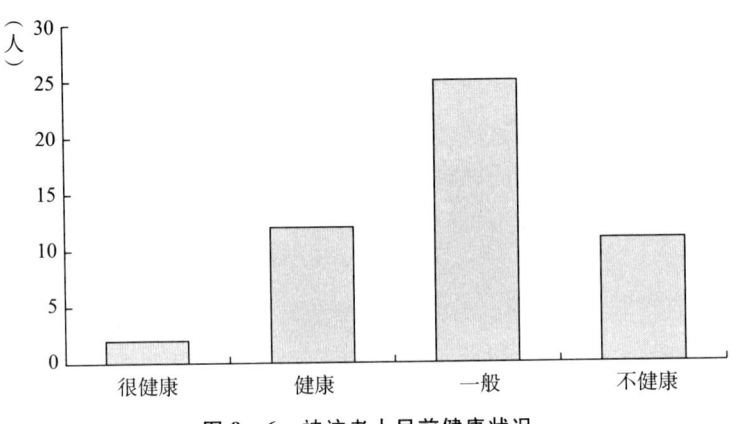

图 9-6　被访老人目前健康状况

人，10000 元以上的有 2 人，其分别花费 18000 元和 20000 元。

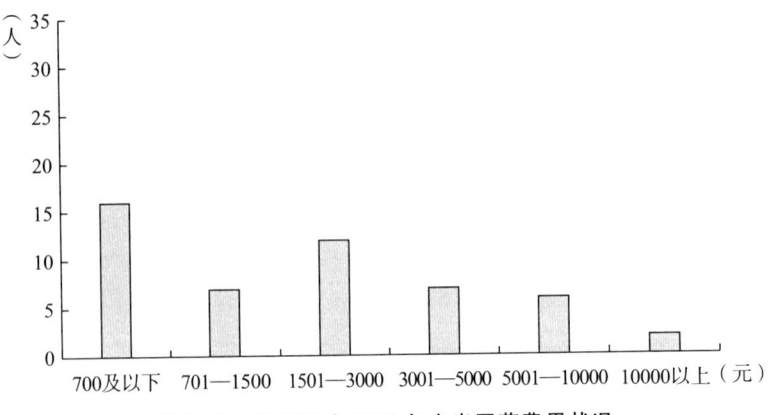

图 9-7　被访老人 2015 年支出医药费用状况

10. 被调查老年人慢性疾病的患病状况

此次调查的 50 名老年人中，患有高血压、慢性支气管炎、心脏病、关节炎的人较多，分别有 12 人、10 人、11 人、12 人。所患其他疾病主要有肩椎炎、甲亢、颈椎病、直肠癌、胃炎、静脉曲张、甲减、骨质疏松、皮肤病、慢性咽炎、骨质增生、肾早衰等。

11. 被调查老年人目前是否需要人照顾生活起居

此次调查的 50 名老年人中，有 4 位老年人的生活起居需要照顾，46 位老年人不需要照顾。

表 9-3 是否需要照顾生活起居

单位：人，%

	人数	百分比
需要	4	8.0
不需要	46	92.0
合计	50	100.0

12. 被调查老年人目前生活起居是否有人照料

此次调查的 50 名老年人中，有 12 人目前有人照料生活起居，38 人目前无人照料生活起居。

表 9-4 是否有人照料生活起居

单位：人，%

	人数	百分比
有	12	24.0
没有	38	76.0
合计	50	100.0

13. 被调查老年人与子女联系的频率

被调查的 50 名老年人中，几乎天天和子女联系的有 28 人，每周至少联系一次的有 15 人，每月至少联系一次的有 6 人，几乎不联系的有 1 人。

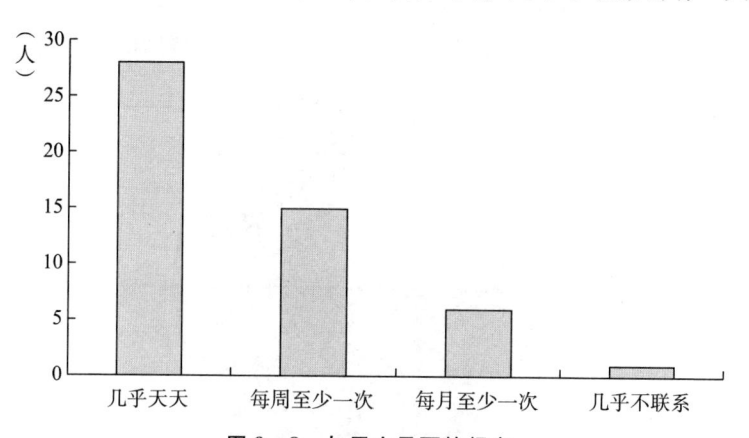

图 9-8 与子女见面的频率

14. 被调查老年人与朋友联系的频率

本调查中，50 名老年人中几乎天天和朋友联系的有 21 人，每周至少一次的 13 人，每月至少一次的有 5 人，一年联系几次的有 7 人，几乎不联系的有 4 人（见图 9-9）。

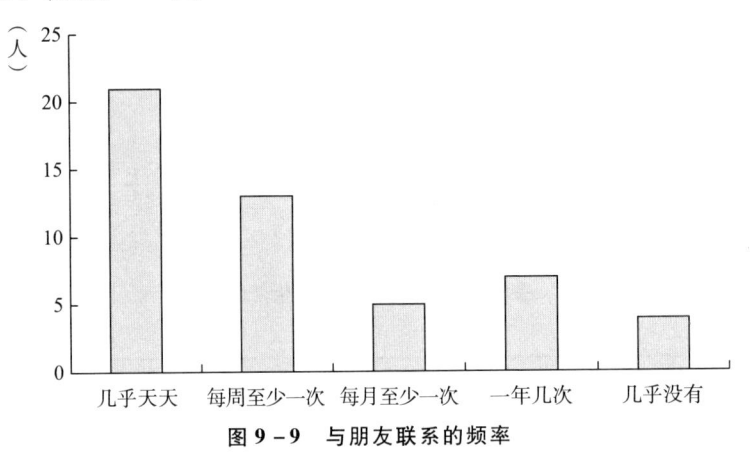

图 9-9　与朋友联系的频率

（二）被调查老年人的养老期望

1. 面对生活中的困难，被调查老年人最希望的帮助来源

调查显示，50 名被调查老年人在生活中面临困难时有 36 人最希望得到配偶或子女的帮助，最希望得到其他亲属帮助的有 1 人，最希望得到朋友和邻居帮助的有 1 人，最希望得到居委会和社区工作者帮助的有 12 人。

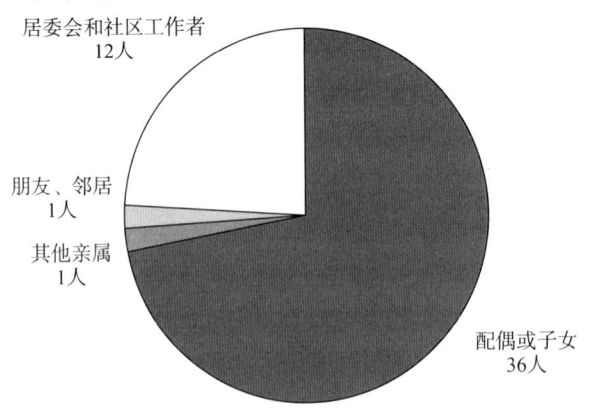

图 9-10　最希望得到谁的帮助

2. 被调查老年人认为的养老责任承担主体

调查显示，50 名被调查老年人中有 18 人认为政府应当承担养老责任，5 人认为所在社区应当承担养老责任，认为子女应当承担养老责任的有 18 人，认为应由老人自己或配偶承担责任的有 8 人，不能确定的有 1 人。

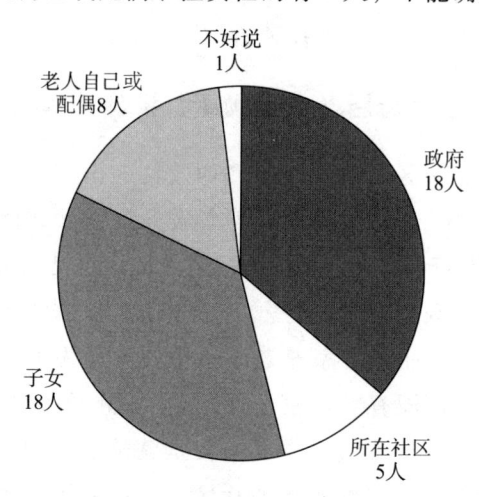

图 9-11　应由谁承担养老责任

3. 被调查老年人理想的养老方式

调查显示，50 名被调查老年人心目中最理想的养老方式选择为：住在自己家里由亲人照料的有 32 人，住在家里接受社区服务的有 9 人，住在养老院的有 8 人，其他为 1 人。

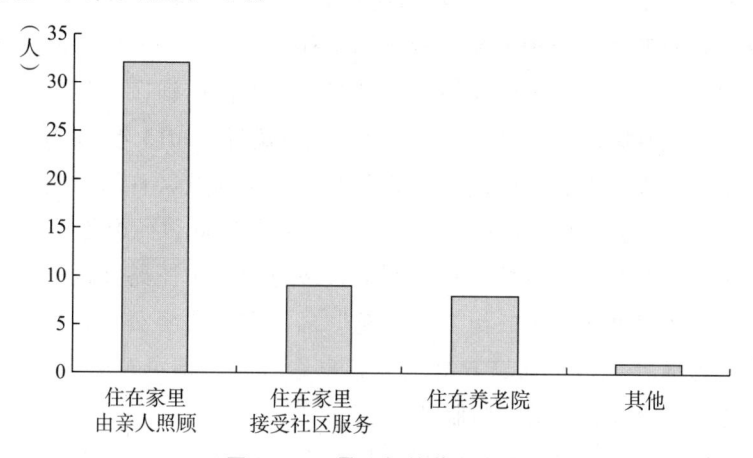

图 9-12　最理想的养老方式

二 被调查社区居家养老服务状况

课题组所调查的两个社区分别是位于伍家岗区的港务社区和西陵区的山庄路社区，以下内容是对两个社区的详细介绍。

（一）社区居家养老服务中心场所、设施基本状况

本次调查的伍家岗区的港务社区和西陵区的山庄路社区分别建有自己的居家养老服务中心。港务社区居家养老服务中心于 2016 年 9 月正式挂牌开放，"开办之前先问卷调查，然后根据老人他们自己的需求，老年人的真实需求，然后再加上我们社区的能力，双向结合"（摘自与伍家岗区港务社区书记的访谈记录）。社区居家养老服务中心共分为上下两层，总面积为 300 平方米。中心内部配有"四室一厅"，包括健身康复室、娱乐活动室、日间休息室、阅览室、晚霞食堂，其中食堂就是通过调查结合老年人需求及意愿建成的，晚霞食堂当前服务的社区老年群体主要为不愿意去机构养老和不愿意跟孩子一起生活的两类老人，通过办理就餐卡接受服务，饭菜价格较为平价，一部分由政府进行补贴。目前晚霞食堂服务的老年人有 50 人，每天平均接待 30 多人次。目前日间照料中心有 2 位老人接受服务。

山庄路社区居家养老服务中心成立于 2013 年，总面积为 400 平方米，中心建有"六室一堂一场"，包括图书阅览室、医务室、康复健身室、休闲娱乐室、日间照料室、理发室、食堂、室外活动场所。其中，理发室为残疾人和居家养老服务对象免费理发；日间照料室面向辖区老年人开展日间托老服务，配有床位、被褥、沙发、电视和空调等。2013 年 11 月，山庄路社区居家养老服务中心被民政部彩票公益金认定为社区日间照料老年人残疾人康复器具配置中央级项目示范点，民政部投资 60 万元配备了 48 件康复器材。需要说明的是，在社区居家养老服务方面，山庄路社区居家养老服务中心引进了民办非企业机构"暖夕阳"居家养老服务公司，社区内低收入老年人可向社区申请居家养老服务，审查合格后即可享受由政府购买、居家养老服务公司提供的上门服务。

需要说明的是，虽然社区中配有相关设施，但在针对两个社区的老年

人进行"您所在的社区是否存在如下活动场所或服务设施"的调查时,老年人的回答不同。知晓社区配有老年活动室的有33人,知晓社区配有健身房的有19人,知晓社区配有休闲娱乐室的有9人,知晓社区配有图书室的有26人,知晓社区配有室外活动场所的有23人,知晓社区配有老年学习室的有21人,知晓社区配有老年康复中心的有16人,表示都没有的有2人。

(二) 社区居家养老基本服务提供状况

1. 港务社区

除上述居家养老服务中心提供的服务外,社区在居家养老服务上还提供多方面支持。

(1) 12349信息服务平台

2011年,伍家岗区投入近百万元在全市率先建立了"12349居家养老信息平台",开通24小时呼叫服务受理,筛选123家加盟服务商,吸引了9989名老人入网,平台为老人提供全护照料、膳食服务、室内保洁等十大类型的服务。

(2) 老人呼叫服务话费补贴

从2013年起为老人提供呼叫服务话费补贴。其中,80岁及以上老人以及政府购买居家养老服务对象,政府给予每年120元的话费补贴,免费发放"一键通"手机;65—79岁的老人,政府每年给予60元的话费补贴。目前,港务社区有255名户籍在辖区内的老人享受到了话费补贴服务。

(3) 特殊老人政府购买服务补贴

2010年起,政府为辖区三无、低保、低收入等困难老人分别提供220元/月、150元/月、80元/月的补贴。

(4) 高龄津贴

港务社区为户籍在辖区内的188名80岁及以上的老人办理了高龄津贴,其中80—89岁的50元/月,90—99岁的100元/月,100岁及以上的500元/月。

(5) 特色服务

百家宴活动:2017年九九重阳节,社区邀请独居老人及部分高龄老人参加"品百家宴庆重阳节"活动,宴会食物均由社区居民与辖区周边爱心餐饮门店赞助,社区老人欢聚一起共度重阳。

黄胸牌活动："爱佑夕阳帮我回家"微信黄胸牌活动，旨在发动全社会帮助高龄和有认知障碍的老人，通过活动让更多的人争当志愿者，微信黄胸牌可以方便快捷地帮助老年人寻找到家人。市老龄办与网络公司合作开发，建设了以宜昌民政微信公众号为基础的黄胸牌查询平台，设计制作了具有宜昌特色、全省首创的微信黄胸牌。老人出现走失、晕倒等意外情况时，帮助者可通过扫描黄胸牌二维码或者查看黄胸牌内信息卡联系他的家人，帮助老人平安回家。"失能老人走失会拨打网格员电话，用微信扫描联系，里边录入了老人的信息和社区信息，老人可以放进包里或者别在自己身上……大多数老人是愿意接受的，别在老人身上也有但是比较少，一般都是放在自己包里或口袋里，主要就是应对突发状况。"（摘自与伍家岗区民政局负责人的访谈记录）

2. 山庄路社区

如前所述，山庄路社区居家养老服务中心引进民办非企业"暖夕阳"居家养老服务公司，只要社区内老年人向社区申请居家养老服务，经入户调查、审查、备案，由政府购买居家养老服务后，居家养老服务公司的工作人员即可上门提供服务。

具体而言，山庄路社区居家养老服务中心所提供的服务依据社区内老年人状况主要分为三类。

（1）集中服务

这部分服务主要面向生活能够自理、行动方便的老人，可以在社区居家养老服务中心内活动，包括棋牌、看书、康复、心理咨询等内容。

（2）上门服务

这部分服务针对的主要是年龄偏大、行走困难的老人，主要的上门服务有精神慰藉和卫生服务，比如帮助老年人洗衣洗被等。在所有服务对象中，空巢老人、独居老人所占比重较大，因此，精神慰藉是上门服务的一项主要内容。

（3）陪伴、代办服务

鉴于老年人对政策以及知识信息掌握方面的欠缺，此类服务主要体现在陪伴老年人挂号、就诊等医疗服务，还有煤气水电费交纳、去银行办事等辅助性服务。

此外，山庄路社区居家养老服务中心严格把握三个时间点，做到三个必访。每天给孤寡老人一个电话问候，每周给空巢老人一个电话问候，每月给所有服务对象一个电话问候。生日必访、重病必访、去世必访。独居老人生日时买面条上门祝寿；在老人临终时，上门送老人最后一程。总体来说，"年龄较大的老人、独居老人依赖性较强，70岁以下身体比较硬朗的老人更多的就是参加活动，希望可以多带他们出去转转，可自理的让他们出去活动"（摘自与山庄路社区居家养老服务中心负责人的访谈记录）。

对社区养老服务状况的调查包括社区老年人从住处到服务机构的距离和对社区服务的需求、满意度以及改进意见。从老人的家到服务中心的距离，50人中有41人距离较近，为半公里，距离1公里的有6人，距离2公里的有3人。

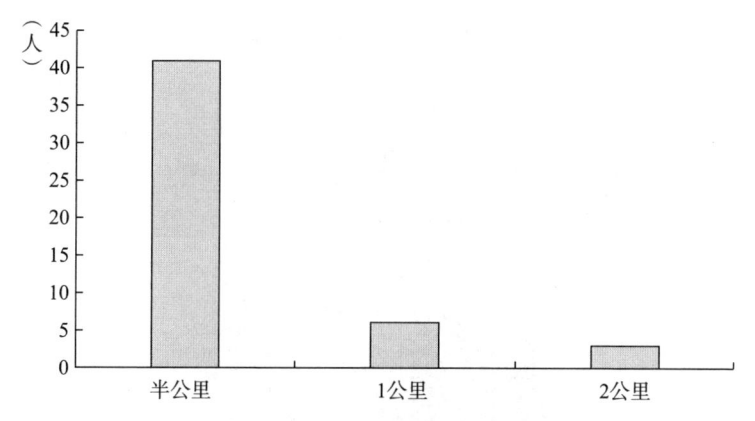

图 9-13　老人从家到最近服务机构的距离

在社区是否有必要提供的9项服务的选择上，调查显示，有40人认为有必要提供上门探访服务，认为有必要提供服务热线的有41人，认为有必要提供法律援助服务的有34人，认为有必要提供困难救助的有35人，认为有必要提供上门做家务的有24人，认为有必要提供老年饭桌或者送餐服务的有21人，认为有必要提供日托所或托老所服务的有21人，认为有必要提供心理咨询服务的有29人，认为有必要提供代办购物和邮寄服务的有18人。

关于对社区提供服务的满意程度，被调查的50名老人中表示满意的有39人，表示一般的有9人，表示不满意的有2人。

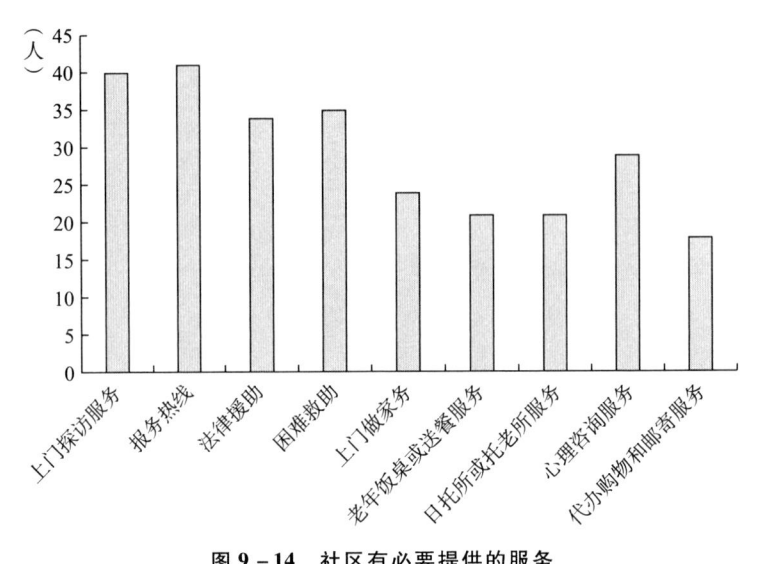

图 9-14 社区有必要提供的服务

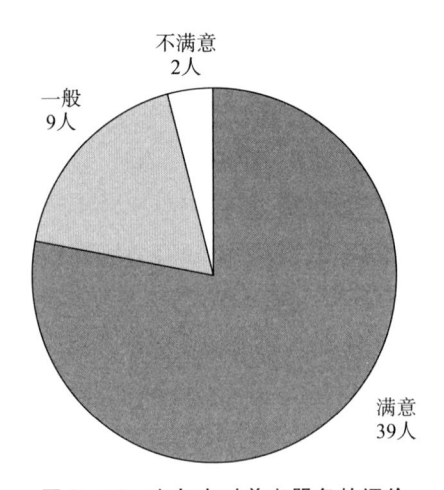

图 9-15 老年人对养老服务的评价

关于对社区服务的改进意见，在被调查的 50 名老人中，表示需要增加服务项目的有 11 人，新增项目包括运动类项目、健身器材、老年俱乐部、理疗康复服务、使用老年人监测手环、建立监控平台等；希望提高工作人员专业性的有 20 人；希望降低服务费用的有 21 人；提其他意见的有 2 人，如多看望独居老人；没有意见的有 6 人。

（三）社区工作人员及志愿者状况

1. 港务社区

工作人员状况：社区内部有15名工作人员，男性3人，女性12人，有9名网格员。网格员在社区老年人服务工作方面发挥了重要的作用。"每天巡查，对重点老人进行一天一次探望或者询问邻居，看有没有什么需求。小的问题一般都能解决，社区内的老人熟悉了之后也会依赖，遇到问题了会先想到网格员。"（摘自与伍家岗区港务社区书记的访谈记录）

15名工作人员中21—30岁的5人，31—40岁的4人，41—50岁的3人，51—60岁的3人。15名工作人员中普通高中学历的有3人，专科学历的有10人，本科学历的有2人。在资格证书方面，助理社会工作师5人，中级社会工作师1人，全科医师2人。针对社区内从事养老服务人员的培训情况为，仅有面向社区工作人员的职前培训。工作人员工资水平与宜昌市人均月收入大致持平。

志愿者状况：通过整合老年人资源，社区内部建立了义务巡逻队，刚开始主要由社区内较年轻的老年退休党员组成，后来社区内其他老年人也逐渐加入进来。义务巡逻队的工作主要涉及社区的卫生和治安方面，老年人作为社区居民对自己居住的地方比较熟悉，能够及时发现异常情况报告给社区，促进社区自治。

2. 山庄路社区

工作人员状况：共有工作人员23人，其中男性4人，女性19人。21—30岁的4人，31—40岁的17人，41—50岁的2人。工作人员受教育状况为，专科学历19人，本科学历4人。在获取证书方面，二级心理咨询师1人，助理社会工作师2人，中级社会工作师1人。同港务社区一样，山庄路社区针对社区养老服务人员的培训也仅有职前培训，员工工资水平与宜昌市人均月收入大致持平。

志愿者状况：除社区内部网格员参与社区居家养老服务外，社区内退休党员作为替补志愿者也加入养老服务队伍，主要依靠邻里互助辅助社区养老工作。社区内部尚没有年轻的老人组织起来形成团体，"主要也是一方面考虑到老人的意愿，（另一方面）主要是担心老人的身体状况，担心在过程中出现问题，（到时）也没法给老人家里人交代"（摘自与山庄路社区负责人的访谈记录）。

（四）社区医疗卫生服务中心状况

1. 到社区医疗卫生站所需时间

通过调查，两社区内从被调查老年人家到社区医疗机构时间最久的需要花 30 分钟，共有 8 人，5 分钟以内（包括 5 分钟）可以到达的有 17 人，10 分钟可以到达的有 4 人，15 分钟可以到达的有 18 人。

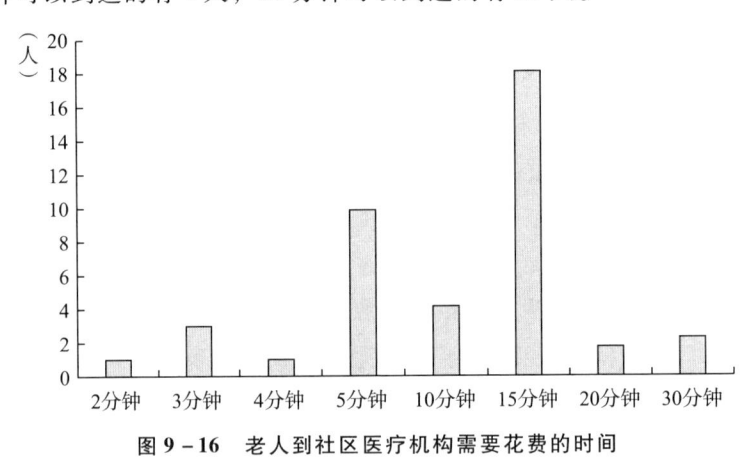

图 9-16　老人到社区医疗机构需要花费的时间

2. 社区卫生服务中心基本服务状况

两家社区服务中心主要开展的服务是社区内老年人的体检、康复服务以及健康知识的宣传工作。

伍家岗区社区卫生服务中心目前工作人员共有 33 人，其中主治医生 14 人，护士 12 人。卫生服务中心主要的工作是建立居民健康档案，组织一年一次的免费体检。体检由社区进行通知，在社区养老服务中心或直接到社区卫生服务中心进行体检，对行动不便的老人进行上门服务。

在年底和节假日针对失独老人、空巢老人、因病致贫的老人进行走访慰问和上门医疗服务。上门服务一般情况下不包括打点滴和打针服务，但可换药。每位老年人每年体检由政府补助 100 多元，其余由社区卫生服务中心支付；糖尿病、高血压检测服务一次补助 25 元。针对患有糖尿病、高血压的老人开展一年 4 次的随访，其中必须有 1 次为上门服务，若遇到血糖或血压偏离正常值的情况，需在15天内进行跟踪随访工作。

此外，社区卫生服务中心与社区联合成立家庭医生工作室，也称健康小屋，小屋内的设备有血压计、血糖仪、体重秤、可用于康复治疗的床以及有关高血压糖尿病的折页宣传资料，配备这些东西的目的是方便居民自测。每周还有半天定点询问老人身体情况，进行医疗服务。为解决人员不足的问题，社区卫生服务中心与宜昌市第二人民医院合作，将部分医院医生吸纳到家庭医生的团队中，同时，社区网格员作为志愿者协助家庭医生团队的服务工作。

3. 老人医疗卫生服务需求

通过对50名老人的问卷调查发现，接受过社区医疗机构上门护理、上门看病、康复治疗、紧急救治、特殊药品和日常保健服务的仅有少数几个人，他们均对所接受服务表示满意，而绝大多数尚未接受过上述服务。调查发现，被调查老人中有14人需要上门护理服务，各有17人需要上门看病服务和康复治疗服务，25人需要紧急救助服务，16人需要特殊药品服务，22人需要日常保健服务。

（五）辖区内养老服务机构状况

在针对宜昌市养老机构的调查中，课题组对两个辖区内的7家养老机构进行了访谈，包括2家公办福利院和5家民办养老机构。公办福利院主要对城市中的"三无"老人进行代养服务，民办养老院则面向全社会老年人。为了解具体的情况，我们选取了两个辖区内的四家服务机构进行调查，这四家机构分别代表了四种不同类型的养老机构：（1）公办的伍家岗区社会福利院；（2）公办民营的八宝塔老年服务中心；（3）针对中等收入人群的七彩阳光度假养老公寓；（4）由宜昌市基督教两会开办的清馨老年公寓。

1. 养老机构基本状况

（1）伍家岗区社会福利院共有300张床位，目前入住200人左右。院内主要有医疗护理区、养老生活区、功能活动区、室外休闲区四个区域。收费状况为（自理）二人间1000元/月，三人间850元/月；（半自理）二人间1150元/月，三人间1000元/月；（全护）二人间1750元/月，三人间1550元/月，多人间1450元/月。

在结合老人身体健康状况为老人提供的饮食服务中，四家养老机构中仅有七彩阳光度假养老公寓针对老年人的疾病提供餐饮，如癌症术后的饮食照顾。

三　对宜昌市养老服务体系建设的建议

（一）加强社会力量参与，畅通养老资金渠道

养老作为一项民生工程，不只是政府的职责所在，更是全社会的责任，社会力量的积极参与对于养老事业的健康发展有着重要的作用。当前，在我国的养老事业中，政府依然是主要承担者，也是养老资金来源的主要提供者。然而除接受政府补助的特困老人或"三无"老人外，多数老人的养老问题依然无法得到有效解决，从养老服务设施到具体服务提供，无论是生活在养老机构还是生活在社区中的老人，其所享受服务的专业性都不足，与老年人真实需求之间存在较大差距。

加强社会力量参与养老事业。一方面，有助于倡导良好的社会道德风尚，激发全社会的养老责任感；同时有助于充分发挥社会力量的专业优势、资源优势，做好政府"不能做、不便做、做不好"的事情，可拓宽养老服务领域，丰富养老服务内容，提升养老服务质量，因此需要加强政府购买服务的力度，鼓励社会力量进入养老领域。另一方面，有助于进一步激发社会力量的投资活力，吸纳民间资本，为养老事业注入新鲜血液，建立多元化的融资渠道。

（二）完善医疗卫生服务体系，切实推进医养结合

医疗卫生服务是养老事业的重要内容，然而我国老年医疗卫生服务体系发展明显滞后，难以有效应对当前严峻的老龄化现实，医疗卫生服务提供与老年人的真实需求之间存在较大差距。从资金来源、项目配置到体系建设，政府仍然是当前老年医疗卫生服务体系建设的重要支持者。

由此，应切实从以下两方面加强老年医疗卫生服务体系建设。一方面加强顶层设计，不能仅依靠卫生部门，而是应形成政府内部多部门之间的

协作，实现资源共享，切实提高资源配置水平，有效落实政策。另一方面切实推进医养结合，突破长期以来养老服务与医疗卫生之间相互独立的局面。在具体实践中，不仅要重视针对老年人晚年常见疾病的治疗工作，还要充分重视老年疾病的预防、前期诊断、及时治疗与护理康复；不仅要关注基本医疗服务，还要重视心理健康、临终关怀等服务；医疗服务不仅要依托大型医疗机构的疾病康复服务，还应充分重视与家庭、社区、养老机构等相结合，形成多方支持。此外，还应尽可能快速地实现社区或机构老年人基本信息与健康档案共享，充分开发利用养老机构与社区基本医疗卫生服务，为老年人提供便利、持续的健康管理服务。

（三）优化健全养老服务人员保障体系，提升专业化服务水平

养老服务人员严重供不应求、流失，工资收入低、工作压力大，社会地位不高等多种因素凸显了当前养老服务人才保障体系的不完善与不合理。调查发现，养老护理人员女性偏多、年龄偏大，在从业人员不足的情况下，专业人员更是少得可怜。基于此，吸纳更多人才、更多专业力量进入养老服务事业，成为加快推进养老事业健康发展的关键。

具体来讲，可以从以下三方面入手。首先，提高养老护理人员的工资待遇水平，优化人员晋升制度，实施人才激励制度，加大宣传养老服务业，改变传统社会观念，切实保障养老服务人员的基本权益。其次，关注护理人员的精神健康状况，为养老服务人员提供放松的机会与服务，组织养老护理人员定期外出旅游，开展团体支持或个人的心理疏导服务，帮助养老护理人员认可自身工作，从工作中找到自我价值感。最后，积极吸纳来自社会工作、心理学、老年护理、医疗康复、营养搭配等领域的专业人才进入养老服务领域，严格把关养老服务从业人员持证上岗，定期培训学习，拓宽护理内容，提升护理专业化水平。

（四）建立失智老人的科学评估体系及长期照料体系

近年来面对失智老人数量呈上升趋势的社会现实，如何安置失智老人、如何建立长久的照顾体系、如何缓解家庭的照护与精神压力、如何保证失智老人更有尊严地生活，成为失智老人照料的核心问题。"煎熬"已不足以

清晰界定失智老人家庭成员所承受的物质与精神压力，养老机构要么拒收失智老人，要么接收后又难以提供专业、全方位的服务。真正提升失智老人生活质量、保证其有尊严且自在地活着，离不开基本防治知识的宣传、评估体系（初期评估与需求评估）与长期照料体系的建设。

　　首先，应加大普及如老年痴呆等疾病的基本防治知识，提升家属与老人的防治意识。其次，积极建设失智老人的评估体系，做到失智老人的早期识别，采取积极有效的干预措施，避免病情恶化，对失智老人的需求进行评估，改变以日常护理为主而忽视亟须专业化的医疗康复服务、心理服务、社交训练等其他重要服务内容。再次，加强养老专业人才的培训机制，一方面要求护理人员掌握扎实的医学知识，另一方面提升护理人员的技能水平，以综合地实现对失智老人的照护。复次，应确立失智老人的专项补助机制，依据不同的评估结果等级，基于相应的实物补贴与现金补贴，切实关怀失智老人这一弱势群体。最后，建立家庭照顾者支持网络或互助小组，为家庭照顾者进行心理疏导、心理减压。

第十章
襄阳市社区综合养老服务体系建设

湖北省襄阳市面临着严峻的老龄化挑战，随着老年人口的增多，养老越来越成为政府、社会、家庭关注的问题。如何做到让老年人口老有所养、老有所乐、老有所医、老有所为、老有所教成为一个无法回避的现实问题。据湖北省襄阳市政府网的数据（2015年11月1日数据），全市常住人口中，0—14岁的人口为97.49的万人，占17.36%；15—64岁的人口为403.07万人，占71.80%；65岁及以上的人口为60.84万人，占10.84%。同2010年第六次全国人口普查数据相比，0—14岁的人口比重上升2.36个百分点，15—64岁人口比重下降4.71个百分点，65岁及以上人口比重上升2.35个百分点。由此可见，襄阳市面临着十分紧迫的养老难题。

课题组对襄阳市养老状况开展调查研究，了解当地养老模式、养老水平、养老设施等方面的信息，为政府制定政策解决老龄化问题、发展养老事业提供科学依据。2016年11月27日，课题组一行5人在湖北省襄阳市樊城区进行了实地调研，走访了襄阳市樊城区军工社区和幸福社区，参访了老年人日间活动中心。还参观了坐落于樊城区的"襄阳12349居家养老一键通服务中心"，并与相关工作人员进行了深入交流。通过问卷调查、召开座谈会、参访机构等形式我们收集到了丰富的资料，就当地养老服务体系、养老服务模式、养老服务设施、养老服务水平等问题进行了了解。

一 襄阳市樊城区老年人口的基本情况与需求

了解老年人现状与需求对于探讨养老服务模式、解决养老问题至关重要，因此，课题组首先了解了襄阳市樊城区老年人口的基本情况与需求。这部分数据主要来源于两个方面。其一，针对老年人进行的问卷调查。课题组分别走访了樊城区军工社区和幸福社区，课题组一共发放了53份问卷，其中有效问卷52份，有效率达98.1%。其二，召开座谈会，通过访谈社区工作人员和相关负责人，我们也了解到一些关于老年人的基本情况。在军工社区，我们与社区书记、社区主任、社区工作者、老年人代表等进行了座谈；在"襄阳12349居家养老一键通服务中心"与中心负责人及工作人员进行了座谈。

（一）襄阳市樊城区老年人基本情况

据社区工作人员介绍，樊城区有87个城镇社区（城市75个，乡镇12个）和40多个行政村，总人口约95万人，老龄化率超过16.6%，老年人口达15.8万人；其中65岁及以上老年人口近9万人，占全区人口总量的近10%。

1. 襄阳市樊城区老年人基本情况

从性别看，在被调查的52位老年人中，有男性老人29人，占比55.8%；女性老人23人，占比44.2%。从年龄看，被调查者的平均年龄为69.62岁，65岁及以上的老年人人数最多，占比13.2%，最大年龄为80岁，最小年龄为61岁。有一个问题值得注意，本次调查的地点选在军工社区与幸福社区的日间照料中心，所调查者一般是身体较健康、具有较强活动能力的老人，失能老人、失智老人、高龄老人等特殊群体未被关注，他们的生活状况如何我们不得而知。从受教育程度看，未上小学和小学及以下受教育程度的人所占比例最大，达到63.5%；而高中/中专学历和大专及以上学历的共占17.3%。由此可见，整体上两个社区的老年人口的受教育程度较低。

表 10-1　老年人受教育程度

单位：人，%

	人数	百分比
未上小学	16	30.8
小学及以下	17	32.7
初中	10	19.2
高中/中专	7	13.5
大专及以上	2	3.8
合计	52	100

从图 10-1 可知，认为自己身体很健康的老年人非常少，大部分老年人认为自己的身体一般，而认为自己身体不健康的老年人也占了很大一部分。在调查中，我们发现老年人一般患有某种疾病，常见的有高血压、糖尿病、肺心病、心脏病、关节炎、风湿病等。

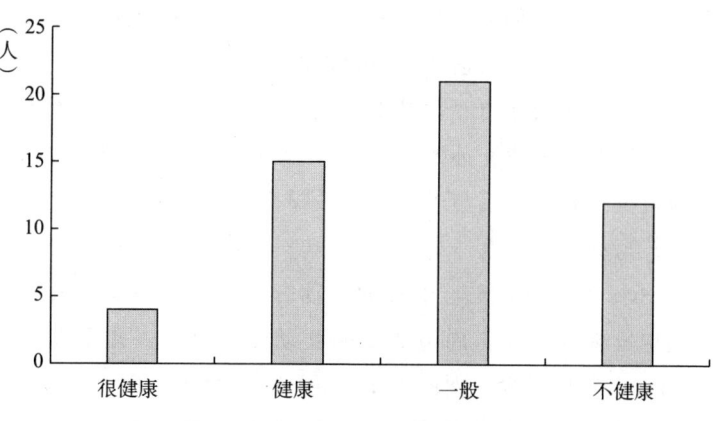

图 10-1　老年人目前的身体状况

2. 老年人家庭生活状况

受我国传统"家"文化的影响，家庭在老年人心中具有十分重要的意义并发挥着积极的作用。"金窝银窝不如自己的狗窝"很好地诠释了中国人的顾家情节，这也深刻地影响着当代老年人的养老状况。

就婚姻状况来看，接受调查的 52 人中，初婚有配偶的占 69.8%，再婚有配偶的占 3.8%，两者一共占比 73.6%，丧偶、离婚与未婚共占 24.6%，这说明，近 1/4 的老人无法与自己的伴侣生活在一起。随着时间的推移尤其是女性老人的增多（一般男性较女性寿命稍短），这一比重将会继续加大，如何照顾、服务这一特殊群体，是需要我们不断进行探索的。

被调查者退休之前的工作单位基本是企业，占比达 60.4%，有近 1/3 的老人没有工作单位，这意味着这群老人的养老保障基本属于缺失状态。而在他们的收入来源中，自己的离/退休金占到了 58.5%，政府/非营利组织的补贴/资助占到 18.9%，自己的收入、配偶的收入、子女的收入等所占的比重不足 25.0%，这说明他们主要靠自己的收入养活自己，政府、家庭、社会给予的支持相对较弱，而构建健全的养老资金保障机制离不开家庭、社会、政府、社区各方的支持。结合被调查者 2015 年的家庭平均月收入，我们发现月收入在 3000 元及以下的占到了 55.9%，还有一部分老人无收入。月收入在 3000 元及以上的占 32.7%，由此可知，大部分老年人属于低收入群体，随着老年人健康状况的恶化，贫困老人的养老问题将更加突出。在调查中我们发现，大部分老年人在养老支出这一项中选择了医药费用支出，且这一部分的平均支出达到 2589.62 元/年。

从老年人的居住条件与互动情况来看，被调查的 52 位老人中，大部分老年人选择与配偶、子辈、孙辈共同居住或自己居住，而选择与其他亲戚、保姆同住的很少。就老年人与子女的联系频率来看，58.5% 的老人几乎天天与子女联系，每周至少联系一次的占 22.6%，每月联系一次的占 7.5%，三者总共占 88.6%，表明老人与子女的互动相对较好。在老年人与朋友的联系中，我们也发现老年人与周边朋友的互动相对良好，几乎天天与朋友联系的占 77.4%，每周至少一次的占 1.9%，每月至少一次的占 5.7%，三者共占 85.0%。在问及现在是否有人照顾生活起居时，39.6% 的老年人选择有人照顾生活起居，58.5% 的老年人选择没有人照顾生活起居，这一方面可能是老年人认为自己不需要别人照顾自己的生活起居，因为自己比较健康；另一方面，也从侧面反映对老年人照顾的不到位，伴随着"4-2-1"家庭的出现、年轻子女工作压力加大、老年照顾需求扩大，这一问题值得关注。近年来出现的老年人死后几天才被发现的新闻报道就足以说明照料老人的重要性。

表 10-2　受访老人 2015 年家庭平均月收入

单位：人，%

	人数	百分比
无收入	6	11.5
700 元及以下	7	13.5
701—1500 元	11	21.2
1501—3000 元	11	21.2
3001—5000 元	12	23.1
5001—10000 元	3	5.8
10001 及以上	2	3.8
合计	52	100.0

3. 养老的社区支持情况

2011 年 9 月发布的《中国老年事业发展"十二五"规划》明确提出：建立以居家为基础、社区为依托、机构为支撑的养老服务体系，使居家养老和社区养老服务网络基本健全。襄阳市在"十二五"期间曾提出：鼓励引导和投资建设或改造一批城市民办机构，以及城市街道综合养老服务中心和社区养老服务站，到 2015 年，使日间照料服务 100% 覆盖城市社区；建设一批示范性的农村老年人互助照料中心，力争覆盖 50% 以上的农村社区。目前，襄阳市樊城区 80.0% 的城镇社区建有社区日间照料中心，40.0% 的行政村建有农村老年人互助活动中心。

从社区支持情况看，近年来，随着中央政府、地方政府与社会对老年人问题的重视、对养老问题的关注，我国的养老事业不断发展。从 52 位被调查的老年人中，我们也梳理出了一些信息。老年人距最近服务机构的距离大部分在一公里以内，占比达到 82.7%，表明服务机构可以提供及时的服务，老年人接受服务也方便。一般情况下，老年人到社区医疗机构比较方便，平均花费时间为 18 分钟。在硬件方面，社区一般都配备了老年活动室、棋牌室/麻将室、室外活动场地等，但能够满足老年人更高需求的设备，如老年健身室、图书室、老年学习室、老年康复室等相对较少。从社区医疗服务提供来看，社区目前做得还比较差，无法提供上门护理、上门看病、康复治疗等服务，只能做一些常规的体检，仅针对特殊老人（失能、失独、空巢老人等)提供定期服务。在襄阳市樊城区军工社区的调研中,我们甚至发现没有社区卫生站,辖区内所有的医疗问题必须到附近的医院解决。社区提供的服务一般是社区工作人员开展上门探访、困难救助和组织文体活动等常规性的活动;而需要花费更多精力、更多成本的服务,如老年人服务热线、法律援助、上门做家务、老年饭桌或送饭、日托所或托老所、心理咨询等,就没能很好地提供。

表 10-3 老年人对养老服务的评价

单位:人,%

	人数	百分比
满意	23	44.2
一般	25	48.1
不满意	4	7.7
合计	52	100.0

从表 10-3 中可以看出,老年人对社区提供的养老服务感到满意的占 44.2%,认为一般的占 48.1%,不满意的占 7.7%。这说明老年人对社区提供的养老服务基本满意,但作为养老依托的社区还必须改善硬件与软件条件,提升社区的养老服务功能。

(二) 襄阳市樊城区老年人的基本需求

学界对老年人需求的分析存在共同点,即以美国社会心理学家马斯洛的需求层次理论为基础,结合老年人的生理、心理特征进行研究。马斯洛将人的需求分为五个层次,即生理的需求、安全需求、社交和情感的需求、尊重的需求和自我实现的需求。这五种需求层层递减,构成了需求的金字塔结构,处于最低层次的需求为生理需求,处于最高层次的需求为自我实现的需求。我们日常生活中提出的"老有所养、老有所医、老有所为、老有所学、老有所乐"就是马斯洛需求层次理论的具体化。结合本次调研的实际情况,我们认为老人在以下几个方面的需求较为迫切。

1. 医疗方面的需求

在襄阳市樊城区,老年人的医疗需求问题比较突出,集中表现为医疗设施、医疗软硬件不足、老年人及其家庭的医疗负担较重、医疗费用支出逐年增加。樊城区军工社区没有社区卫生院，更不用说相关的医疗设施及医务人员，在这种情况下，老年人的医疗问题很难得到及时有效的解决。调查发现，老年人患有高血压、糖尿病、肺心病、心脏病、关节炎、风湿病等慢性疾病的情况非常普遍，部分老人同时患有两种以上的疾病，这导致老年人在医药方面的支出较高。由于老年人收入较低，很多老年人无法得到需要的医疗服务。鉴于此，进一步完善医疗保障制度、探索医养结合的新型养老模式显得十分迫切。

2. 养老需求

从壮年步入老年后，很多老人会觉得不适应，伴随着年龄的增加和身体机能的老化，不少老年人都面临生活落寞、精神空虚、健康恶化等方面的问题。探索适合老年人生理和心理特征的养老模式，满足老年人的养老需求意义非凡。在被调查者中，当问及"您心目中最理想的养老方式"这一问题时，67.3%的老年人选择住在家中由亲人照顾，28.8%的老年人选择住在家中接受社区服务，选择住在养老院的仅占1.9%。这样的选择很符合中国老年人的心理，即"金窝银窝不如自己的狗窝"。在养老问题上，我们还必须注意六类比较特殊的人群，即高龄老人、失能半失能老人、失独老人、空巢老人、贫困老人、农村老人。在襄阳市樊城区，这六类老人也存在特殊需求。

表 10-4　最理想的养老方式

单位：人，%

	人数	百分比
住在家里由亲人照顾	35	67.3
住在家中接受社区服务	15	28.8
住在养老院	1	1.9
其他	1	1.9
合计	52	100.0

3. 支持体系的需求

养老需要家庭、社区、社会、政府乃至老年人的多元参与，共同构建一个支持系统。在调查中我们发现,在老年人遇到问题与困难时最希望得到帮助的人选中,配偶或子女的比重占到66.0%,居委会和社区工作者的比重达到18.9%,随后才是朋友、邻居或者其他亲属。由此可见,老年人内心深处更希望得到自己最亲近的人的照顾。而对谁应该承担养老责任的回答中,占比最大的为政府,达到43.4%;其次才是子女,为32.1%;所在社区、老人自己或者配偶等占比均未达到10.0%。可见,老年人对政府与子女的期望较高。在养老这个问题上,需要明确各个主体的责任。

二 襄阳市樊城区智慧养老服务的创新型模式

近年来,倡导智慧养老的政策密集出台。2011年,《社会养老服务体系建设规划(2011—2015年)》(国办发〔2011〕60号)明确提出:"运用现代科技成果,提高服务管理水平。以社区居家老年人服务需求为导向,以社区日间照料中心为依托,按照统筹规划、实用高效的原则,采取便民信息网、热线电话、爱心门铃、健康档案、服务手册、社区呼叫系统、有线电视网络等多种形式,构建社区养老服务信息网络和服务平台,发挥社区综合性信息网络平台的作用,为社区居家老年人提供便捷高效的服务。"《国务院关于加快发展养老服务业的若干意见》(国发〔2013〕35号)、《民政部办公厅、发展改革委办公厅关于开展养老服务业综合改革试点工作的通知》(民办发〔2013〕23号)对此做了进一步强调和细化。2013年,全国老龄委专门成立了全国智能化养老专家委员会,为我国智慧养老服务事业与产业发展把脉导航。2015年国务院印发《关于积极推进"互联网+"行动的指导意见》,明确提出了"促进智慧健康养老产业发展"的目标任务。这些利好政策与信息意味着智慧养老已经开始上升到国家战略层面。

襄阳市在智慧养老方面不甘落后,探索出了适合本地的智慧型养老模式。襄阳市民政局制定的《襄阳市社会养老服务体系建设规划》指出,"十二五"末的目标是按照"运行机制良好、服务品质优良、监督管理到位"的要求,着力构建以公办养老福利机构为示范、以社会兴办为主体、以社区服务为依托、以居家养老为基础的养老服务社会化体系;通俗点讲,就是形成"9073"的养老服务格局,即90%的老年人实行居家养老,采取无偿、低偿、有偿等形式,由相关组织或服务人员为老年人提供日托、送餐、送药、理发、洗浴等服务;7%的老人借助社区力量,在日间照料站等机构解决临时托养、吃饭等问题;3%的老人进入机构养老。在这样的指导思路下,襄阳市樊城区探索出了一条适合本地的智慧型养老服务模式,即襄阳"12349智慧养老一键通"模式。

(一) 襄阳12349居家养老一键通运作模式

襄阳市樊城区是湖北省居家养老一键通信息化服务项目11个试点城区之一。依据《襄阳市推进养老服务社会化实施意见》的文件精神,在市、区两级政府及市、区两级民政局的大力支持下,由樊城区民政局相关领导协调安排,2014年11月注册成立了"襄阳12349居家养老一键通服务中心",服务中心建于幸福社区办公大楼四楼。服务中心由政府职能部门和社会监督,由湖北天之盾智能科技有限公司负责建设和运营,以居家养老服务为核心,可以为全襄阳地区的老年人提供生活照料、家政、维修、生活物资配送、生活照料、陪护、精神慰藉、紧急救援等居家养老上门服务。

1. 襄阳12349居家养老一键通服务平台运作机理

"居家养老一键通服务系统"由三级系统平台(呼叫中心总业务平台、市区县民政管理监督子平台、社区管理监督子平台)、通信运营系统(宽带、移动通信)、智能终端(GPS一键通呼叫器、视频传输警情终端等)、服务体系(服务商家、社区、社会公共服务体系、志愿者等)四部分组成。

专业的服务中心座席人员实行三班两倒,二十四小时值班,平均每天可以接到50个老人及其子女的求助电话。座席人员接通客户(老人及其子女)电话后,进行专业的评估,根据其实际需要,与第三方协助服务单位(加盟服务商)及时沟通,由第三方就近、及时地安排服务人员上门为客户提供服务。中心的座席人员在老人接受服务后会进行电话回访,对服务过程进行监督、对质量进行把控。整个服务过程,市区县民政管理监督子平台、社区管理监督子平台都可以通过可视化的影像了解监督。

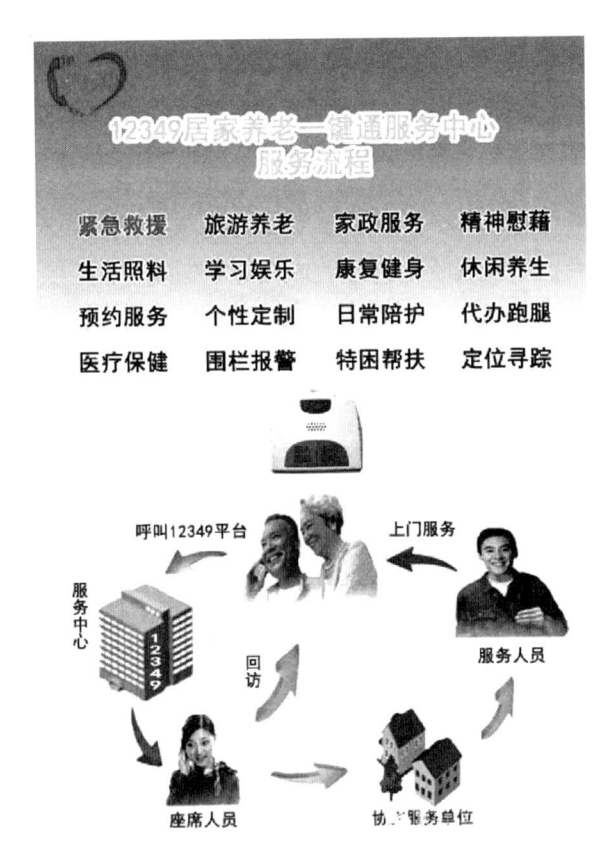

图 10－2　12349 居家养老一键通服务中心服务流程

2. 襄阳 12349 居家养老一键通服务平台运作机制

居家养老一键通服务平台的运作机制可以概括为政府引导、市场化运作、信息化管理、专业化服务。

政府引导即政府在政策、财政等方面给第三方提供一定的便利。襄阳市樊城区依据《襄阳市推进养老服务社会化实施意见》文件精神，依照《政府采购法》相关精神，采用竞争性谈判的方式引进第三方企业建设和运营居家养老一键通信息化服务体系，在政府的大力支持与推动下，樊城区幸福里社区建立了"襄阳 12349 居家养老一键通服务中心"。服务中心不仅得到政府在政策上的支持，也获得了相应的财政支持，占地 400 平方米的服务中心由政府无偿提供，并且免除水电费。下一步，由政府投资建设的 200 个社区日间照料中心也将由襄阳 12349 居家养老一键通服务中心接管。

市场化运作即引进第三方企业进行市场的管理与运营。湖北天之盾智能科技有限公司以优异的建设和运营方案，特别是落地服务体系建设在竞争性谈判中胜出，并于 2013 年 9 月与樊城区民政局签订了关于建立"襄阳 12349 居家养老一键通服务中心"的合作协议，公司迅速启动前期专项资金 200 万，用于系统平台的搭建。历时近四个月，于 2014 年 1 月完成平台的搭建和技术测试。2014 年 11 月，注册成立"襄阳 12349 居家养老一键通服务中心"民办非企业组织，开始提供专业性的服务。

信息化管理即利用最新的信息技术与手段进行运作与管理。"居家养老一键通服务系统"由三级系统平台、通信运营系统、智能终端、服务体系四部分组成。本系统平台采用国内最先进的平台软件系统和最新一代 GPS 一键通呼叫器，并配备高清液晶大屏。平台系统设计服务容量 100 万户（后续依据发展需要可扩容），服务辐射范围可涵盖整个襄阳市区和周边县市区。利用信息化的技术与手段不仅便于管理运作，而且可以做到服务的最优化。

专业化服务即可以根据老年人的生理、心理特征提供个性化的服务。目前的基本服务定位给老人提供生活帮扶、紧急救援、主动关怀三大类服务，后续将拓展 GPS 定位找寻、电子围栏预防走失报警、远程看护、老人个性化的定制服务等。据了解，中心正在运行"积分养老"居家养老服务模式，以居家养老信息化服务平台+社区日间照料中心为基础，整合不同业态的社会服务资源，规范供给侧，构建全面居家养老服务体系，以不花钱的"积分"为纽带，体系内的各服务商共同为老人提供全面、便捷、优质、安全、实惠的居家养老服务。

3. 襄阳 12349 居家养老一键通服务平台服务内容

目前，服务网络布点近 600 个，服务项目涉及家政、上门理发、上门护理、就医陪护、助浴、生活物资配送、送药、家电维修、管道疏通、修开锁、快餐配送、法律咨询等生活服务的方方面面，并已与本市 110、120 平台对接，实现服务网络在整个襄阳市城区各社区的综合布局。

表 10-5　居家养老一键通信息化服务参考目录

项次	类别		项目	负责单位
1	生活帮扶	家政类	清洁卫生	12349 服务中心 – 加盟服务商
2			换洗衣物及床上用品	12349 服务中心 – 加盟服务商
3			做饭	12349 服务中心 – 加盟服务商
4			上门理发	12349 服务中心 – 加盟服务商
5			给老人洗澡	12349 服务中心 – 加盟服务商
6			室内搬物	12349 服务中心 – 加盟服务商
7			清洗抽油烟机（扇）	12349 服务中心 – 加盟服务商
8			清洗空调	12349 服务中心 – 加盟服务商
9			清洗冰箱	12349 服务中心 – 加盟服务商
10		维修类	维修家电	12349 服务中心 – 加盟服务商
11			维修水电	12349 服务中心 – 加盟服务商
12			修开锁	12349 服务中心 – 加盟服务商
13			管道疏通	12349 服务中心 – 加盟服务商
14		配送类	米面粮油等配送	12349 服务中心 – 加盟服务商
15			其他日用品配送	12349 服务中心 – 加盟服务商
16			换购煤气	12349 服务中心 – 加盟服务商
17		代办类	代缴费用（水电燃气等费用）	12349 服务中心 – 加盟服务商
18			代购票证	12349 服务中心 – 加盟服务商
19			代送礼品	12349 服务中心 – 加盟服务商
20		陪护类	就医陪护	12349 服务中心 – 加盟服务商
21			住院陪护	12349 服务中心 – 加盟服务商
22			购物陪护	12349 服务中心 – 加盟服务商
23			外出活动陪护	12349 服务中心 – 加盟服务商
24	紧急救援	外来危险	匪情	110、片警、网格员、社区为老服务人员
25			火情	
26			家庭暴力	
27			房屋结构坍塌	
28			噪声干扰	
29			其他污染物干扰	

续表

项次	类别		项目	负责单位
30	紧急救援	自身危险	身体不适	网格员、社区为老服务人员、社区卫生服务站
31			突发疾病	
32			摔倒	
33	主动关怀	健康保健	上门体检	社区卫生服务站
34			上门诊疗一般性病症	
35			生活保健咨询	
36			健康保健讲座	
37		精神慰藉	生日关怀	12349 服务中心
38			节日关怀	12349 服务中心
39			保健提醒	12349 服务中心
41			法律咨询	12349 服务中心

以上服务内容有些属于政府购买服务。符合政府购买服务的四类老人分别是：第一类为 60 岁及以上分散居住的"三无"（无子女、无收入、无劳动能力）老人；第二类为 60 岁及以上生活不能自理或不能完全自理的低保老人；第三类为 70 岁及以上的独居老人；第四类为 60 岁及以上家庭人均收入低于低保标准 1.5 倍的贫困老人。

（二）襄阳 12349 居家养老一键通运作模式的可行性

第一，政策可行性。近年来，倡导智慧养老的政策密集出台。在中央层面，2011 年，《社会养老服务体系建设规划（2011—2015 年）》（国办发〔2011〕60 号）、《国务院关于加快发展养老服务业的若干意见》（国发〔2013〕35 号）、《民政部办公厅、发展改革委办公厅关于开展养老服务业综合改革试点工作的通知》（民办发〔2013〕23 号）、2015 年国务院印发《关于积极推进"互联网＋"行动的指导意见》，这些都意味着智慧养老已经开始上升到国家战略层面。在湖北省，出台了《湖北省人民政府关于加快发展养老服务业的实施意见》（鄂政发〔2014〕30 号）、湖北省商务厅《关于贯彻落实省政府〈关于加快发展养老服务业的实施意见〉的通知》等文件。襄阳市政府则印发了《襄阳市推进养老服务社会化实施意见》。

第二，技术可行性。综合运用物联网技术和电子商务模式可以有效解决老人的安全保障和生活帮扶问题,并且大大降低人均养老成本。平台软件系统作为一个纽带和管理核心,将老人的有效养老服务需求及时传达给服务团队,并监管服务过程和服务结果;GPS一键通呼叫器取代了传统的固定电话和手机,功能更强大,使用更简单、方便;老年人分散居住在家里,减少了公共设施的建设投入,而老人的养老帮扶需求集中到平台呼叫中心统一处理;服务团队分散在社区周边,在平台呼叫中心的统一调度下能够提供及时的上门服务。

第三,经济可行性。

表 10-6 不同养老方式对比

	社会承担的建设成本	社会承担的运营成本	优点	缺点	备注
机构养老(养老院)	多于2.56万元/人	多于800元/人·月	集中供养,全日制看护	社会承担的人均养老成本高	
日间照料	多于1200元/人	多于50元/人·月	可区域性解决社区养老问题	不能全日制解决养老问题	
居家养老一键通	少于500元/人	少于30元/人·月	覆盖面广,可广泛解决社会问题	尚处在技术手段和服务体系的完善过程中	通过新技术的不断开发和应用以及服务体系的日臻完善,将成为主流的养老服务模式

(三) 襄阳12349居家养老一键通运作模式的创新之处

政府管理方式的创新。襄阳12349居家养老一键通运作机制和服务模式符合"小政府、大社会"的社会转型趋势,是政府机构改革的重要内容,也是建立新型政社关系、培育民间组织发展的重要途径,是地方政府探索社会管理事务模式的一种创新。其重要意义在于:政府将原来由自己直接举办的、为社会发展和人民生活提供服务的事项,根据公共服务的类型选择适当的社会组织来开展,打破了由政府提供公共服务的垄断,将公共服务类型与社会组织类型进行理性组合,创造性地在居家养老中建立了财政资金购买服务、服务组织提供服务、居家老人享受服务的政府购买养老服务政策。在市场经济条件下,既发挥了市场在资源配置中的决定性作用,也很好地发挥了政府的作用。

技术手段的创新。襄阳 12349 居家养老一键通的主要特点是将信息化引入居家养老服务,建立全方位的信息化的居家养老服务体系,形成了独具特色的智慧型养老服务模式。在"互联网+养老"的时代背景下,积极借助互联网搭建信息化服务平台,综合运用物联网技术和电子商务的模式,可以有效地解决老人的安全保障和生活帮扶问题。

养老模式的创新——市场化运作。襄阳 12349 居家养老一键通服务中心属于民办非企业单位,委托湖北天之盾智能科技有限公司作为主运营商,借助信息技术(电话、短信和网络)和公司客户资源的优势,实现养老供需对接,通过整合社区服务企业加盟,培育和发展养老服务市场,为居家老人提供标准化、专业化、亲情化的养老服务。这种智能型的服务模式正成为居家养老服务业的品牌,被越来越多的老人认同和接受。襄阳市樊城区的实践证明,在一个经济尚不发达的地区,要想较好地解决养老问题、构建养老保障体制,只有引入准市场竞争机制才能充分发挥市场和政府的双重优势。

(四)襄阳 12349 居家养老一键通服务中心取得的成效

襄阳 12349 居家养老一键通自 2014 年 9 月在樊城区推广以来,接线员实行三班两倒、24 小时值班制,平均每天接到约 50 个求助呼叫,并顺利为老人解决了实际问题,回访满意度达 100%。一键通服务在樊城各社区推广应用以来,已成功营救多位独居老人,避免了悲剧的发生,产生了良好的社会效应。

1. 生活帮扶服务运营情况

2014 年 9 月至 2016 年 9 月,中心共计为 33251 人次提供过家政、护理陪护、维修、配送等相关服务。

表 10 - 7　生活帮扶服务运营情况

家政	护理陪护	维修	配送	其他
18620	1662	5985	6650	334

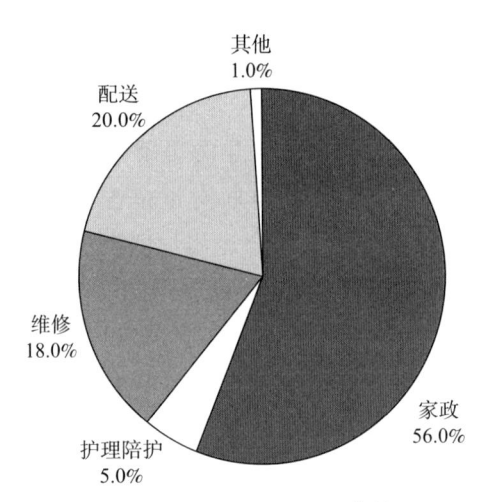

图 10-3　生活帮扶服务运营情况

（饼图数据：家政 56.0%；配送 20.0%；维修 18.0%；护理陪护 5.0%；其他 1.0%）

2. 紧急救援服务运营情况：典型案例

案例一：2014年12月4日9:13，襄阳12349一键通服务中心接到贾群林老人的紧急呼救，服务中心座席人员第一时间与其亲人取得联系，随即帮老人拨打120，9:20左右救护车到达将老人送往医院。

案例二：2015年2月12日6:55，襄阳12349一键通服务中心接到李洪庆老人的紧急呼救，服务中心座席人员第一时间与其亲人取得联系，随即帮老人拨打120，7:00左右救护车到达将老人送往医院。原来90岁的李洪庆老人早上起身时突然呼吸困难，家中只有老人和其孙子，又没有电话。其孙子看到老人脖子上的呼叫器便按下了"紧急救助"键。"一键通"呼叫中心接到求助后，第一时间联系老人亲人并拨打120。

从以上案例可以看出，一键通系统在进行紧急救援方面发挥着十分重要的作用，尤其是对那些独居、失智、没有自理能力的老人而言，帮助很大。

3. 主动关怀服务运营情况

自2015年3月启动线下社区巡回助老活动，服务中心已在红光社区、长虹社区、清河桥社区等开展多批次针对居家老人的助老帮扶活动，服务4800人次。服务涉及健康保健讲座、咨询、免费体检、免费理发等，并为他们建立了健康档案，为促进居家养老一键通信息化服务补充了翔实的资料。

三 对襄阳市城市社区综合服务体系建设的建议

世界卫生组织将健康老龄化定义为发展和维护老年健康生活所需的功能发挥的过程。① 功能发挥是指使个体能够按照自身观念和偏好生活和行动的健康相关因素。它由个人内在能力与相关环境特征以及两者之间的相互作用构成。内在能力是指个体在任何时候都能动用的全部身体机能和脑力的组合，环境包括组成个体生活背景的所有外界因素，包括从微观到宏观层面的家庭、社区和社会。环境中有很多的因素，包括建筑环境、人际关系、态度和价值观、卫生和社会政策、支持系统及其提供的服务。进一步推进湖北省襄阳市樊城区居家养老服务向提质增效的方向纵深发展，需要综合考虑个体能力提升和相关环境优化，针对调研中存在的问题，课题组提出如下建议。

（一）加大资金投入，完善养老设施

养老基础设施的完善不仅关乎老年群体的出行安全和生活便利，也是他们实现社会交往和社会联结的重要媒介，养老基础设施的建设和完善直接关系到老年人的日常出行、社交、健身等生活感受和体验。因此，政府、社会应在养老基础设施方面加大资金投入力度。

在社区公共空间内，针对老年人口的交通出行、活动健身需求，加快推进社区适老化改造、老旧小区安装电梯等，减少步行、轮椅出行障碍，设置老年人口监控和求助设备以及供老年人休闲娱乐健身使用的空间，营造便捷、安全、舒适的老年友好社区。

在住宅内部，设计符合老年人生活方式的设施，根据老年人生理结构及其特点，进行无障碍设计、住宅通用设计，对住宅格局进行重新划分，为广大老年人营造安全、舒适的居住环境。这些基础设施是否完备决定了老年人口在社区的生活质量。同时规划住宅中应考虑老年生活的需求，满

---

① 世界卫生组织：《关于老龄化与健康的全球报告》，http://www.who.int/ageing/publications/world－report－2015/zh/。

足未来老龄化的住宅需求。

政府应不断推进社区和家庭适老化改造，通过专业的评估，全面掌握老年人在社区活动与出行、生活起居和居家环境等方面的需求，提升居家老人的自理能力和生活水平。鼓励和扶持适老化改造项目和企业的发展，同时将社区养老服务驿站作为普及居家适老化改造理念与服务的重要载体，带动周边老年家庭更多地参与进来。政府应建立一整套包括备案、评估、遴选、监管的体系，完善市场化鼓励与监管机制，带动适老化改造在社区和家庭的普及。

（二）关注健康状况，提升老年人生活质量

健康状况是影响老年人生活质量和养老方式选择的重要因素，随着年龄的增加，老年群体在不同程度上面临着生理健康的威胁，尤其是心脑血管疾病、慢性疾病、癌症等。同时，精神健康问题也是必须考量的因素。老年人最常见的精神障碍是抑郁和痴呆，由于不良生活事件的风险增加，老年人可能更易患有情感障碍的疾病如抑郁症和焦虑症。因此，应该关注老年人生理、心理双重健康，提升其生活水平。

提升社区医疗可及性。针对老年人口出台专门的医疗康复政策，遵循基本供需匹配原则提升医疗资源配置水平，如与社区医院沟通建立就医不便老年人定期检查机制，为社区提供一些常用药品，解决老人用药报销比例低的问题，同时支持专业的心理咨询师、医生等人员进入社区为老人服务；针对失能老人，社区卫生服务机构应坚持就近优势，为老人提供上门医疗服务。民政、卫生、人社等部门制定医养结合相关激励政策，保证医疗照护的有效获取，结合实际了解老年人的医疗需求，为医疗机构、医务人员提供必要的政策支持，制定相关的服务标准，方便老年人就近就医，避免因看病困难影响老年人的生活水平；推动医养结合改革，鼓励和支持养老机构借鉴医养结合的发展模式，满足老年人的医疗需求。

关注老年人的精神健康。加大"孝"文化的宣传和教育，进一步提升民众的孝意识，树立孝观念，让为人子女者尽孝成为自主行为，不仅为父母提供物质支持，更积极关心父母的心理健康。充分的社会支持可以有效降低老年人的孤独感，通过社区支持网络的构建为老年人建立一个行动网

络或团体，在助人和互助过程中，帮助老年人消除自卑、无能和无助的心态。鼓励老年人参与社区活动，改变社会上对老年人负面形象的认知，提升老年人的社会意识，避免社会隔离，在社会参与中体现老年人的自我价值。全社会应当形成尊老、敬老、爱老的社会文化，让老年人在社会上感到温暖，得到应有的支持。

（三）推进居家养老建设

居家养老目前在我国还处于起步阶段，需要不断探索。在严峻的老龄化趋势和迫切的养老服务需求下，我国政府和社会不断寻求应对老龄化挑战的新方法新路径，近年来居家养老的迅速发展便是这一趋势的体现。家庭结构的日趋核心化导致家庭照护功能不断弱化，居家养老服务成为整个社会养老服务体系建设、"养老难"问题缓解的重点和关键。

完善居家养老政策支持。2015年1月，北京市发布《北京市居家养老服务条例》①，明确了居家养老服务的概念和核心。2017年3月《国务院关于印发中国老龄事业发展"十三五"规划的通知》②指出，要"夯实居家社区养老服务基础，使居家为基础、社区为依托、机构为补充、医养相结合的养老服务体系更加健全"，突出了家庭、社区、机构之间的合作，以及社区日间照料中心等养老服务机构依托社区综合服务设施和社区公共服务综合信息平台，为老年人提供精准化、个性化、专业化的服务。可见，近年来，居家养老获得了长足的发展，已经初步形成制度支撑。

整合社区居家养老资源。在保证养老机构、（村）居委员会、医疗机构等正式组织正常运转的同时，积极发挥家庭成员、亲戚好友、街坊邻里、社会志愿者等非正式组织人员的作用，尤其注重引入志愿者服务。非正式组织作为正式组织的补充和支撑在居家养老建设中扮演着重要的角色。整合多方面社区居家养老资源，引导医疗卫生、照顾护理、精神慰藉等专业为老服务进入社区和家庭，推动专业老年服务组织和机构的介入，搭建社

---

① 《北京市居家养老服务条例》，http://www.bjmzj.gov.cn/news/root/llgz/2015 - 05/113486.shtml。
② 《国务院关于印发"十三五"国家老龄事业发展和养老体系建设规划的通知》，http://www.gov.cn/zhengce/content/2017 - 03/06/content_5173930.htm。

区养老资源网络体系。

保证社区居家养老的连续性。社区居家养老是一个系统的工程，涉及政府、社会、家庭等各方主体，关系老年人生活的方方面面，因此具有综合性、连续性的特点。借鉴美国持续性护理退休社区的经验，在老年的不同阶段提供不同类型的设施和服务。当前我国康复性照护资源短缺，针对由重病或失能带来的刚性照护需求以及失能半失能、长期卧床、高龄老人等居家人群，仅家庭或医院无法满足一些慢性病患者的持续治疗和康复护理，需要为其提供连续的健康管理服务以保证其生命质量。

加强个案管理，建立服务对象的个案管理机制。个案管理作为一种有效、科学的管理形式，应在社区养老中逐步引入。这种基于服务对象需求并提供个性化服务的方案，不仅能够切实有效地解决老年人的实际需求和问题，还可以有效地对各个相关部门进行协调，实现资源的有效配置，提高服务质量。照顾方案的基本原则应该是保证老人独立自助的能力，进而实现老人助人自助，帮助老人完成退休后的"社会化"。

（四）构建养老PPP，引导社会力量进入养老市场

居家养老政策应随着社会养老机构的发展而不断变化，从硬件支持向资本"造血"的支持转变。2017年8月，财政部、民政部、人力资源和社会保障部联合发布《关于运用政府和社会资本合作模式支持养老服务业发展的实施意见》[①]，提出着力推动政府和社会资本合作（PPP），促进养老服务领域供给侧结构性改革，通过各种措施支持养老领域的PPP项目。

首先，完善制度。我国老龄化形势异常严峻，相关的政策设计存在一定的滞后性，为此，必须加大制度建设，从中央的顶层制度设计到地方的具体执行制度都应该及时加以完善。就构建养老PPP而言，制度的执行也异常重要。当前，在养老方面社会化的投资意愿并不强，原因之一就是相关的优惠政策未落实到位。因此，政府应主动落实好土地供应、税收减免等政策，营造良好的社会环境。

---

① 《关于运用政府和社会资本合作模式支持养老服务业发展的实施意见》，中国政府网，http://www.gov.cn/xinwen/2017－08/21/content_5219295.htm。

其次，遵循市场规律，积极引入市场机制。随着我国社会的发展和市场经济机制的成熟，在居家养老的建设中更应积极主动地构建多主体参与的形式，注重市场及其价值，遵循市场规律，摆脱传统单一的家庭养老、社会养老等形式。具体而言，就是构建新型的"政社合作"养老模式，在此框架下倡导市场、社会力量参与居家养老。政府处于主导地位，负责相关政策的制定，对市场主体具有一定的约束力；市场则积极发挥其优势，允许合理营利。

最后，建立"民办公助"补贴制度。对非营利性的组织和部门提供居家养老服务的，应当在场地建设、机构运营、人员培训等方面给予一定的资金支持和补贴，丰富养老的形式和服务内容。同时，鼓励非营利组织主动接收低保、优抚、残疾等特困人员。

在探索社会化养老、构建养老PPP模式时，襄阳"12349"一键通服务中心的做法具有较强的借鉴价值。其负责人倡导："要将居家养老的另一种形式即日间照料中心的建设和运营推向社会化。目前的状况是，日间照料中心依靠社区建设和运营。而事实上，绝大多数社区没有专设养老服务人员，为老服务工作由社区工作人员兼任。社区作为基层自治组织，本来工作人员就少，工作任务量大而烦琐，很难抽出较多的人力从事养老服务工作，其结果是社区日间照料中心如同虚设。襄阳"12349"居家养老一键通服务中心有意向培训大量具备老人护理、急救、家政服务等复合技能的专业养老服务人员，在各城区建设和运营1到2个大型标准化的日间照料中心、在各社区建设和运营功能性日间照料中心。用专业的人员管理和运营日间照料中心，以完善居家养老服务体系，通过这个方式也可将居家养老一键通服务延伸到乡镇甚至农村。这些都需要政策引导和扶持。"

第十一章
恩施市社区综合养老服务体系建设

据恩施市统计局官网数据,2014年恩施市总人口为749574人,60岁及以上人口116056人,占全市总人口的15.48%;65岁及以上人口78296人,占全市总人口的10.45%。以上数据表明恩施市已进入老龄化社会,且老龄化问题较严峻。近年来,随着恩施市经济社会的快速发展、人民生活水平和医疗卫生保健条件的巨大改善,生育率持续保持较低水平,老龄化进程逐步加快。因此,开展恩施市的城市社区综合养老服务体系建设状况调查对于全面了解恩施养老服务水平、推进养老服务体系建设具有重要意义。

本次调查的对象为恩施市城市常住人口,分为养老服务的接受者和提供者。养老服务的接受者指享受养老服务的恩施市60岁及以上的老年人,涵盖党政机关、企业、事业单位、社会团体、自办企业、军队、自由职业等人员。养老服务的提供者具体指制定养老服务政策、提供养老服务的人群,包括政府民政部门负责人、社区负责人与员工、养老机构负责人与员工等。

一 调查对象基本情况

以下分析的调查对象为参与此次问卷调查的45位社区老人。

(一)性别结构

本次调查的45名老人中,女性占84.4%,男性占15.6%,女性比例明显高于男性比例（见表 11-1）。

表 11-1 被访人群性别结构

单位：人，%

	人数	百分比
男性	7	15.6
女性	38	84.4
合计	45	100.0

（二）年龄结构

调查对象年龄在 60—64 岁的占总调查人数的 57.8%，65—69 岁的占调查人数的 35.6%，70 岁及以上的占总调查人数的 6.6%（见图 11-1）。

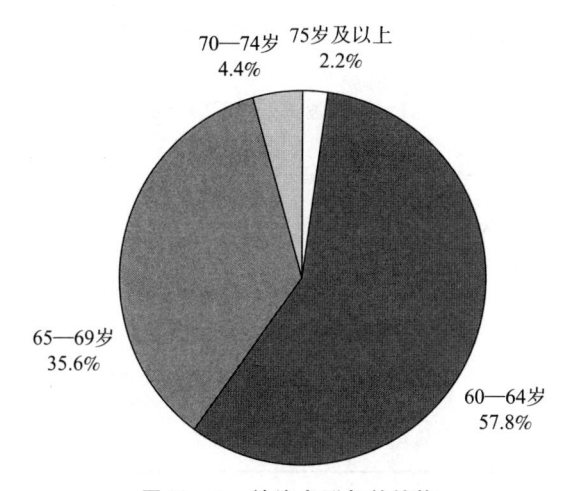

图 11-1 被访人群年龄结构

（三）文化程度

此次调查中初中、高中及中专学历人数最多，占总人数的 68.9%；其次为小学及以下学历，占比 22.2%；大专及以上学历人数最少，占比 8.9%（见表 11-2）。

表 11-2　被访人群文化程度

单位：人，%

	人数	百分比
小学及以下	10	22.2
初中	18	40.0
高中/中专	13	28.9
大专及以上	4	8.9
合计	45	100.0

（四）婚姻状况

本次调查中初婚有配偶的占被访人数的 84.4%；再婚有配偶的占 2.2%；丧偶或者离婚的人数占 13.3%（见表 11-3）。

表 11-3　被访人群婚姻状况

单位：人，%

	人数	百分比
初婚有配偶	38	84.4
再婚有配偶	1	2.2
丧偶	4	8.9
离婚	2	4.4
合计	45	100.0

（五）居住情况

本次调查中，与配偶、子辈共同居住的人数最多，分别占被访人数的 80.0% 和 55.6%；与保姆共同居住的人数最少，只有 1 人；其次是自己居住，只有 2 人（见表 11-4）。

表 11 - 4　被访人群居住情况

单位：人，%

	人数	百分比
与配偶共同居住	36	80.0
与子辈共同居住	25	55.6
与孙辈共同居住	18	40.0
与保姆共同居住	1	2.2
自己居住	2	4.4

（六）单位类型

从被访者退休前所在单位类型来看，涵盖了各个行业。以企业、事业单位为主，分别占被访人数的 46.7%、24.4%（见图 11 - 2）。

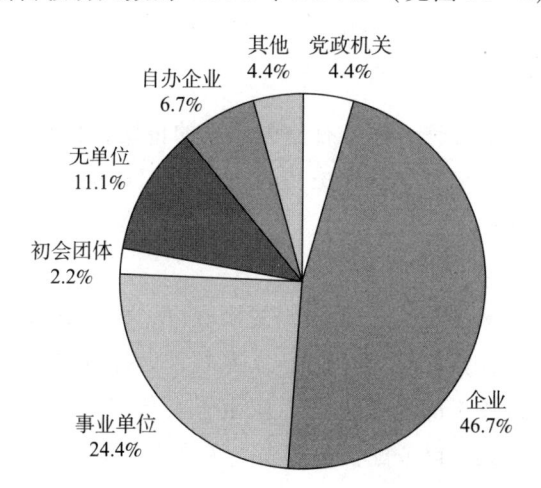

图 11 - 2　被访人群退休前所在单位类型

其他 4.4%
党政机关 4.4%
自办企业 6.7%
无单位 11.1%
初会团体 2.2%
事业单位 24.4%
企业 46.7%

（七）主要生活来源

本次调查数据显示，以自己的离/退休金作为主要生活来源的人最多，占被访者的 80.0%，依靠政府/非营利性组织补贴的人数最少，占被访者人数的 2.2%（见表 11 - 5）。

表 11-5 被访人群目前主要生活来源

单位：人，%

	人数	百分比
自己的离/退休金	36	80.0
自己劳动/工作所得	2	4.4
配偶的收入	2	4.4
子女的资助	3	6.7
政府/非营利组织补贴	1	2.2
其他	1	2.2
合计	45	100.0

二 恩施市城市社区综合养老服务体系建设现状

(一) 家庭养老

家庭养老在中国既是一种具有悠久历史的传统，也是一个古老的制度。受传统观念的影响，在家中由家庭支持和子女照顾的养老方式依旧是大多数老年人的第一选择。

1. 老人家庭养老意愿强烈

在对老人进行最理想的养老方式的调查中，由调查样本反映的情况来看，64.4%的老人选择住在家中由亲人照顾，大部分老年人倾向于家庭养老。调查发现，37.8%的老年人选择应由子女承担养老责任，明显高于政府、所在社区、老人自己或配偶等选项（见表 11-7）。

表 11-6 最理想的养老方式

单位：人，%

	人数	百分比
住在家里由亲人照顾	29	64.4
住在家里接受社区服务	13	28.9
住在养老院	3	6.7
合计	45	100.0

表 11-7　应由谁承担养老责任

单位：人，%

	人数	百分比
政府	13	28.9
所在社区	1	2.2
子女	17	37.8
老人自己或配偶	7	15.6
不好说	7	15.6
合计	45	100.0

2.7成以上的老人与子女几乎每天联系

调查中了解到，71.1%的老人与子女几乎每天联系，17.8%的老人每周至少与子女联系一次，11.1%的老人每月至少与子女联系一次，见表11-8。

表 11-8　与子女联系的情况

单位：人，%

	人数	百分比
几乎每天	32	71.1
每周至少一次	8	17.8
每月至少一次	5	11.1
合计	45	100.0

3. 家庭之间供养能力有一定差距

被调查者家庭之间的平均月收入存在一定程度的差距。家庭月收入在700元及以下或者无收入的占被访者的13.3%，701—1500元的最多，占31.1%，1501—3000元的占22.2%，3001—5000元的人数占26.7%。由家庭收入差距导致的家庭供养能力差距十分明显：家庭相对富裕，家庭养老的资源也较丰富、能力也较强。

4. 家庭供养能力正在下降

家庭养老主要依靠家庭成员，特别是子女。在人口老龄化和社会主义市场经济不断发展的时代背景下，传统家庭养老受到极大挑战。尤其在城市，很多子女白天外出工作，无暇照顾老人，特别是独生子女家庭，面临着

表 11-9　家庭平均月收入

单位：人，%

家庭平均月收入	人数	百分比
无收入	2	4.4
700 元及以下	4	8.9
701—1500 元	14	31.1
1501—3000 元	10	22.2
3001—5000 元	12	26.7
5001—10000 元	3	6.7
合计	45	100.0

一对夫妻赡养四位老人的现实情况。恩施作为经济相对欠发达地区，很多家庭子女外出务工，由此引发的家庭供养资源与供养能力下降的问题值得关注。

（二）居家养老

1. 居家养老意愿分析

课题组调查了老人对社区提供上门服务的需求意愿。绝大多数老人表示不需要上门护理、上门看病、康复治疗、紧急救助服务，不需要的人数比例分别是 84.4%、93.3%、88.9%、86.7%。究其原因，大部分老人认为自己有能力解决遇到的问题，有需求也可以自己前往社区服务大厅、社区医疗机构寻求帮助，不习惯陌生人来到自己家中。

表 11-10　对社区医疗机构服务的需求意愿

单位：人，%

	需求意愿	人数	百分比
上门护理	需要	7	15.6
	不需要	38	84.4
上门看病	需要	3	6.7
	不需要	42	93.3
康复治疗	需要	5	11.1
	不需要	40	88.9

续表

社区医疗机构服务项目	需求意愿	人数	百分比
紧急救助	需要	6	13.3
	不需要	39	86.7

2. 居家养老服务现状分析

（1）服务内容单一，老人对此需求和接纳度不高

受传统自给自足观念和经济条件的影响，家庭养老一直在我国养老体系中占重要地位。居家养老在我国起步较晚，普及率还有待提高。调查发现，居家养老服务内容单一，在社区组织开展的相关服务当中，家政服务、组织文体活动占相当大的比重，而康复保健、法律援助、心理咨询等服务比较欠缺。同时，老年人对众多居家养老服务项目的需求和接纳度不高，尽管提供了诸如家政服务等上门服务，但这些服务内容与老年人的实际需求存在着一定程度的不匹配关系，老年人认为没有必有提供诸如心理咨询、康复保健、医疗护理等方面的上门服务。

（2）引进社会组织力量，政府购买服务

推行居家养老服务应以社区服务为中心，依托社区养老服务机构开展服务。恩施市通过引进社会化和市场机制，引导和规范社会资本参与养老服务，将居家养老服务更多地交由社会养老服务机构开展。课题组对恩施州民政局负责养老事务的官员进行了访谈。

恩施州政府每年花费40多万元财政支出用于政府购买养老服务，依据相关准入机制公开招标引进社会组织，采取无偿服务和低偿服务相结合的形式开展居家养老服务。政府还建立了居家养老专用补贴，具体是以服务券的形式为低保、低收入老人提供居家养老服务。社会养老机构经审核需符合相关准入要求，与民政部门签订委托服务协议，约定服务内容和服务收费标准等项目。接受委托的社会养老机构，按照与民政部门协议约定的项目进行服务，接受服务的老人使用服务券结算居家养老服务费用。社会养老机构持养老服务券同民政部门兑现服务费用（对恩施州民政局社会福利与社会事务科负责人的访谈记录）。

恩施市老街坊养老服务中心是恩施市集机构养老、居家养老、日间照料以及中老年用品"一站式"采购平台于一体的老年人养老机构。在调查中我们详细了解了老街坊养老服务中心参与恩施市居家养老服务的情况。

老街坊养老服务中心提供的服务有无偿服务和低偿服务。无偿服务项目可通过政府提供的服务券免费享受，低偿服务项目则按照低于市场价的标准向老人提供，该部分服务费用由有需求的老人自己承担。

(3) 打造平台化、"一键式"服务管理模式

恩施市正努力打造平台化、"一键式"服务管理模式，建立养老服务平台用于居家养老服务，目前该平台正在建设当中。以老街坊养老服务中心为例，老街坊养老服务中心的居家养老服务围绕"创新养老模式、集约各类资源、多种服务形式、满足刚性需求"的指导思想，以"求创新，全覆盖"为目标，将居家养老中心从"场地化服务"打造成"平台化服务"，建立一个服务资源组织、调度、管理中心，依托电信"一键通"服务平台对组员数据和需求数据进行智能配比，合理提供分层分类的规范化、特色化、人性化站点集中服务和上门服务（见图11-3）。[①] 目前该平台已完成老人信息录入工作。

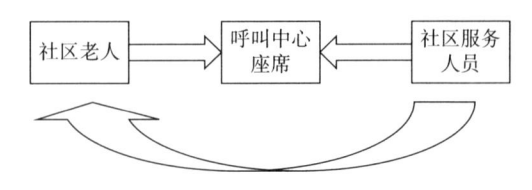

图 11-3 老街坊居家养老平台示意

据恩施州民政局2013年的《恩施州民政局"四轮驱动"加快养老服务业大力发展》提出的措施，"城市社区居家养老服务中心建立社区居家养老服务信息平台，发放'一键通'手机，老年人只需拨打热线电话或按'一键通'手机，就能将服务需求反映到社区居家养老服务中心，养老服务中心实行24小时值班制，及时受理老年人需求，统筹协调对接服务，做到老年人的需求有人管、有人响应（见图11-4）。能够免费提供的服务，由服

---

① 资料来源：恩施市老街坊养老服务中心宣传手册。

务中心安排网格员、志愿者以及社区工作人员等完成；需要由市场提供的有偿服务，服务中心则对接相应的市场主体提供市场化的服务"①。

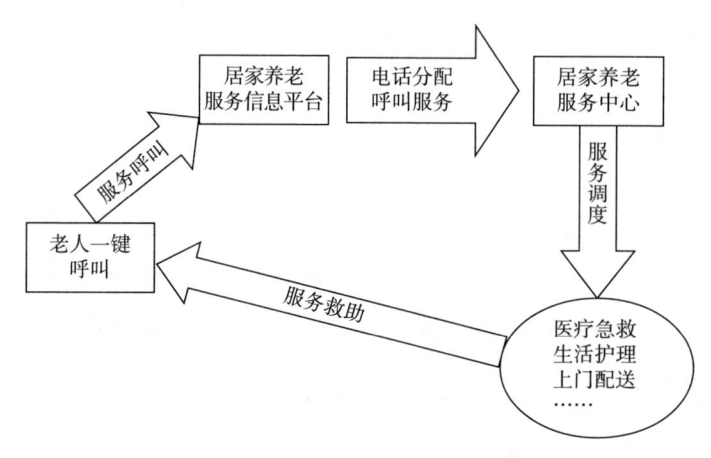

图 11-4 "一键通"功能示意

（三）社区养老

1. 医疗卫生服务

社区设置医疗卫生服务站是为了满足社区居民的医疗卫生需求，解决社区居民基本医疗问题。本次调查对社区的医疗卫生服务情况进行了评估，68.9%的老人居住地距离最近的医疗服务机构在一公里以内。这说明社区配套的医疗机构距社区非常近，老人享受社区医疗卫生资源较便利。

我们对恩施市舞阳坝街道办事处官坡社区主任进行了访谈，在访谈中了解到，"官坡社区医院有3名拥有医师资格证的全科医生，社区医院定期开展免费体检、建立健康档案、举办安全知识讲座等医疗卫生服务"（对官坡社区主任的访谈记录）。但从调查数据看，社区医院在上门护理、上门看病、康复治疗、紧急救助方面开展的服务还相当欠缺，老人2015年享受过以上服务的人群分别占4.4%、2.2%、2.2%、2.2%。

---

① 《恩施州民政局"四轮驱动"加快养老服务业大力发展》，恩施土家族苗族自治州民政局官网。

表 11-11 家到最近社区医疗机构的距离

单位：人，%

	人数	百分比
半公里	16	35.6
一公里	15	33.3
两公里	7	15.6
三公里	2	4.4
三公里以上	5	11.1
合计	45	100.0

表 11-12 社区居民享受过社区医疗机构服务的情况

单位：人，%

	是否享受	人数	百分比
上门护理	是	2	4.4
	否	43	95.6
上门看病	是	1	2.2
	否	44	97.8
康复治疗	是	1	2.2
	否	44	97.8
紧急救助	是	1	2.2
	否	44	97.8

2. 日间照料服务

依托社区开展的日间照料服务有很多方面的措施，为老人提供就餐和送餐的"老年饭桌"、为老人提供日间休息和照料的日托所和托老所、为老人提供文体活动场所和设施等。在本次调查中，社区在提供就餐和送餐服务方面相当欠缺，受访者普遍表示未享受过社区提供的此项服务。在社区组织的文体活动方面，受访者大都表示参加过社区组织的文体活动，其中，老年活动室、棋牌室或麻将室、图书馆是老人们提到去的次数比较多的地方。

恩施市通过引进社会化和市场机制，引导和规范社会资本参与养老服务，日间照料同居家养老服务更多地交由社会养老服务机构开展。老街坊养老服务中心在日间照料服务方面承担了很多社区应当承担的职能，在各个社区开展老年日间照料服务，其主要活动和便民措施体现在以下几方面。带领老年人在社区活动中心以及其他活动点进行相关活动，如舞蹈排练、技能培训等活动；组织老年人以队伍的形式进行室外活动，如旅游、公益演出。在社区进行便民服务，如水、电、气、公交卡充值，电话费、网费充值；同时开展简单体检、心理咨询等方面的服务。

但要特别说明的是，恩施市由社区和社会养老机构开展的日间照料服务大都停留在文艺娱乐方面，社区低龄老人参与度高，这些举措在丰富老人日常文体生活方面发挥了重要作用。但恩施市当前条件下的日间照料服务并没有提供床位供老人休息，无法满足高龄老人日间休息的需求，无法做到真正意义上的托老服务。

3. 精神慰藉服务

在此次调查中，我们特意询问了老人社区在提供上门探访、心理咨询服务等精神慰藉方面开展服务的情况。从受访者的回答中得知，老年人对以上服务的需求度同样不高，究其原因，主要是老人觉得与上门服务人员存在陌生感和不信任的因素，他们更愿意与子女相处或者与同辈群体沟通交流。

4. 社区志愿服务

在此次调查中，黄泥坝社区和官坡社区的负责人都表示社区注重发掘固有资源，发挥社区支持的作用，通过建立社区网格员、文艺队，发挥社区低龄老人的作用，让他们参与到社区志愿服务当中，既能让其实现自身最大价值，又能营造社区互助氛围。

（四）机构养老

1. 机构养老服务的主要内容

机构养老是指为子女工作繁忙无暇照顾老人的家庭代为照顾老人，由老年公寓、敬老院以及其他福利机构为老人解决日常生活困难，针对一些不能完全自理的老人提供专业化、规范化、人性化的照料服务，包括日常护理、食宿照顾，也提供简单的医疗服务。老街坊养老服务中心是恩施市开展机构养老服务的主要力量，这里以老街坊养老服务中心为例加以说明。

老街坊养老服务中心下属的六角亭街道办事处解放路社区老街坊敬老

院于 2015 年 1 月 1 日正式营业。该院拥有建筑面积 1800 平方米的老年公寓一栋，老年公寓共三层，有房间 42 间，床位 100 张，现有护理人员 16 人，管理人员 5 人，专职社工 4 人。老年公寓现设有单人间、双人间、多人间，全天 24 小时供应热水，配有医用护理对讲系统、消防报警控制系统、州民政局居家养老服务系统等全套服务设施设备。另有近 3000 平方米的活动广场。

从养老院环境看，老街坊养老院坐落在六角亭象牙山烈士纪念塔旁、风景优美的解放路社区，环境宜人。

从养老院提供的服务看，有专职护工进行营养套餐搭配，会针对老年人是否患有特殊疾病实行分餐制，以满足每一位老人的饮食需求。

从员工素质看，该院拥有护理人员 16 人，专职社工 4 人，还与湖北省民政厅、湖北高校社工院系建立了合作关系，接受社工本专科学生前来实习。

从养老院组织的活动看，老人会自发进行麻将棋牌类活动，养老院拥有专门的舞蹈室、电影院，可供老人开展各项文娱活动。

从医疗护理看，养老院能提供一些老年医疗护理、养生保健等方面的服务。

该院的收费标准是能自理的老人 1800 元/月，半自理的老人 2500 元/月，完全不能自理的老人 2800 元/月。

2. 机构养老服务现状分析

（1）资金缺乏

据老街坊养老院负责人介绍，"自 2015 年 1 月正式营业以来，2015 年政府投入仅为 3 万元，2016 年政府投入 7.7 万元，其余经费全为自筹。政府虽然有相关扶持政策，但恩施市地方财政紧张，很多项扶持资金难以落实。目前许多民办养老机构处于资金投入、亏损状态"（对老街坊养老服务中心负责人的访谈记录）。

（2）政策落实不到位，扶持力度欠缺

老街坊养老院隶属于老街坊养老服务中心，该单位为在民政部门注册的非营利性民办养老机构。老街坊养老院所用场地设施均由社区提供，主管部门是六角亭街道办事处，属公建民营性质。在此次调查中了解到，为贯彻落实《国务院关于加快发展养老服务业的若干意见》（国发〔2013〕35号）、《湖北省人民政府关于加快发展养老服务业的实施意见》（鄂政发〔2014〕30号）精神，积极应对人口老龄化，加快发展全市养老服务业，2014年恩施市政府出台了9号文件，专门建立建设补贴和运营补贴制度，针对养老补贴、税收、土地等政策做出规定。

> 对新建民办养老机构每张床位给予不低于1000元、改造和租赁用房每张床位给予不低于500元一次性补助（每个机构最高补贴不超过500张床位），对正常运营1年以上的，按收住失能对象每人每年不低于900元、其他对象每人每年不低于600元给予运营补贴（对恩施市民政局社会福利与社会事务科负责人的访谈记录）。
>
> 关于税收方面的优惠措施，恩施市政府减免了此类非营利性民办养老机构的营业税、房产税、企业所得税等税收。恩施市政府还在文件中规定，非营利性民办养老机构与政府公办养老院享受同等的土地使用政策（对恩施市民政局社会福利与社会事务科负责人的访谈记录）。

尽管恩施市政府在以上方面做出了政策规定，但通过对老街坊养老服务中心负责人的访谈获知，很多政策仅停留在文本层面，虽然政府出台了配套政策加以扶持，但是执行情况很不理想。

（3）机构员工缺乏专业性，招收专业人员难度大

此次调查了解到，恩施市养老机构的工作人员大多为下岗失业人员和进城务工人员。对机构来讲，招收到符合行业标准的专业服务人员特别困难，按照养老机构负责人的话来讲"有能力的不去，去了的能力不够"。机构需要花费时间和成本培训非专业人员，但员工在掌握了服务技能后很可能换到待遇更好的机构。

（4）机构安全管理压力巨大

2015年河南"5·25"鲁山康乐园特别重大火灾事故发生以来，国家对民办养老机构的安全管理问题特别重视，将消防安全等级评估、消防设施改造等作为民办养老院经营标准的重要评估项目。此次调查中了解到，"恩施市每月由公安消防机关对养老院的消防情况做一次评估，不符合要求的

需要全面整治"（对恩施市民政局社会福利与社会事务科负责人的访谈）。完善消防、安全管理是民办养老机构应该做到的，但这给民办养老机构带来了巨大的经济压力，改造消防设施的经费对很多养老机构来讲不是小数目。

（5）缺乏行业规范化管理标准和评估标准

恩施州民政局官网公布的《湖北省物价局湖北省民政厅关于规范养老机构服务收费管理 促进养老服务业健康发展的指导意见》（鄂价费〔2015〕43号）指出："各地民政部门要抓紧制定养老服务行业管理和服务规范，规范护理服务内容和服务等级标准。要指导公办养老机构逐步建立健全以老年人身份资格、身体状况、经济状况等为主要内容的入住资格评估制度，按规定范围、条件和标准甄选入住对象，并保障其供养经费和运转经费足额到位。要利用湖北养老服务信息网等信息平台，对养老机构数量、收住老年人数量、收费标准等信息实行信息化管理。推动将养老机构服务质量、信誉状况等情况纳入信用体系建设。"但是，此次调查了解到，目前恩施州还没有出台相关的养老服务行业管理和服务规范，缺乏统一的管理、评估标准不利于养老服务业的长期健康发展。

三 对恩施市社区养老服务体系建设的建议

（一）加大政府财政投入力度，探索多方筹资模式

我国养老服务工作还处在初步发展阶段，政府依然是开展养老服务工作的主要责任者。当前政府注重为特别困难的低收入者或者"三无"老人提供一定补贴，对于更加庞大的其他老年群体，资金投入则十分有限。恩施市鼓励社会力量参与居家养老和社区日间照料服务运作，但在实际财政资金投入上相当欠缺。

政府应统筹地方各项事业，采取实际行动助推养老服务业发展，形成制度化的公共财政投入机制。另外，仅仅依靠政府单方面的财政投入不足以满足人们日益增长的养老需求，政府应强化主体效应，吸纳个人、社会各方参与养老资金筹资建设，保证养老资金投入充分。

（二）加强监管力度，保证政策落实

前文提到，尽管恩施市政府对于加快推进养老服务业发展做出了政策规定，但是政策落实情况很不理想，政府扶持力度不大。恩施市政府在财政补贴、税收优惠、费用减免、土地使用等方面出台的相应扶持政策应得到全面落实。

（三）健全养老行业规范和服务评估标准

近年来，在政府的扶持下，我国社会力量举办的养老机构如雨后春笋般涌现，但目前尚未建立统一的行业规范管理标准，如准入、评估、审计标准。老年人的人身健康及生命财产安全与养老服务机构安全管理情况有着十分紧密的联系，必须对提供养老服务的特定场所、技术和标准进行规范和监管。因此，在支持和发展机构养老服务的过程中，必须依法对从事养老服务产业申请人的资格，养老机构设立的条件和标准、申办程序等实施前置性规制，建立统一的行业规范管理标准和养老机构准入、服务评估标准。

（四）加大社区养老服务投入

社区养老在我国当前综合养老服务体系中发挥着重要的功能，根据前文对恩施市社区养老服务的现状和问题分析，恩施市社区养老服务需在以下几方面加以改进。

第一，医疗卫生服务方面，加大对上门护理、上门看病、康复治疗、紧急救助等服务的投入。

第二，日间照料服务方面，平衡对社区低龄老人和高龄老人的照料服务。在现有基础上，加大对高龄、"空巢"、失能以及边缘困难老人的日间照料，做到真正意义上的"托老"。

第三，精神慰藉方面，更加注重满足老人的精神需求。

第四，社区养老护理人员培养方面，加强对现有社区工作人员的养老健康护理知识培训，提升其专业化水平。

（五）加强养老服务人才队伍建设，提升养老服务专业性

养老服务不仅需要满足老年人物质生活层面的需求，更多的是满足其精神层面的需求。这对养老服务人才职业化、专业化水平要求很高，必须建立一支具备专业技术能力、职业道德、服务理念的人才队伍。由于养老服务行业工作强度大、报酬少、社会认可度不高，养老服务人才流失严重。当前我国养老服务人员大多为非专业人员，以下岗失业人员为主。因此，必须加强和完善服务人员培训机制，特别是针对非专业人员的培训。另外，需要提高养老服务人员的职业素养，将职业道德与绩效纳入个人考核标准体系。

第十二章
兰州市社区综合养老服务体系建设

2015年7月20—23日，课题组一行5人来到兰州市就其城市社区综合养老服务体系建设状况进行调查。课题组首先在甘肃省民政厅召开了由兰州市及部分区民政部门、卫生部门、街道、社区相关人员参加的座谈会，接着走访了兰州市城关区和七里河区所辖的三个社区，其中城关区两个、七里河区一个。在社区召开了由社区主任、街道卫生服务中心和社区卫生服务站及社区内具体负责养老工作的相关人员的座谈会。同时，在每个社区对20名60岁及以上的老人进行问卷调查，三个社区共发放问卷60份，有效问卷50份。此外，还有三份社区问卷，由每个社区的负责人填答。座谈会主要了解城市社区养老服务体系的建设情况，涉及兰州市养老的政策、人口状况、养老的服务体系和制度体系、服务监督与保障、硬件设施、服务内容与质量、服务供给影响因素、服务效率及影响因素等。问卷调查主要了解老年人的养老服务需求情况。社区问卷主要涉及社区基本信息、社区居家养老服务供给情况以及社区居家养老服务接受情况。本报告是关于此次调研的兰州市城市社区综合养老服务体系建设状况的报告。报告主要分为四大部分：第一部分介绍兰州市养老方面的基本情况，第二部分介绍兰州市的养老服务供给状况，第三部分介绍兰州市老年人社区养老的服务需求，第四部分总结了兰州市养老方面存在的问题并提出相应的政策建议。

一 兰州市养老的基本情况

截至2014年底,兰州市户籍人口321.64万人,60岁及以上的老年人口59.22万人,占人口总数的18.41%,年增长率5.54%,高于全国和甘肃省平均水平。全市共有各类城市社会养老福利机构16家,其中市属国办养老福利单位2家,县区属养老机构5家,集体和民办养老福利机构9家,农村敬老院19家,共设置床位6006张。城乡社区日间照料中心272个,其中城市社区日间照料中心101个,农村互助老人幸福院171个,共设置养老床位8660张。据不完全统计,全市有养老床位14666张,占老年人口数的25‰。下面就本次调查的社区的基本情况做一简要介绍。

(一) 三个社区各类人口数

从课题组所调查的三个社区来看,各类人口数为:畅家巷社区总人口12551人,其中男性6321人,女性6230人。60岁及以上的人口有2387人,其中男性1127人,女性1260人。半失能老人12人,男性半失能老人7人,女性半失能老人5人。失能老人9人,男性失能老人1人,女性失能老人8人。榆中街社区的总人口10050人,其中男性5660人,女性4390人。60岁及以上的人口1563人,其中男性603人,女性960人。半失能老人3人,男性半失能老人2人,女性半失能老人1人。没有失能老人。郑家台社区总人口11905人,其中男性5934人,女性5971人。60岁及以上的人口有2390人,其中男性1187人,女性1203人。半失能老人10人,男性半失能老人9人,女性半失能老人1人。失能老人6人,男性失能老人3人,女性失能老人3人。

表12-1 三个社区的各类人口数汇总

单位:人

	畅家巷	榆中街	郑家台
社区总人口数	12551	10050	11905
男性人口数	6321	5660	5934

续表

	畅家巷	榆中街	郑家台
女性人口数	6230	4390	5971
60岁以上人口数	2387	1563	2390
60岁以上男性人口数	1127	603	1187
60岁以上女性人口数	1260	960	1203
半失能老人	12	3	10
男性半失能老人	7	2	9
女性半失能老人	5	1	1
失能老人	9	0	6
男性失能老人	1	0	3
女性失能老人	8	0	3

（二）三个社区的经费使用情况

三个社区养老服务经费的来源和使用情况见表12-2。从表12-2中可以看到，三个社区的经费来源不论是2014年还是2015年1月1日以来的经费，都以政府投入为主，但政府的投入也不平衡，对榆中街的投入比畅家巷和郑家台要少很多。在支出的用途上，畅家巷和郑家台注重的是硬件的建设，榆中街则只是一些节日活动。这说明，政府在大力支持畅家巷和郑家台的养老服务。

表12-2 三个社区的经费使用情况

单位：元

	畅家巷	榆中街	郑家台
2014年养老服务经费	300000	4000	500000
政府投入	300000	3000	400000
社会捐助	0	1000	0
社区服务项目收入	0	0	0
博彩、有奖募捐基金收入	0	0	100000
其他	0	0	0
2015年1月1日以来养老服务经费	200000	1000	300000
政府投入	200000	1000	300000

续表

	畅家巷	榆中街	郑家台
社会捐助	0	0	0
社区服务项目收入	0	0	0
博彩、有奖募捐基金	0	0	0
其他	0	0	0
2014年养老服务经费支出	300000	3000	500000
用途	街道为老服务中心建设	开展文化活动、购买奖品、租服装、租场地	居家养老服务站的建设
2015年1月1日以来养老经费支出	200000	1000	300000
用途	社工服务	端午节、春节和"七一"节日活动	居家养老服务站的改造提升

(三) 三个社区的养老机构情况

从居家养老机构的数量来看，畅家巷只有1个营利性的养老服务机构。榆中街有2个政府兴办的居家养老服务机构。郑家台有2个居家养老机构，1个是由政府兴办的机构，1个是由民办企业兴办的营利性机构。总体而言，三个社区的居家养老服务机构较少。

(四) 三个社区工作人员的情况

畅家巷有一名女性直接从事居家养老服务，其学历为技校，在职前和职中都有培训，其工资水平大致与兰州市人均月收入持平。榆中街从事居家养老服务的工作人员有15人，其中直接服务人员13人，管理人员2人；男性2人，女性13人；在职前和职中都有培训，其工资水平也大致与兰州市人均月收入持平。郑家台从事居家养老服务的工作人员10人，其中直接服务人员8人，管理人员2人；男性1人，女性9人；21—30岁的1人，41—50岁的9人；从学历来看，职业高中的6人，普通高中的1人，中专的1人，专科的1人，本科的1人；从职业资格来看，副主任医师1人，初级护师2人。居家养老服务工作人员也是兼有职前培训和职中培训，关于这些工作人员的待遇，与兰州市月平均工资水平相比，郑家台选择的答案是

"不好说"。在三个社区有关工作人员情况的问卷填写中，唯有郑家台填写的相对比较详细，而畅家巷和榆中街的填写缺失较多，因此，对这两个社区情况的了解就没有郑家台的详细。

（五）三个社区居家养老服务的接受情况

三个社区接受居家养老服务的人数见表12-3。从表12-3来看，畅家巷的老年人居家养老服务接受人数最少，榆中街和郑家台要远远超过畅家巷。除了表格中的内容外，我们还询问了按照年龄分类后接受社区居家养老的情况。畅家巷2014年的人数是，75—79岁的2人，80—84岁的3人；2015年1月1日以来的人数是，75—79岁的2人，80—84岁的3人。榆中街2014年的人数是，60—64岁的22人，65—69岁的31人，70—74岁的13人，75—79岁的39人，80—84岁的12人，85—89岁的3人；2015年1月1日以来的人数是，60—64岁的26人，65—69岁的30人，70—74岁的42人，75—79岁的43人，80—84岁的14人，85—89岁的4人。郑家台2014年的人数是，60—64岁的1人，65—69岁的10人，70—74岁的19人，75—79岁的8人，80—84岁的4人，85—89岁的1人；2015年1月1日以来的人数是，60—64岁的25人，65—69岁的15人，70—74岁的18人，75—79岁的4人，80—84岁的16人。

表12-3 三个社区接受居家养老服务的人数

单位：人

	畅家巷	榆中街	郑家台
2015年接受养老服务的老年人的月平均人次	5	16	10
与上年同期相比的变化	持平	变多了	持平
2014年接受社区居家养老服务的老年人	5	120	43
男性	2	66	22
女性	3	54	21
半失能老人	5	2	2
男性半失能老人	2	2	1
女性半失能老人	3	0	1
失能老人	0	0	1

续表

	畅家巷	榆中街	郑家台
男性失能老人	0	0	0
女性失能老人	0	0	1
2015年1月1日以来接受社区居家养老服务的老年人	5	159	78
男性	2	84	23
女性	3	75	45
半失能老人	5	3	3
男性半失能老人	2	2	2
女性半失能老人	3	1	1
失能老人	0	0	4
男性失能老人	0	0	3
女性失能老人	0	0	1

社区提供居家养老服务次数比较多的项目，畅家巷选择的是电话送餐、家政卫生、情感陪护和代办购物和邮寄等。榆中街选择的服务次数最多的居家养老服务项目是家政卫生。郑家台选择的是电话送餐、家政卫生以及代办购物和邮寄等。

为了了解社区居家养老服务的质量，课题组还让社区负责人对自身提供的服务进行打分，按10分制，畅家巷为7分，榆中街为9分，郑家台为5分。

二 兰州市养老服务供给状况

根据国务院办公厅印发的《社会养老服务体系建设规划（2011—2015）》，我国的社会养老服务体系主要由居家养老、社区养老和机构养老三个有机部分组成。因此，本报告主要从这三个方面来介绍兰州市社区综合养老服务体系的供给。

目前，兰州市初步形成了以居家养老为基础、社区养老为依托、机构养老为补充的"三位一体"的社会养老服务体系。具体而言，兰州市的居家养老服务以"虚拟养老院"为主，社区养老服务以"城乡社区日间照料中心建设"为重点，在机构养老方面则是以公办养老机构为引领的机构养老处于发展中。

（一）兰州市居家养老服务状况

居家养老服务涵盖生活照料、家政服务、康复护理、医疗保健、精神慰藉等，以上门服务为主要形式。对身体状况较好、生活基本能自理的老年人提供家庭服务、老年食堂、法律咨询服务等；对生活不能自理的高龄、独居、失能等老年人提供家务劳动、家庭保健、辅具配置、送饭上门、无障碍改造、紧急呼叫和安全援助等服务。有条件的地方可以探索对居家养老的失能老年人给予专项补贴，鼓励他们配置必要的康复辅具，提高生活自理能力和生活质量。

1. 社区问卷调查的有关情况

从社区问卷来看，我们所调查的三个社区都设立了社区服务中心（站），但不同社区的社区服务中心（站）提供的居家养老服务项目有所不同。榆中街社区只选择了医疗保健相关服务（社区卫生服务中心/服务站、康复治疗室、体质测试站等）。畅家巷社区服务中心（站）提供的社区居家养老服务项目有社会保障相关服务（包括生活救助站、社保卡受理分站点、医疗保险事务受理、慈善捐赠事务受理等）、医疗保健相关服务（社区卫生服务中心/服务站、康复治疗室、体质测试站等）、社会福利相关服务（包括社区福利院/日托所、残疾老人服务中心/服务站等）、社区文体活动类服务（包括文化活动中心、老年人活动室、老年人体育俱乐部等）、教育科普类服务（包括老年法律课堂与司法援助、老年大学、老年人图书馆和阅览室等）。郑家台社区服务中心（站）提供的社区居家养老服务项目有医疗保健相关服务（社区卫生服务中心/服务站、康复治疗室、体质测试站等）、社会福利相关服务（包括社区福利院/日托所、残疾老人服务中心/服务站等）、社区文体活动类服务（包括文化活动中心、老年人活动室、老年人体育俱乐部等）、教育科普类服务（包括老年法律课堂与司法援助、老年大学、老年人图书馆和阅览室等）。

从社区提供居家养老服务的方式来看，榆中街社区没有填答。畅家巷社区有两种：低偿的社区站点形式的日间照料服务和邻里志愿性质的服务。郑家台社区有三种，除了畅家巷社区的两种之外，郑家台社区的居家养老服务方式还有低偿的小时工性质的家庭服务员入户服务。

从社区居家养老的服务项目来看,榆中街社区有两种:家政卫生和情感陪护。畅家巷社区有电话送餐、家政卫生、情感陪护和代办购物及邮寄等。郑家台社区是电话送餐和代办购物和邮寄等。

从社区开展过的为老服务情况来看,榆中街社区开展过的有老年人讲座、定期免费体检、传统节日庆祝活动。畅家巷社区开展过的有老年人讲座、定期免费体检、少年志愿者进社区、传统节日庆祝活动。郑家台社区开展过的有老年人讲座、定期免费体检、传统节日庆祝活动。

从特殊老人服务来看,榆中街社区开展的养老服务有高龄老人补贴与养老服务、失独老人补贴与养老服务、"空巢"老人养老服务。畅家巷社区开展的养老服务与榆中街相同,郑家台社区则比以上两个社区少了"空巢"老人养老服务。

2. 兰州市"虚拟养老院"式的居家养老服务

兰州市居家养老服务的提供以"虚拟养老院"为主。2009年,兰州市城关区率先采取了由政府主导、市场运作、社会参与的虚拟养老院新型养老服务模式。2012年,全市8县区都建成了虚拟养老院。截至2014年底,全市虚拟养老院服务人数达24万人,年服务老人320万人次,吸纳了253家加盟企业,78家虚拟养老餐厅,196家虚拟社区卫生服务机构,为老服务人员达到了3000多名。我们所调查的七里河区,虚拟养老院建成运行以来,共建有14家"夕阳乐"餐厅、6家服务企业加盟,开展以送配餐和家政便民为主要内容的虚拟养老服务,已有46520人被纳入虚拟养老服务范围。由于城关区是兰州市最早建立虚拟养老院的区,本报告对虚拟养老院的介绍以城关区为主。

(1)虚拟养老院的组织机构和运行模式

城关区虚拟养老院是由区政府出资筹建,区民政局主管的科级建制事业单位负责全区居家养老工作的统筹和管理。虚拟养老院的运行模式是"四位一体"的,即将"接待服务""企业管理""通信指挥""咨询投诉"融为一体,借助信息技术的发展,依托网络平台开展服务,很好地将养老需求与服务市场进行对接。老年人如果有服务需求,可拨打"965885"服务热线,在明确了老年人的服务需求后,虚拟养老院向相关企业派单,开展服务的企业接单后根据老年人的需求有针对性地派出工作人员,为老年人提供上门服务。服务结束后，由被服务对象进行服务评价，还会涉及服务质量的回访、企业服务接单的统计以及相关服务费用的结算。这一系列的工作都是通过信息网络平台来完成的。这种利用现代信息技术的方式开展的养老服务与传统的机构养老相比具有明显的优越性，是"没有围墙的养老院"。

（2）虚拟养老院的服务内容与质量

虚拟养老院已吸纳了126家加盟服务企业，有近万人在虚拟养老院中成为养老服务的从业人员，为老年人提供的服务内容涉及面非常广，主要包括就餐、日常陪护、生活照料、家电维修、家政便民、卫生医疗、保健康复、心理慰藉、文化娱乐、法律咨询、临终关怀11大类，服务项目多达230多项。虚拟养老院中的65家虚拟养老餐厅切实解决了辖区老人就近用餐的问题，55家社区医疗服务站则很好地解决了辖区老人就近看病问题。此外，城关区还成立了虚拟养老院义工联盟，现有3000多名注册爱心义工，他们为老年人提供的志愿活动主要涉及心理疏导、法律咨询、公益宣传等，已经帮扶各类老人8000多人次。

在虚拟养老院运行过程中，政府对不同的老年人推行分类补贴。区政府每年列支资金1000多万元，作为服务补贴用于全区老人。全区60周岁及以上、自愿注册入院的老年人在虚拟养老院中可以分为不同的类别，其中A类服务对象主要是城市"三无"老人、农村"五保"老人以及困难"空巢"老人等。对他们的服务是通过政府购买的形式开展，提供就餐、起居照顾、代办代购、居室保洁、物业维修等服务。B类服务对象主要包括90岁及以上的高龄老人、市级以上的劳模、三八红旗手、重点优抚对象、正高级职称以上的老专家和担任两届以上的省市人大代表、政协委员等。对于B类服务对象，政府每月给予50元的服务补贴。C类老人是除了A、B两类老人之外的老人，对他们主要是在自愿的基础上实行市场化服务。这样既突出了对困难老人的重点保障，又实现了对全区老人居家养老服务的全覆盖。

为了提供高质量的养老服务，城关区注重统筹各类资源。一是进一步整合政府现有的服务资源。与"兰州市民卡"相整合，向全区老年人发放"虚拟养老院兰州市民卡"5万多张，目前已经实现了老年人公交乘车与用餐的功能整合，下一步还将实现超市、餐馆、便利店等的小额支付，老年人健康档案和病历的建立、就诊挂号预约、诊费支付，金融汇兑，政府公共服务等功能。二是开展政府和企业的联合运营。引入多家养老服务企业，如百合物联科技有限公司、奥维通信股份有限公司等。在科学管理的基础上，这些企业能够提供优质服务，进一步推动养老服务水平的提升。这也有利于社会资本参与虚拟养老院的管理和运营，加强与政府的合作，共同开展各类营利和非营利的服务。在获得一定经济效益的同时，更能看到社会效益，从而实现虚拟养老服务的可持续发展。

在先进科技的应用方面，借助科技部"惠民计划"项目，通过物联网技术的转化应用，建设"智慧养老"服务平台。一是升级基础应用系统。完善老人数据库结构，新增综合数据分析、服务质量评价考核、老年餐厅管理模块，进一步建立和完善开放性的底层应用系统。二是开发"安全养老"子系统。通过开发老年手机，实现虚拟养老院四大类服务一键拨号，加强与通信运营商合作，为老年人提供虚拟养老热线电话免费和互打免费等优惠。下一步还将通过开发手机的定位功能，实现失智老人的走失寻找、紧急救援的指引等服务内容。三是研发"健康管理"的子系统。整合全区的医疗卫生服务资源，以社区医疗站为依托，按照医养结合、医护结合的思路开展医疗卫生服务，为老年人开展血压、血糖、血氧、心率等健康指标监测，建立动态电子健康档案，及时做出饮食规划、运动提示、用药提醒等健康提示和慢性病管理服务，实现有病早发现、未病早防治的目的。按照分类保障的思路，政府已为全区640多名困难老人免费发放老年手机，给予20元/月的基本通信补贴，并且免费开展安全养老服务和健康管理服务。针对其他有收入的老人，将通过市场化途径开展安全养老和健康养老的有偿服务，收取的费用将用于困难老人的服务补贴。

（3）虚拟养老院的服务监督与保障

为保障虚拟养老院规范建设，兰州市政府办公厅下发了《兰州市虚拟养老院建设验收标准（试行）》（兰政办发〔2012〕311号）。城关区虚拟养老院于2011年正式通过"ISO14001环境管理体系""ISO9001国际质量管理体系""OHSAS18001职业健康安全管理体系"认证，建立了完善的工作程序和统一的服务标准。为进一步提高养老服务的水平和质量，城关区为老服务培训基地得以建立，对养老从业人员进行专业技能的培训和指导，并承担国家职业资格鉴定工作。目前，已有近4000人在基地接受过相关培训，其中有3000多人通过了相关专业的初级、中级国家职业资格的鉴定。为加强对服务质量的监管，虚拟养老院专门成立了质量监督中心，对养老服务的质量进行回访和监督，进一步收集老年人对养老服务的意见和建议，以进一步改善服务质量。

比如在虚拟养老餐厅的监管上，由加盟的餐厅提出申请，区政府审批，这种审批既涉及准入，也涉及准入后的动态管理，如果在运营过程中不合格还会被淘汰。

（4）虚拟养老院的优势

从虚拟养老院的建设和使用来看，与传统养老机构相比，它大大降低了养老设施的建设和服务成本，是一条利用现代信息技术开展养老服务的新路子。传统养老机构需要占用较多的物理空间，相关设备设施的建设也是一笔不小的投入，老人入住后需要缴纳的养老费用也不少，而虚拟养老院在以上三个方面都大大节约了成本。

虚拟养老院大大提高了服务效率，为有效解决居家养老的难题探索出了新的途径。受中国传统观念的影响，老年人不愿意离开自己所居住的社区到养老机构中养老，期望与自己的亲人有更多接触的机会。但老年人由于生理机能的减退，这些美好的想法无法得到实现。虚拟养老院借助网络信息平台开展养老服务则很好地解决了这一问题，使老年人足不出户就能得到各类养老服务。

虚拟养老院还推动了产业发展，形成了以养老为核心的各种主体和资源参与的养老产业链。政府、企业、社区、市场与老年人的养老在虚拟养老院中得到了有机的统合。餐饮、医疗、家政、文体、卫生、法律等多个行业在养老产业中得到拓宽和发展，大量相关人员在虚拟养老院中获得了就业机会。

（二）兰州市社区养老服务状况

兰州市的城市社区养老服务主要由日间照料中心来提供。关于日间照料中心的建设，按照民政部的要求，自2012年7月以来，甘肃省及相关部门先后发布《甘肃省民政厅关于加快推进城市社区老年人日间照料中心建设工作的通知》《甘肃省示范社区老年人日间照料中心标准》《关于规范城乡社区老年人日间照料中心设备配置的指导意见》《关于进一步规范社区老年人日间照料中心建设管理工作的通知》《甘肃省城乡社区老年人日间照料中心建设省级补贴资金管理办法》，引导、支持和规范社区老年人日间照料中心的建设和运营。关于城乡社区日间照料中心的建设，2012年至2014年，兰州市累计投入市公益金1035万元，县区自筹资金1523万元。截至2014年底，全市累计建成的城乡日间照料中心共有272个，城市社区日间照料中心共有101个，占全部社区总数的25.3%；农村互助老人幸福院共有171个，占全部农村总数的23.4%。全市城乡社区日间照料中心总建筑面积4万多平方米，年服务3万多人次。从2013年开始，城关区整合和利用现有的各种设施、资源，通过改建、扩建、租赁等不同的方式推进社区老年人日间照料中心的建设，进一步改善社区日间照料中心提供的各类服务。目前，该区已经建成的老年人日间照料中心共有17家。七里河区的城市社区老年人日间照料中心共22家，床位共755张。

1. 社区日间照料中心的建设标准

按照甘肃省的要求，建设社区老年人日间照料中心要充分考虑社区所在地的常住老年人数量和经济发展水平，建筑面积应不低于200平方米，床位不少于25张。如果社区的居民数和老年人数多、辐射范围广，可适当扩大日间照料中心的建筑面积。日间照料中心要"五室"俱全，分别是日间休息室、休闲娱乐室、图书阅览室、健身康复室和配餐室。日间休息室要单独设置，床位可采取简易床、躺椅或固定床等灵活多样的方式进行配置。其余各室可在确保安全的前提下合并设计，并配备必要的服务设备。

2. 社区日间照料中心的运营模式

社区老年人日间照料中心主要采用三种运营模式开展服务，即无偿、低偿和有偿服务，三者既相互独立，又有机结合。提供无偿服务的人群对象是辖区内享受政府养老服务补贴的老年人和"三无"老人；提供低偿服务的人群对象是低收入老年人；除上述两类老年人外，对其他老年人均提供有偿服务。同时要充分发挥志愿者的作用，创造条件，鼓励和保障老年人接受志愿服务，实现志愿者的服务、政府购买的服务和市场化的有偿服务三者的有机结合。在运营过程中，社区老年人日间照料中心涉及的收费项目要明码标价，并在开业运营前向县（市、区）民政部门备案。

3. 社区日间照料中心的设备配置

日间照料中心要设立"五室"，"五室"中的设备配置情况要求如下。

日间休息室：配备基本的适合老年人的起居用品和相应设备。床位的设置可采用折叠床、躺椅、固定床等方式，可灵活掌握设置方式，但折叠床、躺椅等简易床应当占总床位数的80%左右。被褥、床单、床垫等设施用品要统一配备。

休闲娱乐室：配备基本的娱乐视听设备，如有线电视、音响、DVD播放机等影视器材，以及麻将、棋牌桌椅和简单的乐器等用品。一般应配备饮水设备。

图书阅览室：应配备适合老年人阅读的图书、报纸、杂志等读物和适量的桌椅、老花镜等用品。有条件的也可配备适量的电脑。

健身康复室：应配备基本的健身、康复器材，如按摩椅、眼部按摩器、头部按摩器、血压测量器、辅助步态训练器、弧形腹肌训练器、滑轮吊环训练器、踏步训练器、下肢功率车（骑式）、健身球等健身康复器械。

配餐室：应由厨房和餐厅两部分组成，配备必要的设施，如餐桌椅、炊具、餐具、洗手池、冰箱、防蝇设备、消毒设备等。有条件的可配置更高标准的设备。

4. 社区日间照料中心的服务监督与保障

为了保证社区日间照料中心的建设和运营，更好地为老年人提供养老服务，甘肃省2014年发布了《甘肃省示范社区老年人日间照料中心标准（试行）》（以下简称《标准》），开展示范社区老年人日间照料中心的评比。2014年，省民政厅将草场街街道亚太社区老年人日间照料中心命名为"甘肃省示范社区老年人日间照料中心"。

《标准》主要从适用对象、建设规模和环境、经费投入、服务质量、设备设施、人员队伍、志愿活动等多个方面做出规定，对社区日间照料中心的建设、运营和提供高质量的服务提供了较好的指导。但这只是试行的《标准》，我们在调研的过程中还发现了一些问题，本报告的最后部分将集中介绍调研过程中发现的问题。

(三) 兰州市机构养老服务情况

机构养老服务以相关设施建设为重点，通过加强设施建设实现机构最基本的养老服务功能。机构养老服务设施建设的重点主要有两类，分别是老年养护机构和其他类型的养老机构。老年养护机构服务对象主要是失能、半失能的老年人，其功能主要包括以下几个方面：①生活照料，主要满足老年人日常生活的需求，如老年人吃饭、穿衣、如厕、洗澡及室内外活动等。因此，设施要符合无障碍建设的要求，要配置必要的附属功能用房。②康复护理，主要满足老年人生理功能的恢复或减缓生理功能衰退的需求，因此，配备的设施和器材主要包括康复、护理和应急处置工作三大类。③紧急救援，具有为老年人提供紧急救援的能力，面对老年人突发疾病和其他需要紧急救援的情况，要使其得到有效的救治。鼓励老年养护机构设置医疗部门，为老年人提供医养结合的服务。条件相对较好的老年养护机构还要发挥自身优势，为社区内的养老服务组织和人员提供培训与指导，更好地开展居家养老服务，发挥示范、辐射和引领作用。其他类型的养老机构则应根据自身的特点，为不同类型的老年人提供合适的集中照料等服务。

就兰州市而言，机构养老是其薄弱环节。目前，兰州全市共有各类城市社会养老福利机构16家，建筑面积16.8万平方米，从业人员581名，其中市属养老福利机构2家、县区5家、集体和民办9家，共设床位4627张，收住老年人1642人。城关区共有机构养老院5家（其中兰铁老年公寓只接收铁路系统老人），床位1520张，每千名老人拥有床位数8张。截至2013年11月，5家机构养老院实际入住339人。七里河区只有两家老年公寓，养老床位635张。其中比较有特色的老年公寓是兰州颐瑞康老年公寓，该养老公寓在甘肃省是规模最大的，其环境优美、设施完善，是能够提供一流服务的民办品牌老年公寓，占地面积43亩，其中仅人工湖和绿化面积就有19亩，占总面积的44.2%。该公寓的主要建筑有6幢，其中4幢楼是住房，1幢楼是餐厅，还有1幢楼是综合办公楼，截至调研组调研时累计投资已经达到6000多万元。各种不同标准的房间共计360多间，拥有床位600张，入住率很高，达到了98%。

为了促进民办养老机构的发展，兰州市采取了很多优惠政策。比如水电费等的减免，按民办非企业免缴营业税。而且对民办社会养老机构有补贴，按床位来算，如果自建，每个床位每年补贴1万元；如果是租用的，则每个床位每年补贴8000元。用地方面也有一定的优惠，但目前还没有实施。

在入住率上，民办机构不及公办机构。如兰州市老年公寓排队登记入住近800人，入住率常年保持在100%，而大多数民办机构的入住率在50%—60%，个别的不足20%。原因主要有：民办的养老机构较公办的收费要高，传统家庭养老的观念使好多老年人不愿意入住，老人在心理上更相信公办养老机构，而且部分民办养老机构设备设施不齐全，提供的服务不能令人满意。

面对兰州市养老机构很少的情况，兰州市从市到区的民政部门的相关领导和一线的社区工作人员都认识到应该加强养老机构的建设。但短期内要想使民办养老机构获得较快的发展还存在一定困难。这既涉及老年人和整个社会的观念转变问题，也涉及鼓励民办养老机构发展的优惠政策落实的问题。

（四）医疗卫生服务

医疗卫生服务是养老服务供给中非常重要的方面，也是贯穿于居家养老、社区养老和机构养老的重要服务内容。本报告将兰州市面向老年人的医疗卫生服务单独进行介绍。

从课题组发放的社区问卷来看，三个社区都设立了社区卫生服务中心/服务站，但在提供的服务项目上是有差异的。榆中街社区卫生服务中心/服务站提供的社区卫生服务项目有自助体测（包括自动身高体重测量仪、血压计、血糖测试仪、身体成分分析仪等设备）、健康宣传与指导（包括健康生活注意事项宣传、饮食营养指导、健康生活方式指导等）、诊疗服务（包括常见病诊疗、慢性病用药监控、上门输液打针、输液室等专门房间的设置等）、药品服务（包括常用药品、依照国家政策免费发放的特殊药品等）。畅家巷社区卫生服务中心/服务站提供的社区卫生服务项目有自助体测（包括自动身高体重测量仪、血压计、血糖测试仪、身体成分分析仪等设备）、健康宣传与指导（包括健康生活注意事项宣传、饮食营养指导、健康生活方式指导等）、心理健康服务（包括心理疏导服务、心理咨询服务等）、康复治疗（包括设立康复治疗室、上门提供康复服务等）、紧急救助服务（包括吸氧设备、速效急救药品等）、诊疗服务（包括常见病诊疗、慢性病用药监控、上门输液打针、输液室等专门房间的设置等）、药品服务（包括常用药品、依照国家政策免费发放的特殊药品等）。郑家台社区卫生服务中心/服务站提供的社区卫生服务项目有健康宣传与指导（包括健康生活注意事项宣传、饮食营养指导、健康生活方式指导等）、康复治疗（包括设立康复治疗室、上门提供康复服务等）、紧急救助服务（包括吸氧设备、速效急救药品等）、诊疗服务（包括常见病诊疗、慢性病用药监控、上门输液打针、输液室等专门房间的设置等）、药品服务（包括常用药品、依照国家政策免费发放的特殊药品等）。

在访谈中课题组发现，社区面向老年人的医疗卫生服务主要是由街道的卫生服务中心和各社区的卫生服务站来提供的。城关区民政局在2011年与卫生部门合作，将老年人的医疗卫生服务纳入虚拟养老院的建设中，当时有17家社区卫生服务中心、83家社区卫生服务站，覆盖了城关区24个街道、142个社区，主要提供公共卫生服务和基本医疗服务。在合作之前，社区卫生服务中心/服务站本身有11个公共卫生的项目。比如对患有高血压、糖尿病等辖区重点人群的寻访等，在民政部门的要求下对65岁及以上的"三无"老人、低保户老人和残疾老人给予免费的上门服务和社区服务。从2015年开始，有4个街道由养老服务中心来提供医疗服务，做得比较好的是酒泉老年服务中心，提供专业的按摩、针灸、理疗等服务。

在日间照料方面，2014年有一家社区卫生服务站与民政局合作运行日间养老中心，但是效果不是特别好。因为从卫生口来看，其可以提供很好的医疗保障，但是从老年人照顾上来说，还需要民政部门和相关政策的支持。日间养老中心大约运营一年的时间，现在基本上处于停滞的状态。刚开始运行的时候效果比较好，街道和民政部门也非常支持。但是2015年做得不好，原因就是在民政的政策里面，由卫生口进行日间护理或者日间照料时，对如何提供卫生服务工作没有明确要求。

从具体的服务内容来看，能走动的老年人可以来社区接受医疗卫生方面的服务，不能走动的老年人由社区提供上门服务，社区主要也是针对一些慢性病患者提供上门服务。卫生服务中心为所有老年人建了健康档案，每年为65岁及以上的老人免费体检一次。其他方面的服务还涉及保健咨询、健康沙龙、健康教育课等，有社区的保健服务老师专门讲这门课。

七里河区有社区卫生服务中心10家，其向老年人提供的医疗卫生服务主要是按照卫生部门的要求进行的，不是按照民政部门的要求。65岁及以上的老年人每年可以免费体检一次。由于七里河区老年人慢性病的发病率比较高，从2011年开始，对慢性病的体检人数增加了，55岁及以上的人都免费体检，体检项目比较单一，一般是测血压、血糖，还有心电图、B超、尿常规，筛选糖尿病、高血压等一些老年病，针对病人进行上门服务。上门咨询服务每年4次。一年必须进行4次随访，有自理能力的老人来社区机构随访，不能自理的卫生人员上门进行随访，主要是向其提供一些保健和康复建议，发放相关的医疗卫生资料。在日间照料中心设有康复室，这里可以提供理疗、按摩等服务。

三 老人社区养老服务需求

关于老年人的养老服务需求，我们是通过以下方式来了解的。社区实行网格化管理，老龄专干、楼园长以及相关的其他干部经常走访老年人，特别是楼园长与社区老年人互动较多，能及时了解老人的具体需求，我们对其进行了访谈。我们还对老年人的养老服务进行了问卷调查。我们调查的是60岁及以上的老年人，由社区居委会将老年人召集到居委会，采用问卷集中填答法。由于不是随机抽样，所以不具有推论总体的意义。本部分介绍我们对老年人进行问卷调查所了解到的情况。

（一）老年人个人基本情况

1. 性别构成

老年人的性别构成见表12-4。男性16人，占32.0%，女性34人，占68.0%。

表 12-4 老年人的性别构成

单位：人，%

	人数	百分比
男	16	32.0
女	34	68.0
合计	50	100.0

2. 老年人的年龄

老年人的年龄平均为 69 岁，标准差为 6.73，最大年龄 84 岁，最小年龄 60 岁。

3. 老年人的受教育程度

老年人受教育程度的情况见表 12-5。未上学的 6 人，占 12.0%；小学学历 8 人，占 16.0%；初中学历 13 人，占 26.0%；高中或中专学历 15 人，占 30.0%；大专及以上学历 8 人，占 16.0%。

表 12-5 老年人的受教育程度

单位：人，%

	人数	百分比
未上学	6	12.0
小学	8	16.0
初中	13	26.0
高中/中专	15	30.0
大专及以上	8	16.0
合计	50	100.0

4. 老年人的婚姻状况

老年人的婚姻状况见表 12-6。初婚有配偶的 28 人，占 56.0%，再婚有配偶的 3 人，占 6.0%；丧偶的 14 人，占 28.0%；离婚的 3 人，占 6.0%；未婚和同居的各 1 人，分别占 2.0%。

表 12-6 老年人的婚姻状况

单位：人，%

	人数	百分比
初婚有配偶	28	56.0

续表

	人数	百分比
再婚有配偶	3	6.0
丧偶	14	28.0
离婚	3	6.0
未婚	1	2.0
同居	1	2.0
合计	50	100.0

5. 老年人的共同居住情况

老年人的共同居住情况见表12-7。关于老年人共同居住的情况，我们的调查问卷是以多项选择题的形式出现的，涉及的共同居住对象有配偶、子辈、孙辈、其他亲戚、保姆、自己居住以及其他。表12-7是对统计结果重新整理后制作的表格，没有人选择的选项在表中没有出现，总人数仍然是50。从表12-7中可以看到，与配偶共同居住的有28人，占56.0%；与子辈共同居住的有14人，占28.0%；与孙辈共同居住的有8人，占16.0%；自己居住的有11人，占22.0%。

表12-7 老年人的共同居住情况

单位：人，%

	人数	百分比
与配偶共同居住	28	56.0
与子辈共同居住	14	28.0
与孙辈共同居住	8	16.0
自己居住	11	22.0

6. 老年人退休前所在的单位类型

老年人退休前所在的单位类型见表12-8。企业21人，占42.0%；事业单位11人，占22.0%；无单位14人，占28.0%。党政机关、自办企业、军队和其他分别为1人，所占的百分比均为2.0%。

7. 老年人的主要生活来源

老年人的主要生活来源见表12-9。以自己的离/退休金为主要生活来源

表 12-8　老年人退休前所在的单位类型

单位：人，%

	人数	百分比
党政机关	1	2.0
企业	21	42.0
事业单位	11	22.0
无单位	14	28.0
自办企业	1	2.0
军队	1	2.0
其他	1	2.0
合计	50	100.0

的 36 人，占 72.0%；以自己劳动/工作所得为主要生活来源的 2 人，占 4.0%；以配偶收入为主要生活来源的 1 人，占 2.0%；以子女的资助为主要生活来源的 2 人，占 4.0%。以政府/非营利组织的补贴/资助为主要生活来源的 9 人，占 18.0%。

表 12-9　老年人目前的主要生活来源状况

单位：人，%

	人数	百分比
自己的离/退休金	36	72.0
自己劳动/工作所得	2	4.0
配偶的收入	1	2.0
子女的资助	2	4.0
政府/非营利组织的补贴/资助	9	18.0
合计	50	100.0

8. 老年人 2014 年的家庭平均月收入

老年人 2014 年的家庭平均月收入情况见表 12-10。没有收入的 1 人，占 2%；700 元及以下的 5 人，占 10.0%；701—1500 元的 12 人，占 24.0%；1501—3000 元的 20 人，占 40.0%；3001—5000 元的 8 人，占 16.0%；5001—10000 元的 3 人，占 6.0%；10001 元及以上的 1 人，占 2.0%。

表 12-10　老年人 2014 年的家庭平均月收入情况

单位：元，人，%

	人数	百分比
无收入	1	2.0
1—700	5	10.0
701—1500	12	24.0
1501—3000	20	40.0
3001—5000	8	16.0
5001—10000	3	6.0
10001 及以上	1	2.0
合计	50	100.0

（二）老年人的养老需求情况

1. 老年人在养老项目上的支出情况

课题组所调查的老年人在养老项目上 2014 年的支出涉及康复护理支出、长期照料支出、医药费用支出、家政服务支出以及其他支出。调查发现，老人在医药费用方面的支出比较多，其他方面的支出很少甚至没有。在康复护理支出方面，只有 3 人有这方面的支出，分别为 100 元、500 元和 1200 元；在长期照料支出方面，只有 2 人有这方面的支出，分别为 800 元和 1000 元；在家政服务支出方面，只有 1 人有这方面的支出，为 300 元。在医药费的支出方面，接受调查的 50 位老人中有 4 人没有这方面的支出，在有医药费支出的老人中支出最少的是 500 元，支出最多的是 36000 元。总体来说，老年人的医药费支出平均为 4492.4 元，标准差为 6729.12。与老年人在其他养老项目上的支出相比，老年人的医药卫生支出是最为重要且最多的。

2. 老年人目前的身体状况

课题组对老年人身体状况的调查是由老年人根据自己感觉的情况来填答的，具体情况见表 12-11。认为自己很健康的有 3 人，占 6.0%；认为自己健康的有 14 人，占 28.0%；认为自己的健康状况一般的有 25 人，占 50.0%；认为自己不健康的有 8 人，占 16.0%。

表 12 – 11　老年人目前的身体状况

单位：人，%

	人数	百分比
很健康	3	6.0
健康	14	28.0
一般	25	50.0
不健康	8	16.0
合计	50	100.0

3. 老年人的慢性病得病情况

关于老年人慢性病得病的情况，我们列出了以下几种常见的慢性病：高血压、糖尿病、慢性支气管炎、肺气肿、肺心病、心脏病、关节炎、风湿病、哮喘和其他。这是一个多项选择题，没有老年人患病就不出现在表 12 – 12 中。从表 12 – 12 中可以看到，在我们所列的慢性病中，老年人患有比较多的慢性病是高血压，有 23 人，占 46.0%；患心脏病的有 17 人，占 34.0%；患糖尿病和关节炎的都是 11 人，分别占 22.0%。

表 12 – 12　老年人的慢性病得病情况

单位：人，%

	人数	百分比
高血压	23	46.0
糖尿病	11	22.0
慢性支气管炎	7	14.0
肺气肿	1	2.0
心脏病	17	34.0
关节炎	11	22.0
风湿病	2	4.0
哮喘	3	6.0
其他	7	14.0

4. 老年人的生活起居是否需要有人帮助

老年人的生活起居是否需要有人帮助的情况见表 12 – 13。认为自己的生活起居需要有人帮助的有 8 人，占 16.0%。其他老年人认为自己的生活起居不需要有人帮助。

表 12-13　老年人的生活起居是否需要有人帮助

单位：人，%

	人数	百分比
需要	8	16.0
不需要	42	84.0
合计	50	100.0

5. 老年人的生活起居是否有人照料

老年人的生活起居是否有人照料的情况见表 12-14。有 14 名老年人的生活起居有人照料，占 28.0%。

表 12-14　老年人的生活起居是否有人照料

单位：人，%

	人数	百分比
有	14	28.0
没有	36	72.0
合计	50	100.0

6. 老年人的社会交往情况

（1）老年人与子女的联系情况

老年人与子女的联系情况见表 12-15。几乎天天联系的有 19 人，占 38.0%；每周至少一次的有 23 人，占 46.0%；每月至少一次的有 5 人，占 10.0%；一年几次的有 2 人，占 4.0%；几乎没有的有 1 人，占 2.0%。

表 12-15　老年人与子女的联系情况

单位：人，%

	人数	百分比
几乎天天	19	38.0
每周至少一次	23	46.0
每月至少一次	5	10.0

续表

	人数	百分比
一年几次	2	4.0
几乎没有	1	2.0
合计	50	100.0

（2）老年人与朋友的联系情况

老年人与朋友的联系情况见表 12 - 16。几乎天天联系的有 13 人，占 26.0%；每周至少一次的有 17 人，占 34.0%；每月至少一次的有 6 人，占 12.0%；一年几次的有 8 人，占 16.0%；几乎没有的有 6 人，占 12.0%。

表 12 - 16　老年人与朋友的联系情况

单位：人，%

	人数	百分比
几乎天天	13	26.0
每周至少一次	17	34.0
每月至少一次	6	12.0
一年几次	8	16.0
几乎没有	6	12.0
合计	50	100.0

7. 老年人的养老方式倾向

从老年人有关自身养老方式选择的几个问题来看，课题组发现老年人更倾向于接受家庭养老，具体表现在以下几个方面。

（1）老年人遇到困难最希望得到谁的帮助

老年人遇到困难最希望得到谁的帮助，具体情况见表 12 - 17。最希望得到配偶或子女帮助的最多，有 38 人，占 76.0%；最希望得到其他亲属帮助的有 6 人，占 12.0%；最希望得到朋友、邻居帮助的有 1 人，占 2.0%；最希望得到居委会和社区工作者帮助的有 4 人，占 8.0%；选择其他的有 1 人，占 2.0%。这一数据表明亲人在老年人心目中的地位高于其他人，老年人最为中意的仍然是家庭养老。

表 12-17　老年人遇到困难最希望得到谁的帮助

单位：人，%

	人数	百分比
配偶或子女	38	76.0
其他亲属	6	12.0
朋友、邻居	1	2.0
居委会和社区工作者	4	8.0
其他	1	2.0
合计	50	100.0

（2）最应该由谁承担养老责任

老年人认为最应该由谁承担养老责任的情况见表 12-18。认为应由政府、所在社区承担的各有 6 人，所占百分比各为 12.0%；认为应由子女承担的有 22 人，占 44.0%。认为应由老人自己或配偶承担的有 12 人，占 24.0%；选择不好说的有 4 人，占 8.0%。选择子女的最多，其次是老人自己或配偶。

表 12-18　最应该由谁承担养老责任

单位：人，%

	人数	百分比
政府	6	12.0
所在社区	6	12.0
子女	22	44.0
老人自己或配偶	12	24.0
不好说	4	8.0
合计	50	100.0

（3）老年人心目中最理想的养老方式

老年人心目中最理想的养老方式见表 12-19。选择住在家里由亲人照顾的有 34 人，占 68.0%；选择住在家中接受社区服务的有 9 人，占 18.0%；选择住在养老院的有 5 人，占 10.0%；选择其他的有 2 人，占 4.0%。受访老年人选择最多的是住在家里由亲人照顾。

表 12-19 老年人心目中最理想的养老方式

单位：人，%

	人数	百分比
住在家里由亲人照顾	34	68.0
住在家中接受社区服务	9	18.0
住在养老院	5	10.0
其他	2	4.0
合计	50	100.0

8. 老年人对目前生活的评价

老年人对目前生活的评价是老年人的养老需求是否得到满足的重要体现，老年人对目前生活的评价情况见表 12-20。选择满意的有 31 人，占 62.0%；选择一般的有 14 人，占 28.0%；选择不满意的有 5 人，占 10.0%。这说明老年人对目前生活比较满意。

表 12-20 老年人对目前生活的评价

单位：人，%

	人数	百分比
满意	31	62.0
一般	14	28.0
不满意	5	10.0
合计	50	100.0

（三）对老年人的社区支持情况

1. 老年人到社区医疗机构的时间

医疗服务是老年人养老服务非常重要的组成部分，从前面有关老年人养老支出的情况来看，绝大多数老年人都有医药费用支出。因此，老年人接受社区医疗机构提供的服务是否方便，就成为我们关心的问题。而是否方便的一个重要体现就是老年人从家里到社区医疗机构需要花费的时间。在我们调查的 50 名老年人中，到社区医疗机构需要花费的时间平均为

14.86分钟，标准差为14.36。最短的为5分钟，最长的为60分钟。

2. 社区医疗机构对老年人的医疗服务状况

（1）社区医疗机构提供哪些服务

在访谈的过程中，通过对社区卫生服务中心和社区卫生服务站的了解，我们发现，社区医疗机构可以为老年人提供上门护理服务、上门看病服务、康复治疗服务、紧急救助服务、特殊药品服务和日常保健服务等。那么，老年人是否需要社区医疗机构提供这些服务呢？从表12-21可以看到，有22人认为需要社区医疗机构提供上门护理服务，占44.0%；有15人认为需要社区医疗机构提供上门看病服务，占30.0%；有12人认为需要社区医疗机构提供康复治疗服务，占24.0%；有14人认为需要社区医疗机构提供紧急救助服务，占28.0%；有11人认为需要社区医疗机构提供特殊药品服务，占22.0%；有21人认为需要社区医疗机构提供日常保健服务，占42.0%。选择上门护理和日常保健两项服务的人数相对较多。

表12-21 老年人是否需要社区医疗机构提供以下服务

单位：人，%

	人数	百分比
上门护理	22	44.0
上门看病	15	30.0
康复治疗	12	24.0
紧急救助	14	28.0
特殊药品	11	22.0
日常保健	21	42.0

（2）2014年老年人接受过社区医疗机构的哪些服务

关于以上所列举的各项服务，老年人在2014年接受的情况见表12-22。2014年接受过社区医疗机构上门看病服务、紧急救助服务和特殊药品服务的都是3人，各占6.0%；接受过康复治疗服务的有4人，占8.0%；接受过上门护理服务的有8人，占16.0%；接受过日常保健服务的有9人，占18.0%。受访老年人接受较多的是上门护理和日常保健服务。

表12-22 老年人2014年是否接受过社区医疗机构的相关服务

单位：人，%

	人数	百分比
上门护理	8	16.0
上门看病	3	6.0
康复治疗	4	8.0
紧急救助	3	6.0
特殊药品	3	6.0
日常保健	9	18.0

注：每一项服务的总人数均为50，表中的数字都是接受过相关服务老人人数。

(3) 对接受社区医疗机构相关服务的评价

由于2014年接受社区医疗机构相关服务的人数比较少，表12-23中被访者对社区医疗机构相关服务的评价仅供参考。从表12-23中可以看到，除了上门护理和上门看病各有1人的评价是一般外，其他所有接受过社区医疗机构服务的老年人给出的评价都是满意。

表12-23 对接受社区医疗机构相关服务的评价

单位：人，%

		人数	百分比
上门护理	满意	7	87.5
	一般	1	12.5
	不满意	0	0.0
	合计	8	100.0
上门看病	满意	2	66.7
	一般	1	33.3
	不满意	0	0.0
	合计	3	100.0
康复治疗	满意	4	100.0
	一般	0	0
	不满意	0	0
	合计	4	100.0

续表

		人数	百分比
紧急救助	满意	3	100.0
	一般	0	0.0
	不满意	0	0.0
	合计	3	100.0
特殊药品	满意	3	100.0
	一般	0	0.0
	不满意	0	0.0
	合计	3	100.0
日常保健	满意	8	100.0
	一般	0	0.0
	不满意	0	0.0
	合计	8	100.0

3. 老年人对社区为老年人提供相关服务的认识

问卷中涉及老年人对社区为老年人提供相关服务的认识，一方面是询问老年人社区是否提供过相关服务或组织相关活动，另一方面是询问老年人认为社区是否有必要向老年人提供相关服务，具体情况见表 12 - 24。需要说明的是，在同一个社区，老年人对社区是否提供相关服务的回答并不一致。因此，对第一个方面的回答，只是表明老年人本人是否知道社区提供相关的服务，那些接受过相关服务的老年人肯定知道社区提供了这些服务，那些没有接受过这些服务的老年人有可能不知道社区提供了这些服务。这只是老年人的主观认识，但从侧面反映了社区为老年人提供相关服务被老年人接纳的程度。从表 12 - 24 中可以看出，有 24 人认为社区提供了上门探访服务，占 48.0%；有 33 人认为社区有必要提供上门探访服务，占 66.0%。有 15 人认为社区提供了老年人服务热线，占 30.0%；有 28 人认为社区有必要提供上门探访服务，占 56.0%。有 9 人认为社区提供了法律援助服务，占 18.0%；有 23 人认为社区有必要提供法律援助服务，占 46.0%。有 19 人认为社区提供了困难救助服务，占 38.0%；有 29 人认为社区有必要提供困难救助服务，占 58.0%。有 12 人认为社区提供了上门做家务服务，占 24.0%；有 28 人认为社区有必要提供上门做家务服务，占

56.0%。有 21 人认为社区提供了老年饭桌或送饭服务，占 42.0%；有 25 人认为社区有必要提供老年饭桌或送饭服务，占 50.0%。有 7 人认为社区提供了日托所或托老所服务，占 14.0%；有 18 人认为社区有必要提供日托所或托老所服务，占 36.0%。有 14 人认为社区提供了心理咨询服务，占 28.0%；有 23 人认为社区有必要提供心理咨询服务，占 46.0%。有 21 人认为社区组织过文体活动，占 42.0%；有 31 人认为社区有必要组织文体活动，占 62.0%。有 10 人认为社区提供了代办购物或邮寄服务，占 20.0%；有 21 人认为社区有必要提供代办购物和邮寄服务，占 42.0%。从以上这些数字来看，在各项服务中，老年人认为有必要的数字都高于认为社区已经提供了的数字，这在一定意义上反映了老年人的实际需求要高于现实的供给。

表 12-24　老年人对社区为老年人提供相关服务的认识

单位：人，%

		社区是否提供		社区是否有必要提供	
		人数	百分比	人数	百分比
上门探访	是	24	48.0	33	66.0
	否	26	52.0	17	34.0
	合计	50	100.0	50	100.0
老年人服务热线	是	15	30.0	28	56.0
	否	35	70.0	22	44.0
	合计	50	100.0	50	100.0
法律援助	是	9	18.0	23	46.0
	否	41	82.0	27	54.0
	合计	50	100.0	50	100.0
困难救助	是	19	38.0	29	58.0
	否	31	62.0	21	42.0
	合计	50	100.0	50	100.0
上门做家务	是	12	24.0	28	56.0
	否	38	76.0	22	44.0
	合计	50	100.0	50	100.0
老年饭桌或送饭	是	21	42.0	25	50.0
	否	29	58.0	25	50.0
	合计	50	100.0	50	100.0

续表

		社区是否提供		社区是否有必要提供	
		人数	百分比	人数	百分比
日托所或托老所	是	7	14.0	18	36.0
	否	43	86.0	32	64.0
	合计	50	100.0	50	100.0
心理咨询	是	14	28.0	23	46.0
	否	36	72.0	27	54.0
	合计	50	100.0	50	100.0
组织文体活动	是	21	42.0	31	62.0
	否	29	58.0	19	38.0
	合计	50	100.0	50	100.0
代办购物和邮寄	是	10	20.0	21	42.0
	否	40	80.0	29	58.0
	合计	50	100.0	50	100.0

4. 老年人对社区已有的活动场所或设施的认识

老年人对社区已有的活动场所或设施的认识与上节具有相似之处,即社区是否有相关的活动场所或设施只是老年人的认识,老年人使用过的肯定会选择有,没有使用过的可能不知道有没有,即使社区有,老年人也可能选择没有。这一方面反映了老年人对社区提供的服务的接受程度,另一方面也可能与社区宣传不到位有关系。从表 12-25 中可以看到,认为社区有老年活动室的有 31 人,占 62.0%;认为社区有老年健身室的有 11 人,占 22.0%;认为社区有棋牌室或麻将室的有 20 人,占 40.0%;认为社区有图书馆的有 19 人,占 38.0%;认为社区有室外活动场地的有 10 人,占 20.0%;认为社区有老年学习室的有 5 人,占 10.0%;认为社区有老年康复中心的有 9 人,占 18.0%;选择都没有的有 5 人,占 10.0%;选择不知道的有 4 人,占 8.0%。从这些数字来看,老年人使用社区提供的老年活动室、棋牌室或麻将室较多。

表 12-25 老年人对社区已有活动场所或设施的认识

单位:人,%

	人数	百分比
老年活动室	31	62.0

续表

	人数	百分比
老年健身室	11	22.0
棋牌室或麻将室	20	40.0
图书馆	19	38.0
室外活动场地	10	20.0
老年学习室	5	10.0
老年康复中心	9	18.0
以上都没有	5	10.0
不知道	4	8.0

注：以上各项场所或设施有无的调查对象是50名老人，表格中的数字仅仅是选择有的数字。

5. 老年人对社区提供相关养老服务的评价

老年人对社区提供相关养老服务的评价见表12-26。认为满意的有30人，占60.0%；认为一般的有15人，占30.0%；认为不满意的有5人，占10.0%。超过一半的受访老年人对社区提供相关养老服务的评价是满意。

表12-26　老年人对社区提供相关养老服务的评价

单位：人，%

	人数	百分比
满意	30	60.0
一般	15	30.0
不满意	5	10.0
合计	50	100.0

6. 老年人对社区改进养老服务的建议

老年人对社区改进养老服务的建议见表12-27。有15人认为要增加服务项目，占30.0%；有18人认为应提高工作人员专业性，占36.0%；有19人认为应降低费用，占38.0%；有2人提了其他建议，占4.0%；有12人没有建议，占24.0%。

表12-27　老年人对改进社区养老服务的建议

单位：人，%

	人数	百分比
增加服务项目	15	30.0

续表

	人数	百分比
提高工作人员专业性	18	36.0
降低费用	19	38.0
其他建议	2	4.0
没有建议	12	24.0

四 社区养老服务体系供需面临的问题及对策

调研组在与社区及相关政府负责人的访谈中认识到，对社区养老服务体系供需所面临的问题进行了解是一个非常重要的事情。本部分对调研中发现的问题进行介绍并提出相应的政策建议。

（一）社区养老服务体系供需面临的问题

1. 经费不足成为制约养老事业发展的重要问题

由于兰州市财政基本是吃饭财政，难以形成制度化、规范化的福利事业资金投入保障机制，没有工作经费、建设资金缺口较大。比如城关区虚拟养老院自2009年建立以来，服务规模逐渐扩大，服务人次不断增加，且随着虚拟养老服务内容的完善及服务质量的提高，运营成本每年以20%左右的比例增长，虚拟养老院每年的资金成本主要由区政府承担，增加了政府及虚拟养老院的运营成本压力，虚拟养老院的发展面临限制。尽管区政府出台的《城关区社区老年人日间照料中心建设实施方案》提出了对日间照料中心给予一定的建设和运营补贴的优惠政策，但由于财政资金紧张，预算中没有列入。对各街道兴建的日间照料中心的资金补贴更无从谈起，影响了街道的工作积极性。

2. 人员不足，专业人员缺乏

随着老龄化程度的加剧，老年人对养老服务的需求激增，需要更多人员特别是专业人员参与养老事业，但目前从事养老服务工作的人员往往专业化水平不高，社会工作师短缺，医疗服务和护理人员以及专业的管理人员也不足。一方面是总体人员不足，另一方面是专业人员较少。据榆中街社区统计，社区承担的政府下派的各种工作涉及183项，而加上保安员整个社区的工作人员才20人，很难将各项工作都做到位。

3. 日间照料中心的建设追求室室完善、区区都有是对资源的浪费

按照甘肃省的要求，日间照料中心的建设要有"五室"，而且每个社区都要建。但不同的社区老年人的需求不一定相同，比如老年人用得比较多的康复室、棋牌室要重点建，而图书馆可以适当缩减，因为老年人来社区很少进图书馆看书。此外，很多社区离得比较近，每个社区都建有点浪费资源，可以根据老年人的人数和需求考虑几个社区共同建一个功能齐全的日间照料中心，实现资源共享。这样既节省了资源，又可提高服务的质量。

4. 边缘弱势困难老人群体生活困难，相关政策无法兼顾

我国的很多政策针对的主要是无业、特殊困难人群，如部分老人已经开始领取社保金，除了看病吃饭之外所剩无几。比如，由于其收入高于申请公租房的标准而无法申请公租房。类似这种收入低但无法享受优惠政策的老人可称之为边缘弱势困难老人群体。他们的状况实际上比一些弱势群体还差，需要政府政策予以照顾。

5. 养老服务缺乏有效的监管

什么样的机构能提供什么样的服务，提供的服务质量怎样，服务项目的收费标准是什么，目前尚没有统一的标准。因此，关于养老的供给体系要有一套系统的从准入到退出的体系。

6. 最需要接受养老机构服务的失能、半失能的老人，养老机构却不愿意接收

希望进入养老机构养老的主要是那些失能、半失能的老人，他们的生活不能自理或不能完全自理，需要养老机构提供相关的养老服务，但目前的养老机构，不管是民办的还是公办的，都不愿意收住这类老人，只愿意接收健全的、生活能够自理的老人。但健全的、生活能够自理的老人又不愿意进养老机构养老，往往造成养老资源的浪费，这可能也是民办养老机构入住率低的重要原因之一。

7. 民政部门与卫生部门的合作和协调欠缺，制约医养结合的发展

目前兰州市各街道的医疗卫生服务中心和各社区的医疗卫生服务站所做的工作主要是按照卫生部门的要求做的，不是按民政部门的要求来做

的。在我们的访谈中，有人说到卫生部门和民政部门曾经合作，如卫生部门下辖的医疗卫生工作人员开展日间护理或日间照料，刚开始做得都很好，也得到了民政部门的支持，但后来由于没有明确的政策支持而不能持续，比如医疗机构做养老具体应该怎么界定、民政部门的经费如何补助到医疗机构的床位上来等，都没有明确的说法。目前兰州市的医养结合工作基本处于停滞状态。

8. 相关养老活动没有有效刺激老年人的需求点，不能很好地满足老年人的需求

有社区搞活动邀请老年人参加，本意是服务老人，丰富他们的生活，但老人大多不愿去，社区只有通过发小礼品的方式吸引老年人前来。本来是服务于老人的活动，做成了老年人支持社区的工作。因此，如何更好地让老年人自觉自愿地接受社区的养老服务是一个需要解决的问题。

9. 社区相关工作存在入户难的问题

就社区的卫生工作来讲，家庭经济条件较好的市民不认可社区提供的卫生服务，拒绝配合健康档案的建立。在一些高档小区，很多时候物业直接没收社区医疗卫生方面的宣传资料，免费的测血糖、量血压只能在外面进行，不允许入户。若社区的卫生工作目的明确，可以得到市民的理解，入户还相对容易一些，那么，比起卫生工作，社区的社会工作者入户就更难。市民往往不理解社会工作者入户到底是干什么的，能够为其提供的服务到底是什么。在被拒绝入户后，很多社区工作者只能在楼道里与市民对话并填写相关材料。

10. 机构养老发展不到位，不能适应快速增长的养老需求

兰州市现有养老机构分布不平衡，如城关、七里河、西固区由于土地紧张，至今没有一家国办综合福利机构，而皋兰县、永登县、红古区综合福利机构的床位利用率不足50%，导致想住的地方没有床，有床的地方住不满，一边是资源严重紧缺，另一边是资源没有充分发挥作用。就养老机构本身来讲也存在软硬件水平较低的情况，特别是民办机构服务条件差，存在配套设施不完善、服务项目偏少等问题。

11. 公办养老机构供不应求，民办养老机构发展不理想

在前文的介绍中可以看到，公办养老机构的床位常年保持100%的入住

率，而民办养老机构的入住率比较低。对一些社区来说，发展民办养老机构面临重重问题。有访谈对象认为，在兰州还是应当大力发展公办养老机构，因为民办机构追求利润，如果利润不好，投资者就很难继续办下去。而要建设好的民办养老机构，配备完善的设施设备，收费就会比较高，多数老年人难以承受。此外，老年人对公办养老机构的信任度高，因为其设备设施和服务相对比较完善、收费不高。

12. 社会力量参与养老事业不足

兰州市虽然也出台了一些扶持社会力量参与养老的优惠政策，但难以落实到位，不能发挥政策应有的作用。加之养老项目往往投入大、利润小、回报慢，兰州市长期面临社会力量参与养老事业不足的问题。

（二）改善和提升社区养老服务体系的政策建议

1. 多渠道筹措资金，解决社区养老服务供给的资金缺口

一方面，政府在财力范围内应尽可能加大对养老服务的资金支持，同时注意资金的使用效率，还应有意识地加大向社会购买公共服务的力度。另一方面，政府要出台并有效实施鼓励社会力量进入养老领域的优惠政策，吸引社会资金向养老服务领域流动。此外，要鼓励有能力的单位和个人捐助养老服务资金。

2. 加强养老专业人才培养，打造一支专业化养老服务队伍

逐步充实养老队伍中的心理咨询师、社会工作师、医师、护师等人员，一方面要加强对现有的从事养老服务工作人员的专业培训，另一方面要严格把关新进养老服务人员的专业素质。在条件允许的情况下，可以考虑培养专门针对养老服务工作的专业养老护理师。

3. 以街道为单位，以老年人养老需求为根据，打造高质量的日间照料中心

政府部门应根据街道所辖社区的基本情况建设日间照料中心。不必做到每个社区都建有日间照料中心，要提升日间照料中心的服务质量。

4. 合理确定特殊困难老人享受相关福利政策的标准，避免出现边缘弱势困难老人群体

在制定相关福利政策享受的标准时，要考虑到老年人维持基本生活水

平后的情况，特别是老年人看病就医后的经济情况，这样才能有效避免出现边缘弱势困难老人群体。

5. 建立有效的养老服务监管体系

对从事养老服务的各类组织要实施有效的监管，监管既包括准入，也包括退出，更应包括日常运营。这样才能保证养老服务的质量，切实满足老年人的养老服务需求。

6. 转变观念，加强对失能、半失能老人的养老服务供给

不论是公办养老机构，还是民办养老机构，在有条件接收失能、半失能老人的情况下不可拒绝接收他们，要为失能、半失能老人提供应有的养老服务。

7. 加强民政部门和卫生部门的协调与合作，促进医养结合的发展

政府部门应进一步细化民政部门和卫生部门协调合作的政策，使民政部门和卫生部门在养老事业上通力合作，使公办医疗卫生人员能积极投入养老事业。当然医养结合也可以由民办养老机构来做，但相关的鼓励政策应落实到位。

8. 社区要有效把握老年人的养老需求，促使其自愿接受社区的养老服务

老人愿意主动享受社区的服务，才能避免社区为搞活动而搞活动的做法，进而真正满足老年人相关的养老需求，有效愉悦老年人的身心。

9. 做好宣传、沟通和协调，解决入户难的问题

不论是医疗卫生方面的入户工作，还是社区工作者的入户工作，要加强对其意义的宣传力度，让居民理解和配合。同时还要与物业有良好的沟通和协调，使其成为入户的帮助者而不是阻碍者。

10. 大力发展机构养老，提升养老机构的服务质量和水平

在加强和新建公办养老机构的同时，更应鼓励民办养老机构的发展。养老机构的设备、设施要符合相应的标准，工作人员要具备相应的资质，这样才能有效提升养老机构的服务质量和水平。同时，国家鼓励民办养老机构发展的优惠政策要落实到位。

第十三章
西宁市社区综合养老服务体系建设

2014年底,青海省西宁市60岁及以上的老年人口已有26.5万人,65岁及以上的老年人口18.1万人。预计到2015年,西宁市老年人口将超过28.1万人,到2020年老年人口数将达33万人。西宁市老龄化已呈现"输入性"增长以及失能老人、高龄老人、空巢老人、贫困老人比例高的特点。[①] 如何积极有效地应对当前老龄化的发展,如何建立以需求为导向、满足老人多样化需求的养老服务体系,是西宁市老年工作的重点和难点。加之西宁市身处西部边远地区,深受经济发展水平、老年人养老服务意识等因素的制约,养老服务体系建设尚处于起步阶段。因此,对西宁市养老服务体系建设状况的研究不仅有助于西宁市养老服务体系建设的长远发展,更有助于与其他地区的养老服务体系建设状况做对比分析,便于在比较中探索出适合我国城市社区综合养老服务体系建设标准化的技术标准。

课题组于2015年7月到达西宁,进行了实地调研。本次调研在青海省西宁市的城东区、城中区、城西区、城北区4个区中抽取了代表性较强且对比鲜明的新村社区、南山东社区和小桥社区3个社区。

---

① 青海人民网,http://qh.people.com.cn/n/2014/1210/c182766-23171118.html。

一 调查概况

（一）社区概况

1. 新村社区概况

新村社区隶属于西宁市城北区马坊街道，远离城市中心区。社区面积约为0.26平方公里，有居民7473人。其中，60岁及以上的老人有2167人，占社区总人口的29%，老龄化现象较为突出。社区于2012年建立了老年日间照料中心，中心面积200平方米，床位10张。在政策的指引下，社区于2015年4月开始提供社区居家养老服务。目前社区居家养老服务由社区居委会的工作人员负责，服务对象以空巢、失独、病残、失能等政府保障的老人为主。

2. 南山东社区概况

南山东社区隶属于西宁市城中区南滩街道办事处，位于西宁市中心地带。社区总面积约为1.2平方公里，有居民5676户，总人口17357人。社区60岁及以上的老年人1391人，占总人口的8%，空巢老人58人，残疾老人6人，失能老人9人。社区老年日间照料中心2014年底建成并投入使用，中心共430平方米，设施齐全，能够为有不同需求的老人提供舒适、愉悦的服务。社区有专门的社会工作机构为辖区的老人提供居家养老服务。

3. 小桥社区概况

小桥社区隶属于西宁市城北区小桥街道，经济发展水平及地理位置均居于新村社区和南山东社区之间。社区面积约为2.6平方公里，有居民19047人。社区60岁及以上的老人2296人，占社区总人口的12.1%。2013年建立了社区日间照料中心，2014年改成社区居家养老服务站，现由城北区光彩之家社区居家养老呼叫服务中心的专职工作人员到社区养老服务站提供专门的为老服务。

（二）调查对象的概况

根据本研究的主要内容，访谈对象主要包括：西宁市民政局负责养老服务工作的副局长、西宁市各个区负责养老服务工作的区长、街道办工作人员、社区书记及主任、社区养老服务人员、社区卫生服务站的相关负责人等。

问卷调查的研究对象主要包括社区65岁及以上老人、社区的负责人、社区养老服务机构的负责人，其中社区65岁及以上的老人是本次研究的主要调查对象。由于空巢老人和独居老人均属于青海省西宁市重点优抚的对象，也是上述三个社区养老服务的主要受益群体。因此，在老人样本的选择方面，将社区中重点优抚对象和其他老人分为两个不同的群体。

本次调研在青海省新村社区、南山东社区和小桥社区3个社区分别抽取了20—25名60岁及以上的老人开展了养老需求的问卷调查，同时开展社区负责人、机构负责人的问卷调查。其中老人的需求问卷主要包括老人个人基本情况和社区支持情况两大部分，涉及老人个人及家庭的基本状况、经济状况、身体健康状况、日常生活能力状况、社会交往状况、出行状况、社区养老服务需求状况7个方面。社区养老服务提供方填答的问卷主要包括社区的基本概况、社区居家养老服务供给状况、社区老人居家养老服务的接受情况三大方面。本次调研共发放老人养老需求问卷61份，回收问卷61份，其中有效问卷61份，回收率100%；发放社区负责人问卷3份，回收3份，其中有效问卷3份，回收率为100%。

二　西宁市社区老人的基本现状与养老需求分析

（一）西宁市社区老人的基本现状

1. 老人的总体状况

（1）老人的基本特征

①调查对象的性别和年龄状况

通过对回收数据的分析可以看出，在被调查的61位老人中，男性12人，占调查样本总体的19.7%；女性49人，占调查样本总体的80.3%（见图13-1）。由于女性的预期寿命高于男性，因而社区中女性老人的数量多于男性老人数量。此外，从图13-2可以看出，在本次调研中，65—69岁老人有 20 人,占样本总体的 32.8%;70—79 岁的老人有 34 人,占样本总体的 55.8%;80 岁及以上的共有 7 人,占样本总体的 11.5%。

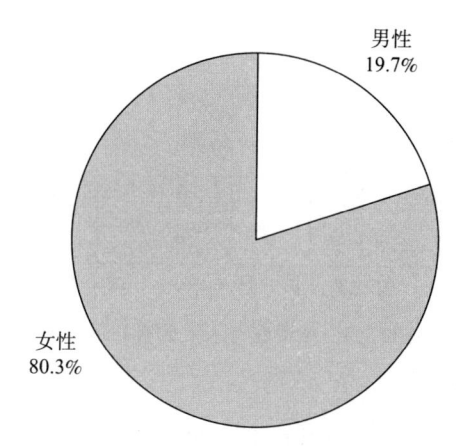

图 13-1 老人性别结构

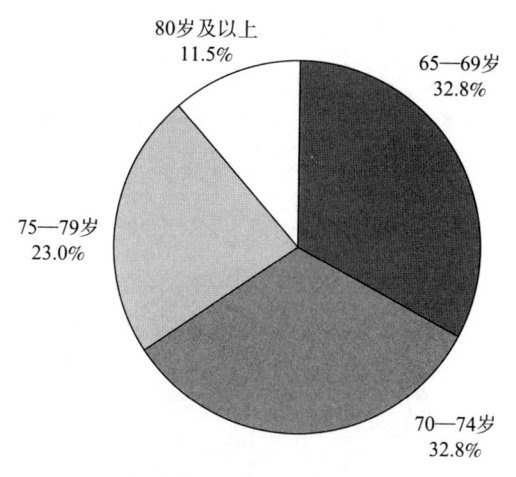

图 13-2 老人年龄结构

②老人的受教育程度

由图 13-3 可以看出,老人的受教育程度普遍偏低。未上学的有 15 人,占总体的 24.6%;小学及以下学历的有 11 人,占总体的 18.0%;初中学历的有 23 人,占 37.7%;高中/中专学历的有 11 人,占总体的 18.0%;大专及以上学历的 1 人,占总体的 1.6%。

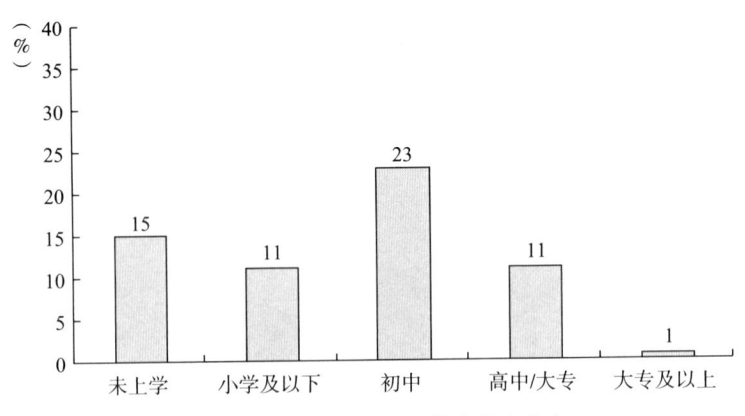

图 13-3 被调查老人受教育程度分布

③老人的婚姻和居住状况

对老年人目前的婚姻状况进行分析可以看出,受访老人中初婚有配偶的有 26 人,占样本总体 42.6%;再婚有配偶的有 2 人,占样本总体的 3.3%;丧偶的有 32 人,占样本总体的 52.5%;离婚的有 1 人,占样本总体的 1.6%。此外,结合老人目前的居住状况可以看出,空巢老人(有配偶且不与子女住在一起的老人)18 人,占样本总体的 29.5%;独居老人(自己居住的丧偶或者离婚的老人)19 人,占样本总体的 31.1%。重点优抚对象

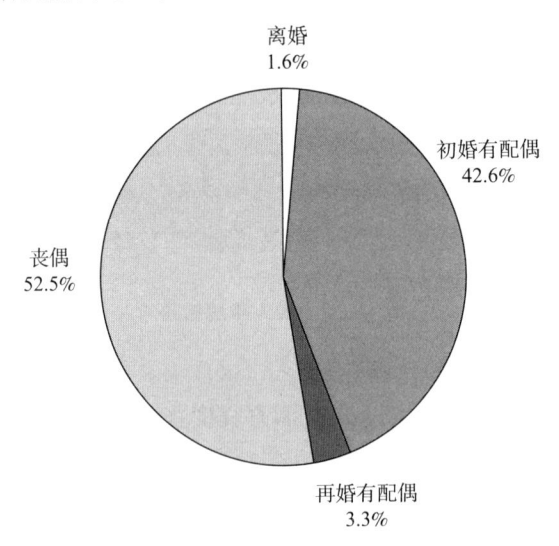

图 13-4 老人的婚姻状况

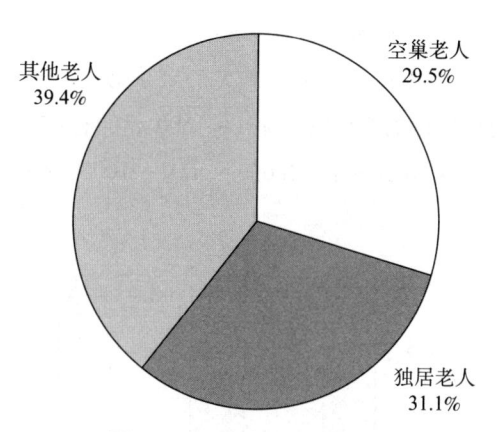

图 13-5　老人的居住状况

和其他社区老人比例相差无几，有助于我们进行两者关于服务满意度/改进措施的对比分析。

（2）老人的社会经济状况

①老人的生活来源状况

图 13-6 表明，目前有 43 位老人的生活来源以自己或配偶的收入所得为主，占总体的 70.5%。除去这 43 位依靠自己或配偶的收入的老人外，其他老人更多的是依靠政府/非营利组织的补贴/资助，占总体的 19.7%。

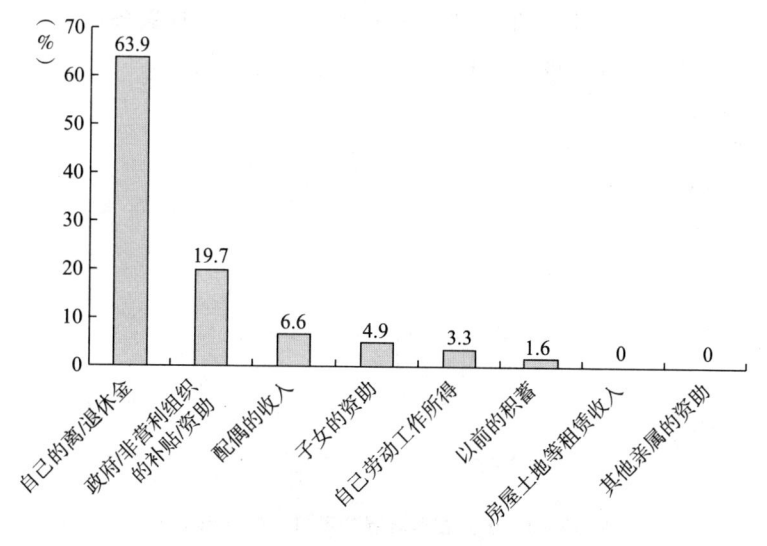

图 13-6　老人的生活来源状况

②老人的家庭月收入状况

从老人的家庭收入来看，社区中老人的家庭收入存在一定的差距：家庭月收入在700元及以下的有20.0%，701—1500元的有25.5%，1501—3000元的有27.3%，3001—5000元的有23.6%，5001—10000元的有3.6%。

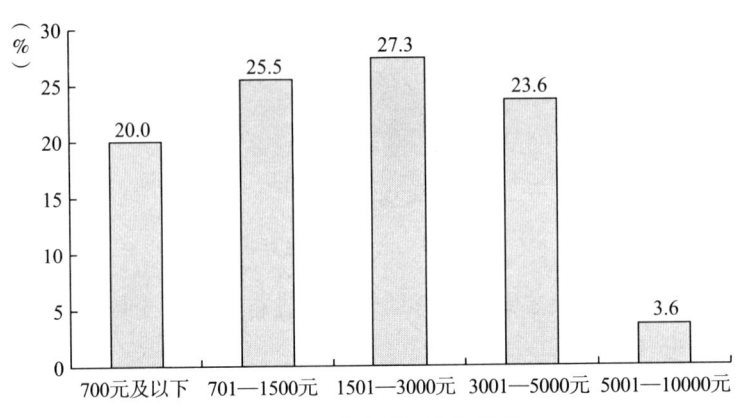

图13-7 老人的月收入状况

③老人在养老服务项目上的支出状况

从老人在养老服务项目上的支出来看，目前主要是基本的医药费用支出，占养老服务项目支出的86.9%；次之是家政服务支出，占养老服务项目支出的37.7%。此外，还有部分老人使用了康复护理服务和长期照料服务，分别占总体的18.0%和19.7%。

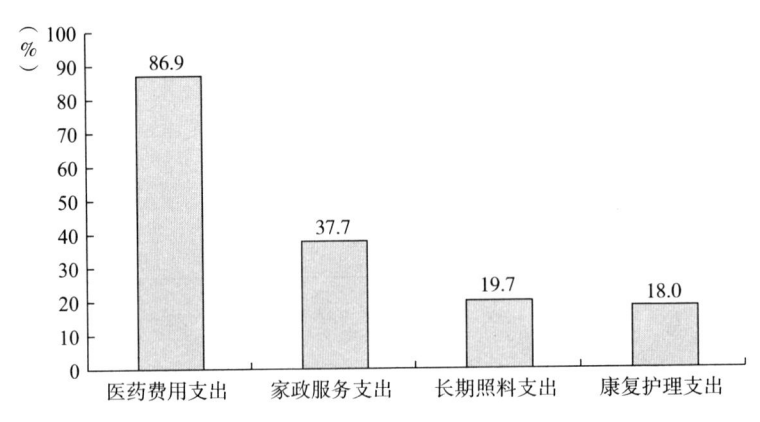

图13-8 老人在养老服务项目上的支出状况

(3) 社会交往与支持状况

①社会交往状况

步入老年，人的心理能力、人格特征都会发生一定的变化，但老人与其他人一样，也需要社会交往与活动。如何让老人更好地适应晚年的退休生活，维持原有的人际交往关系，也是养老服务建设不得不关注的重点。调查分析发现，72.1%的老人能够和子女保持每周至少一次的联系频率，其中45.9%的老人几乎天天与子女联系。在问及老人与朋友（包括社区的邻居）的联系频率时，50.8%的老人表示几乎天天与朋友有联系。

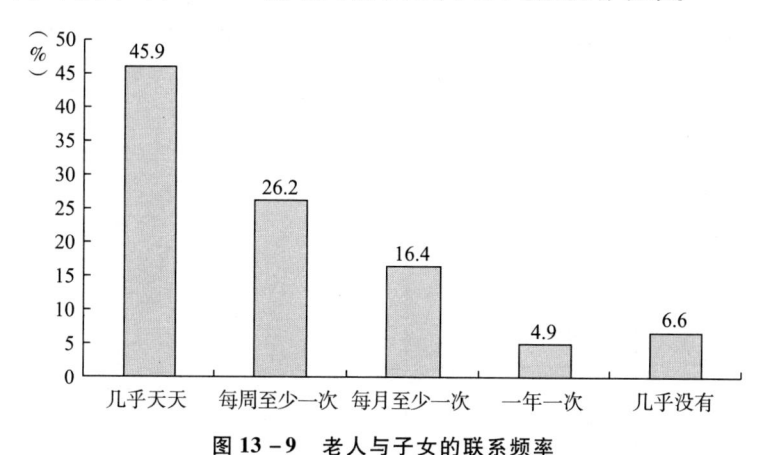

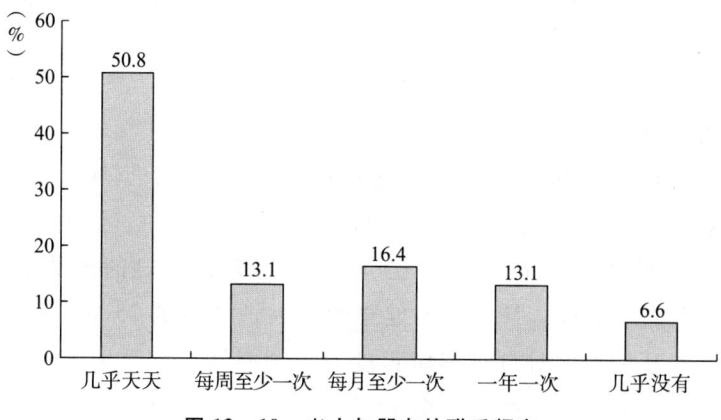

图 13-9 老人与子女的联系频率

图 13-10 老人与朋友的联系频率

②社会支持状况

从概念来讲，社会支持可以被看作个人所能获得的包括金钱、情感等各种支持性资源的社会网络。从心理层面来讲，社会支持表明个人在寻求支持的过程中对支持源的信任和依赖。老人在遇到问题或困难时，最希望得到支持的是老人最信任的群体，亦是我们可以发展成为社区综合养老服务体系建设的人力来源。当问及"如果遇到问题和困难，您最希望得到谁的帮助"时，54.5%的老人希望得到配偶或子女的帮助，36.4%的老人希望得到居委会和社区工作者的帮助。这不仅说明了老人对居委会和社区工作者的信任，也表明老人的社会支持网络开始由依靠家庭转向依靠社会。

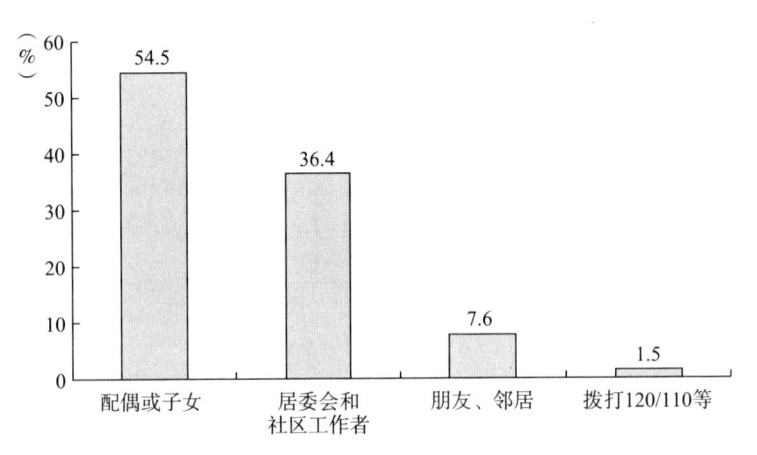

图 13-11 老年人遇到困难时希望得到的帮助来源

2. 老人的健康状况

老人自身的健康状况直接影响着他们对照料资源的需求程度。如图 13-12 所示，老人对自己身体健康状况的评价普遍偏低。其中，认为自己身体健康的占总体的 18.4%；认为自己身体健康状况一般的老人占总体的 56.7%；明确表示自己身体很不健康的老人占总体的 25.0%。老年人的健康自评状况是老人对自身健康程度的主观感受，它受到多种因素的影响。从年龄对老人健康程度的影响来看，年龄越大的老人，其健康自评越消极。

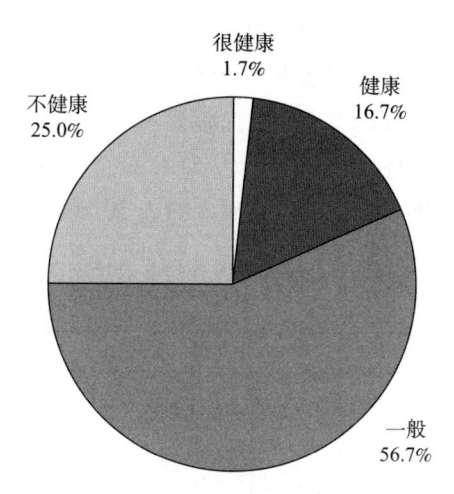

图 13 – 12　老人的健康自评状况

（二）西宁市社区老人的养老需求分析

1. 日常生活照料需求

在问到就目前的身体健康状况来讲，生活起居是否需要别人帮助时，有 86.9% 的老人表示当前尚不需要别人在生活起居上提供帮助。在访问的过程中也有不少老人表示，虽然现在能够行动自如，不需要别人的帮助，但是随着年龄的增长和身体机能的下降，还是需要有人照顾自己。目前需要别人在生活起居提供照料的 5 位老人中，只有 1 位老人享受到了生活起居的照料，其他 4 位老人虽然有生活起居照料的需求，但未能享受此服务。

2. 社区养老服务需求

社区养老服务在整个社区养老服务体系建设中具有重要的支撑作用，具备社区日间照料和居家养老支持两项功能。为此，本次调研也针对上门探访、老年人服务热线、法律援助等日常为老服务进行了深入的调查。调查结果显示：有 65.2% 的老人认为社区应该向老人提供上门探访服务，尤其是空巢老人和独居老人在这方面的需求更为明显，分别达 76.2% 和 58.3%。在访问的过程中老人也向我们表达了此方面的感受："希望社区的工作人员能够时不时去探望自己，希望自己有病或者出事时也能够有人知道。"其他服务类型的需求状况如表 13 – 1 显示，认为社区有必要提供老年人服务热线的老人占 72.1%，有必要提供法律援助的占 64.1%，有必要提供困难救助的占 32.8%，有必要提供上门做家务的占 64.1%，有必要提供老年饭桌或送饭服务的占 61.5%，有必要提供日托所或托老所服务的占 62.2%，有必要提供心理咨询服务的占 51.3%，有必要组织文体活动的占 85.4%，有必要提供代办购物和邮寄服务的占 50.0%。

表 13-1 老人对社区养老服务的需求状况及使用状况

单位：%

服务名称	社区有无必要向居民提供该服务		已享受到该服务的老人占比
	有	无	
上门探访	65.2	34.8	59.6
老年人服务热线	72.1	27.9	44.3
法律援助	64.1	35.9	28.0
困难救助	32.8	67.2	45.5
上门做家务	64.1	35.9	49.0
老年人饭桌或送饭服务	61.5	38.5	60.8
日托所或托老所服务	62.2	37.8	33.3
心理咨询	51.3	48.7	34.6
文体活动	85.4	14.6	86.0
代办购物和邮寄服务	50.0	50.0	40.0

3. 社区医疗保健服务需求

从老人的医疗服务需求来看，目前老人普遍有日常保健方面的需求，需求比例为 36.0%，这些老人在 2014 年也均使用过此服务，且满意度达 95%。就上门护理服务、上门看病服务、康复治疗服务、紧急救助服务、特殊药品服务等社区医疗服务来看，老人的需求度普遍不高。其中上门看病服务虽然只有 13.1% 的老人有需求，但这些老人尚未使用过上门看病这项服务。社区中使用过康复治疗、紧急救助、特殊药品、上门护理等其他医疗服务的老人也是寥寥无几。

4. 老人的养老意愿

（1）养老服务承担主体的选择

在向老人了解应该由谁承担其养老责任时，61 位受访老人中有 19 人认为老人的养老应该由政府来承担，占总体的 31.1%；22 位老人认为老人的养老责任应该由子女来承担，占总体的36.1%；7位老人认为应该由所在社区来承担，占总体的11.5%；此外，有5位老人认为老人的养老应该由子女和其他责任主体共同承担，占总体的8.2%。在养老服务承担主体的选择方面还有1位老人认为老人的养老责任应由政府、所在社区、子女、老人配偶或自己共同承担，占总体的1.6%。从这些数据可以看出，老人在养老照料主体的选择方面还是倾向于以子女为主。

（2）养老服务方式的选择

在养老方式的选择方面，有71.9%的老人希望能够在家中养老，有26.3%的老人愿意住在养老院。在这71.9%的老人中有42.1%的老人希望能够住在家中接受社区提供的养老服务，即接受社区居家养老服务；有29.8%的老人希望能够住在家中由亲人来照顾自己。这一方面表明老人在养老方式的选择方面仍以居家养老为主，希望在家中度过晚年生活；另一方面也表明老人在养老方式的选择方面也是多种多样的。因此，在养老服务体系的建设方面应着眼于老人的实际需求，充分整合各项养老服务资源，建设一个以需求为导向、居家养老为基础、社区养老为依托、机构养老为支撑的全面的养老服务体系。

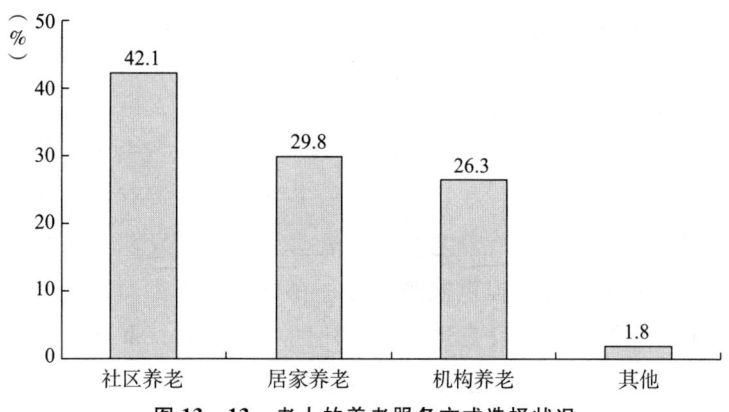

图13-13 老人的养老服务方式选择状况

三 西宁市社区综合养老服务体系的供给状况

与社区养老服务的需求研究一样，社区养老服务的供给研究也是不可或缺的一部分。为全面详细地了解西宁市养老服务的建设状况,本研究在进行老人需求问卷调查的同时,亦对西宁市养老服务试点地区城北区民政系统内提供养老服务支持和执行的相关人员进行了焦点组访谈,并对社区负责人和养老机构负责人进行了问卷调查,以便清楚地了解当前西宁市社区养老服务的供给状况、发展规划、供给与需求之间的差异,进而为社区综合养老服务体系的构建提供翔实的依据。

(一) 社区养老服务体系建设的政策扶持状况

"十一五"以来,为积极应对人口老龄化挑战,青海省优先发展社会养老服务事业,完善各种养老服务政策法规。先后制定了《青海省老龄事业发展"十二五"规划》和《青海省社会养老服务体系建设规划(2011—2015年)》,印发了《加快发展养老服务业的意见》,出台了《青海省民办养老服务机构资助管理办法》《青海省养老机构管理办法》,初步建立起以老年人基本生活保障、老年人社会福利、老年人社会救助和社会养老服务为主要内容的政策法规体系,为加快构建青海省社会养老服务体系提供了制度保障。

(二) 社区养老服务体系建设的硬件支持状况

养老服务体系的建设离不开养老服务硬件设施的支持。2011年,国务院下发《社会养老服务体系建设规划(2011—2015)》,《规划》指出养老服务体系建设的主要任务是:在居家养老服务方面,支持有需求的老人实施家庭无障碍设施改造,扶持养老机构发展,进一步开发和完善服务内容和项目,为老年人居家养老提供便利服务;在机构养老方面,重点推进供养型、养护型、医护型养老设施建设;在社区养老方面,重点建设老年人日间照料中心、托老所、老年活动中心等社区养老设施。满足老人的养老服务需求、提升老年人生活质量。

1. 居家养老服务

为满足老人居家养老服务的需求,城北区民政局于2014年投资100万元(省民政厅投资70万元,区民政局投资30万元)修建了城北区光彩居家养老呼叫服务中心。服务中心是以城北区民政局购买居家养老服务项目为依托,通过政府招标、民间社会组织运营的线上呼叫、线上派单、线下上门服务的居家养老服务平台。为充分整合辖区资源,优化养老服务的提供,服务中心将城北区辖区内的社区日间照料中心的资源进行整合,形成了6个社区居家养老服务站,为各个服务站周围一公里范围内的老人提供便捷的居家养老服务。服务中心自2015年3月开始运营,至2015年7月,已经为辖区内1166位五保、失能、半失能、独居老人提供了家庭保洁、精神慰藉、医疗协助、清洗衣服、上门理发、代办事务、人文关怀等数项居家养老服务,受到老人们的广泛好评。

2. 机构养老服务

在机构养老建设方面,城北区目前共有2家公建民营的养老机构和1家政府扶持的民族敬老院。2家公建民营的养老机构有床位150多张,为失能、半失能的老人提供机构养老服务;民族敬老院目前有床位100多张,为保障养老院的正常运行,政府为每张床位提供了5000元的建设补贴和每天1元的床位运营补贴。此外,城北区社会福利中心2015年开工建设,2016年以公办民营的方式投入运营。此项目投资1500万,新建床位133张,旨在通过"政府兜底,企业参与,市场化运作"的服务,更好地促进居家养老服务支撑体系的建设。

3. 社区养老服务

城市社区一方面依靠光彩居家养老呼叫服务中心下设的居家养老服务站为辖区居民提供社区养老服务;另一方面依靠各个社区现有的日间照料中心提供养老服务。在资金支持方面,政府每年为各个社区日间照料中心提供2万元的补贴,同时每年会通过以奖代惩的形式为表现突出的社区日间照料中心进行水、电费的减免。在人员配备方面,政府会为社区的日间照料中心提供两到三个公益岗位为社区需要服务的老人提供休闲娱乐、餐饮、心理辅导、情感陪护等方面的服务。

(三) 社区养老服务建设体系的人力资源保障状况

通过对社区负责人问卷的统计分析可以看出,社区服务人员尚存在着数目不足、性别分布失衡、学历水平偏低、年龄层次偏高等方面的不足。

第一,小桥社区的社区服务站共有11位居家养老服务人员,其中直接服务人员10位，管理人员1位。从性别来看，在这11位工作人员中，女性10位，占总体的90.9%，男性1位，占总体的9.1%。从受教育程度来看，这些工作人员中，专科学历1位，占总体的9.1%；中专学历3位，占总体的27.3%；技校学历3位，占总体的27.3%；职业高中学历1位，占总体的9.1%。从年龄分布来看，30—40岁的有3位，占总体的27.3%；41—50岁的有8位，占总体的72.7%。

第二，南山东社区服务站共有2位工作人员，其中直接服务人员1位，管理人员1位。这两位工作人员均为41—50岁的女性，学历均为高中。

第三，新村社区虽建有社区日间照料中心，但社区日间照料中心的工作人员亦是社区的办事人员，没有专门负责社区养老服务的工作人员。

（四）社区养老医疗服务的供给状况

1. 社区老年卫生服务资源供给状况

在社区医疗卫生服务方面，各个社区均设立了社区卫生服务站/卫生服务中心。目前开展了包括定期免费体检（帮助老人测量身高、体重、血压、血糖等）、健康宣传与指导、药品服务（包括常用药、依照国家政策免费发放的特殊药品等）、预防诊疗服务（如感冒预防）等预防性服务。以基础设施建设相对较好的南山东社区为例，在谈及社区卫生服务站所提供的服务时，一位访谈对象这样描述社区卫生服务站的工作服务状况：（1）日常服务。首先是根据社区提供的60岁及以上老人的名单，建立辖区内老人的健康档案。通过排查对慢病老人进行一年四次的上门回访，对行动不便的老人进行上门打针服务（普通的药品如氨基酸的注射等）。（2）工作重点。目前社区卫生服务站面向老年人服务的工作重点还是公共卫生，保健、康复工作尚无充足的人员来从事此服务。因为社区卫生服务站负责社区6000多名居民的医疗卫生服务，其中60岁及以上的老人有400多名，但卫生服务站只有8名工作人员，2名医师，2名护士，4名全科医生，无法面面俱到。（3）工作形式。针对老人的医疗服务，目前主要是通过健康讲座、上门回访等形式指导老人如何进行慢性病的预防。

2. 获取医疗服务资源的便捷状况

通过对问卷中老人寻求医疗保健服务的便捷程度的整理来看，老人到社区医疗机构平均用时约为 16.3 分钟，其中 50.8% 的老人可在 15 分钟之内到达社区医疗机构，其余 49.2% 的老人也可在 40 分钟之内到达社区医疗机构。这为老人更好地享受社区养老服务提供了保障。

四 对西宁市社区综合养老服务体系建设的建议与对策

社区综合养老服务体系是在借鉴发达国家养老服务经验的基础上，根据我国现有的经济发展水平、人口年龄结构、人口老龄化程度、养老服务文化及养老服务基础提出来的。具体来讲，社区综合养老服务体系建设应以居家养老为基础，以社区养老为依托，以机构养老为支撑，通过整合辖区内的各种养老资源，把传统与现代的养老服务内容有机整合起来，将物质供养、生活照顾、精神慰藉、情感陪护、医疗卫生、康复护理、文化交往、社会互动乃至自我认同与自我发展等项目整合起来，满足老年人多方位、多项目的养老服务需求，实现养老服务内容的全面综合的一种新型的养老服务模式。① 长期以来，我国社区居家养老服务的发展都存在着养老体系不完善、服务内容单一、服务费用高、服务质量低、社区养老服务和机构养老服务供需矛盾突出等一系列不匹配的问题。为此，国家自 2011 年起先后出台了《国务院办公厅关于印发社会养老服务体系建设规划（2011—2015 年）的通知》（以下简称《通知》），提出了在当前养老服务建设与我国新形势、新任务、新需求不相适应的情形下，我国社区综合养老服务建设的任务和加快社区综合养老服务体系建设的原则、目标、任务等。为此，在《通知》的指导下，青海省西宁市社区综合养老服务体系建设工作可从以下几个方面入手。

（一）提升老人社区养老服务意识，满足差异化养老需求

一方面，做好社区养老服务体系建设的宣传工作，提升社区居家养老服务体系建设的知晓率，鼓励老人走出传统的由子女养老的固化思维误区，

---

① 景天魁：《社区综合养老服务体系》，《苏州大学学报》（哲学社会科学版）2015 年第 1 期。

提升老人购买养老服务的能力和意识。另一方面，做好辖区内老年人口关于养老服务需求的调研工作，挖掘老人的养老服务需求，搭建以满足老人不同养老需求为基础的社区养老服务平台，做好老人所需的上门探访、老年饭桌或送饭、老年人服务热线、代办购物和邮寄、心理咨询、困难救助、法律援助及文体活动等日常为老服务。实现辖区内居家养老、社区养老、机构养老三者的全面协调发展。

（二）积极推动医疗卫生与养老服务相结合，健全医疗保险机制

在我国社区卫生服务站承担着预防保健、全科医疗、妇幼保健、康复治疗、健康教育、计划免疫、计划生育等多项社区基础医疗和保健工作。但在老人社区医疗卫生服务方面，从调研对象社区卫生服务站的工作人员和社区老人问卷信息的反馈情况来看，老年人的社区医疗卫生服务建设仍存在着资金不足、医务人员配备不足等问题。为此，我们应积极探索医养结合的社区养老服务新模式，推动医疗卫生与养老服务相结合，为社区每位老人建好个人健康档案，开展好上门医疗、健康检查、慢性病预防和保健咨询等医疗服务工作。落实好医疗卫生服务资源进入社区、养老机构、老人家庭的各项保障措施，加大社区卫生服务站的资金投入和人才引进，促进社区医疗卫生服务资源更好地为本社区的居民服务。此外，鼓励和引导老人参与各项商业养老保险服务，减少老人看病就医、康复治疗、保健预防等费用支出的负担，防止老人因病返贫。

（三）发挥政府主导作用，鼓励和扶持其他主体参与养老服务体系的建设

众所周知，养老服务建设具有投资大、产效慢、风险大的特点，但养老问题的妥善解决既是关系个人、家庭生活的微观问题，又是关乎社会文明程度、国家和谐稳定的宏观问题。因此，养老问题的解决必须动员和利用各项社会资源，坚持在政府的主导带动下，拓宽融资渠道，鼓励多方力量参与养老服务体系建设。

从政府的角度来看，首先，完善土地供应政策。西宁市政府可以逐步将养老服务平台及各项养老服务设施的建设纳入各级政府的建设规划及土

地规划之中。其次,完善各项税收优惠政策。扩大税收减免的主体和范围,对于辖区内符合减免条件的养老服务机构等,提供用电、用水、用气、用热等各项政策减免服务,为其更好地发展提供支持和保障。再次,完善各项补贴措施。西宁市政府可以根据当下西宁市经济社会的发展水平、职工工资的增长水平、物价涨幅情况,完善好老人的基本养老、医疗、最低生活保障等福利政策,不断提高老人的养老保障水平。同时,加大政府购买服务力度。西宁市政府在提供用地、减税、补贴等政策外,也可以通过购买养老服务的形式,为各养老服务主体提供资金和项目支持,为辖区养老服务事业的初步发展提供动力源泉。

从服务的提供主体来看,首先,应盘活和有效利用社区现有的各种资源,提高各项养老服务设施的使用效率,丰富和完善服务提供的种类,满足老人多样化的服务需求;其次,整合社会中的各种资源,完善投融资渠道,如以项目的形式申请基金会或其他机构的资金支持,招募辖区内有相关服务经验的人员为辖区老人提供志愿服务等;最后,服务中心也可以通过冠名或代言的形式与当地企业合作,鼓励个人、家庭、企业等以捐款捐物的形式支持社区居家养老服务的发展。

(四) 加快人才培养体系建设,提升养老服务质量

社区养老服务人员的整体素质关系到社区居家养老事业能否成功推行发展,因此要开展好社区居家养老服务,需要一支职业化、专业化的服务队伍。专业化水平的提高首先需要严格限制服务人员的准入制度,提高服务人员的专业技能水平,鼓励现有职工积极参加由民政部和人社部统一组织的社会工作师的系列考试,提高服务人员的专业服务能力。其次,要不断加强员工的职业教育与培训,与当地高校建立联系,邀请高校教授、行业专家等给予定期的指导和培训,提升服务人员的专业素养。再次,探索建立在养老服务中引入专业社会工作人才的机制,通过人才引进、校企合作等形式,为西宁市社区居家养老服务体系构建提供专业人才,推动养老机构社会工作岗位的开发。最后,建立起与薪酬相结合的社区养老服务人员的职业资格认证体系,不断增加对持证专业人才的补贴力度,通过薪酬来规范和激励相关服务人员的从业标准和操作范式。

（五）建立科学的监督评估体系，确保养老服务市场的规范运营

无规矩不成方圆，一定的标准和规范是约束、指导行业发展的准则和依据，对实现行业的健康、可持续发展意义重大。但迄今为止，不论是西宁市还是其他地区，仍未建立起完整的社区居家养老服务评估标准体系。行业标准和规范的缺失使西宁市社区居家养老服务存在着服务模式、服务标准、服务质量、服务效果等监管不到位的问题，不利于居家养老服务业的健康有序发展。社区居家养老服务的供给最终是为了满足老人的养老需求，使老人对相关服务认可和接受。

建立科学的监督评估体系，完善社区综合养老服务体系建设，确保养老服务市场的规范运营，这是促进西宁市养老服务体系建设的制度保障。具体来讲，养老服务体系的建设应该从以下两个方面入手：首先，完善西宁市养老服务发展相关方面的规章制度，做好养老服务市场主体的资质动态审核工作，规范养老服务市场主体的准入、退出、监管制度，严格执法，做到违法必究，规范养老服务市场主体的行为。其次，建立以老人需求为导向的养老服务测评体系，定期对辖区内养老服务质量及效果进行评估，大力推动养老服务的标准化。

第十四章
我国城市社区综合养老服务体系建设的对策与建议

社区综合养老服务体系是在借鉴发达国家的养老服务经验的前提下，根据我国现有的经济发展水平、人口年龄结构、人口老龄化程度、养老服务文化及养老服务基础提出来的。通常来讲，社区综合养老服务体系建设应以居家养老为基础，以社区养老为依托，以机构养老为支撑，通过整合辖区内的各种养老资源，旨在把传统与现代的养老服务内容有机整合起来，将物质供养、生活照顾、精神慰藉、情感陪护、医疗卫生、康复护理、文化交往、社会互动乃至自我认同与自我发展等项目整合起来，满足老年人多方位、多层次的养老服务需求，实现养老服务内容全面综合的一种新型的养老服务模式。[①] 为此，我们应努力做好多方面工作。

一 规范顶层设计，完善规章制度

规范顶层设计、完善规章制度是保障养老服务有序、持久开展的前提。各级政府应将养老服务设施建设纳入城乡建设规划和土地利用规划。在老

[①] 景天魁：《社区综合养老服务体系》，《苏州大学学报》（哲学社会科学版）2015年第1期。

年人相对密集且地方政府有一定经济实力的情况下，应该努力落实老年人照护补助，鼓励老年人加入养老保险，缓解老年人支付养老服务费用的经济压力。为此，我们需要有效把握老人的养老服务需求，健全养老服务的相关制度和规范。

第一，完善土地供应政策。逐步将养老服务平台及各项养老服务设施的建设纳入各级政府的建设规划及土地建设规划之中，加强政策落实，确保养老基础设施和平台的建设。目前很多有兴趣开展养老服务的机构都对养老服务相关政策进行咨询，但真正投资落实的却比较少。究其原因不难发现，诸如土地购买、租用的优惠减免政策没有切实执行，致使运营成本大幅增加，使很多想投资养老服务的机构望而却步。因此，相关政府部门应该在鼓励养老服务机构尽可能利用闲置资产的同时，积极扫除发展养老服务事业的障碍，努力落实土地、水电气暖等设施的优惠减免政策。此外，相关政府部门还应当将养老服务事业的发展列入社会建设发展规划中，并使其成为各地区服务业发展的重要内容；制订有针对性、有操作性的实施方案，与经济社会发展水平、人口老龄化发展水平相衔接；注重统筹资源，合理布局。

第二，完善各项税收优惠政策。在财政补贴、税收优惠、费用减免、土地使用等方面出台相应扶持政策，扩大减免的主体和范围，促使符合减免条件的各养老服务机构更好地发展，为这些组织机构提供支持和保障。在鼓励和支持社会力量兴办养老机构的同时，应依法保障投资人的合法权益，努力实现养老服务资源的合理配置，如建立"民办公助"补贴制度。同时，对非营利性民办养老机构提供的各类养老服务，政府部门要加大支持力度，在建设、筹资和运营方面给予尽可能优惠的政策；对于营利性民办养老机构，要以市场的需求和发展为导向，在此基础上拓展养老服务内容、丰富养老服务形式、提升养老服务质量，满足不同层次的老年人的需要。鼓励民办养老机构接收和服务政府负责的老年人，政府部门将相应的生活和照料费用转给承接服务的民办养老机构。此外，有创造性和战略性地实施"公办民营"的养老机构，使公办的养老机构与市场运行、发展相结合，进而提升机构的管理能力和服务能力。努力在社区服务中心（站）及社区卫生、文化、体育等公共服务设施的购置上提供税收优惠，加强老年人服务设施的功能衔接，提高使用率和综合效益。按照无障碍设施工程建设相关标准和规范，推动和扶持老年人家庭无障碍设施的改造，加快推进坡道、电梯等与老年人日常生活密切相关的公共设施改造，等等。

第三，建立统一的养老服务行业管理规范，以及养老机构准入、服务评估标准。在鼓励和支持养老服务发展的过程中，必须认真评估和审查项目申请人的权限和资格、养老机构的资质、项目设立的标准等，做到依法行政、有效监管、规范运营。同时，需要建立有效的养老服务监管体系。对从事养老服务的各类组织进行有效监管，监管既包括准入也包括退出，更应包括日常运营。还需要完善社区居家养老的绩效考评机构，建立具有可操作性的社区居家养老的绩效考评机制。对社区居家养老的服务内容、服务质量以及服务效果等做出可以评估的量化指标。这样，一方面有利于通过准入评估、服务状况和绩效考评跟踪养老服务实施的整个过程，而且可以作为获得政府公共财政或其他财政的主要基本条件；另一方面，有利于各个社区居家养老工作效果通过考评指标体系进行比较，从而激励社区不断提升自身服务老人的能力。建立统一的养老服务业统计评估体系以准确、及时、全面反映养老服务业发展的规模、水平和行业结构等基本情况，能为政府制定政策和规划提供依据，也能保证养老服务的质量，切实满足老年人的养老服务需求。

第四，完善老年人各项补贴措施。各级政府应根据当下经济社会的发展水平、职工工资增长水平、物价涨幅情况，完善好老人的基本养老、医疗、最低生活保障等福利政策，切实满足老年人的生活需求、解决生活难题，如做好老人需要的上门探访、老年饭桌或送饭、老年人服务热线、代办购物和邮寄、心理咨询、困难救助、法律援助及文体活动等日常为老服务。合理确定特殊困难老人享受相关福利政策的享受标准，避免出现边缘弱势困难老人群体，不断提高老人的养老保障水平。重点扶持老年人生活照料、产品用品、健康服务、文化教育、体育健身、休闲旅游、金融服务等养老服务业发展，以满足老年人的基本需求，推进基本养老服务均等化。对"三无"老人、"五保"老人，实行政府供养；对低收入、失能、失独、高龄和特殊困难老年人，由省、市、区政府给予相应的福利保障。发挥政府投资举办养老服务机构的托底保障作用，重点为经济困难、行动困难和鳏寡孤独的老人提供低偿甚至无偿的生活照料服务和医疗护理服务。

第五,建立落实养老人才入职补贴、岗位补贴和社保补贴制度,激励更多的年轻人进入养老护理等专业学习,培养养老服务人才,稳定养老服务队伍,鼓励其长期从事养老护理工作。目前,国内很多院校已经设立了相关专业和课程,并从政策上对养老服务专业人才的培养予以支持,从事养老服务的专业人员必须具备相应资质。公益性社会组织还要注重对服务人员进行培训,以切实增强工作人员的养老服务知识和技能。此外,还要加大养老服务社会组织和社会工作者的宣传、引导、培育和登记管理,培养壮大从事养老服务工作的社会力量,实现居家养老、社区养老、机构养老的全面发展。激发养老服务工作人员的热情、提升专业技能,使其从自身出发,实现自我激励,自我提升。对每位工作人员而言,自身建设是养老服务工作人员激励机制的重要内容,它不仅对自身发展具有重要意义,也影响着整个团队的整体素质。对养老人才进行入职补贴、岗位补贴和社保补贴等;加强养老服务职业教育培训,有计划地在高等院校和中等职业学校增设养老服务相关专业和课程;加强养老服务专业培训教材的开发,强化师资队伍建设;推行养老护理员职业资格考试认证制度,五年内全面实现持证上岗;支持养老机构吸纳就业困难群体就业;探索建立在养老服务中引入专业社会工作人才的机制,推动养老机构开发社工岗位;开展社会工作的学历教育和资格认证;加快培育从事养老服务的志愿者队伍,实行志愿者注册制度,形成专业人员引领志愿者的联动工作机制。

二 拓宽资金来源,优化资金投入

我国养老服务工作还处在初步发展阶段,政府依然是开展养老服务的主要责任人。当前政府主要向特别困难的低收入者或者"三无"老人提供一定补贴,而对于更加庞大的其他老年群体,资金投入十分有限。政府应统筹地方各项事业,采取实际行动助推养老服务,形成制度化的公共财政投入机制。但仅仅依靠政府单方面财政投入不足以满足日益增长的养老需求,政府应强化主体效应,吸纳个人、社会各方参与养老资金筹资,保证养老服务资金投入充分。多渠道筹措资金,解决社区养老服务供给的资金缺口势在必行。

第一，呼吁和鼓励社会力量进入养老服务领域。政府在财力范围内尽可能加大对养老服务的资金支持，同时注意资金的使用效率，还应有意识地加大向社会购买公共服务的力度。政府要出台和有效实施鼓励社会力量进入养老领域的优惠政策，吸引社会资金向养老服务领域流动，并鼓励有能力的单位和个人对养老服务进行资金捐助。具体来说，政府应该鼓励更多的社会资本加入养老服务体系，将优惠政策普及到提供养老服务的社会组织，如采取税费减免、无偿转让房屋使用权等多种方式吸引社会资本的加入。西方福利国家在养老服务供给方面的经验告诉我们，公益性社会组织是养老服务工作最重要的践行者，公益性社会组织不以营利为目的，能更好地贴近民众的生活，更直接、更真实地了解民众的需求，其公益性、社会性的特点使其更受民众欢迎，因而公益性社会组织在通过政府购买、财政预算等方式获得发展资金的同时，还更容易获得更多的社会资本的投入，这将在很大程度上减轻政府支付养老服务费用的压力，并保证专业化、制度化水平的养老服务供给。

第二，在保障安全的前提下提升养老服务资金的市场运营收益。鼓励和引导金融机构在风险可控和商业可持续的前提下，改进和完善对社会养老服务产业的金融服务，增加对养老服务企业及其建设项目的信贷投入。积极探索拓展社会养老服务产业市场化融资渠道，积极探索采取直接补助或贴息的方式，支持民间资本投资建设专业化的养老服务设施。此外，公办养老机构所需经费，应列入财政预算并建立动态保障机制，采取公建民营、委托管理、购买服务等多种方式，支持社会组织兴办或者运营非营利性养老机构。在养老服务资金有限的情况下，能够灵活且安全地实现养老服务资金的保值增值，对缓解养老服务资金紧张具有重要意义。

第三，积极发挥福利彩票对养老服务资金的支持作用。民政部陆续提出了发展福利彩票公益金、推广养老彩票等措施，以此发挥福利彩票在养老服务资金支持方面的作用，[①] 这对于缓解我国老年人口的快速增加、化解养老服务需求与供给之间的矛盾、解决养老服务供给不足等问题具有重要

---

① 焦佳凌：《创新推出养老彩票筹集服务专项资金》，《社会福利》2011年第3期，第32页。

贡献。2009 年，我国正式提出了"养老彩票"这一概念，其操作思路是：从福利基金和彩票奖金中抽出一定比例的资金建立资金账户，以减少国家财政支出。通过明确养老彩票等资金的使用用途，防止挪用、确保资金专项专用，这有助于营造良好的公众形象。在养老服务供给主体中，公益性社会组织和营利性组织的资金来源和目标诉求差异很大：公益性社会组织不以营利为目的，因而需要政府和其他社会组织的资金投入；营利性组织追求利润最大化，可以通过获取资金回报维持正常运转。通过对比分析可知，养老服务公益性社会组织的持续发展需要解决资金来源问题，而养老彩票可以起到一定的资金支持和保障作用，有利于推动养老服务多元供给主体的互动合作发展。在养老彩票提供养老服务资金保障方面，吉林省具有一定代表性，从 2006 年开始，养老彩票提供的资金支持在其所有养老服务基础设施建设投入中占比已超过五分之一。①

三 运用现代科技，加快信息化进程

以社区居家老年人服务需求为导向，以社区日间照料中心为依托，按照统筹规划、实用高效的原则，采取便民信息网、热线电话、爱心门铃、健康档案、服务手册、社区呼叫系统、有线电视网络等多种形式，构建社区养老服务信息网络和服务平台。在养老机构中，推广建立老年人基本信息电子档案，通过网上办公实现对养老机构的日常管理，建成以网络为支撑的机构信息平台，实现居家、社区与机构养老服务的有效衔接。加强老年康复辅具产品研发已成为养老服务发展的必然趋势。

在先进科技的应用方面，借助科技部"惠民计划"项目，通过物联网技术的转化应用，建设"智慧养老"服务平台。具体表现在：一，升级基础应用系统。完善老人数据库结构，新增综合数据分析、服务质量评价考核、老年餐厅管理模块，进一步建立和完善开放性的底层应用系统。二，开发"安全养老"子系统。通过开发老年手机，实现虚拟养老院服务一键拨号，联合通信运营商为老年人提供老年手机拨打虚拟养老热线电话免费、

---

① 郭艳晖：《吉林省社会养老服务体系完善研究》，长春：东北师范大学，2013。

老年手机之间互打免费等优惠。进一步来说，还可开发通过手机定位服务，实现失智老人走失查找、紧急救援指引等服务。三，研发"健康管理"子系统。按照医养结合、医护结合的思路，整合社区内的卫生服务资源。依托社区医疗站等医疗服务机构，为老年人开展血压、血糖、血氧、心率等健康指标监测，建立动态电子健康档案，及时做出饮食规划、运动提示、用药提醒等健康提示和慢性病管理服务，实现有病早发现、未病早防治的目的。按照分类保障的思路，政府可为困难老人免费发放老年手机，给予基本通信补贴，并且免费开展安全养老服务和健康管理服务。其他有收入的老人可通过市场化途径开展安全养老和健康养老的有偿服务，收取的费用可用于困难老人的服务补贴。这样，根据老年人的自身需求及经济条件有所调整，在减小财政养老压力的情况下，让智慧养老更加"智慧"。通过科技手段的运用，创新智慧养老服务模式，实施起来更加灵活，也更贴合实际养老服务需求，满足各类老人多样化、个性化的养老需求，极大地丰富他们的晚年生活，进而提高养老服务质量，统筹整合各项服务资源，并更好地实现政策的惠民目的。

在社区养老服务信息化建设过程中，各地涌现了一些成功经验，如湖北省襄阳市的12349居家养老一键通服务平台建设。该平台采用以政府为主导、以信息科技为支撑、以市场为运营导向的建设管理模式，经过不懈努力最终取得了优异的成绩。第一，创新了养老服务管理方式，将公共服务类型与社会组织类型进行理性组合，创造性地在居家养老中建立了财政资金购买服务、服务组织提供服务、居家老人享受服务的养老服务体系，在市场经济条件下，既发挥了市场在资源配置中的决定性作用，也很好地发挥了政府的作用，充分发挥市场和政府的双重优势。第二，创新了技术手段，将信息化引入养老服务，建立全方位的信息化的养老服务体系，形成了独具特色的智慧型养老服务模式。在"互联网+养老"的时代背景下，积极借助互联网平台，搭建信息化服务平台，综合运用物联网技术和电子商务的模式，可以有效解决老人的安全保障和生活帮扶问题。第三，创新了监督评估方式，由非营利机构提供养老服务，社区人员进行监督和辅助，这将成为养老社会化的一种趋势。首先是非营利机构的准入环节，需要对其服务能力进行评估；服务过程中实时监督与反馈；服务结束后由社区人员回访老人，对服务满意度进行测评；为每位得到服务的老人建立档案，长期追踪。让社会力量可以广泛地参与养老服务体系，增强养老服务的活力。湖北省襄阳市的12349居家养老一键通服务取得了良好成效，2014年9月到2016年9月期间，共计为33251人次提供过家政、护理陪护、维修、配送等相关服务。在对独居、失智、没有自理能力的老人进行紧急救援方面发挥着十分重要的作用，并为他们建立了健康档案，为促进居家养老一键通信息化服务补充了翔实的资料。在信息化平台建设、科技手段运用方面，同样探索出成功经验的有江苏省无锡市、甘肃省兰州市等。养老体系建设过程中出现的问题和经验，如果能及时总结并在全国范围内进行介绍、分享，将对各地区养老服务工作的开展具有良好的借鉴意义，进一步促进各地区养老服务体系更快更好地建设完善。

四 加快人才培养，提升服务质量

从事养老服务的专业人才和工作人员面临着社会需求量大、工作任务繁杂但工资水平却比较低的现实，这大大削减了养老服务提供者的工作热情、降低了其提升自身专业技能的动力、影响了服务的效果和质量。因而，努力激发工作人员的热情、提升专业技能，是更好地满足养老服务需求的重要内容之一。提升养老服务人员业务素质应做好以下工作。

第一，政府应当继续高度重视激发养老服务工作人员的热情、加强专业技能建设，充分发挥其宏观调控的能力。为此，可以从以下几方面着手开展工作：首先，从政策制度上构建、完善养老服务工作人员的基本福利保障机制，努力提高养老服务工作人员的待遇与社会地位，努力实现专业化工作人员队伍数量充足、结构合理、素质优良的目标。"人才资源是第一资源。"① 政府也应该把养老服务工作人员作为养老服务和社会建设的第一资源，从政策制度方面激发其工作热情，如设置期限不等的规划目标，明确工作人员培养的规模、内容、任务、结构和目标，并为达到这些目标设

---

① 徐永军：《江泽民"人才资源是第一资源"思想的提出及其意义》，《党的文献》2016第2期。

计和配备一系列具有激励性质的制度,具体包括职级职称管理制度、岗位设置制度、薪酬标准和福利保障制度等。其中,薪酬福利制度和绩效考核制度对激励工作人员更好地投入养老服务工作具有举足轻重的作用。① 其次,真正落实和强化养老服务工作人员薪资和福利待遇的激励机制。养老服务的发展离不开资金的补给,工作人员的生存和提升也离不开资金的保障。因此,应该巩固和扩大当前的资金来源,努力形成社会、企业、公益基金会等多元化的筹资渠道,确保可以向养老服务工作人员提供充足的资金支持,更好地吸引和稳定工作人员。同时,还应该参照同级别其他人才队伍的发展,制定养老服务人员的薪酬体系,研究制定并出台有关养老服务工作人员薪酬、福利待遇标准的文件,根据当前各地的经济和财政发展情况,适当提升养老服务人员的补贴标准,提高他们的待遇水平。

第二,通过各类社会组织、社会工作专业服务机构等激发工作人员的归属感、认同感和荣誉感,并提高其专业水平和技能。激发养老服务人员工作热情、提升专业技能应发挥各类社会组织的积极作用。一是社会工作者协会。社会工作者协会作为养老服务工作者的重要载体,对其激励机制的建设和技能提升发挥着举足轻重的作用。社会工作者协会紧密关注养老服务队伍的工作动态,及时发现社工人员工作中的困难、疑惑和顾虑等并积极向政府或相关部门反映,维护社会工作从业人员的合法权益。② 此外,社会工作者协会还应积极增进与工作人员的联系沟通,为工作人员的进步与发展创造更好的环境,争取更多的支持。二是一般性的社会组织。各个社会组织在激发养老服务工作人员的热情、提升专业技能中应做好以下三点:(1)重视物质激励的作用,努力提高养老服务工作人员的薪酬福利待遇。各个社会组织需要明确本单位薪酬福利待遇的发放依据,如根据工作人员的学历、工龄、职务和绩效等影响因素,合理计算和发放相应的薪酬福利。社会组织、服务机构应该细化这些依据的标准,确定各部分影响因素所占的比重,明确划分并规定每一个薪酬福利考核、评定指标中的具体

---

① 陈欣:《加强社区专职工作者激励机制建设的对策——以北京市西城区社区专职工作者为例》,《北京市工会干部学院学报》,2014年第4期。
② 李光明、王冠:《社工协会的角色定位与职能发挥——以深圳市社会工作者协会为例》,《中国社会工作》2011年第1期。

级别及相应待遇。(2)积极引导养老服务工作人员参与本社会组织的日常事务,使工作人员享有一定的参与权和决策权。享有社会组织的参与和决策权,不仅可以使工作人员更加积极地投入活动的开展、组织的建设和发展,增强其工作的成就感,还会使各项工作的推进更直接、更顺畅,进而增强工作人员对本职业的归属感和积极性。(3)为工作人员提供健全和完善的培训机制,满足他们更高层次的能力建设、职业发展需要和精神追求。[1] 社会组织机构需要针对不同岗位、学历、职称等工作人员的特点,制定不同的培养和培训方案,有区别、有针对性、有意识地开展相关专业培训,确保培训的成效,从而保障、促进养老服务工作人员的职业伦理、能力等素养的持续提升。三是教育培训机构。激励工作人员的重要途径之一便是及时、充足地为其提供优质的学习和实习资源。因此,养老服务领域相关的教育培训机构应该根据当前工作人员队伍的特点和现状以及工作人员发展规划的目标要求,加快研究、制定从业人员的培训意见和方案。根据分层、分类、分级的原则,确立各时间段、各领域内、各层次工作人员教育培训的主要任务和保障形式,构建具有丰富内容、合理结构的完善的专业培训和继续教育课程体系,从而为养老服务工作人员提供多元化、多样化、规范化、有针对性且高效的教育培训。

第三,从其自身出发,实现自我激励,自我提升。对每位工作人员而言,自身建设是养老服务工作人员激励机制的重要内容,它不仅对自身发展具有重要意义,也影响着整个团队的整体素质,如何提升自身的思想建设和职业能力至关重要,应做好以下两点[2]:一是提升养老服务工作人员的价值观念。作为一名养老服务工作人员,当工作内容和性质还不被服务对象和大多数群众接受、理解和认同的时候,需要进行强大的思想和信念建设,用以抵消来自外界的不理解及其自身职业发展上的困惑。尽管物质上的激励能够帮助养老服务工作人员较为平稳地发展,但是维系其长期投入和高效工作的是其发自内心的热爱和思想层面的认同。因此,应当在入行

---

[1] 余星、姚国章:《国外养老服务人才队伍建设比较研究——以日本、德国、丹麦为例》,《经营与管理》2017年第6期。

[2] 朱琳:《社会工作服务中老年志愿者团队管理研究》,广州大学硕士学位论文,2017年。

之初便筛选出符合养老服务工作价值伦理规范的工作人员，建立准入制度，并进一步跟进其专业伦理、知识的教育和培训，促使工作人员从内心具备"助人自助"的服务精神，同时充分体会到自己身上所具备的潜能、责任感和使命感。唯有如此，养老服务工作人员才能真正感受到工作的成就感、价值感，以及工作本身带来的快乐，使其产生满足感，获得自我实现。二是提升工作人员的专业才能。工作人员自身能力的高低是其能否干好本职工作的基本条件，养老服务注重实践，即使是已经具有工作经验的服务人员仍然需要不断提升自身的专业理论、知识和能力，在平时的学习和培训中不断加强和完善自身的知识储备和技术水平，做到精益求精。专业技能的提升是解决复杂问题最为有效的手段之一，也是工作人员能力和素质的体现，有利于他们更加及时、高效地开展工作。

五　明确供给主体职能，做好本职工作

社区综合养老服务的多元供给主体模式可以最大程度地满足老年群体多层次、多元化的养老服务需求。在这种模式中，政府、公益性社会组织和营利组织承担着各自的角色和功能。养老服务多元主体供给模式本质上是一种合理分工的机制，这种机制既可以提高政府的养老服务供给效率，又可以培育公益性和营利性养老服务组织，最终实现参与主体的互利共赢。因此，在养老服务提供上，明确养老服务多元供给主体各自的职责、各自做好本职工作，既是应对养老服务供给不足的重要举措，更是社会发展的内在要求。

第一，实现政府职能由管理职能向治理职能的转变。管理职能和治理职能有着很大区别，二者在管理方式、管理主体、管理手段等方面差别很大。有限政府支持者认为，幕后治理方式应是政府治理的重点，而不是将众多的公共事务等幕前治理作为重点，处理好幕前与幕后治理的关系有利于政府实现善治。幕前治理的管理方式是国家统治职能的体现，政府凭借国家权力实施管理行为，这一过程中更多的是政府强制干预；幕后治理则是以社会民众为前提，依托社会公众等多元的参与主体，治理的参与主体涉及政府、公益性组织和营利性组织等，通过多向互动反馈以实现社会有

效治理的模式。幕后治理可以调动社会民众参与的积极性，通过设立共同的目标将社会主体的意识凝聚起来，构建最广泛的社会认同，以最大限度地保障公众的利益。为了更好地实现幕后治理，政府应注重营造有利的社会环境，为不同主体的互动创造条件，保障公众参与社会事务的合法权益。通过构建有效的幕后治理模式，政府的治理行为和手段将更加有效，为社会公众谋取更多福祉。在幕后治理模式下，公益性社会组织如社区组织将被赋予一系列权利并承担更多义务，而政府更多地承担监管角色，通过配置资源和监管其他养老服务供给主体来发挥作用，如对公益性组织和营利性组织给予财政支持和政策扶持。除配置资源和发挥监管职能以外，政府还肩负着制定规划和完善法律法规等职责。通过政策扶持、营造环境等来调动社会主体参与养老服务的积极性，保证养老服务不偏离正确的发展轨道。

第二，不断提升公益性社会组织的专业化程度。公益性社会组织本身具有公益性、正外部性等特征，当出现政府调控不到位或市场失灵等问题时，可以充分发挥公益性社会组织的作用，在政府调控机制和市场调节之间找到契合点，弥补政府调控和市场调节的失灵。公益性社会组织可以满足老年群体差异化的养老服务需求，因而应大力加强公益性社会组织的建设，通过提升公益性组织的专业化程度、提高工作人员服务技能来增加养老产品与服务的供给。在养老服务多元供给主体中，公益性社会组织的服务能力和服务面更广，这主要体现在比较完善的养老服务的管理和培训机制方面。目前，国内很多院校已经设立了相关专业和课程，并从政策上对养老服务专业人才的培养予以支持，从事养老服务的专业人员必须拥有相应资质；公益性社会组织还要注重对服务人员实施培训，以切实增强工作人员的养老服务知识和技能。原有的社区养老模式主要由政府提供养老服务，这种模式有利有弊，虽然可以保障老年群体的基本权益，但也存在一系列不足之处，如服务方式单一、服务范围有限等，这不利于社区养老模式的健康、可持续发展。随着我国老龄化程度的加深，老年人口在社会总人口中所占的比重越来越大，老年群体的养老服务需求将日益多样化。在这种背景下，应不断提升公益性社会组织尤其是社区养老的专业化程度，以满足不同层次老年人的养老服务需求，最终构建一种高低搭配的养老服务体系，即由政府提供基础性的养老服务以保障老年群体基本的服务需求，由公益性社会组织提供保健、娱乐等较高层次的养老服务与产品。

第三，鼓励与扶持营利性组织发展。在养老服务多元供给主体中，营利性组织发挥着补充养老服务供给缺失的作用，通过鼓励与扶持营利性组织发展，可以让老年群体享受到更多元、更专业的养老服务。鼓励、引导与扶持营利性组织发展，需要首先明确其服务对象，这是营利组织做好养老服务工作的重要前提。营利性组织的服务对象主要为经济基础较好、自理能力较差的群体，针对这部分老年人，营利性组织的服务重点在于提供精神层面的抚慰以及高端医疗护理等付费服务。鼓励与扶持营利性组织是为了更好地弥补政府与公益性社会组织提供养老服务能力的不足。现阶段政府和公益性社会组织提供的养老服务主要是基础性和保障性的养老服务，较高层次的养老服务与产品供给有限，很难满足老年群体差异化的养老服务需求；而营利性组织以追求利润为目标，会更加关注老年人的需求偏好并有针对性地提供相应产品和服务，比如营利性组织与餐饮公司合作，根据老年人的不同口味，餐饮公司配备了专门的餐饮师。鼓励与扶持营利性组织发展的另一个重要原因在于，空巢老人需要更多、更专业的养老护理服务，可以从精神上抚慰空巢老人的心灵。对于营利性组织的工作人员，国家应制定严格的资质审核标准，通过持证方能从业的方式引导营利性组织的规范发展。营利性组织通过有偿服务等方式为老年人提供养老产品与服务，在获取经济收益的同时，让老年人享受到良好的医疗保健和娱乐生活，有利于我国养老服务的深入发展。

第四，积极发挥家庭在精神慰藉中的作用。我国城镇化的推进和较低的生育率在引起人口年龄结构老化的同时，还导致了严峻的空巢老人问题。空巢老人现象指的是子女由于工作等原因不能陪在老人身边，这部分老人常年自己生活，基础性养老服务需求得不到满足的现象。统计资料显示，现阶段我国空巢家庭在家庭总数中的占比已超过一半，有些城市和地区占比达到了百分之七十。① 针对老年人家庭养老问题，全国老龄办曾做过一项

---

① 南方都市报：《城乡空巢家庭已超过50%，部分大中城市达到70%》［EB/OL］. http://news.sina.com.cn/s/2010-11-08/055518340107s.shtml, 2010。

专门调查，调查对象为十个一二线城市 60 岁及以上的老年人口。依据调查问卷，全国老龄办推算未来三十年我国老年人口将净增六千多万。随着社会人口结构的不断老化，我国空巢老人绝对数量和相对数量都将快速上升，未来十年，单身老人家庭总户数将突破两千万。① 面对严峻的空巢老人问题，仅依靠原有的养老服务模式难以满足这部分老人的需求。然而，家庭中的子女、孙子女等亲属对于老年人具有无法代替的意义。尽管他们无法守候老人，为他们提供必需的生活照料服务，但是，借助现代先进的网络和通信手段依然可以向老年人提供精神慰问。虽然精神慰问不像具体的养老服务内容那样迫切，但对老年人而言仍然是必不可少的。

第五，促使老年人发挥自身余热。"产出性老龄化"是活动理论的一个重要观点，美国学者认为，老年人应该老有所为，应该发挥自身能力从事一些商品和服务生产的老龄人口的任何活动，而且这种贡献并不考虑老年人是否得到报酬。② 可以说，"产出性老龄化"概念的提出打破了我们对老龄化问题的固定思维，提出了老龄化并非"百害而无一利"。此理论可以为中国解决人口老龄化问题提供一种可行思路。正如近期有学者提出要通过推动和发展银发经济，开发老年人力资源等措施来应对人口老龄化问题。课题组认为，"产出性老龄化"或者说"生产性老龄化"在中国应当继续被挖掘，并结合中国国情提出更深刻的内涵。"生产性老龄化"是把老龄化问题作为一种契机和资源来看待，利用相关机制让老年人口"老骥伏枥""老有所为"，让老年人口为社会经济发展发挥剩余力量。在社区中，可以成立养老服务互助协会，发挥社区中年轻、热情老人的主动性和积极作用，开展"时间银行""引领互助"等以老养老项目活动；吸纳接收专业社工、心理咨询师的专业指导和评估；鼓励广大市民群众以及在校学生积极参与社区养老服务建设，开展多种形式的志愿者服务内容，树立敬老、爱老、为老的社会新风气，努力营造良好的养老服务氛围。与此同时，"生产性老龄

---

① 刘传江：《中国人口老龄化前景与对策专家研讨会综述》，《社会学研究》1993 年第 6 期，第 108—110 页。
② 范斌、于兰华：《产出性老龄化内涵、功能与推进路径》，《华南农业大学学报》（社会科学版）2012 年第 1 期。

化"还应当包含发展老年产业、夕阳产业、开发老年人力资源等内涵,把老年人作为社会经济发展的一股力量纳入议程当中,而非绝对地排斥老年人。①② 换句话说,我们应当转换以前的问题视角,而用优势视角来看待老年人。

六 加强统筹规划,促进多主体协作

新时期,探寻新的养老服务模式对于解决我国的养老难题具有重要意义。社区养老服务不单单是政府的职责,公益性社会组织、相关社会团体、企业等都可以而且应该为养老服务业贡献力量。在养老服务事业的发展过程中,不仅强调政府的主导作用,也应鼓励社会力量的参与。上海市在"十二五"工作会议上指出,完善社会养老服务体系建设,政府重在搭建平台,提供基本养老服务保障,同时鼓励和动员各种社会力量参与,努力满足多样化的养老服务需求。③

第一,加强政府、社区、家庭和社会工作者的协作,实现优势互补。各级政府应当提供相应的资金、技术和福利等各方面、全方位的支持,地方政府要建立由民政、发展改革、老龄部门牵头,相关部门参与的工作机制,加强组织领导、协调沟通、督促检查,确保规划目标的如期实现并鼓励社会各界对规划实施进行监督。作为养老的主要地域和承载体,社区应当积极发挥好东道主的作用,发挥好基层社会建设和社会治理的作用,为老年人的晚年生活提供系列支持。④ 与此同时,家庭亦不可把养老责任全部推至政府和社区身上,应当主动承担起养老责任。部分基层地区自行探索出一些独具特色的养老道路,如"以老养老""以房养老"等多元一体、相

---

① 赵怀娟:《"生产性老龄化"的实践与启示》,《安徽师范大学学报》(人文社会科学版) 2010年第5期。
② 于兰华:《国外产出性老龄化研究及对当代中国的启示》,《湖北社会科学》2012年第5期。
③ 《市政府召开常务会议推进养老服务体系建设》,http://sh.sina.com.cn/news/m/2016-03-29/detail-ifxqswxn6499273.shtml,2016-03-29/2017-12-01。
④ 孟宪丽:《充分发挥社区在创新社会治理中的功能作用——对习近平关于创新社会治理及社区建设相关论述的思考》,《黑河学刊》2015年第2期。

互支持的新型综合养老模式。①② 这些都需要养老服务各主体强有力的配合和协作，形成高效的联动机制。政府各部门、社区、家庭、社会机构、社工等专业人员、志愿者等养老服务主体的联动不仅是主体联动，更是其资源和优势的联动和整合。如此取长补短，盘活和有效利用全社会现有的各种资源，提高各项养老服务设施的使用效率和养老服务受益面；整合社会中的各种资源，提升各主体的积极性，完善投融资渠道，如以项目的形式申请基金会或其他机构的资金支持，招募辖区内有相关服务经验的人员为辖区老人提供志愿服务等。

第二，社区综合养老服务体系建设需要民政部门、宣传部门、卫生部门、工会等相关政府部门的协调合作。在各个政府部门之间建立政策共享和高效协作的体制机制，坚决打破部门利益与区域利益的障碍藩篱，努力实现养老服务资源的合理流动与共享，不断提高社区综合养老服务的效率与水平，提升广大人民群众对社区养老服务的满意度，如此才能顺利进行并取得实效。③ 其中，特别是加强民政部门和卫生部门的协调与合作，促进医养结合的发展。政府部门应进一步细化民政部门和卫生部门协调合作的政策，使民政部门和卫生部门在养老事业上通力合作，公办医疗卫生人员能积极投入到养老事业中来。为社区的每位老人建好个人健康档案，开展好上门医疗、健康咨询、疾病预防等医疗卫生服务，落实医疗卫生服务资源进入社区、进入老人家庭的各项保障措施，加大社区卫生服务站的资金投入和人才引进，促进社区医疗卫生服务资源更好地为本社区的居民服务。此外，鼓励和引导老人参与各项商业养老保险服务，减缓老人看病就医、康复治疗、保健预防等费用的支出负担。加强社区服务设施建设，将社区居家养老的服务面拓宽，发挥社区公共服务设施的为老服务功能，不断加强社区服务中心及社区卫生、文化、体育等设施的功能整合，提高老人群体的使用率。街道、社区不同主体要支持和引导各类社会组织或第三方进驻

---

① 孙文华、陈建国：《低龄老龄化形势下"以老养老"的机构养老发展模式——针对上海市的实证研究》，《城市发展研究》2013年第11期。
② 刘杰峰、朱沙、曾胜：《以房养老：理念、模式和经验》，《西部论坛》2014年第4期。
③ 伏威：《政府与公益性社会组织合作供给城市养老服务研究》，吉林大学博士学位论文，2014年。

社区，共同参与居家养老服务，将老年群体纳入社区居家养老服务体系中。

第三，社区养老服务需要物质提供者、精神慰藉者、医护照料者等多类主体的共同努力和协作。因为老年人不仅具有物质生活层面的需求，还有精神层面、医疗卫生等方面的需求。这对养老服务人才职业化、专业化水平提出了较高的要求，必须建立一支具备专业技术能力、职业道德、服务理念的人才队伍，同时出台养老服务专业考核标准。最基本的便是从规范养老服务人员的构成入手，通过培养、培训、提高待遇等方式方法，将职业道德与绩效纳入个人考核标准，逐步提高居家养老服务专业人才队伍的素质。一方面要加强对现有从事养老服务工作人员的专业培训，另一方面要严格把关新进养老服务人员的专业素质。此外，还需要做好以下工作：首先，努力吸引有专业技能和文化水平的高校毕业生加入养老服务工作中来，为养老服务建设注入新鲜血液；每个社区也可配置必要的专职人员，增加居家养老服务公益性岗位，公开招聘一些懂管理的社会工作专职人才，提高养老服务管理层次；规范定期学习的培训机制，尤其向刚进入养老服务领域的、有服务提升需求的人员提供有针对性的学习实践机会；对于稳定的志愿者，积极与他们建立长期合作的关系。其次，在吸引人才和留住人才方面，建立有效的激励机制，尤其要努力增加专业人才的福利待遇；丰富养老服务队伍的各类人才，努力扩大人员规模，逐步充实养老队伍中的心理咨询师、社会工作师、医师、护师等。同时，还要努力提升对养老服务人员的保障水平，除了争取更多的财政补贴外，还要为他们缴纳养老、医疗、工伤等保险，保障他们的基本权益。最后，依托专业服务机构，加快培育社会养老服务队伍，如在条件允许的情况下，可以考虑培养专门针对养老服务工作的专业养老护理师；此外，还需要积极加大宣传的力度，鼓励、动员各类组织团体、各类社会人士参与到养老服务的建设之中，为减轻人口老龄化危机、推动养老服务事业的发展贡献力量。

第四，实现各类养老服务供给主体、参与主体对养老服务资源的优化配置。在养老服务资源分配方面，国家具有显著优势，可以调动各种资源完成预定目标；但国家对于养老资源的控制也应限制在一定范围内，因为对养老资源垄断程度过高容易导致其他问题，原有计划经济体制下的国家保障模式就是很好的例子。因此，有效的养老服务供给模式应是多元供给主体的互动合作，而非养老服务供给的国家垄断，国家在养老服务资源分配中的作用主要在于为多元供给主体创造有利的条件和环境，实现养老资源的优化配置。政府促进养老服务资源优化配置的重要途径之一就是出资购买养老产品与服务，政府可以通过招标方式引入其他社会组织运营养老服务项目，这些项目的经费来源于财政拨款，即政府与社会组织签署相关协议，政府负责出资，社会组织负责提供养老产品与服务。现阶段，我国已开始实践政府出资购买养老产品与服务，这种模式降低了政府对养老服务资源的垄断程度，促进了养老服务资源的优化配置。

七 强化参与、信任与沟通，建立长效合作机制

养老服务可由不同性质的多种组织机构来提供，这些组织机构如何并存并长久相处关系到老年人的切身利益，关系到养老服务事业的持久开展，也关系到社会的健康发展。简单来说，养老服务的不同供给主体要在广泛参与的基础上建立起信任和沟通机制。

首先，就参与而言，是养老服务的供给主体为实现组织目标，在遵守相关法律、法规及其章程的前提下，积极加入养老服务的供给行列，并准备向老年人提供所需服务。参与机制是养老服务互动合作的重要机制之一，也是互动合作行为过程的出发点，只有参与到合作之中才有可能继续沟通和监督等。供给主体积极参与养老服务工作是实现互动合作的重要前提，具体来说，供给主体的积极参与包含两层含义：一是不同属性、不同职能的主体积极参与，这是性质的扩展；二是相近属性和职能的主体积极参与，这是数量的扩张。随着我国老龄化形势的严峻和经济发展水平的提升，老年人口数量扩张、需求增加，养老服务业中的消费规模开始凸显，同时，只有供给规模及时跟进才能满足老年人的需求，也才能保持养老服务业健康、持续的发展。因此，强调、鼓励供给主体积极参与尤为必要。

其次，就信任而言，是指在养老服务的供给过程中，供给主体在相互尊重的基础上，通过对话、行动等方式建立起来的彼此信赖的关系。信任机制往往建立在相关法律法规不够健全的情况下，供给主体基于道义、信誉等在互动合作中所采用的机制。一定程度上来讲，养老服务供给主体的

互动合作，其实就是这些供给主体基于信任开展合作的过程，是在信任的基础上相互理解、相互支持、相互配合的过程。更进一步讲，信任机制是其他机制得以开展的前提，在推动互动合作有效开展的过程中发挥着基础作用。此外，信任机制的重要性还突出表现在，当供给主体之间的关系比较生疏、地位不对等抑或利益不统一的情况下，更需要通过完善的信任机制保障互动合作的成效。然而，需要提及的是，信任机制的形成和完善并非易事，往往需要一个长期的、复杂的过程。通常来讲，养老服务的供给主体在合作之前，接触较少、了解不够深入，而且缺乏可供参考和借鉴的经验，供给主体往往是在具有一定风险的情况下开展合作的；当合作取得一定进展后，双方甚至多方认可彼此是可信的、可靠的以及值得合作的，使得合作的动机进一步增强；供给主体在更深层次了解、信赖的基础上继续合作。如此反复，信任机制得以建立。

最后，就沟通而言，是在合作的过程中，养老服务的供给主体以一种开放的思想和心态，以加强对话交流、积极协商会谈为重要形式，定期或不定期开展的沟通交流方式。沟通是促进合作持续开展的关键，通过沟通可以化解争议，将矛盾消灭在萌芽状态；通过沟通可以互通信息，实现资源最大程度的共享和利用；通过沟通可以相互激励，在遇到困难的时候相互勉励、共克难关。对政策制定者、服务提供者和照护工作者而言，为了确保老年人及其家属的知情权，全面、真实、及时地提供有关服务供给范围、服务资格权限等方面的信息，实现信息交换和传播至关重要。一般而言，养老服务的供给主体不同，其服务人员的类型也会有所差异，通常公益性社会组织以志愿者及专职服务人员为主，私营组织以专业服务人员为主。由于服务人员的知识背景、生活经历不同，很可能在提供服务时难以在短时间内实现高效的配合协作。为了使提供服务的员工之间能够有效地合作，加强服务人员之间的交流与配合是必不可少的。

八 构建养老服务评估体系，完善监督机制

很多地区在实施养老服务项目之前，没有进行预先调查、了解和评估，导致其开展的养老服务项目缺乏针对性，同时其服务效果较难满足老年人

的多样化需求，还有一些项目的收费水平超过了广大老年人的心理预期，增加了老年人的经济负担。总之，养老服务存在明显的供给与需求间的不平衡。在服务提供过程中和服务提供后，又缺乏有效的监督机制，使养老服务质量难以保证。对此，政府必须努力构建评估体系，完善监督机制。

一方面，养老服务体系建设的前提是以满足老年人不同养老需求为基础，应扩大宣传、加强了解，科学、合理地评估老年人的实际需求。制定和完善社区综合养老服务的认证体系、评估制度，大力推动养老服务标准化，加强社区服务设施建设。将社区居家养老的服务面拓宽，在确保各组织部门规范运营的前提下，充分发挥社区公共服务设施的养老服务功能，努力实现各类养老服务设施资源的充分利用，积极提高老人群体对养老服务资源的使用效率。① 基层社区的养老政策应该在广泛调研、实地考察和综合考量的基础上进行规划和制定，切实体现老年人的服务意愿、满足老年人的服务需求，这就需要做好宣传、沟通和协调，解决入户难的问题。不论是医疗卫生方面的入户工作，还是社区工作者的入户工作，要加强对其意义的宣传力度，让社区居民理解并配合。同时，也要和物业有良好的沟通和协调，让其成为入户的帮助者而不是阻碍者。问卷数据表明，几乎一半以上的老人没有听说过社区开展的相关养老服务项目，对养老服务项目参与度低，这很多时候也是宣传不到位的原因。

此外，政策执行应该有一定的灵活性，将适度的政府权力下放给各个基层社区，满足不同社区、不同时期老人的不同需要。② 丰富的社区服务内容不仅体现了多元化的社区养老服务层次，而且更多地满足了老年人的服务需要，真正做到"老有所养，老有所医，老有所教，老有所学，老有所为，老有所乐"。老年人的传统消费观念使其难以接受有偿的养老服务，因此，政府及各社会投资方加大补贴和资金支持力度非常必要，同时，通过有效宣传积极引导老年人树立养老服务的科学消费观念也具有重要意义。在养老服务提供过程中，政府和社会组织、机构等服务供给主体要适时更

---

① 国务院办公厅：《国务院办公厅关于印发社会养老服务体系建设规划（2011—2015年）的通知》〔2011〕60号〔EB/OL〕. http://www.gov.cn/xxgk/pub/govpublic/mrlm/201112/t20111227_64699.html，2011 - 12 - 16/2017 - 12 - 01。
② 王艳丽：《城市社区协同治理动力机制研究》，吉林大学博士学位论文，2012年。

新、完善老年人的需求评估，细致深入地调查研究老年人的特点和需求等基本状况，了解老年人在物质生活和精神生活上的实际需求和发展性需求，做到及时反馈和沟通，避免市场导向的盲目性和滞后性。

另一方面，建立、健全相关法律法规，建立监督体系，完善养老服务的准入、退出和监管制度，规范养老服务市场行为。政府、街道、社区等不同主体要在有监督和保障机制的作用下，支持和引导各类社会组织或第三方进驻社区，共同参与居家养老服务，将老年群体全部纳入社区居家养老服务体系中。政府还应该积极引入第三方养老服务监督机制，努力将养老服务的监督工作专业化、规范化，提升监督效果的真实性和可靠性。从养老服务监督管理者的角度分析，政府应适度监督养老服务供给情况，并以满意度调查等形式作为主要的监督评价手段，以此促进养老服务工作的改进；同时，为了解老年人对养老服务的满意度，政府应加大相应的评估与反馈力度，如就养老服务质量等受理社会公众的投诉和意见。此外，由非营利机构提供养老服务，社区人员进行监督和辅助，养老社会化已成为一种趋势。首先就非营利机构的准入环节而言，需要对其服务能力进行评估，服务过程中实时监督与反馈，服务结束后由社区人员回访老人，对服务满意度进行测评，为每位得到服务的老人建立档案，长期追踪。让多种社会力量可以广泛地参与到养老服务体系中，增强养老服务的活力。[①] 同时，养老服务制度也需要更多地运用符合常规流程的经济杠杆形式，充分发挥国家财政资金的导向作用和乘数效应，在养老服务领域中释放积极的信号，引导社会资金流向基层社区养老建设和服务项目中，进一步促进产业政策的贯彻落实以及地方财源建设战略的有效实施，达到良好效果。

近年来，中央和各级地方政府陆续出台引导和鼓励发展社区综合养老服务产业的相关政策文件，并积极推进试点工作。这些政策与实践促进了养老服务体系的进一步建设和完善。然而，由于地区社会经济发展的不平衡、老龄化程度不同、对养老服务体系建设的重视程度的不同以及养老服务普及的程度不同等，养老服务体系建设的地域差异非常明显。总体而言，

---

① 黄岚：《上海市中心城区养老服务社会化的现状、问题与对策思考》，上海交通大学硕士学位论文，2007年。

在经济发达地区如一线城市，养老服务体系建设较快，结构较完整；而中西部一些地区的养老服务体系建设较为缓慢，资金、政策落实不到位，管理、建设的理念和意识较为传统，创新不足。尽管社区养老服务模式的发展还需要进一步探索，但客观来讲我国已经取得了一定的成绩，在相关部门的努力和配合下，必定还会取得更多更大的成绩。

附 录

附录一 问卷及访谈提纲资料

一 社区负责人问卷

省份：_____ 编号：_____

我国城市社区综合养老服务体系建设状况调查问卷

（社区负责人卷）

> 尊敬的_____社区负责人：
>
> 您好！
>
> 我们是中国社会科学院研究生院的调查员。我们现在正在进行一项关于全国城市社区综合养老服务体系建设状况调查，目的是想了解一下我国当前养老服务尤其是养老服务体系、养老服务模式、养老服务设施、养老服务水平等方面的一些问题。您的合作对我们了解有关信息具有十分重要的意义。
>
> 问卷中问题的回答没有对错之分，您只要根据贵社区的真实情况回答即可。对于您的回答，我们将按照《统计法》的规定，严格保密，且只用于统计分析，请您不要有任何顾虑。希望您能协助我们完成此次访问，谢谢您的合作。
>
> 中国社会科学院研究生院
2016 年_____月_____日

A 社区基本信息

A1. 贵社区的总人口数为_____人，其中男性_____人，女性_____人。60 岁以上的人口有_____人，60 岁以上的男性有_____人，60 岁以上的女性有_____人。其中半失能老人_____人，男性半失能老人_____人，女性半失能老人_____人。失能老人____人，男性失能老人____人，女性失能老人____人。

A2. 贵社区人员的主要职业类型（包括已退休人员退休前职业类型）是：

1. 党政机关工作人员　　2. 事业单位工作人员　　3. 企业管理人员

4. 企业职工　　　　　　5. 军人　　　　　　　　6. 个体经营人员

7. 其他（请注明_____）

A3. 去年（2015 年）贵社区用于养老服务的经费为_____元，其中政府投入_____元、各种社会捐助_____元，社区服务项目收入投入_____元，博彩、有奖募捐基金收入_____元，其他（请填写收入来源及金额）：_____。（无相应项目请填 0）

A4. 2016 年 1 月 1 日以来贵社区用于养老服务的经费为_____元，其中政府投入_____元、各种社会捐助_____元，社区服务项目收入投入_____元，博彩、有奖募捐基金收入_____元，其他（请填写收入来源及金额）：_____（无相应项目请填 0）

A5. 去年（2015 年）贵社区用于养老服务经费的支出_____元。具体支出项目和金额为：_____（无相应项目请填 0）

A6. 2016 年 1 月 1 日以来贵社区用于养老服务经费的支出_____元。具体支出项目和金额为：_____（无相应项目请填 0）

B 社区居家养老服务供给情况

B1. 贵社区内提供居家养老服务的机构有_____个，其中政府组织机构_____个，非营利性的民间组织机构_____个，营利性的组织机构_____个。

B2. 贵社区内提供居家养老服务的机构由不同的兴办主体兴办的个数为_____：政府单位兴办_____个，居民自治组织兴办_____个，国内非营利社会团体兴办_____个，民办企业兴办_____个，基金会兴办

_____个,涉外社会组织兴办_____个,其他兴办主体兴办_____个。

B3. 贵社区内是否设立了社区服务中心/服务站:

1. 是　　　　　　　　2. 否(请跳到 B5 继续作答)

B4. 社区服务中心/服务站提供的社区居家养老服务项目有(可多选):

1. 社会保障相关服务(包括生活救助站、社保卡受理分站点、医疗保险事务受理、慈善捐赠事务受理等)

2. 医疗保健相关服务(社区卫生服务中心/服务站、康复治疗室、体质测试站等)

3. 社会福利相关服务(包括社区福利院/日托所、残疾老人服务中心/服务站等)

4. 社区文体活动类服务(包括文化活动中心、老年人活动室、老年人体育俱乐部等)

5. 教育科普类服务(包括老年法律课堂与司法援助、老年大学、老年人图书馆和阅览室等)

6. 其他(请注明_____)

B5. 贵社区内是否设立了社区卫生服务中心/服务站:

1. 是　　　　　　　　2. 否(请跳到 B7 继续作答)

B6. 社区卫生服务中心/服务站提供的老年人服务有:(可多选)

1. 自助体测(包括自动身高体重测量仪、血压计、血糖测试仪、身体成分分析仪等设备)

2. 健康宣传与指导(包括健康生活注意事项宣传、饮食营养指导、健康生活方式指导等)

3. 心理健康服务(包括心理疏导服务、心理咨询服务等)

4. 康复治疗(包括设立康复治疗室、上门提供康复服务等)

5. 紧急救助(包括吸氧设备、速效急救药品等)

6. 诊疗服务(包括常见病诊疗、慢性病用药监控、上门输液打针、输液室等专门房间的设置等)

7. 药品服务(包括常用药品、依照国家政策免费发放的特殊药品等)

8. 其他(请注明_____)

B7. 贵社区提供的社区居家养老服务的方式主要是:

1. 有偿的小时工性质的家庭服务员入户服务

2. 低偿的小时工性质的家庭服务员入户服务

3. 无偿的小时工性质的家庭服务员入户服务

4. 有偿的社区站点形式的日间照料服务

5. 低偿的社区站点形式的日间照料服务

6. 无偿的社区站点形式的日间照料服务

7. 邻里志愿性质的服务

8. 其他（请注明_____）

B8. 贵社区提供的社区居家养老服务项目主要有：

1. 迅铃急救　　　 2. 电话送餐　　　 3. 家政卫生

4. 长期护理　　　 5. 情感陪护　　　 6. 代办购物、邮寄等

7. 其他（请注明_____）

B9. 贵社区开展过哪些为老服务（可多选）：

1. 老年人讲座　　 2. 定期免费体检　 3. 少年志愿者进社区

4. 传统节日庆祝活动　5. 未开展过　　6. 其他（请注明_____）

B10. 依照国家福利政策，贵社区开展了哪些特殊老人群体的服务（可多选）：

1. 高龄老人补贴与养老服务

2. 失独老人补贴与养老服务

3. 空巢老人养老服务

4. 其他（请注明_____）

B11. 贵社区从事上述居家养老服务的工作人员_____人，其中直接服务人员_____人，管理人员_____人。

B12. 贵社区从事上述居家养老服务的工作人员中男性_____人，女性_____人。20岁以下的_____人，21—30岁的_____人，31—40岁的_____人，41—50岁的_____人，51—60岁的_____人，60岁以上的_____人。

B13. 贵社区从事上述居家养老服务的工作人员中小学及以下的_____人，初中_____人，职业高中_____人，普通高中_____人，中专_____人，技校_____人，专科_____人，本科_____人，研究生

及以上_____人。

B14. 贵社区从事上述居家养老服务的工作人员获得各类职业资格的情况是：心理咨询师三级的_____人，二级的_____人，一级的_____人。助理社会工作师_____人，（中级）社会工作师_____人。医生中，住院医师_____人，主治医师_____人，副主任医师_____人，主任医师_____人。护理人员中，初级护士_____人，初级护师_____人，中级主管护师_____人，副主任护师_____人，主任护师_____人。

B15. 社区开展居家养老服务的工作人员的培训活动的情况是：

1. 仅有职前培训　　　　　　2. 仅有职中培训
3. 兼有职前培训和职中培训　　4. 未开展过培训

B16. 贵社区从事居家养老服务的工作人员的待遇（月工资）水平情况是：

1. 高于本市人均月收入水平　　2. 与本市人均月收入水平大致持平
3. 低于本市人均月收入水平　　4. 不好说

C 社区居家养老服务接受情况

C1. 本年度（2016年）贵社区接受过社区居家养老服务的老人平均为_____人次/月。与去年同期相比这一人数的变化是：

1. 变多了　　　　2. 持平　　　　3. 变少了
4. 去年数据缺失无法比较

C2. 去年（2015年）全年接受过社区居家养老服务的老年人共_____人，其中男性_____人，女性_____人，半失能老人_____人，男性半失能老人_____人，女性半失能老人_____人，失能老人_____人，男性失能老人_____人，女性失能老人_____人。

C3. 2016年1月1日以来接受过社区居家养老服务的老年人共_____人，其中男性_____人，女性_____人，半失能老人_____人，男性半失能老人_____人，女性半失能老人_____人，失能老人_____人，男性失能老人_____人，女性失能老人_____人。

C4. 去年（2015年）全年接受过社区居家养老服务的老年人按年龄分类后的人数是：60—64岁的_____人，65—69岁的_____人，70—74岁的_____人，75—79岁的_____人，80—84岁的_____人，85—

89岁的_____人，90岁及以上的_____人。

C5. 2016年1月1日以来接受过社区居家养老服务的老年人按年龄分类后的人数是：60—64岁的_____人，65—69岁的_____人，70—74岁的_____人，75—79岁的_____人，80—84岁的_____人，85—89岁的_____人，90岁及以上的_____人。

C6. 贵社区提供服务次数最多的居家养老服务项目是：

1. 迅铃急救　　　2. 电话送餐　　　3. 家政卫生
4. 长期护理　　　5. 情感陪护　　　6. 代办购物、邮寄等
7. 其他（请注明_____）

C7. 若请老人对接受的服务进行评价，您认为可能的打分是_____分（10分制）。

C8. 为了提高老人对所接受服务的评价，您最期待哪项举措：

1. 出台新的优惠政策和制度
2. 更广泛的资金来源和更多的资金支持
3. 更专业的服务人才加入
4. 其他（请注明_____）

我们的访问到此结束，再次感谢您对我们工作的支持与配合。

二　养老机构负责人问卷

我国城市社区养老服务供给问卷

（养老机构负责人卷）

> 尊敬的先生/女士：
>
> 您好！
>
> 我们正在进行一项关于我国城市社区综合养老服务体系建设状况的调查，想了解一下贵单位在养老服务供给方面的情况。请根据贵单位的实际情况，在选择题的相应选项序号前打"√"，在填空题的横线处或空白处填写相应内容。
>
> 衷心感谢您的支持与合作！
>
> 中国社会科学院研究生院
2016年___月___日

1. 贵单位由_____投资兴办？

（1）政府　　　　　　　　　　　　（2）居民自治组织

（3）国内非营利社会团体　　　　　（4）民办企业

（5）基金会　　　　　　　　　　　（6）涉外社会组织

（7）其他（请填写）

2. 贵单位的主管部门是：

（1）市政府　　　（2）区政府　　　（3）街道办

（4）社区　　　　（5）其他（请填写）

3. 贵单位从_____年_____月开始从事养老服务工作。

4. 贵单位是否具备相关服务资质：

（1）民政部门许可　　　（2）工商部门许可

（3）税务部门许可　　　（4）其他（请填写）

5. 贵单位从事养老服务的工作人员总数_____人，其中管理人员_____人，一线服务人员_____人，护理人员_____人，心理咨询人员_____人，社会工作师_____人，其他服务人员_____人。

6. 贵单位占地面积_____平方米，服务用房_____间，其中就餐用房_____间，医疗用房_____间，康复用房_____间，老年心理咨询用房_____间，休闲健身娱乐用房_____间，学习培训用房_____间，住宿用房_____间，法律援助用房_____间，其他用房_____间（请详细填写用房种类和间数）_____。

7. 贵单位现有床位数_____个。

8. 贵单位现有哪些娱乐、健身和医疗设施？（请填写具体的娱乐、健身和医疗设施及其数量）

9. 贵单位的正式工作人员中男性_____人，女性_____人。20岁以下的_____人，21—30岁的_____人，31—40岁的_____人，41—50岁的_____人，51—60岁的_____人，61—70岁的_____人，70岁以上的_____人。

10. 从学历层次来看，贵单位的工作人员中，小学及以下的_____人，初中_____人，职业高中_____人，普通高中_____人，中专_____人，技校_____人，专科_____人，本科_____人，研究生及以上_____人。

11. 从职业资格来看，心理咨询师三级的_____人，二级的_____人，一级的_____人。助理社会工作师_____人，（中级）社会工作师_____人。医生中，住院医师_____人，主治医师_____人，副主任医师_____人，主任医师_____人。护理人员中，初级护士_____人，初级护师_____人，中级主管护师_____人，副主任护师_____人，主任护师_____人。

12. 贵单位是否对工作人员进行入职培训？

（1）是　　　　　　　（2）否（请跳到第15题继续填答）

13. 除了入职培训外，贵单位是否还对工作人员进行定期或不定期的在职培训？

（1）是　　　　　　　（2）否（请跳到第15题继续填答）

14. 去年（2015年）对工作人员的培训有过_____次，参加培训的工作人员_____人。其中家政服务类的_____次，_____人参加；生活照料类的_____次，_____人参加；医疗卫生类的_____次，_____人参加；康复类的_____次，_____人参加；保健类的_____次，_____人参加；医疗护理类的_____次，_____人参加；法律维权类的_____次，_____人参加；其他_____次，分别是（请填写培训类型、次数和参加人数）_____。

2016年1月1日以来，对工作人员的培训有过_____次，参加培训的工作人员_____人。其中家政服务类的_____次，_____人参加；生活照料类的_____次，_____人参加；医疗卫生类的_____次，_____人参加；康复类的_____次，_____人参加；保健类的_____次，_____人参加；医疗护理类的_____次，_____人参加；法律维权类的_____次，_____人参加；其他_____次，分别是（请填写培训类型、次数和参加人数）_____。

15. 贵单位提供的养老服务内容有哪些？（多选）

（1）家政服务

（2）代办服务（购物、邮寄等）

（3）短期和长期照料服务　　　　　　　（4）康复服务

（5）健康保健（含身体锻炼）　　（6）医疗卫生服务

（7）心理咨询　　　　　　　　　（8）医疗护理服务

（9）法律维权　　　　　　　　　（10）困难救助

（11）休闲娱乐活动　　　　　　 （12）老年人学习培训

（13）其他（请填写）

其中接受贵单位服务内容最多的前三项是：第一多的_____，第二多的_____，第三多的_____，接受贵单位服务内容最少的是_____。（请填写以上内容的代码）

16. 去年（2015年）在贵单位接受服务的老人共_____人，其中男性_____人，女性_____人。失能老人_____人，其中男性失能老人_____人，女性失能老人_____人。半失能老人_____人，其中男性半失能老人_____人，女性半失能老人_____人。

2016年1月1日以来，在贵单位接受服务的老人共_____人，其中男性_____人，女性_____人。失能老人_____人，其中男性失能老人_____人，女性失能老人_____人。半失能老人_____人，其中男性半失能老人_____人，女性半失能老人_____人。

17. 去年（2015年）在贵单位接受服务的老年人按年龄分类后的人数是：60—64岁的_____人，65—69岁的_____人，70—74岁的_____人，75—79岁的_____人，80—84岁的_____人，85—89岁的_____人，90岁及以上的_____人。

2016年1月1日以来，在贵单位接受服务的老年人按年龄分类后的人数是：60—64岁的_____人，65—69岁的_____人，70—74岁的_____人，75—79岁的_____人，80—84岁的_____人，85—89岁的_____人，90岁及以上的_____人。

18. 去年（2015年）在贵单位因身体生病接受过医疗服务的老年人的人数是_____，其中患有以下慢性病的人数分别是：高血压_____人，糖尿病_____人，慢性支气管炎_____人，肺气肿_____人，肺心病_____人，心脏病_____人，关节炎_____人，风湿病_____人，哮喘_____人。

2016年1月1日以来，在贵单位因身体生病接受过医疗服务的老年人的人数是_____，其中患有以下慢性病的人数分别是：高血压_____人，糖尿病_____人，慢性支气管炎_____人，肺气肿_____人，肺心病_____人，心脏病_____人，关节炎_____人，风湿病_____人，哮喘_____人。

19. 去年（2015年）在贵单位因身体生病接受过医疗服务的老年人参加了以下医疗保险的情况是？

  （1）城镇基本医疗保险_____人

  （2）新型农村合作医疗保险_____人

  （3）公费医疗_____人

  （4）商业性养老保险_____人

2016年1月1日以来，在贵单位因身体生病接受过医疗服务的老年人参加了以下医疗保险的情况是？

  （1）城镇基本医疗保险_____人

  （2）新型农村合作医疗保险_____人

  （3）公费医疗_____人

  （4）商业性养老保险_____人

20. 贵单位去年（2015年）的总收入是：_____元，其中政府投入_____元、各种社会捐助"_____"元，服务项目收入投入_____元，博彩、有奖募捐基金收入_____元，其他（请填写具体收入项目及金额）_____元。

2016年1月1日以来，贵单位的总收入是：_____元，其中政府投入_____元、各种社会捐助_____元，服务项目收入投入_____元，博彩、有奖募捐基金收入_____元，其他（请填写具体收入项目及金额）_____元。

21. 贵单位去年（2015年）的总支出是_____元。具体支出项目和金额为：

2016年1月1日以来，贵单位的总支出是_____元。具体支出项目和金额为：

22. 贵单位提供的各类收费养老服务的收费标准是：_____

三 社区老人问卷

省份：_____ 编号_____

我国城市社区综合养老服务体系建设状况调查问卷

（老人卷）

> 叔叔/阿姨：
>
> 您好！
>
> 我们是中国社会科学院研究生院的调查员。我们现在正在进行一项关于全国城市社区综合养老服务体系建设状况调查，目的是想了解一下我国当前养老服务尤其是养老服务体系、养老服务模式、养老服务设施、养老服务水平等方面的一些问题。您的合作对我们了解有关信息具有十分重要的意义。
>
> 问卷中问题的回答没有对错之分，您只要根据您平时的想法和做法在相应答案上勾选即可。对于您的回答，我们将按照《统计法》的规定，严格保密，且只用于统计分析，请您不要有任何顾虑。希望您能协助我们完成此次访问，谢谢您的合作。
>
> 中国社会科学院研究生院
>
> 2016 年____月____日

A 个人基本情况

A1. 您的性别：

1. 男　　　　　　　　　　2. 女

A2. 您的年龄：_____岁。

A3. 您的受教育程度是：

1. 未上学　　　2. 小学及以下　　　3. 初中
4. 高中/中专　　5. 大专及以上

A4. 您目前的婚姻状况是：

1. 初婚有配偶　　2. 再婚有配偶　　3. 丧偶
4. 离婚　　　　　5. 未婚　　　　　6. 同居

A5. 现和您共同居住的有（可多选）：

1. 配偶 2. 子辈 3. 孙辈
4. 其他亲戚 5. 保姆 6. 自己居住
7. 其他（请注明_____）

A6. 您退休前所在单位的类型是：
1. 党政机关 2. 企业 3. 事业单位
4. 社会团体 5. 无单位 6. 自办企业
7. 军队 8. 其他（请注明_____）

A7. 您目前的主要生活来源是：
1. 自己的离/退休金 2. 自己劳动/工作所得 3. 配偶的收入
4. 子女的资助 5. 其他亲属的资助
6. 政府/非营利组织的补贴/资助
7. 以前的积蓄 8. 房屋、土地等租赁收入
9. 其他（请注明_____）

A8. 2015年您家庭平均每月的收入是：
1. 无收入 2. 700元及以下 3. 701—1500元
4. 1501—3000元 5. 3001—5000元 6. 5001元—10000元
7. 10001元及以上

A9. 下面询问一些您在养老项目上的支出情况（按2014年情况）。

1. 康复护理	元/年
2. 长期照料	元/年
3. 医药费用	元/年
4. 家政服务	元/年
5. 其他（请注明_____）	元/年

A10. 您觉得您目前的身体状况是：
1. 很健康 2. 健康 3. 一般
4. 不健康

A11. 您患有下列慢性病中哪一种或哪几种：
1. 高血压 2. 糖尿病 3. 慢性支气管炎
4. 肺气肿 5. 肺心病 6. 心脏病

7. 关节炎 8. 风湿病 9. 哮喘

10. 其他（请注明_____）

A12. 就目前的身体状况来讲，您的生活起居（如：吃饭、穿衣、洗澡、上厕所）是否需要别人为您提供帮助：

1. 需要 2. 不需要

A13. 现在是否有人照料您的生活起居：

1. 有 2. 没有

A14. 您与子女联系的频率是：

1. 几乎天天 2. 每周至少一次 3. 每月至少一次

4. 一年几次 5. 几乎没有

A15. 您和朋友联系的频率是：

1. 几乎天天 2. 每周至少一次 3. 每月至少一次

4. 一年几次 5. 几乎没有

A16. 如果您遇到困难，最希望得到谁的帮助：

1. 配偶或子女 2. 其他亲属 3. 朋友、邻居

4. 居委会和社区工作者

5. 拨打120、110等救助热线

6. 其他（请注明_____）

A17. 您认为应该由谁承担养老责任：

1. 政府 2. 所在社区 3. 子女

4. 老人自己或配偶 5. 不好说

A18. 您心中最理想的养老方式是：

1. 住在家里由亲人照顾

2. 住在家中接受社区服务

3. 住在养老院

4. 其他（请注明_____）

A19. 总的来说，您对您目前生活的评价是：

1. 满意 2. 一般 3. 不满意

B 社区支持情况

B1. 您家到最近的服务机构的距离大概有：

1. 半公里　　　　　2. 一公里　　　　　3. 两公里

4. 三公里　　　　　5. 三公里以上

B2. 您到社区医疗机构需要花费约_____分钟。

B3. 下面询问您一些关于社区医疗机构提供服务的情况。

服务类型	a. 您是否需要社区医疗机构提供此服务： 1. 是　　2. 否	b. 去年（2015年）您是否使用过此服务： 1. 是　　2. 否	c. 您对此服务的评价： 1. 满意　　2. 一般 3. 不满意（前一项选否，则此项不填）
1. 上门护理服务			
2. 上门看病服务			
3. 康复治疗服务			
4. 紧急救助服务			
5. 特殊药品服务			
6. 日常保健服务			

B4. 下面询问您一些关于社区为老年人提供相关服务的情况。

服务类型	a. 社区是否提供/举办过此服务： 1. 是　　2. 否	b. 就您自身而言，您认为社区是否有必要向社区老年人提供该服务： 1. 是　　2. 否
1. 上门探访		
2. 老年人服务热线		
3. 法律援助		
4. 困难救助		
5. 上门做家务		
6. 老年饭桌或送饭		
7. 日托所或托老所		
8. 心理咨询		
9. 组织文体活动		
10. 代办购物和邮寄		
11. 其他（请注明_____）		

B5. 您所在的社区有哪些适合老年人的活动场所或设施（可多选）：

1. 老年活动室　　　2. 老年健身室　　　3. 棋牌室/麻将室

4. 图书馆　　　　　5. 室外活动场地　　6. 老年学习室

7. 老年康复中心　　8. 以上都没有

9. 其他（请注明_____）

B6. 总体来讲，您对目前社区提供的相关养老服务的评价是：

1. 满意　　　　　　2. 一般　　　　　　3. 不满意

B7. 您认为社区中的这些养老服务还需要哪些改进：

1. 增加服务项目（请注明_____）

2. 提高工作人员专业性

3. 降低费用

4. 其他（请注明_____）

我们的访问到此结束，再次感谢您对我们工作的支持与配合。

四　社区负责人访谈提纲

社区访谈提纲

社区访谈对象主要涉及社区居委会、社区服务中心或卫生站的负责人和相关工作人员。

1. 请介绍一下贵社区的人口情况。（性别，65岁以上老年人的比例，失能、半失能老人、独居老人、失独老人、低保老人、高龄老人）

2. 请介绍一下贵社区内各类养老服务资金的来源。

3. 请介绍一下贵社区各类养老服务提供方的基本情况。（居家养老、社区养老和机构养老，提供服务的内容和水平，注意特别提及医疗卫生方面的情况）

4. 请介绍一下本社区内各类养老服务设施的情况。

5. 贵社区在养老服务的监督和保障方面都有哪些做法？

6. 贵社区在社区养老服务标准化方面有没有政策的依据？您觉得标准的养老服务应该是什么样的？（注意特别提出医疗卫生方面的情况）

7. 您觉得贵社区在综合养老服务体系建设中有哪些成功的经验？面临

哪些问题？

8. 为进一步发展和完善社区综合养老服务，您有哪些意见或建议？

五　养老机构负责人访谈提纲

单位访谈提纲

单位访谈对象主要涉及各类养老机构（社会组织、服务企业等）的负责人和相关工作人员。

1. 请介绍一下贵单位的人数规模、服务对象、服务内容、运行状况、服务设施、收费标准、经费来源和使用等基本情况。（涉及的方面可单独询问）

2. 贵单位在养老服务人员的招聘和培训方面有哪些做法？（专业背景、资格证书、激励措施）

3. 贵单位如何对养老服务人员进行考核？

4. 请介绍一下贵单位的工作人员在文化水平、待遇、流动率、专业水平以及对养老服务工作的认知情况。

4. 贵单位在提供养老服务方面有什么规划？

5. 贵单位从筹划建立到现在都享受过政府提供的哪些优惠政策？

6. 贵单位在提供养老服务的过程中有哪些成功的经验？面临哪些问题？

7. 为促进贵单位（在提供养老服务方面）获得更好的发展，您有什么意见或建议？（特别是对政府的意见或建议）

六　政府部门访谈提纲

政府部门访谈提纲

政府部门访谈对象主要涉及区级民政局、卫生局和街道办等负责人或相关工作人员。

1. 请简要介绍一下贵区的人口情况。（性别，65岁及以上老年人的比例，失能、半失能老人、独居老人、失独老人、低保老人、高龄老人）

2. 请简要介绍一下贵区2014年全年和2015年1月1日以来，贵区在养老服务方面的资金投入情况。（包括各类资金来源）

3. 贵区在完善养老服务体系、促进养老服务发展方面的优惠政策或措施有哪些？（投融资政策、土地政策、税费政策、补贴政策、人才培养和就业政策、志愿慈善服务、医疗政策等）

4. 贵区对社区综合养老服务有何规划？有没有提出相应的目标和任务？具体情况是怎样的？

5. 贵区有没有对相关养老服务建立一套评价体系？如有，请具体谈谈。

6. 请介绍一下贵区在养老服务硬件设施建设方面的情况。

7. 对于养老机构的相关服务项目，哪些可以收费，收费的标准是什么。政府是否给予指导？如有，请谈谈。

8. 请介绍一下贵区现有的各类养老服务机构的发展情况。

9. 在支持养老机构发展方面有哪些举措？（3 如果谈到，可不用再问）

10. 在养老服务的准入、退出和监管方面，贵区是怎样做的？

11. 在养老服务的信息化建设方面，贵区是怎样做的？

12. 请介绍一下贵区养老服务的人才队伍建设方面的情况和举措。（现有各类职业资格、引进人才、培训等）

13. 贵区在社区综合养老服务体系建设中有哪些成功的经验？

14. 贵区在社区综合养老服务体系建设中面临的主要问题有哪些？

15. 为进一步发展和完善社区综合养老服务，您有哪些意见或建议？

附录二 调研照片

课题组在北京市丰台区卢沟桥街道幸福里养老中心调研

课题组在北京市房山区拱辰街道宜春里社区调研

深圳市福田区福保街道益田社区老人在填写问卷

厦门市湖里区康乐社区老人在填写问卷

课题组与杭州市江干区凯旋街道景华社区相关人员开座谈会

青海省西宁市城中区南滩街道南山东社区老人在填写问卷

上海市浦东新区陆家嘴街道张扬社区居家养老服务中心老人在填写问卷

湖北省襄阳市樊城区军工社区老人在填写问卷

课题组在湖北省宜昌市伍家岗区港务社区调研

湖北省宜昌市伍家岗区港务社区座谈会

课题组在恩施市舞阳坝街道黄泥坝社区养老服务中心调研

课题组在扬州市广陵区曲江街道文昌花园社区调研

课题组在青海省西宁市城中区调研

课题组与青海省西宁市民政局开座谈会

课题组在青海省西宁市城中区调研

图书在版编目(CIP)数据

我国城市社区综合养老服务体系建设状况分析/赵一红等著. -- 北京：社会科学文献出版社，2019.11
(中国社会科学院国情调研丛书)
ISBN 978-7-5201-5054-5

Ⅰ.①我… Ⅱ.①赵… Ⅲ.①养老-社区服务-研究-中国 Ⅳ.①D669.6

中国版本图书馆CIP数据核字（2019）第119746号

中国社会科学院国情调研丛书
我国城市社区综合养老服务体系建设状况分析

著　　者 / 赵一红 等

出 版 人 / 谢寿光
组稿编辑 / 谢蕊芬
责任编辑 / 任晓霞
文稿编辑 / 冯莹莹

出　　版 / 社会科学文献出版社·群学出版分社（010）59366453
　　　　　　地址：北京市北三环中路甲29号院华龙大厦　邮编：100029
　　　　　　网址：www.ssap.com.cn

发　　行 / 市场营销中心（010）59367081　59367083
印　　装 / 三河市尚艺印装有限公司

规　　格 / 开本：787mm×1092mm　1/16
　　　　　　印　张：28.5　字　数：452千字
版　　次 / 2019年11月第1版　2019年11月第1次印刷
书　　号 / ISBN 978-7-5201-5054-5
定　　价 / 158.00元

本书如有印装质量问题，请与读者服务中心（010-59367028）联系

▲ 版权所有 翻印必究